与 努 力 的 人 一 起 奔 跑

# 资金策略

黄 玲——著

广东经济出版社
·广州·

图书在版编目（CIP）数据

资金策略 / 黄玲著. —广州：广东经济出版社，2024.7
ISBN 978-7-5454-9046-6

Ⅰ.①资… Ⅱ.①黄… Ⅲ.①资金管理—研究 Ⅳ.①F830.45

中国国家版本馆CIP数据核字(2023)第229356号

责任编辑：刘　倩　黄思健
责任校对：陈运苗
责任技编：陆俊帆
封面设计：集力書裝 彭　力

资金策略
ZIJIN CELÜE

| 出　版　人： | 刘卫平 | | |
|---|---|---|---|
| 出版发行： | 广东经济出版社（广州市水荫路11号11～12楼） | | |
| 印　　　刷： | 广州市豪威彩色印务有限公司 | | |
| | （广州市增城区宁西街新和南路4号） | | |
| 开　　　本： | 787mm×1230mm　1/16 | 印　　张： | 24 |
| 版　　　次： | 2024年7月第1版 | 印　　次： | 2024年7月第1次 |
| 书　　　号： | ISBN 978-7-5454-9046-6 | 字　　数： | 400千字 |
| 定　　　价： | 99.00元 | | |

发行电话：（020）87393830　　　　　　编辑邮箱：gdjjcbstg@163.com
广东经济出版社常年法律顾问：胡志海律师　　法务电话：（020）37603025
如发现印装质量问题，请与本社联系，本社负责调换。

版权所有·侵权必究

# 序 言

企业经营，最重要的是什么？

**资金的流转。**

资金的流入、流出、投资与效益化，不仅贯穿企业经营的各个环节，更决定企业的兴衰成败。我将资金比作企业的"生命之血"，只有通过精细且有效的管理，才能确保资金顺畅、稳健地循环，从而促进企业健康发展。反之，一旦管理失败，资金链便可能断裂，使企业陷入岌岌可危的境地。

## 一、我的工作信念：让企业从赚钱到值钱

资金作为企业运营的核心，始终是我财税法服务中的重点关注对象。在提供服务的过程中，我会严密监控企业的现金流状况，保障企业有足够的资金以维持日常运营和应对突发事件。同时，我会深入挖掘企业资金使用的各个方面，通过精细调整采购、库存、销售等运营关键环节，实现成本最小化。此外，应收账款和应付账款的管理也是我工作的重点，旨在加速资金回流，减轻资金占用的压力。结合企业的发展规划和资金状况，我还会助力企业制定切实可行的筹资策略，涵盖股权融资、债权融资等多元化筹资方式。在投资决策环节，我会参与评估各类投资项目的风险与收益，确保每项决策都紧密贴合企业的战略目标和实际资金情况。为了提升资金管理的规范性和效率，我还会推动企业建立健全内部控制机制。

16年来，我见证了小企业因资金管理得当而发展成大企业，甚至成功获得多轮融资并顺利上市；同时，我也目睹了很多企业，尽管处于高速发展期，产品出色，团队精良，但因资金管理不善而突然陷入困境。

## 二、融资只是第一步，资金管理才是重中之重

在我的职业生涯中，有一件让我记忆深刻的事：我第一次为A公司制定了B轮融资策略，其中包括确定融资的规模、方式以及时机，并明确资金的用途、预期效果和回报周期等。经过努力，我成功地为A公司找到了合适的投资者，并协助A公司与投资者建立了联系，进行条件谈判。双方很快进入高效的交流阶段，最终A公司成功获得5000万元的B轮融资。这次融资的成本和效率都让A公司感到十分满意。

当时我以为融到资金就万无一失了，结果因为我没有跟进A公司资金的使用情况，A公司的财务部门和决策部门之间也缺乏有效沟通，导致资金很快就被消耗殆尽，没有达到融资时的预期效果，这使得投资人相当不满。当A公司找我寻求救济措施时，我才意识到问题的严重性：**企业融到资金仅仅是开始，后续的监控、分析、评估和管理，才是企业稳健发展的重中之重。**

在此后的多轮企业融资服务中，我吸取之前的教训，坚持为企业提供融资前、中、后的多维度服务。我服务的企业再也没有发生过类似的资金问题，而且有两家企业因此实现了良性发展，持续获得资本投资并在资源方面得到赋能，最终成功通过审核，在深交所上市。

## 三、资金贯穿企业的生命周期

很多技术型或者不注重资金管理的创业者，对资金流入策略，比如股东投入、股权融资、营业收入等没那么重视，所以出现即使产品很好，企业却总是因为缺乏健康的资金流而陷入资金短缺困境的现象。

这本《资金策略》是我工作经验的总结，并结合多年在资本市场的所见所闻所悟，旨在为广大读者，特别是创业者、投资者以及企业管理者提供一套关于资金运作的全面指南。

为确保专业知识更易于理解和掌握，我特地从资金管理的角度出发，精选了一系列相关案例作为切入点，希望通过理论与实践结合的方式，使各位读者能从案例中深刻领会资金策略在创业及企业经营中的重要作用。

这些案例涵盖从初创企业如何筹措启动资金度过艰难期，到成长型企业

如何有效管理现金流避免资金链断裂，再到成熟企业如何利用财务杠杆进行扩张等多个方面。**每个案例都结合具体的资金策略，使得读者能够更直观地理解这些策略在实际操作中的可复制性和可落地性。**

在为企业服务时，我经常听到创业者说，"**我不是搞不到钱，而是没办法管好钱**"。于是，我在本书中分享了资金流出管控策略，包括防黑洞策略、借支管控策略、采购支出管控策略等，旨在提醒创业者警惕纸面富贵现象，避免陷入资金短缺而不自知。

我也分享了资金效益化体系的搭建、防止资金短缺的措施、供应商策略和企业持续经营的十个策略，**目的是为企业实现钱生钱，更有钱提供参考。**

我看到过很多企业老板投资失败的案例，根据以往经验，我分享了资产投资、CVC（企业风险投资）产业链投资、国际投资方面的创业者投资策略。通常，成功的创业者在投资策略上具备独特的智慧和眼光。他们通过分散投资、长期投资、风险控制等方式在资产投资中取得稳定回报；通过产业链整合、创新投资、战略协同等手段在CVC产业链投资中获取竞争优势；通过全球视野、文化融合等策略在国际投资中取得成功。我希望创业者能够吸取这些经验，在实际操作中规避风险，提高投资成功率。

资金是企业运营和发展的命脉，是企业建立信誉抓住机遇、应对风险和维护合作关系的关键。

我通过持续不断地学习和总结企业资金运作的精髓，**发现了富人不缺钱的秘密**，并将这一秘密融入本书的字里行间，希望正在阅读本书的你能够领悟到其中的智慧。

黄 玲

2024年3月2日

# 目录
CONTENTS

## 第一章
## 四维资金策略

### 第一节 与资金策略有关的案例及警示 / 002

一、现金流，风险导航仪 / 002

二、资金真实性的警钟长鸣 / 005

三、市场导向策略 / 007

四、资金与人力资源的协同策略 / 009

五、资金精细化管控策略 / 011

六、财务杠杆策略 / 015

七、产业投资策略 / 020

八、资产配置策略 / 022

### 第二节 资金流入策略 / 025

一、股东投入策略 / 026

二、营业收入策略 / 035

三、股权融资策略 / 056

四、上市策略 / 081

五、债权融资策略 / 106

六、政府补贴策略 / 121

## 第三节　资金流出管控策略 / 124

　　一、防黑洞策略 / 124

　　二、借支管控策略 / 139

　　三、采购支出管控策略 / 141

　　四、存货管控策略 / 145

　　五、生产支出管控策略 / 152

　　六、销售支出管控策略 / 155

## 第四节　资金效益化策略 / 162

　　一、资金效益化体系的搭建 / 169

　　二、防止资金短缺的措施 / 171

　　三、供应商策略 / 172

　　四、经销商策略 / 173

　　五、银行贷款策略 / 175

　　六、营运资金OPM战略 / 176

　　七、营运资金管控策略 / 177

　　八、资金价值化的"三性"原则 / 178

　　九、资金效益化之企业持续经营的十个策略 / 181

## 第五节　资金投资策略 / 191

　　一、资产配置的三个策略 / 193

　　二、股权投资策略 / 203

　　三、投资决策的关键环节 / 222

　　四、CVC产业链投资策略 / 234

　　五、国际投资策略 / 244

# 第二章
# 资金管控的重要性和举措

## 第一节 资金管理失控的危害和管控策略 / 278

一、资金舞弊及其防控 / 278

二、六维资金管控策略 / 285

## 第二节 处在不同阶段的企业资金管控策略 / 294

一、对资金管控的基本认识 / 294

二、不同时期、不同行业的资金风险与救济手段 / 296

三、资金管控的底层逻辑 / 307

四、现金流对企业经营能力的表面影响 / 310

五、资金流健康检测方法 / 311

六、与资金相关的预警指标的设定 / 314

七、资金管控的制度、流程、指标 / 317

八、资金管理的控制重点和主要内容 / 325

## 第三节 现金流价值 / 326

一、现金流为王 / 326

二、现金流评价模型 / 328

三、现金流四要素及现金流量表三组成 / 333

四、现金流短期策略和长期主义 / 333

## 第四节 资金预测与管理工具、程序、报告体系设计 / 341

一、资金预测与管理工具 / 341

二、资金预测程序和步骤 / 348

三、资金管理报告体系设计 / 350

# 第三章
## 资金合规的政策环境分析

一、背景 / 356

二、政策梳理与分析 / 356

三、总结与建议 / 359

### 第一节 资金涉税风险化解思路 / 360

一、中国人民银行的资金管控措施 / 360

二、股东与公司之间资金流涉税风险分析及规范建议 / 361

三、企业集团资金业务涉税风险分析及规范建议 / 363

四、公对私资金规范 / 366

### 第二节 外汇管制下资金合法出境的方式 / 368

一、什么是外汇管制 / 368

二、外汇管制的基本方式是什么 / 369

三、资金合法出境的方式 / 370

### 第三节 海外资金如何合法合规转回国内 / 372

一、直接投资方式 / 372

二、间接投资方式 / 373

### 第四节 资金管理失控的法律风险及防范措施 / 373

一、常见的企业资产风险 / 373

二、防范企业资产管理风险的措施 / 374

第一章

# 四维资金策略

企业经营，资金为王。资金流入、资金流出、资金效益化及资金投资，四个维度不仅贯穿整个经营过程，更是决定企业生死存亡的关键。资金如同企业的血液，有效的管理能确保其健康、有序地流动；而管理失当，则可能导致其枯竭，使企业陷入生死边缘。

## 第一节　与资金策略有关的案例及警示

资金是企业生存和发展的基础，从风险管理到现金流优化，从市场趋势洞察到人力资源的协同作战，再到资金的精细调控、财务杠杆的巧妙运用、产业投资的明智选择，以及无形资产的合理配置，每一个环节都考验着创业者的智慧与决断。

创业者必须在这些方面深入思考与周密规划，同时保持敏锐的市场洞察力和灵活多变的策略思维，以确保资金的最大化利用和企业的稳健发展。

雷军曾言："无论是什么时代，在风口上猪都能飞起来。"确实，时代的风口为众多企业和个人提供了展翅高飞的契机，然而，这并非意味着每一个企业和个人都能轻松驾驭这股风潮，顺利走向成功。

### 一、现金流，风险导航仪

现金流不仅是企业日常运营的基础，更是企业在风险面前保持稳健发展的重要保障。它为企业提供了风险预警、应对、决策支持以及管理与控制等多方面的功能，因此，被称为企业的"风险导航仪"。

**案例**

天际汽车的困境

2023年春天，一个令人震惊的消息在汽车行业传开：前身为乐视汽车的天际汽车，发布了停工停产的通知。这家曾经雄心勃勃的新能源汽车制造商，突然间陷入了经营困境，这引发了业界的广泛关注。

据天际汽车发布的官方公告，根据当前的资金状况以及生产与销售计划，自2023年4月1日起，天际汽车部分岗位实行停工停产政策。这一决定无疑是对天际汽车员工和其合作伙伴的一次沉重打击，也向外界传递出了天际汽车当前所面临的严重困境。

天际汽车的困境由来已久。多年来，该公司一直面临着市场竞争激烈、产品质量存在问题以及营销策略不当等多重挑战。这些问题逐渐累积，最终导致天际汽车在市场上的表现不佳。销量低迷、拖欠供应商货款，使得天际汽车陷入了"拿不到零部件—无法生产—停产—欠钱"的恶性循环之中。

事实上，天际汽车的困境早在之前就已显露端倪。有报道称，公司"烧光"了百亿资金，但汽车年销量却不足千辆。这一巨大的差距，让人不禁对天际汽车的经营和管理策略产生了质疑。随着资金链断裂的消息传出，天际汽车的困境彻底暴露在了公众面前。

对于天际汽车来说，面临的挑战远未结束。资金链断裂只是表面现象，更深层次的问题出现在公司的经营策略、产品质量以及市场定位等方面。如果不能及时找到有效的解决方案，天际汽车很可能会陷入更大的困境。

天际汽车的困境也引发了业界的深思。一个曾经雄心勃勃的新能源汽车制造商，为何会陷入如此境地？这背后究竟隐藏着哪些深层次的原因？或许，只有深入分析这些问题，才能找到解决问题的关键所在。

如果天际汽车能够充分利用现金流风险导航仪的早期预警机制，积极应对现金短缺问题，并在经营过程中注重成本控制和效率提升，不仅可以解决资金短缺问题，还能降低运营成本，增强盈利能力和市场竞争力。

像天际汽车这样陷入资金链断裂困境的企业，需要的资金策略应当全面、灵活且具有长期效应。以下是一些关键的资金策略建议：

第一，企业需要解决当前的资金短缺问题。这可能包括与金融机构协商短期贷款或信贷额度，以确保运营资金充足。同时，优化现金流管理，如加快应收账款的回收，减少库存积压等。

第二，企业可以积极探索新的融资方式，如绿色债券、可持续发展挂钩债券等。这些创新融资方式不仅有助于筹集资金，还能提升企业的品牌形象和市场竞争力。

第三，企业可以与产业链上下游的企业建立紧密的合作关系，通过战略合作与联盟，共同应对市场挑战，实现资源共享和互利共赢。

第四，企业需要建立健全的风险管理机制，对潜在的财务风险进行预警和防范，并且，企业可以通过降低生产成本、提高运营效率、优化供应链管理等方式，减少不必要的资金支出，从而释放更多资金用于核心业务和未来发展。

第五，企业需要制定长期的资金规划，加强内部控制和财务管理，通过完善的财务管理制度和内部控制机制，确保资金使用的透明度和合规性。同时，企业可以提高资金使用效率，降低财务风险，以确保未来能够持续、稳健地运营。

那么，如何有效防范现金流紧张的风险呢？

在企业的经营过程中，运营成本的攀升、销售市场的疲软、应收账款的累积以及存货的过量积压，无一不是对企业现金流构成直接威胁的因素。以下深度解析经营中出现资金紧张的原因并给出相应的防范措施。

### 1. 销售业绩不佳

当销售业绩未能达到预期，资金流入减少，而企业仍需面对大量的固定支出和不定期支出时，现金流就很容易陷入紧张状态。例如，天际汽车在停工停产前面临类似的问题，导致其无法按时偿还债务。

防范措施：企业需要加强销售和市场推广，优化定价策略，同时合理规划和控制支出，确保收支平衡。

### 2. 支出过大

即使企业收入很高，但如果支出过大，现金流同样会面临着压力。

防范措施：企业应精细管理成本和支出；同时，建立有效的财务监控机制，实时掌握资金流动情况。

### 3. 应收账款管理不善

应收账款回款速度慢，坏账风险高，都会导致企业现金流紧张。

防范措施：建立健全应收账款管理制度，加强客户信用评估，定期跟进回款情况，及时采取催收措施。

### 4. 账实不符与成本利润核算失真

财务数据的准确性和真实性对资金决策至关重要。账实不符、成本利润核算失真等问题，都会误导企业的资金决策。

防范措施：企业应强化内部控制，确保财务数据的准确性和真实性。定期进行内部审计和财务检查，及时发现和纠正问题。

**5．投资与拓展项目缺乏资金管控**

在未进行充分的投资回报率测算和缺乏有效资金管控方法的情况下盲目投资或拓展项目，很可能导致资金流失和亏损。

防范措施：企业在投资或拓展项目前应进行全面的风险评估和资金回报率测算；同时，建立项目资金管理机制，确保资金的合理使用和实现对资金的监控。

俗语有言，"你不理钱，钱不理你"，这恰恰凸显了资金管理在企业运营中的核心地位。如果企业家在资金管理上掉以轻心，资金自然也不会为企业带来预期的回报。因此，现金流紧张是企业经营中需要高度关注的问题。通过深入了解和分析导致现金流紧张的原因，并采取相应的防范措施，企业可以更好地防范资金风险，确保稳健经营。

## 二、资金真实性的警钟长鸣

企业资金的真实性是企业稳健发展的基石，直接关系到企业的财务状况和经营成果。若企业在资金方面存在虚假、不实或违规操作，不仅会导致财务报告失真，影响企业的决策和战略规划，还可能削弱企业的市场竞争力，甚至引发资金链断裂，导致企业倒闭。因此，企业资金真实性的警钟必须长鸣，时刻提醒企业务必保持资金的真实性、准确性和合规性。只有这样，企业才能确保稳健经营，维护良好的信誉和声誉，行稳致远。

### 案例

德国支付巨头Wirecard的破产悲歌

在2020年6月，德国支付行业遭遇了一场前所未有的风暴。支付巨头Wirecard，一家曾经市值高达128.5亿欧元（约1000亿元人民币）的企业，突然在6月25日宣布申请破产。这一消息震惊了全球金融市场，无数投资者和合作伙伴都为之惊愕。

回顾Wirecard的破产历程，我们不难发现，财务造假是导致其走向衰败的罪魁祸首。这家公司在资金运作上严重失真，违背了最基本的财务诚信原则。当6月17日，Wirecard的市值还很耀眼时，谁也没有料到，仅仅几天后，它就陷入破产的深渊。

在破产声明中，Wirecard坦承，由于财务造假行为，公司已经无法偿还即将于6月底到期的13亿欧元债务。这一巨额债务对于Wirecard来说，无疑是一个沉重的负担，最终压垮了这家曾经风光无限的企业。面对这一现实，Wirecard无奈地选择了申请破产，千亿市值灰飞烟灭。

对于投资者来说，这一破产事件同样为其带来了巨大的损失。其中，软银的孙正义在当年4月份对Wirecard投资了9亿欧元（约71亿元人民币）。然而，随着Wirecard的破产，这笔投资化为乌有。

**从德国支付巨头Wirecard破产中汲取的教训：**

德国支付巨头Wirecard的破产不仅仅是一个商业失败的案例，更是一个深刻的警示，告诫我们资金真实的重要性不容忽视。一家市值高达128.5亿欧元的企业，在短短的时间内走向破产，其背后的原因令人深思。

首先，资金真实性是企业稳健经营的基础。财务造假、数据失真不仅是对投资者和市场的欺骗，更是企业不顾自身长远发展的"自杀"行为。Wirecard正是因为其资金运作上的严重失真，无法偿还到期债务，最终走向了衰败。

其次，资金真实性的缺失会严重损害企业的信誉和声誉。在如今信息透明的商业环境中，企业在财务方面的任何不端行为都可能被迅速曝光，导致合作伙伴和投资者的流失。Wirecard的破产不仅让其自身声誉扫地，更让投资者和合作伙伴遭受了巨大的损失。

最后，资金真实性的保障需要企业建立完善的内部控制和财务管理机制。只有确保财务数据的真实性和准确性，企业才能做出正确的决策，避免陷入资金困境。Wirecard的破产正是其在财务管理上的失控和失责所导致的无法挽回的后果。因此，Wirecard的破产给我们敲响了警钟，企业应该从中汲取教训，加强内部控制和财务管理，确保资金的真实性和准确性。同时，投资者也应该保持警惕，选择诚信可靠的企业进行投资，自己的资金才会安全。

## 三、市场导向策略

市场导向作为企业经营策略的核心指南，深刻洞察着消费者需求、行业走势及竞争格局等关键信息。资金策略的制定，必须紧密围绕市场导向进行，确保企业在投资、融资及日常运营等各个环节与市场脉动保持高度一致。只有如此，企业才能迅速响应市场变化，灵活调整资金策略，捕捉市场机遇，稳健而快速地发展。

资金策略不仅是企业响应市场导向的关键工具，更是其实现市场策略的重要支撑。通过精准的资金筹措、高效的资金分配及稳健的资金运营，企业能够为市场导向提供坚实的后盾，确保市场策略得以顺利执行。

值得一提的是，资金策略与市场导向之间存在着密切的双向促进关系。市场导向的演变不断推动资金策略的优化与升级，而资金策略的高效运用则进一步巩固和加强着市场导向的落地实施。这种相互增强的良性循环，为企业在激烈的市场竞争中稳固地位、实现可持续发展提供了强有力的保障。

### 📋 案例

蒙牛：先市场后工厂，航天合作助力

在创业期，蒙牛也面临着资金紧张的挑战，然而，它并未因此而退缩，反而采取了一种前瞻性的资金策略——"先市场后工厂"。这一策略仿佛一盏明灯，照亮了蒙牛在资金困境中的前行之路。

蒙牛将有限的资源巧妙地投放在市场推广和品牌建立上，而非盲目地投入生产基地的建设中。这种策略，犹如一位精明的舞者，在有限的舞台上展现出了精湛的舞技。蒙牛以市场推广为舞台，以品牌建立为舞步，舞出了属于自己的风采，也舞出了市场的喝彩。

当市场的掌声渐渐响起时，蒙牛已经站在了成功的巅峰。此时，它才悠然地开始生产基地的建设，进而实现了营销力与制造力的完美平衡。这种市场导向的策略，真正体现了营销力大于制造力的核心市场观。蒙牛以市场为中心，将市场需求作为行动的指南，从而在创业的道路上越走越宽广。

然而，蒙牛并未止步于此。2003年，"神舟五号"载人航天飞船成功升空，蒙牛敏锐地捕捉到了这一历史性的机遇。它借助这一东风，成为"中国航

资金策略

天事业合作伙伴",将"中国航天员专用牛奶"的标志印在了牛奶包装上,成功地提升了品牌形象和内涵。

这场赞助活动为蒙牛带来了巨大的曝光,提升了其品牌知名度,同时也提高了消费者对品牌的认知度和信任度。蒙牛的产品因此畅销无阻,蒙牛获得了大量的、稳定的现金流。

随后,蒙牛品牌再次升级,成为"中国航天专用乳制品",并成为"嫦娥二号"探月工程的唯一指定乳制品。这一荣誉不仅为蒙牛带来了资金信用背书和长期稳定的合作伙伴关系,还拓宽了资金筹措渠道,增加了产品研发与创新投入,在推动品牌形象提升与市场扩张等多方面发挥了积极作用。

蒙牛与航天事业的合作,不仅提升了蒙牛的品牌地位,还为其带来了源源不断的资金支持。这些资金犹如甘甜的雨露,滋润着蒙牛这株蓬勃向上的参天大树。

2017年4月5日,蒙牛正式成为"中国航天事业战略合作伙伴",标志着它与航天事业的合作进入了全新的篇章。这次合作在资金方面为蒙牛带来了显著的突破和优势,增强了其资金实力、拓宽了其资金筹措渠道、优化了资金运用以及降低了其资金风险。

蒙牛的资金策略可简称为"先市场后工厂,航天合作助力"。该策略解决了创业初期企业既要发展,又要筹措资金的问题,直接地反映了蒙牛在创业初期优先投资市场推广和品牌建立,而后才建设生产基地的成功。同时,通过与航天事业的合作,蒙牛不仅提升了品牌形象,还获得了稳定的现金流和资金信用背书。这种策略体现了蒙牛以市场需求为导向,灵活调整经营策略,实现资金的高效利用和企业的快速发展的战略方式。

这是一种低成本建立品牌知名度的策略,这也启示其他企业应注重品牌建设,通过与大型企业合作的方式,有效地提高品牌知名度和美誉度,从而增强企业的竞争力。

**蒙牛的资金策略给创业者带来了以下启示:**

(1)蒙牛在创业初期优先投资市场推广和品牌建立,而不是过早地投入大量资金建设生产基地。创业者应该密切关注市场动态,了解消费者需求,将有限的资源集中在能够满足市场需求的关键业务上。

（2）随着市场环境的变化，蒙牛灵活调整了自己的经营策略，通过与航天事业的合作提升了知名度。创业者应该学会根据市场变化及时调整自己的经营策略，抓住机遇，实现企业的快速发展。

（3）通过与航天事业的合作，蒙牛成功提升了品牌形象。创业者应该要注重品牌建设，通过赞助活动、广告宣传等方式提升品牌知名度和美誉度，从而提高消费者的信任度和忠诚度。

（4）蒙牛通过与航天事业的合作，获得了资金信用背书、长期稳定的合作伙伴关系等多方面的支持。创业者应该学会善于借力发展，寻求与优秀企业、机构的合作，共同实现资源共享、优势互补，推动企业的快速发展。

（5）蒙牛在资金筹措、运用等方面采取了有效的措施，实现了资金的高效利用和企业的可持续发展。创业者应该注重资金的管理和运用，合理规划现金流，确保企业的稳健发展。

蒙牛的成功告诉我们：资金策略的制定与执行是企业发展的关键。只有深入了解市场需求、灵活调整经营策略、不断创新资金运用方式，才能在激烈的市场竞争中立于不败之地。

## 四、资金与人力资源的协同策略

企业资金能为人力资源提供必要的支持，高质量人才队伍可以提高企业的整体效能和管理水平，从而实现更高效的资金利用。如加强培训、提供发展机会和改善工作环境等措施可以提高员工的工作能力、素质和竞争力，从而实现人力资源的增值。

企业资金与人力资源的协同增值体现在相互促进的良性循环上。一方面，企业资金的充足和有效管理可以吸引和留住优秀的人才，提高员工的工作积极性和满意度；另一方面，高素质的员工队伍可以为企业创造更多的价值，提高企业的盈利能力，从而为资金的增值提供更多的可能性。

### 案例

华为：资金与人才协同，创造传奇的创业故事

创业的道路上，充满了未知与挑战。

资金策略

华为，这个如今闪耀全球的通信巨头，其发展历程同样是一个充满资金困局与人才挑战的故事。但任正非先生坚信："在华为改变命运的途径只有两个，一是奋斗，二是贡献。"这句话贯穿了华为整个发展历程，成为其成功的核心动力。

创业初期，华为面临着严重的资金短缺。任正非和他的团队深知，资金有限，但人的潜力和创造力是无限的。于是，他们开始将目光投向了人才。在通信行业，人才竞争异常激烈，而华为作为一个初创企业，很难与大型跨国公司相抗衡。但任正非坚信，只要团队齐心协力、持续奋斗，华为定能突破困境、实现自我超越。

为了激发员工的奋斗精神，华为推出了一系列激励创新的机制。通过提供具有竞争力的薪酬和福利，以及内部晋升、股票分红等机会，华为鼓励员工发挥自己的潜力，为公司的发展贡献智慧和力量。这些激励机制不仅吸引了大量优秀的人才加入华为，更让现有员工看到了自己在华为的未来和希望。

华为的员工们夜以继日地工作，不断攻克技术难题，推出了一款款引领市场潮流的通信产品。这些产品不仅展现了华为的技术实力，更赢得了客户的信任和口碑。随着市场份额的逐渐扩大，华为的资金状况也得到了改善。他们开始有更多的资金用于研发和创新，形成了竞争闭环和良性循环。

这种良性循环不仅推动了华为的发展壮大，更让华为在全球通信行业中崭露头角。

华为的激励机制有助于吸引和留住优秀人才，不仅提高了员工的归属感和忠诚度，降低了人才流失的可能性，还减少了企业在招聘和培训新员工方面的投入，从而节省资金成本。同时该机制激发了员工的奋斗精神和创新精神，因为这种员工导向的管理理念有助于激发员工的工作热情和创造力，从而提高生产效率。生产效率的提高意味着企业能够以更低的成本创造更多的价值，从而实现资金的有效利用。在创业的道路上，资金与人才的紧密结合是实现企业持续发展和创造传奇的关键。

华为的"以奋斗者为本"的理念，营造了特定的制度和场景，让钱发挥最大的效用，最大限度地激发员工的能量。我们熟知的华为内部备受赞誉的员工代表有：

（1）余承东：在华为的手机业务中发挥了关键作用。他带领团队不断推出创新产品，如华为Mate系列和P系列手机，使华为在全球手机市场上取得了显著的成绩。

（2）孟晚舟：在华为的财务管理和资金运作方面发挥了重要作用。她在面对外部压力和困难时表现出色，为华为的稳健发展提供了有力保障。

（3）郭平：在公司的战略规划和运营管理方面有着丰富的经验。他致力于推动华为在技术创新和市场拓展方面的发展，为华为的长期竞争做出了贡献。

华为的早期资金策略，证实了只有让资金与人才共舞，使两者之间形成紧密的互补关系，才会达到资金效益的更大化，实现"钱更值钱"的目标。这种互补关系主要通过激发员工潜能、增强员工忠诚度、促进团队合作与优化资源配置等方式，推动企业的持续发展，为公司的长远发展提供了有力支持，使华为不仅在国内市场保持领先地位，还在全球范围内不断拓展市场份额，成为全球通信行业的领军企业之一。

## 五、资金精细化管控策略

企业资金智用意味着企业能够科学合理地调配和使用资金，确保资金的有效流动和增值。这不仅可以降低企业的财务风险，还可以提高企业的经济效益和市场竞争力。当企业能够智用资金时，就能够更好地应对市场变化和经营风险，保持稳健的经营态势。

业务稳扎根是指企业在开展业务时能够稳健地扎根于市场，打牢市场基础，建立稳定的客户关系。这有助于企业积累经验和资源，形成自身的核心竞争力。

企业资金智用和业务稳扎根是相互促进、相互支撑的关系。只有当企业能够智用资金，确保资金的有效流动和增值，同时又能够稳健地开展业务、打牢市场基础和建立稳定客户关系时，企业才能够实现持续、健康的发展。因此，企业在经营管理过程中需要注重资金智用和业务稳扎根两个方面的平衡和协调发展。

## 📑 案例

**亚马逊：资金智用、业务稳扎根是致富之源**

亚马逊的发展历程并不是一帆风顺的。在初创期，亚马逊同样面临着资金压力和各种挑战，但通过一系列"花钱有方"的资金策略，成功地实现了企业的起死回生。

1994年，在华尔街的金融风暴中，年轻的金融才子贝佐斯看到了互联网这个每年加速增长的神奇领域，他的心中燃起了一股创业的热情。他坚信，互联网将会成为人类生活的中心，所有的事情都将在这个虚拟的世界里完成。

于是，贝佐斯辞去了投资银行高级副总裁的职位，开始了他的互联网电商创业之路。然而，他的这个决定并没有得到他上司的理解和支持，反而被认为是一个疯狂的决定。毕竟，放弃华尔街的高薪工作，投身于这个充满未知和风险的互联网领域，对于大多数人来说，都是难以接受的。

贝佐斯并没有因此而退缩。他回到了自己的家乡西雅图，开始了创业之旅。他做的第一件事情就是寻找投资，虽然他的朋友们对互联网一知半解，但他的父母对他充满了信任和支持。他们拿出了自己的积蓄，帮助贝佐斯开启了创业之路。

接下来，贝佐斯开始为新公司起名字。他原本想选择"Relentless.com"，但律师认为这个名字不够吸引人。经过深思熟虑，他最终选择了"Amazon"这个名字。因为他认为，正如亚马孙河是世界上流量最大的河流一样，他的公司也将会成为世界上最大的电商平台。

然后，贝佐斯面临的问题是，他要通过互联网卖什么？经过一番研究和思考，他决定将图书作为平台的第一个商品。这是因为图书具有三个独特的优势：首先，图书是一种标准化产品，无论在哪里购买，内容和品质都是一样的；其次，图书的来源简单且稳定，当时的美国只有两家图书批发商；最后，图书的种类丰富，从人文、地理、科普，到悬疑、爱情、科幻，全世界有超过一亿种书可供选择。

1995年，Amazon.com正式上线。亚马逊在初创期将资源集中在核心业务上，即在线图书销售。为了给客户提供尽可能多的选择，亚马逊开始四处收集各种书籍。

随着亚马逊涵盖的书籍种类越来越多，网站的营收开始爆发式增长。亚马逊也面临着备货、压货、物流、运营推广等各个环节的资金压力。为了解决这个问题，亚马逊采取了一系列策略来巧妙地管理资金支出。

亚马逊非常注重资金的有效利用。贝佐斯明白，每一分钱都必须用在刀刃上。因此，在初创期，他和他的团队严格控制成本，优化运营流程，减少不必要的开支。例如，他们选择将车库作为办公室，以节省租金支出；同时，他们使用开源软件和技术，减少了技术开发和维护成本。

为了资金使用效率的最大化，亚马逊通过与供应商建立紧密合作关系来解决资金问题。他们与图书批发商达成了长期合作协议，通过批量采购获得更低的进货价格。这种策略不仅降低了采购成本，还提高了供应链的稳定性。

亚马逊在减少库存积压方面采取了一系列具体的措施，通过精确的需求预测和库存管理技术，确保库存周转率高，从而降低了库存成本。

一是亚马逊运用大数据分析和机器学习技术来预测产品的需求。他们收集了大量的用户购买历史、搜索记录、点击行为等数据，并利用算法对这些数据进行分析和挖掘。通过这些数据，亚马逊可以预测出未来某个时间段内某种产品的需求量，从而提前进行库存规划和采购。

二是亚马逊采用了先进的库存管理技术，如实时库存监控和动态库存分配。他们可以通过实时库存监控系统，随时掌握各种产品的库存情况，包括库存数量、分布和销售速度等。同时，他们还通过动态库存分配系统，根据不同地区和不同销售渠道的需求，智能地调整库存分配，确保产品能够及时送达消费者手中。

三是亚马逊还注重与供应商的紧密合作，通过共享库存信息和销售数据，实现供应链的协同管理。他们与供应商建立长期合作关系，共同制定库存计划和采购策略，从而减少了库存积压和浪费。

通过这些措施，亚马逊成功地降低了库存成本，提高了库存周转率。他们不仅减少了库存积压的风险，还提高了资金的利用效率。这对于一个电商巨头来说，是非常重要的竞争优势之一。同时，这也为其他企业提供了良好的借鉴和启示，即通过先进的技术和管理手段，可以有效地降低库存成本，提高企业的竞争力和盈利能力。

在现金流管理方面，亚马逊采取了多项措施以确保现金流的稳定性。他们优化了收款流程，缩短了应收账款的周期，提高了现金流的流入速度。此外，亚马逊还建立了严格的预算管理制度，对各项支出进行审批和控制，确保资金使用的合理性和必要性。他们甚至与供应商协商延迟支付货款，以缓解短期的资金压力。

为了缓解资金压力，亚马逊创新了融资方式。他们积极寻求风险投资机构的支持，通过股权融资引入了战略投资者，为企业带来了资金支持和业务资源。同时，亚马逊还利用债务融资手段，如向银行贷款，来获得短期流动资金支持，满足企业的运营需求。亚马逊还注重与金融机构合作，通过供应链金融等创新金融工具来拓宽融资渠道。例如，用应收账款等资产进行质押融资，获得了额外的资金支持。这些金融合作不仅为亚马逊提供了资金支持，还提高了其信用评级和融资能力。

在解决资金问题的过程中，亚马逊注重内部资金的管理和调度。他们建立了专门的资金管理部门，负责资金的筹集、调配和监控。合理的资金调度和风险管理确保了资金的流动性和安全性，为企业的发展提供了坚实的资金保障。

亚马逊始终注重持续创新。他们不断推出新的产品和服务来满足客户需求，通过不断投入资金进行研发和创新，保持了竞争优势并实现了持续增长。这种"花钱有方"的策略不仅吸引了更多客户，还为企业带来了额外的收入来源。亚马逊最终取得了前三年增长率均超过300%，每个月营收都能增长30%到40%的成绩，为日后成为电商平台奠定了厚实的资金基础。

**亚马逊早期资金策略的成功为创业者提供了启示：**

（1）亚马逊在初创期将资源集中在核心业务上，即在线图书销售。通过专注于这一领域，他们以更低的价格、更好的客户体验、更大的流量、更多的供应商支持，实现了更低的成本结构，进而能够快速建立市场地位并吸引客户。这种聚焦策略使他们能够更有效地利用有限的资金，确保在竞争激烈的市场中脱颖而出。

（2）在初创期，资金通常都非常有限，因此初创公司需要像亚马逊一样注重成本控制，包括资金筹集、使用、分配和风险控制等方面。通过优化运营流程、减少不必要的开支、选择成本效益高的解决方案等方式，可以有效降低企业的运营成本，确保资金用在刀刃上。

（3）为了降低库存成本和提高资金周转率，亚马逊采用了先进的库存管理技术。他们利用数据分析来预测需求，并根据预测结果调整库存水平。这种策略不仅减少了库存积压和浪费，还提高了资金的使用效率。

（4）亚马逊通过与供应商建立紧密的合作关系，实现了成本控制，确保了供应链的稳定性。创业者也可以与供应商建立紧密的合作关系，通过联合采购、定制生产等方式降低成本，提高产品质量和交货速度。

（5）亚马逊在初创期通过创新融资方式，如风险投资、债务融资等，获得了宝贵的资金支持。创业者也可以借鉴这种做法，积极寻求多元化的融资渠道，如天使投资、众筹、政府补贴等，以缓解资金压力。

（6）通过建立严格的预算管理制度、优化收款和付款流程、提高应收账款周转率等方式，确保企业现金流的稳定性和可持续性。

（7）亚马逊一直秉持着创新精神，通过不断创新产品和服务来保持竞争优势。创业者需要不断关注市场变化和技术趋势，持续创新以提高企业的竞争力。

## 六、财务杠杆策略

企业出现负债不可避免，负债是企业筹集资金的一种重要方式。

然而，怎么规划负债才能步步为营呢？

很多企业在"玩"财务杠杆。财务杠杆效应被比作一把双刃剑，既有正面效应，也有负面效应，对企业财务状况和经营成果具有双重影响。

财务杠杆的正面效应主要体现在财务杠杆收益上。当企业的税前利润率大于债务利息率时，权益净利率会增加，这是因为债务资金的利息支付属于权益资本。在这种情况下，企业适度增加债务融资比例可以最大限度地保障权益净利率，从而增强财务杠杆的积极效应。

财务杠杆的负面效应体现在当投资收益率小于资本成本时，股本回报率会随着财务杠杆的增大而减小，两者呈现出负相关关系。这意味着，如果企业过度使用财务杠杆，可能会导致财务风险增加，甚至可能引发资金链断裂等严重问题。

因此，企业在运用财务杠杆时需要谨慎权衡其正面效应和负面效应，确保在保持适度债务水平的同时，实现收益最大化并控制风险。这需要企业有良好的财务管理能力和风险控制能力，以便在复杂的经济环境中保持稳健地运营和发展。

## （一）正面效应

### 📋 案例

中兴通讯：正面杠杆策略，荣耀之战

全球通信行业处在从4G到5G的过渡阶段。5G技术以高速率、低时延和大连接等特性，被公认为下一代移动通信技术的关键。当时，5G技术虽然已经开始试点和初步商用，但整体上仍处于发展的初期阶段。各大通信设备商都在积极投入研发，争夺市场份额。与此同时，全球通信设备市场也正处于变革之中，传统的通信设备商面临着来自新兴科技公司的挑战。

5G技术的逐渐成熟使与其相关的市场日益扩大，面对这一巨大的市场机遇，中兴通讯作为中国领先的通信设备供应商自然不甘落后，希望能够在这一技术变革中占据有利位置。2018年初，中兴通讯的CEO在一次高层会议上明确提出了公司的5G发展战略。公司高层明白，要想在这场技术竞赛中拔得头筹，必须拥有足够的资金支持。

在这样的背景下，中兴通讯决定优化资金结构，合理利用财务杠杆加大在5G技术的研发和市场推广方面的投入，以期在激烈的市场竞争中脱颖而出。

为了支持这一战略，一场精心策划的优化资金结构的行动悄然展开。财务总监着手制定财务杠杆策略，计划通过发行债券、银行贷款等方式筹集资金。

同时，中兴通讯也开始积极寻求外部融资，与多家金融机构建立了紧密的合作关系。通过发行债券、银行贷款和融资租赁等多种方式，公司筹集到了大量的资金。这些资金像血液一样，源源不断地注入公司的5G研发和市场拓展中。

随着资金的注入，中兴通讯的5G研发进入了快车道。研发团队日夜兼程，攻克了一个又一个技术难题，不断推出具有创新性和竞争力的5G产品和解决方案。在市场上，中兴通讯的5G产品和服务得到了广大客户的认可和青睐，其市场份额稳步提升。

在资金结构方面，财务总监巧妙地调整了债务结构，公司注重降低短期债务比例，增加长期稳定资金来源，以降低财务风险并提高资金使用效率。这一举措不仅为公司提供了稳定的资金支持，还增强了其抵御市场风险的能力。

在财务杠杆策略的助力下，经过一年的努力，中兴通讯在5G技术领域取得了显著成果。2018年底，该公司的5G产品和服务已在全球范围内得到广泛应用，其与多家全球顶级运营商建立了稳固的合作关系。中兴通讯的名字在通信行业崭露头角，成为5G时代的领跑者之一。这一成功，不仅彰显了中兴通讯在5G时代的领先地位，也证明了其财务杠杆策略的正确性。

这个案例展示了中兴通讯在关键时刻的果断决策和高效执行能力，显示了团队协作和领导力在实现企业战略目标中的关键作用，以及财务杠杆策略对推动企业发展的重要作用。同时，它也提醒大家，财务杠杆的运用需要注意以下问题：

（1）在制定企业负债计划时，谨慎、合理地对债务比率、债务成本、债务偿还期限等方面做评估分析，使之在可控范围内。因为要保证企业短期负债少于企业在负债周期内的流动性资金，这样可以保证短期债务到期时企业有足够的流动资金支付到期债务本息，同时又不会大量挤占企业经营资金。

（2）企业应根据自身的资金状况合理安排资金，确保资金得到有效利用，确保有足够的利润偿还短期债务。

（3）正确处理好长期负债和短期负债的关系，保证各项负债的还款周期规划合理，以有效避免企业出现短期流动性资金缺口。

（4）企业应及时出具财务报表并确保财务报表的准确性，以及时掌握资金动态，避免债务危机发生时浑然不觉而导致错过补救时机。

## （二）负面效应

### 案例

东方盛虹：负债之困，盈利之难

江苏东方盛虹股份有限公司（简称"东方盛虹"），自1998年7月16日在江苏省苏州市吴江区盛泽镇成立以来，一直致力于民用涤纶长丝产品的研发、生产和销售，热电的生产与销售等业务。凭借其核心产品的高景气度与明确的

## 资金策略

产业用途，公司一度在金融市场上备受瞩目。

然而，2021年，东方盛虹的财务危机初现端倪。这一年，公司的长短有息债务合计高达758.45亿元，庞大的债务规模意味着公司必须承受巨大的偿债压力。尽管核心产品市场表现良好，但由于缺乏合理的负债规划，公司陷入了债务泥潭。

进入2022年，东方盛虹的财务状况进一步恶化。年报显示，公司的付息债务再创新高，长短有息债务合计达到1021.33亿元。这一年，公司的财务费用高达19.55亿元，其中利息费用更是攀升至20.76亿元的新高度。债务压力使得公司的盈利能力变得不稳定，而股价的大跌也让股东们急于减持套现。

截至2023年9月底，东方盛虹的资产负债率高达79.90%，有息负债超过1200亿元，前三季度的财务费用更是达到了22.43亿元。尽管公司的营收突破了千亿大关，但股价却与其严重背离。背后的原因，正是公司长期以来缺乏合理的负债规划，财务困境日益严重。

东方盛虹的案例警示我们，企业在发展过程中必须重视负债规划策略的制定与执行。只有合理规划债务结构、控制债务规模、降低财务风险，才能确保企业的稳健发展。否则，企业一旦陷入财务困境，即便市场前景再好，也难以摆脱困境。

东方盛虹背负千亿债务，主要原因如下：一是大量使用杠杆并购使得债务水平飙升，偿债成本和风险可能超出了正常范围；二是投资回报并不及预期。因此，虽然东方盛虹的投资规模之大充分展示了其商业雄心，投资者却并不认可，导致其股价也继续下跌。因此，巨大的偿债压力会对公司的现金流产生负面影响，不仅股民会对其失去信心，而且公司的日常运营和业务发展也会受影响。故企业在利用财务杠杆时需要谨慎权衡利弊，确保负债水平在可承受范围内，并制定合理的风险管理措施。

可见，财务杠杆也会带来一定的风险。如果企业的投资回报率低于负债利率，或者市场环境发生变化导致企业盈利能力下降，那么财务杠杆可能会加大企业的财务风险，甚至可能导致企业陷入困境。

对于东方盛虹这类企业，财务杠杆风险防范是至关重要的。以下是一些建议，可帮助企业有效管理和降低财务杠杆风险。

### 1. 制定稳健的财务策略

制定明确的财务策略，确保公司的负债水平与其业务模式和风险承受能力相匹配。

平衡债务和股权融资，避免过度依赖债务融资，以降低财务杠杆风险。

### 2. 强化风险管理意识

加强风险意识培训，提高管理层和员工对财务杠杆风险的认识。

设立专门的风险管理团队来监控和评估公司的财务风险。

### 3. 实施严格的财务杠杆监控

定期对公司的财务杠杆进行评估，包括债务规模、债务结构、偿债能力等内容。设定财务杠杆的警戒线，一旦超过警戒线，立即采取相应措施进行调整。

### 4. 优化债务结构

优先选择长期、低息、稳定的债务来源，减少短期、高息、不稳定的债务。保持债务期限的合理分布，避免债务集中到期导致偿债压力过大。

### 5. 提高盈利能力和现金流稳定性

加强核心业务和市场的拓展，提高盈利能力，为偿还债务提供稳定的资金来源。优化库存管理、应收账款管理和成本控制，提高现金流的稳定性。

### 6. 丰富融资渠道

探索多种融资渠道，如股权融资、债券融资、资产证券化等，以分散财务风险。与金融机构建立长期合作关系，确保企业在需要时能够获得必要的金融支持。

### 7. 加强内部控制和审计

建立健全内部控制体系，确保财务报告的准确性和完整性。定期进行内部审计和外部审计，揭示潜在的风险和问题。

### 8. 制定应急预案

针对可能出现的财务风险，制定应急预案，确保在突发情况下能够迅速应对。对应急预案进行定期演练和更新，以确保其有效性和适用性。

负债规划是业务发展健康有序、资金流周转顺畅的有力保障。当然，成功的创业者会努力积累资产，同时尽量减少负债，从而保持财务状况的稳定。

## 七、产业投资策略

产业投资策略是指企业为了获得预期收益、把握市场机遇、分散经营风险、促进产业升级以及获得政策支持等,对特定产业进行投资和规划的行为。

当资金充足并希望发展壮大时,企业为了巩固行业地位,很多时候优先考虑投资产业链,以充分发挥资金价值,实现产业链的整合和优化。

产业投资策略的核心是选择与企业的战略目标、资源能力和市场环境相匹配的产业进行投资。企业可以通过直接投资、并购、合资合作等方式进入目标产业,并通过有效的管理和运营实现资产的增值和收益的最大化。

### 案例

携程的飞跃:从上海走向世界

从1999年的初创期开始,携程就立志成为中国旅行服务领域的佼佼者。

从上海的一个初创公司,到如今的全球旅游巨头,携程的每一步都充满着智慧和勇气。它的产业投资策略,不仅是一种商业行为,更是智慧的体现。通过精准的投资、巧妙的布局和高效的资金运作,它实现了自身的快速扩张和市场领先,还推动了整个旅游行业的进步。

初试锋芒——途风旅游的精准投资

2013年,携程决定进军出境游市场,而途风旅游成为它的首选目标。携程对途风旅游进行了深入的市场调研和财务分析,确保这次投资既符合市场趋势,又能带来稳定的回报。它利用自有资金,对途风旅游进行了战略投资,不仅加强了其在美国、加拿大等国家的旅游业务,还进一步完善了出境游和国际旅游业务。这次精准的投资,为携程带来了丰厚的回报,也证明了其资金策略的有效性。

强强联手——艺龙的资本整合

2015年,携程再次展现出其高超的资金运作能力。它斥资4亿美元投资艺龙,这不仅是一次简单的收购,更是一次资本的整合。携程利用债务融资和股权融资相结合的方式,筹集了足够的资金来完成这次投资。通过这次整合,携程不仅实现了对艺龙的控制,还实现了双方的资源共享和优势互补。这次资本整合,不仅提高了携程的市场份额和竞争力,还为其带来了更高的运营效率和服务质量。

技术革新——MakeMyTrip的巧妙布局

2016年，携程再次展现出其前瞻性的投资眼光。它向印度最大的在线旅游公司MakeMyTrip投资1.8亿美元。这次投资，携程采用了可转债的方式，既保证了资金的安全性，又获取了MakeMyTrip的技术资源和创新经验。通过这次投资，携程不仅推动了自身在技术和产品创新方面的升级和发展，还得以进入印度等新兴市场，实现全球化布局。

携程的上述三次投资策略给正在高速发展的企业提供了以下启示：

（1）携程的每次投资都基于明确的战略目标，如扩大市场份额、提升服务能力和实现全球化布局等。企业在制定资金策略时，要有明确的目标和策略，确保资金的有效利用和回报。

（2）投资往往伴随着风险，携程在投资决策时必然进行了充分的风险评估和风险管理。企业在使用资金时，要做好风险评估和管理，避免盲目投资和资金损失。

（3）携程的投资策略注重长期回报，而不是短期利益。企业在制定资金策略时，要注重长期回报，避免因过于追求短期利益而忽视了长期发展。

（4）携程在投资过程中，注重保持财务稳健，避免过度扩张和财务风险。企业在使用资金时，要保持财务稳健，确保企业的稳健发展。这个启示有助于企业在高速发展过程中，制定更加合理和有效的资金策略，实现稳健和可持续发展。

在携程的产业投资路上，风险管理始终是其资金策略的重要组成部分。为了确保资金的安全，携程在每次投资前都会进行严格的风险评估。这包括对目标公司的财务状况、市场前景、竞争环境等多个方面进行深入的调研和分析。只有在确保投资风险可控的情况下，携程才会进行投资。

此外，携程还采取了多种措施来保障资金的安全。例如，它会与目标公司签订详细的投资协议，明确双方的权利和义务，确保投资资金的合法性和安全性。同时，携程还会定期对投资项目进行跟踪和评估，及时发现并应对潜在的风险和问题。对于创业者来说，携程的产业投资之路和风险管理策略提供了几个重要的启示：

(1)资金是创业公司的生命线,保护资金安全至关重要。创业者应该采取多种措施来确保资金安全,如与目标合作伙伴签订详细的合同、建立严格的财务管理制度等。

(2)投资不是一次性的行为,而是一个需要持续跟踪和评估的过程。创业者应该定期对投资项目进行审查,确保投资效益的实现,并及时发现和应对潜在的问题。

(3)市场是不断变化的,创业者需要保持敏锐的洞察力,及时调整投资策略和风险管理措施,要在市场变化中抓住机遇,灵活应对各种挑战。

## 八、资产配置策略

资金充足的企业往往已经积累了一定的资产,企业根据自身经营特点和发展方向,合理配置各类资产,以实现资产效益最大化。通过优化资产结构,企业可以提高资金的利用效率,使每一分钱都发挥最大的价值。

(1)固定资产:包括土地、建筑物、机器设备、车辆等长期使用的资产。这些资产通常是企业运营所必需的,可以提供稳定的生产能力和经营基础。

(2)流动资产:包括现金及存货、应收账款等短期内可以变现或运用的资产。这些资产可以满足企业短期内的资金需求,维持企业的正常运营。

(3)金融资产:包括股票、债券、基金、期货等金融市场的投资。企业可以通过持有不同的金融资产实现多元化投资,提高资产的收益性和流动性,同时也可以将其作为对冲风险的工具。

(4)无形资产:企业的无形资产主要包括专利权、非专利技术、商标权、著作权、土地使用权等。企业应该重视无形资产的配置和管理,并采取适当的措施来充分发挥其潜在价值。

### 📖 案例

iPad商标风云:唯冠科技的坚守与苹果公司的觉醒

iPad是苹果公司推出的平板电脑,一经上市,所到之处无不引起抢购风潮,特别是在中国,其销量一直稳居高位。

然而，苹果公司在中国正式推出iPad平板电脑的时候，"iPad"商标正在一家名叫"唯冠科技（深圳）有限公司"的公司的手里，也正因为如此，两家公司为了争夺"iPad"商标，开启了商标之争。

iPad商标的故事起源于2000年，当时唯冠科技在全球多个国家和地区注册了iPad商标。2009年，苹果公司的壳公司IP申请发展有限公司与唯冠电子（唯冠科技在中国台湾地区的子公司）达成协议，约定以3.5万英镑的价格将iPad商标转让给苹果公司。然而，在苹果公司向唯冠科技提出办理商标转让手续时，唯冠科技拒绝了这一请求。

随后，苹果公司与唯冠科技之间的纠纷进入了法律程序。苹果公司在2010年4月将唯冠科技诉至深圳市中级人民法院，请求法院判令iPad商标专用权归其所有，并赔偿其经济损失400万元。然而，一审法院驳回了苹果公司的诉讼请求。苹果公司和IP申请发展有限公司不服一审判决，遂向广东省高级人民法院提出上诉。

在广东省高级人民法院的调解下，苹果公司与唯冠科技最终达成了和解。苹果公司支付6000万美元给唯冠科技，以一揽子解决与唯冠科技有关iPad商标权属的纠纷。这一交易得到了广东省高级人民法院的确认，双方签署了调解协议。苹果公司随后获得了全球大部分国家的iPad商标的所有权，并继续将其用于公司平板电脑产品上。

这个被称为"中国知识产权史上里程碑式"的案件，因为调解数额之大、关注度和热议度之高创下多个史上之最（最高的商标转让价格、最受关注的知识产权案件、最长的诉讼时间、最大的知识产权和解金额）。

撇开唯冠科技的经营能力不谈，单从无形资产配置角度来看，iPad商标的案例确实凸显了其在知识产权保护和管理方面的智慧。唯冠科技在全球多个国家和地区注册了iPad商标，这一决策体现了其对无形资产的战略眼光和前瞻性布局。通过在全球范围内注册商标，唯冠科技确保了自身在商标权益上的优势地位，为未来的商业合作和无形资产配置打下坚实的基础。

从另一个维度看，苹果公司在早期对iPad商标可能持相对藐视的态度。在2009年与唯冠电子达成协议时，苹果公司可能认为以3.5万英镑的价格就能轻松获得全球大部分国家iPad商标的所有权。这种态度源于苹果公司对自身品牌和市场影响力的自信,以及对唯冠科技对商标价值重视程度的低估。然而,随着iPad平板电脑的火爆销售和市场影响力的扩大,苹果公司逐渐意识到iPad商标的巨大商业价值。当唯冠科技拒绝办理商标转让手续时,苹果公司不得不面对关于商标之权的法律纠纷。在这一过程中,苹果公司付出了巨大的代价。

这个案例在无形资产配置和管理方面给企业提供了重要的启示。首先,企业应充分认识到无形资产的重要性和价值,加强无形资产全球化的保护和管理。其次,企业在与合作伙伴进行商标转让或合作时,应进行全面评估和风险分析,确保自身利益的最大化。最后,iPad商标6000万美元的转让费也向企业揭示了知识产权生财之道的几个关键要点:

(1)无形资产的价值评估和转化:企业除了重视对知识产权的保护,还需要对自身的无形资产进行合理估值,并通过有效的转化策略将这些资产转化为实际的经济效益。这包括通过品牌授权、商标注册、技术转让等方式,将无形资产转化为企业的实际收入。

(2)知识产权的商业价值:iPad商标作为唯冠公司的一项重要的知识产权,其转让费用高达6000万美元,凸显了一个强大的品牌可以帮助企业树立独特的市场形象,吸引和保留客户,并为企业创造长期竞争优势的商业价值。这也表明知识产权不仅仅是一种法律权利,更是一种具有极高市场价值的商业资产。

(3)知识产权的保护和管理:iPad商标的转让费用如此之高,凸显了企业在商业活动中面临的风险和法律合规问题。企业需要加强风险控制和法律合规管理,确保自身在商业活动中遵守相关法律法规,避免因为知识产权纠纷等问题造成不必要的损失。

(4)知识产权的转化和利用:苹果公司愿意支付高达6000万美元的和解金,体现了苹果公司对于知识产权转化和利用价值的深刻理解,因为iPad商标作为其核心品牌资产,具有极高的商业价值和市场价值。iPad商标之争的和解,意味着苹果公司拥有了这一商标并确保其独家使用权,有助于苹果公司在全球范围内维护其市场垄断地位,使苹果公司在市场推广、创新能力和风险控制等方面取得优势,实现知识产权转化和利用的价值。这也为企业提供了一种通过知识产权创造经济效益的方式。

(5)知识产权转让的风险控制:在iPad商标的转让过程中,苹果公司可能进行了详细的风险评估和控制。这包括对受让方的信誉、财务状况、市场前景等进行全面考察，以确保转让过程的安全和顺利。这种风险控制意识也是知识产权生财之道中的重要一环。

唯冠科技在iPad商标案中展示了其在无形资产配置和保护方面的智慧。然而，苹果公司在早期对iPad商标的藐视态度也提醒我们，企业在无形资产管理和商业合作中应保持谨慎、目光长远。通过科学、合理的无形资产配置和管理，企业可以实现资产效益最大化，增强自身的竞争力和可持续发展能力。

需要注意的是，企业在进行资产配置时，应根据自身的经营特点、发展阶段和市场环境等因素，制定适合自己的资产配置策略。同时，企业还应对各类资产进行定期评估和调整，不仅要确保投资安全，还要按期待的收益动态跟进、管理，当然能进一步放大收益是更理想的，可为企业带来更多盈利空间。

## 第二节　资金流入策略

对于创业者来说，合理利用股东投入、营业收入、股权融资、上市、债权融资、政府补贴这六个方面的策略，对于确保企业现金流充足和稳健发展至关重要。

（1）创业者需要对企业当前的资金需求、运营状况和未来发展规划有清晰的认识和预判，通过进行合理的财务规划、密切关注运营状况以及明确未来发展规划，创业者可以确保企业拥有充足的资金支持，从而避免过早陷入经营困难。这将为企业的稳健发展奠定坚实的基础。

（2）创业者与投资者、合作伙伴的沟通至关重要。通过及时、准确地传达企业的战略方向、运营状况和未来发展计划等，创业者可以更容易地获得他们的信任和支持，从而为企业的发展争取到稳定的资金来源。

（3）创业者密切关注市场动态和行业趋势也是确保企业现金流充足的关键。市场在不断变化，创业者需要及时调整产品或服务的定位、优化营销策略，以实现更高的营业收入。

（4）股权融资和债权融资是企业经营发展过程中重要的融资策略。通过合理运用这些策略，创业者可以换取资源、资本和人才，推动企业的快速发展。然而，在使用这些策略时，创业者需要进行风险管理，因为债权融资会增加企业的负债压力，所以要合理规划借款规模和还款计划，确保企业能够按时偿还债务，避免陷入财务困境。

（5）还可以关注政府的相关政策和补贴项目，了解申请条件和流程。通过合理利用政府补贴，降低企业运营成本，提高企业竞争力。

（6）可以在适当时机，与其他企业或机构建立合作关系，共同开拓市场、分享资源和技术，进而实现互利共赢，提高整体竞争力。同时还能迅速扩大市场份额，提高品牌知名度，获得更多的资金流入，实现更大的商业成功。

## 一、股东投入策略

2023年12月29日修订的《中华人民共和国公司法》规定，公司注册资本须五年内实缴，企业可以在五年内分期缴纳注册资本，以减轻一次性缴纳的压力。股东之间要以前期实际运营所需资金为导向，制定出资计划，明确各自出资的时间、金额和方式。这样可以确保公司注册资本按时足额缴纳，并为公司前期运营提供稳定的资金来源。但是，股东前期投入只是用以满足公司注册资本实缴的要求，随着公司展开运营，股东持续投入起到关键的作用，所以需要科学合理的策略和智慧。

### （一）找合伙人策略

对于初创企业来说，由于缺乏自有资金、征信记录和纳税记录等，从银行获得贷款通常较为困难。因此，股东投入往往成为初创企业主要的资金来源。

找人合伙时，要想好你要的是资金还是互补性股东，这是一个关于资金价值性的问题。找人合伙，最重要的是找互补性股东作为合伙人，如果你是技术型的创业者，那么不仅要找一个有资金实力的股东，还要找一个有资源或者会做销售的股东，形成牢固的"铁三角"（图1-1），才不会出现"一山不能容二虎"甚至"一山三虎"争权、争钱、争能力的情况。

**资金保障**
付出更多的资金，或者有融资能力，最好不参与经营管理，但有更多的分红

**占领市场**
有资金和好的产品后，还要迅速占领市场，那样资金流才能健康地循环

**技术支撑**
企业必须不断进行技术创新和产品创新，这样才能在市场中立于不败之地

（图中：资金型合伙人、资源型合伙人、技术型合伙人）

图1-1 资金牢固"铁三角"

很多创业者问到技术型合伙人和资源型合伙人要不要出钱入股。我的答案是要投入一定的资金，以免没有参与感，无法与企业构成命运共同体。

因此，合伙人应具有以下特质：

（1）创业能力、创业心态、创业坚持。
（2）资源互补，能够独当一面且做到和而不同。
（3）能背靠背作战。
（4）最好能共同出资。

当然，寻找那些对企业所在行业有深入了解或有成功投资经验的投资人更有意义。他们不仅能提供资金，还能提供负责的行业见解和战略指导。

## 案例

海康威视："白衣骑士"龚虹嘉的传奇助力

海康威视是一家在安防监控领域享有盛名的公司，其创办过程充满了传奇色彩。

在海康威视的创办过程中，龚虹嘉如同一位"白衣骑士"，他的出现与贡献，为这家安防监控领域的公司成为行业佼佼者奠定了坚实的基础。

2001年，陈宗年和胡杨忠两位创始人怀揣着对安防监控市场的远见卓识，决定创办海康威视。但初创期的挑战接踵而至，缺乏编解码技术成为他们面临的一大难题。正是在这样的关键时刻，龚虹嘉出现了。他不仅拥有先进的编解

码技术，更具备丰富的创业经验和敏锐的市场洞察力。他的及时出现，为海康威视注入了强大的动力。

龚虹嘉的投资不仅仅是资金的注入，更是对海康威视全方位的支持。他成为公司的第二大股东，持股49%，为海康威视提供了稳定的资金支持。同时，他利用自己在视频编解码技术方面的专业知识，帮助公司解决了技术难题，推动了产品的研发和市场推广。

此外，龚虹嘉还积极为海康威视招募关键人才，他的引荐为海康威视注入了新的活力，进一步推动了公司的发展。龚虹嘉的丰富创业经验和优秀市场洞察力也为海康威视的战略规划和市场拓展提供了宝贵的帮助。

更难得的是，龚虹嘉的投资理念和价值观与海康威视的创始团队高度契合。他看好海康威视的长期发展前景，愿意与公司共同成长、实现共赢。这种默契和共识使得双方在合作过程中能够形成强大的合力，共同推动海康威视不断向前发展。

龚虹嘉在海康威视的创办过程中起到了至关重要的作用。他带来的资金、技术、人才和市场经验为公司的发展提供了全方位的支持和帮助。他的出现不仅解决了海康威视初创期的困境，更为公司的长远发展奠定了坚实的基础。龚虹嘉与海康威视的高度契合，也为其他创业者在选择投资人时提供了宝贵的启示：找到与自己理念契合、能够提供全方位支持的投资人，是创业成功的关键之一。

海康威视的成功证明了合伙人之间资金、资源、技术融合的重要性。对于创业者来说，选择一个能够提供稳定资金支持、具备相关资源和技术背景的合伙人将大大提高创业成功的概率。同时，创业者也应注重与合伙人之间的合作与沟通，确保双方能够充分发挥各自的优势，共同推动企业的发展。

## （二）自投资金管理策略

传闻50%的公司无法存活超过三年。然而，每个梦想都值得我们去坚守，每个创业故事都值得我们去书写。那么，如何打破这个似乎无法破解的魔咒呢？

对于初创企业来说，首先需要对初始投入的资金有一个清晰、深刻的认知。资金不仅是企业生存的命脉，更是推动企业发展的关键动力。初创企业应当根据自身实际情况，合理规划资金的使用，既要确保日常运营的顺利进行，又要为未来的发展和扩张留下足够的空间。

在资金的使用上，初创企业应注意：

1．初始资金需求评估

企业需要多少启动资金来覆盖初期的运营成本。这些成本涉及哪些具体项目（如租金、设备购置、员工薪酬、市场营销等）。资金需求是否合理且至少足够支持企业6～12个月的运营。

2．资金来源规划

如何筹集启动资金（如自筹、银行贷款、天使投资、风险投资等）。各种融资方式的利弊是什么，哪种最适合我的企业。如果融资计划未能成功，还有什么备选方案。

3．资金使用效率

如何确保每一笔资金都得到有效利用，避免浪费。需要建立哪些内部控制和财务管理流程来监控资金使用情况。如何定期评估资金使用的效果并进行调整。

4．现金流管理

如何预测和管理企业的现金流，确保资金流入和流出的平衡。如何设置预警系统，及时发现和解决潜在的现金流问题。需要建立怎样的库存管理、应收账款管理和应付账款管理策略。

5．成本控制与预算管理

如何设定并控制企业的运营成本，确保其在预算范围内。如何定期回顾预算执行情况，并根据实际情况进行调整。对于超预算或不必要的支出，应如何决策。

6．收入增长策略

如何制定有效的市场营销和销售策略，以确保企业能够快速实现盈利。如何识别并抓住增长机会，不断扩大市场份额。如何平衡短期收入与长期投资之间的关系。

7．风险管理与应对

如何识别并评估潜在的资金链断裂风险。对于这些风险，如何制定应急预案和应对措施。如何建立灵活的企业运营模型，以应对市场变化和经济波动。

通过深入思考如何有效应对这些问题，学会简单制定一个清晰的投资规划和资金使用计划是至关重要的。这不仅有助于确保企业有效地利用资金，避免浪费，还能帮助创业者和股东们更好地了解企业的财务状况和未来发展需求，更重要的是可以避免企业在经营初期就陷入资金链断裂的困境，并为企业的稳健发展奠定坚实基础。

## 案例

### 首次创业的资金困局

A公司是一家新兴的服装公司，由首次创业的老板李明带领。由于资金有限，投入资金仅五十万元，李老板决定以低价策略切入市场，希望快速吸引客户并建立品牌知名度。然而，随着业务的逐渐展开，他遇到了许多预料之外的挑战。

由于A公司在市场上尚未建立起稳定的声誉和客户群体，李老板不得不采取宽松的信用政策以吸引客户。然而，这导致了应收账款管理上的严重问题。许多客户利用A公司的宽松政策，故意拖欠货款，有的甚至在收到货物后消失不见，这些做法给A公司带来了巨大的经济损失。

同时，A公司每月都需要支付房租和员工工资，这些固定支出的支付无法拖延。当资金短缺时，李老板不得不依赖个人信用卡来填补资金缺口。然而，这并不是一个根本性解决方案。几个月下来，A公司的现金流状况不仅没有得到任何改善，反而陷入了恶性循环。

面对这种情况，李老板开始感到焦虑和无助。他意识到，如果不采取有效措施改善现金流状况，A公司很可能面临倒闭的风险。

该案例中，A公司出现资金困局的原因是：首先，创业者创业时没有做好流动资金储备；其次，创业者试图以低价获客，但是应收账款却没有顺利收回。所以，一个创业公司无论有多好的创业想法，多出色的团队，要是现金流断了，就会陷入困境。

现实中，因缺乏资金使用规划导致已展开的生产经营活动因资金不足无法按计划进行，被迫停工甚至烂尾的案例比比皆是。

那如何在创业初期，摆脱资金困局呢？

开公司，要"兵马未动，粮草先行"，做好资金规划，未雨绸缪，才不至于让公司还没运作起来就陷入资金危机。

决策前，要考虑好注册资本、股东出资比例和金额、租金和装修支出、收支平衡前的生产经营支出等要素，这是基础的预算工作。

项目一启动，或者公司一开业，就会花钱似流水。因此，在销售收入能够覆盖生产成本之前，企业事先至少要准备够用半年的流动资金。例如，开办生产企业之前，创业者要考虑几项支出：一是生产经营场地租金、装修的支出；二是租赁、购置生产设备等的支出；三是人员工资、绩效支出；四是生产材料的采购费用；五是销售费用，涉及市场推广、广告宣传和品牌建设等；六是研发新产品的投入；七是其他经营所需的周转备用金（用于支付水电费、电话费、交通费等，以及应对突发事件或意外）；八是税金（增值税、附加税、所得税）。

所以企业创业初期，要想摆脱资金困局，最简单易行的方法，就是制作一张资金预算表（表1-1）。

**表1-1　某小型初创科技公司资金预算表**

| 序号 | 类别 | 资金预算项目 | 数量/分类 | 功能介绍 | 总需资金/元 | 支付程序 经办人 | 支付程序 审核 | 支付程序 签批 | 备注 |
|---|---|---|---|---|---|---|---|---|---|
| 1 | 租赁 | 租金费用 | | 办公场所 | 5000.0000 | | | | |
| 2 | | 装修费用 | | 简单装修 | | | | | |
| 3 | 公司注册 | 注册公司 | | 注册公司 | | | | | |
| 4 | | 证件办理 | | 合法手续 | | | | | |
| 5 | | 银行账户开设 | | 单位账户 | | | | | |
| 6 | | 其他费用交纳 | | | | | | | |
| 7 | 设备购买 | 短信群发设备 | | 核心技术 | 8000.0000 | | | | 根据实际需求，包括公司的注册和其他证件手续办理 |
| 8 | | 设备主机 | | 工作设备 | 1000.0000 | | | | |
| 9 | | 群发应用程序 | | 程序驱动 | | | | | |
| 10 | | 客户短信开发 | | 客户端使用 | | | | | |
| 11 | | 短信专用卡 | | 专用短信卡 | 500.0000 | | | | |
| 12 | | 其他费用 | | | | | | | |

续表

| 序号 | 类别 | 资金预算项目 | 数量/分类 | 功能介绍 | 总需资金/元 | 支付程序 经办人 | 审核 | 签批 | 备注 |
|---|---|---|---|---|---|---|---|---|---|
| 13 | 网站建设 | 空间费用 | | | | | | | |
| 14 | | 域名费用 | | 网站费用 | | | | | |
| 15 | | 网站设计 | | 网站设计费用 | 1500.0000 | | | | |
| 16 | | 主机租用 | | 空间费用 | | | | | |
| 17 | | 其他 | | | 1000.0000 | | | | |
| 18 | 其他 | | | 宣传费用 | | | | | |
| 19 | | | | 其他开支 | | | | | |
| 20 | | | | | | | | | |
| 21 | | | | | | | | | |
| 22 | | | | | | | | | |
| | | 合计 | | | 17000.0000 | | | | |
| | | 费用在2月20日以前到位 | | | 3月1日公司正常业务运营 | | | | |
| | | 20××年公司主投资金为30000元,必须在2月15日完成 | | | | | | | |
| 复核: | | | | | | 制表: | | | |

关于启动资金的规划之道,提醒如下:

(1)谨记"启动资金周转不灵,就会导致企业提前夭折"。

(2)必须核实启动资金金额与持续投入期,即在新企业还没取得销售收入之前须投入多少金额的流动资金,这个阶段会持续多久。

(3)依据"必须、必要、合理、最低"的原则,把投资和流动资金需求量降至最低,做到"该支出的必须支出,能不支出的坚决不支出"。

(4)重新审视公司的定价策略。要意识到低价竞争并非长久之计,必须找到一个既能吸引客户又能保证利润的平衡点。如研发更具竞争力的产品,并通过提高产品质量和设计水平来提升品牌价值。

(5)建立完善的应收账款管理制度,确保及时收款并减少坏账损失。通过定期与客户对账、提供优惠政策鼓励客户提前付款、加强信用评估等,努力改善现金流状况,还必须持有一定量的流动资金储备,以备不时之需。

## （三）增资扩股策略

增资扩股是一种企业向社会募集股份、发行股票、新股东投资入股或原股东增加投资扩大股权，从而提高企业的资本金，实现企业经济实力增强的行为。对于有限责任公司来说，增资扩股一般指企业增加注册资本，增加的部分由新股东认购或由新股东与老股东共同认购。

增资扩股最直接的效果是增加企业的资本金。企业可以借此降低资产负债率，提高偿债能力，从而更容易获得金融机构的贷款支持。这不仅可以提高企业财务的稳健性，还有助于企业调整和优化股权结构。

当企业需要扩大生产规模、增加产品线或开拓新的市场领域时，资金需求通常也会相应上升。此时，增资扩股可以吸引新的投资者，获得更多资金支持，满足企业快速发展的需求。有多家企业在增资扩股中成功引进了优质股东，从而解决了资金和发展的问题。

### 案例

润建股份深化战略布局，泺立能源增资扩股助力能源科技领域新篇章

2023年1月5日，润建股份公告，其控股子公司广州市泺立能源科技有限公司（简称"泺立能源"）已成功参与广州恒运电力工程技术有限公司（简称"恒运电力"）的增资扩股项目。此次增资扩股采用公开摘牌方式，泺立能源以自有资金3529.40万元认购了恒运电力新增的注册资本1511.65万元。

这一策略性的资金布局不仅展示了润建股份对泺立能源未来发展的坚定信心，也反映了其对于增资扩股资金策略的高度重视。通过参与恒运电力的增资扩股，泺立能源不仅扩大了自身的资本规模，还进一步巩固了其在能源科技领域的市场地位。

增资扩股作为一种有效的资金策略，有助于企业迅速筹集资金、扩大经营规模，并优化股权结构。对于泺立能源而言，此次增资扩股不仅为其提供了资金支持，还让其持有恒运电力49%的股权，进一步巩固了双方在能源科技领域的合作关系。此事件中，泺立能源实现了以下资金策略：

1.战略布局与多元化投资。首先，润建股份在通信网络管维等领域有着丰富的经验，而恒运电力则专注于输配电及控制设备的制造、销售等方面。这种

资金策略

产业链的上下游合作有助于双方实现资源共享和优势互补，提高整体竞争力。其次，润建股份本身在通信网络管维等领域有深厚的业务基础。通过参与恒运电力的增资扩股，润建股份得以进一步深耕能源领域，尤其是电力行业。这种跨行业的布局有助于公司抓住更多的市场机会，实现业务的多元化发展。最后，润建股份和恒运电力分别在不同的地区有着自己的业务布局。通过此次合作，润建股份得以进一步拓展其业务范围，提高市场份额，进而提高整体盈利能力。因此，润建股份通过泺立能源参与恒运电力的增资扩股，落实了在能源领域的战略布局。这种多元化投资策略有助于公司分散经营风险，同时开拓新的增长点。

2.财务投资与资本增值。泺立能源以自有资金参与恒运电力的增资扩股，这表明润建股份有长期投资的意愿，并期待通过持有恒运电力的股权实现资本增值。这种投资扩大了润建股份资产规模，有助于降低公司的经营风险，提高资产的整体收益率。通过参与恒运电力的增资扩股，润建股份可以分享恒运电力未来的成长红利，实现资本增值；这一做法还扩大了润建股份业务范围和市场影响力，有助于提升其整体价值，为公司带来更多的商业机会和更大的发展空间。

3.增强资金流动性。增资扩股后，润建股份在恒运电力的股权比例增加，这意味着其资产组合中的流动性资产（股权投资）相应增加。这样的资本结构调整有助于公司在需要时快速变现，从而提高整体资金的流动性，提高资金的使用效率。

4.资源整合与协同效应。通过成为恒运电力的股东，润建股份可以获取更多的行业资源，实现资源共享和优势互补。同时，双方可以在业务、技术和管理等方面展开深度合作，实现协同效应。例如，润建股份可以为恒运电力提供通信网络解决方案，而恒运电力则可以为润建股份提供电力工程技术支持。这有助于增强双方的市场竞争力和盈利能力，实现共同发展。

5.拓宽融资渠道。参与恒运电力的增资扩股为润建股份提供了一种新的融资渠道。润建股份不仅投入了自有资金，还可能吸引其他投资者进入。这意味着公司资金来源将更加多样化，不再仅仅依赖内部积累或单一的融资渠道。多样化的资金来源有助于公司更好地应对市场波动和资金需求变化。

6.优化资产配置：润建股份通过参与恒运电力的增资扩股，可以优化自身的资产配置，实现资产多元化，降低单一业务或领域的风险。

增资扩股是企业实现发展壮大的一种有效资金策略，通过引入更多的资本，企业可以扩大规模、优化结构、提高竞争力，从而实现更快速、更稳健的发展。

非上市企业在进行增资扩股时，可以从润建股份参与恒运电力增资扩股的案例中汲取以下启示：

（1）企业应首先明确，增资扩股的目的是为了解决资金短缺问题、扩大生产规模、引入战略投资者还是实现其他战略目标。明确目的有助于企业制定合适的增资扩股方案。

（2）企业在选择投资者时，应考虑投资者的背景、实力、行业经验和资源等要素。合适的投资者不仅可以为企业提供资金支持，还可以带来技术、市场和管理等方面的支持。

（3）企业应制定合理的增资价格和股权结构，确保投资者的利益得到保障，同时避免股权被过度稀释。合理的股权结构有助于维护企业的稳定和发展。

（4）企业在增资扩股过程中，应与投资者保持良好的沟通与合作，双方共同制定企业发展战略，实现资源共享和优势互补。

（5）企业在增资扩股后，应关注长期发展，合理利用投资者的资源和支持，推动企业的持续创新和发展。同时，企业应注重品牌建设、市场拓展和人才培养等方面的工作，为企业的长远发展奠定坚实基础。

需要注意的是，股东在增加投资时应该充分考虑企业的实际情况和发展需求，避免盲目投资。另外，股东还需要与企业的管理层以及其他股东保持良好的沟通和合作，共同推动公司的发展。同时，在增资扩股过程中，企业应关注风险防范和合规性问题，遵守相关法律法规和监管要求，确保增资扩股活动的合法性和合规性。

## 二、营业收入策略

营业收入对于企业的生存和发展至关重要。它不仅是企业利润的主要来源，还反映了企业在市场竞争中的地位，提供了必要的现金流，推动了企业的发展，并体现了客户对企业的认可程度。

第一，营业收入是企业利润的主要来源。企业为了维持日常运营，需要支付各种费用，如员工工资、租金、水电费、原材料采购费用等。这些费用都需要从企业的收入中支付。只有当企业有足够的营业收入时，才能支付这些费用，并实现盈利。而盈利则是企业进一步发展的基础，可以用于偿还债务、扩大生产规模、研发新产品等方面。

第二，营业收入反映了企业在市场竞争中的地位。在竞争激烈的市场环境中，只有那些能够提供高质量产品或服务的企业才能吸引更多的客户，从而获得更高的营业收入。因此，营业收入的多少可以反映企业在市场中的竞争力。企业的营业收入高通常意味着它在市场中具有更强的竞争力，从而更容易吸引投资者和客户。

第三，营业收入为企业提供了必要的现金流。企业的日常运营需要稳定的现金流支持。只有当企业有足够的营业收入时，才能保证现金流的稳定。稳定的现金流可以确保企业按时支付员工工资、租金等费用，避免因资金短缺而导致的运营困难。

第四，营业收入的增长可以推动企业的发展。当营业收入实现稳定增长时，企业会有更多的资金用于研发新产品、拓展新市场、提高生产效率等环节。这些投资可以进一步提升企业的竞争力，推动企业的持续经营和发展。

第五，营业收入的多少也反映了客户对企业的认可程度。客户是企业的生存之本。只有当企业提供的产品或服务受到客户的认可时，客户才愿意为之支付费用。因此，营业收入的多少可以体现客户对企业经营活动和产品的认可程度。高营业收入意味着企业受到了广大客户的青睐，这有助于企业建立良好的口碑和客户关系，为长期发展奠定基础。

创业者要重视营业收入策略，因为这关系到企业的盈利、竞争力、资源配置、市场应对能力和品牌影响力等。通过精心制定和执行营业收入策略，企业可以实现更好的经营成果并为长期的发展奠定坚实基础。

### （一）多元化营收策略

多元化营收策略是指企业不仅仅依赖一种产品或服务来创造收入，而是通过多种不同的方式或渠道来获得营收。这种策略的目的是分散经营风险，增加收入来源，并且更好地利用企业的资源和能力。

（1）产品多元化：开发并销售多种不同的产品或服务，以满足不同客户的需求。

（2）市场多元化：在不同的地理区域或细分市场中销售产品或服务，以扩大市场份额。

（3）收入来源多元化：除了主要的产品或服务外，还通过其他方式获得收入，如许可销售、广告、订阅、增值服务等。

（4）渠道多元化：通过不同的销售渠道来销售产品或服务，如线上销售、实体店销售、第三方平台销售等。

### 案例

腾讯社交生态盈利增长新篇章：从QQ到微信的营收跃迁战略

在腾讯创业初期，资金如同血液般重要，而QQ这个即时通信软件就像是腾讯的造血机器，源源不断地为集团输送着资金养分。QQ的成功，不仅仅在于它建立了一个庞大的社交网络，更在于它为腾讯积累了海量的用户数据。这些数据就像是珍贵的矿藏，为腾讯后续的精准营销和个性化推荐提供了宝贵的资源。腾讯也通过深入挖掘这些用户数据，精准地推送广告和内容，实现了高效的创收。

虚拟商品和增值服务是QQ的重要收入来源之一。用户为了展示自己的个性和品位，愿意为QQ秀、表情包、会员特权等虚拟商品付费。这些看似微小的付费行为，却汇聚成了腾讯稳定的收入来源，为腾讯的资金池注入了源源不断的活力。

游戏业务更是腾讯的创收利器。通过QQ平台推出的《王者荣耀》《QQ飞车手游》等热门游戏，吸引了无数用户的目光。这些游戏不仅带来了游戏销售收入，还有道具销售收入等，为腾讯带来了巨大创收。每一笔游戏交易，都是腾讯资金增长的见证。

此外，QQ作为社交媒体平台，还提供了丰富的社交网络服务，如空间、朋友圈、群组等。这些服务吸引了大量用户，为腾讯开拓了社交广告、付费会员等收入来源。随着社交媒体市场的不断扩大，这些收入也有望持续增长，为腾讯的资金池注入更多的活力。

广告业务也是腾讯的重要收入来源之一。随着QQ用户基数的增加和广告市场的扩大，腾讯在QQ平台上展示的广告数量和质量也在不断提升。品牌广告、推广信息等为腾讯带来了大量的广告收入，成为腾讯资金增长的重要支柱。

随着知识付费市场的兴起，腾讯也在QQ平台上推出了知识付费业务。通过提供付费问答、专栏、课程等知识内容，满足用户对高质量知识的需求，并从中获得知识付费收入。这一创新举措不仅为用户提供了有价值的知识内容，也为腾讯的资金池注入了新的活力。

QQ作为腾讯的核心即时通信产品，为其营业收入做出了巨大贡献，给创业者提供了以下几个启示：

1. 发掘并满足用户需求：QQ的成功不仅在于它满足了用户的即时通信需求，而且在于随着产品的迭代和发展，QQ不断增加的新功能和服务也满足了用户日益增长的其他需求。因此，创业者需要深入了解目标用户的需求和痛点，并以此为基础来设计和优化产品。

2. 创新盈利模式：腾讯通过开发虚拟商品、增值服务、游戏业务、广告业务以及知识付费等多种业务实现创收，打造了多元化盈利模式。创业者不应局限于传统的盈利方式，而应积极创新和尝试，寻找适合自身产品的盈利模式。

3. 积累用户数据并实施精准营销：腾讯通过QQ积累了大量的用户数据，并利用这些数据实现精准营销和个性化推荐，从而提高了创收效率。创业者也应重视用户数据的积累和分析，通过精准营销来提高产品的盈利能力。

4. 持续创新和优化：随着市场和用户需求的变化，腾讯不断调整和优化其产品和服务，以适应市场的发展。创业者也应保持敏锐的市场洞察力，持续创新和优化产品，以保持竞争优势和盈利能力。

5. 建立良好的生态系统：腾讯借助QQ建立了庞大的社交网络，为其他业务提供了流量入口和推广渠道。创业者也应考虑如何建立自己的生态系统，通过产品之间的协同作用来提高整体的盈利能力。

因此，QQ软件被称为腾讯生存和发展的基石，主要是因为它在腾讯公司的早期发展中起到了至关重要的作用，为腾讯后续的扩张和多元化发展奠定了坚实的基础。

在腾讯的历史长河中，QQ即时通信业务如同一个顽强的种子，扎根于互联网的沃土中，为整个商业帝国源源不断地"造血"。随着时间的推移，腾讯并未满足于QQ的成功，而是不断地挖掘新的业务机会，拓展商业边界，用创新和智慧书写着一个又一个传奇。

2011年1月21日微信正式上线，这款产品成为中国互联网的一个奇迹，改变了中国人的日常生活；同时，它也帮助腾讯实现了营业收入跃迁。

微信背后的主导者张小龙团队也被推上神坛。

微信的成功确实是中国互联网历史上的一个奇迹，它不仅改变了人们的通讯方式，还通过增加公众号、小程序等功能，成了一个综合性的生活服务平台。微信的普及和成功，对腾讯的营业收入产生了巨大的正面影响，成为腾讯重要的收入来源之一。

微信，不仅仅是一个通信工具，更是连接亿万用户的桥梁，为腾讯带来了前所未有的创收增长。在微信的世界里，社交广告如同一道亮丽的风景线，精准地触达每一个用户的内心。广告主们纷纷涌入微信朋友圈、公众号等处的广告位，为腾讯带来了巨大的广告收入。这背后，是腾讯对用户需求的深刻洞察和精准的广告推送算法，也是马化腾与张小龙团队的坚守与助力、共创与成功的传奇。

微信支付，作为日常支付的重要工具，为腾讯带来了丰厚的支付手续费收入。随着移动支付的普及，微信支付的用户规模不断扩大，手续费收入也逐年增长。同时，腾讯还通过开发理财类、贷款类等不同类别金融产品，为用户提供一站式的金融服务，实现了金融业务的收入，进一步巩固了腾讯在互联网领域的商业地位。

小程序，这个轻量级的应用生态，为中小企业和个人开发者搭建了一个低成本的商业平台。在这个平台上，用户可以方便地进行线上购物、预约服务等操作，从而吸引了众多中小企业和个人开发者入驻。而开发者们则通过提供有偿服务或接入广告等方式实现了商业变现，为腾讯带来了可观的收入。

企业微信，作为一款专注于企业用户的通信工具和管理平台，提供了丰富的沟通和协同办公功能。通过向企业提供付费的增值服务，如高级管理功能、API接口等，微信实现了对企业用户的收费，为腾讯增加了新的收入来源。

这些典型的收入渠道，共同构成了微信创收的坚实基础。它们不仅为腾讯带来了可观的收入，更在推动着腾讯不断前行，拓展新的商业领域，实现源源不断的资金流的涌入。

由此可见，腾讯的创收模式体现了多元化、用户体验优先、创新驱动、强大的技术和数据分析能力以及开放合作的生态系统等多方面的优势，这些优势对于其他企业来说具有很高的借鉴意义。通过学习腾讯的创收模式，企业可以更好地适应市场变化，提高自身的竞争力和创收能力。

综上，腾讯的多元化、生态式创收体系为创业者提供了多方面的启示：

（1）腾讯始终坚持以用户需求为导向，不断推出满足用户需求的产品和服务。创业者应关注用户需求，深入了解目标用户群体，设计出真正符合用户需求的产品或服务。

（2）腾讯通过跨界合作、投资并购等方式，构建了一个庞大的生态系统。创业者可以借鉴这种思路，通过与其他行业或企业的合作，共同打造生态圈，实现资源共享、互利共赢。

（3）腾讯在技术创新方面始终保持领先地位，不断推出新产品和服务。创业者应重视技术研发和创新，不断推出具有竞争力的产品和服务，保持企业竞争力。

（4）腾讯注重精细化运营和数据分析，通过数据驱动决策，优化产品和服务。创业者应关注数据分析，了解用户行为和需求，为产品和服务的优化提供数据支持。

（5）腾讯通过提供优质的服务和产品，树立了良好的品牌形象，提升了用户黏性。创业者应重视品牌建设和用户黏性的提升，通过提供优质的产品和服务提高用户满意度和忠诚度，实现创业成功。

## （二）连锁店与品牌授权策略

连锁店策略是指一个公司或品牌通过开设多个分店来扩大其市场覆盖率和品牌影响力。这种策略通常涉及对分店的所有权和控制权，由母公司或总部负责统一管理、运营。连锁店的优势在于能够利用品牌知名度、统一的管理和运营标准以及规模效应来降低成本、提高效率和盈利能力。同时，通过在不同地区开设分店，连锁店可以更好地满足消费者的需求，提高品牌的市场占有率和影响力。

品牌授权策略则是指一个品牌或公司将其品牌、商标、专利等知识产权授权给其他企业或个人使用，以获取一定的费用或分成。这种策略通常不涉及对被授权方的所有权和控制权，而是通过授权合同来规定双方的权利和义务。品牌授权的优势在于可以利用品牌知名度和影响力来快速扩张市场，同时降低自身的经营风险和成本。对于被授权方来说，可以通过获得知名品牌的授权来提高自身的竞争力和市场份额。

> 案例

星巴克连锁店与品牌授权的双向盈利策略

星巴克是一家典型的结合使用连锁店和品牌授权策略的企业。它如今在全球范围内拥有大量的直营连锁店，这些店铺由公司直接运营，从而确保了品牌质量和品牌一致性。同时，星巴克也通过品牌授权的方式与合作伙伴合作，在许多国家和地区开设特许经营店。这种策略使得星巴克能够迅速进入新市场，并利用当地合作伙伴的资源和专业知识来降低市场进入的风险。

通过结合使用连锁店和品牌授权策略，星巴克不仅保持了品牌质量和品牌一致性，还实现了快速的市场扩张。这种策略使得星巴克能够在全球范围内建立起强大的品牌形象、占据重要市场地位，成为世界上最受欢迎的咖啡品牌之一。

星巴克成功的背后是创始人霍华德·舒尔茨（Howard Schultz）的远见和领导。

他在星巴克的成功中扮演了至关重要的角色，最终引领公司走向全球性成功。

舒尔茨早年在一家咖啡店工作，对意式浓缩咖啡的热爱让他深刻认识到咖啡文化的巨大潜力。他发现，欧洲有着繁荣的咖啡文化，美国市场在这一方面却相对落后。这种认知激发了他改变这一局面的决心，并为他后来创立星巴克提供了动力。他成功筹集资金，在西雅图开设了第一家以星巴克命名的咖啡店，星巴克通过提供高品质的咖啡和独特的咖啡店体验吸引了大量忠诚的顾客。

## 资金策略

舒尔茨通过创新的策略，成功地将星巴克打造成为一个高品质、具有独特魅力的咖啡品牌。他注重产品的品质，坚持使用高质量的咖啡豆，并使用独特的烘焙工艺使其呈现出最佳的口感。此外，他还引入了欧洲的咖啡文化元素，如意式浓缩咖啡、拿铁等，为美国消费者带来了全新的咖啡体验。

除了产品创新，舒尔茨还注重顾客体验。他强调提供舒适、温馨的品用环境，让顾客在品尝美味咖啡的同时，也能获得愉悦的品用体验。这种注重顾客体验的理念，使得星巴克在竞争激烈的市场中脱颖而出，赢得了消费者的喜爱和忠诚。

星巴克最初意在通过开设连锁店，实现采购、生产、营销等方面的规模经济，降低单位产品的成本。随着越来越多的消费者对高品质咖啡、优质的顾客体验、舒适品用环境表示认可，星巴克品牌知名度迅速提升，公司意识到可以通过开设连锁店进一步扩大市场份额，增加品牌曝光度，吸引更多消费者，连锁店的扩张可使得消费者能在不同地区享受到星巴克的产品和服务，能够使得星巴克快速占领市场，提高品牌竞争力。于是，星巴克的第一家连锁店在1987年诞生，其位于美国华盛顿州西雅图的派克市场。这是星巴克发展历程中的一个重要里程碑，标志着公司成长为一个面向大众消费者的咖啡连锁店，并逐渐发展成全球性的咖啡连锁品牌。

星巴克第一家连锁店的开设为公司带来了巨大的商业机会和增长潜力，也为星巴克未来的发展奠定了坚实的基础。

在开设第一家连锁店之后，星巴克继续以稳健的步伐扩张其连锁店网络。

星巴克在进入新市场之前，会进行深入的市场研究，了解当地的消费者喜好、竞争对手情况以及市场潜力。这有助于星巴克制定有针对性的市场策略，提高开设新店的成功率。

星巴克不断推出新产品和服务，以满足消费者的多样化需求。例如，星巴克引入了各种口味的咖啡、茶饮、轻食等，星巴克利用移动支付、在线预订、会员积分系统等手段提升客户体验，提高效率和顾客满意度。同时其还提供免费的无线网络、舒适的座椅和充电设施等，为消费者提供更加愉悦的品用体验。

星巴克非常注重选址，通常会选择在人流密集的商业区、写字楼等地开设新店。此外，星巴克还会考虑店铺的可见性和可达性，确保消费者能够方便地找到并前往店铺。

星巴克重视品牌传播和营销工作，通过社交媒体广告、口碑营销等多种形式的传播提高品牌知名度和美誉度。此外，星巴克还积极举办各种文化活动和社区活动，增强与消费者的情感联系。

通过以上策略，星巴克成功地继续开设了大量的连锁店，实现了快速的市场扩张和营收增长。

星巴克通过与当地的合作伙伴建立特许经营关系，实现了快速的全球扩张。在这种模式下，合作伙伴负责提供资金、场地和人员，而星巴克则提供品牌、管理和技术支持。这种合作模式降低了星巴克的资金压力，同时加快了扩张速度。

如今，星巴克已成为全球知名的咖啡连锁品牌，拥有庞大的连锁店网络和广泛的消费者群体。

此外，星巴克还通过品牌授权和合作等方式，将其品牌延伸到多个领域，如咖啡豆、咖啡机销售等。多元化的业务策略也为星巴克带来了巨大的营收增长，并巩固了其在全球市场的地位。星巴克的营收策略实现了多种资金的流入，这些营收来源共同构成了星巴克稳健的财务基础和持续增长的动力。

1. 星巴克最主要的营收来源为店内咖啡、茶饮、轻食、甜点等产品的销售。此外，星巴克还销售咖啡豆、咖啡机、咖啡杯等产品，增加了营收来源。

2. 星巴克推出了会员计划，鼓励消费者成为会员并积累积分。会员在消费时可以用积分兑换免费饮品、食品或其他福利，同时也可以通过推荐新会员或参与活动等方式获得额外积分。这些积分兑换和奖励机制也为星巴克带来了一定的营收。

3. 星巴克还通过与其他品牌或企业合作，实现品牌授权和合作营收。例如星巴克与其他餐饮、零售或娱乐企业合作，共同推出联名产品或活动，分享营收和市场份额。

4. 星巴克通过与合作伙伴建立特许经营关系，实现了快速的全球扩张。加盟商需要支付一定的加盟费和持续的特许权使用费，这也是星巴克重要的营收来源之一。

星巴克连锁店与品牌授权的双向盈利策略给创业者的启示：

（1）星巴克强调品牌的价值和影响力，通过严格的品质控制和标准化管理，确保了品牌的一致性和可信度。对于创业者来说，这意味着要注重建立和维护自己的品牌形象，通过明确的核心价值和理念，吸引和留住顾客。

（2）星巴克通过连锁扩张迅速占领市场，实现了规模效应，降低了成本，提高了运营效率。对于创业者来说，可以借鉴这种连锁模式，通过开设分店或加盟店来扩大业务规模，提高市场份额。

（3）星巴克通过品牌授权获得合作伙伴，实现资源的共享和优势互补，双方共同开拓市场。这为创业者提供了思路，即通过品牌授权或合作的方式，寻找合适的合作伙伴，共同实现商业目标。

（4）星巴克始终注重产品和服务的创新，不断满足顾客变化的需求。对于创业者来说，要保持敏锐的市场洞察力，根据市场变化和顾客需求，不断调整和优化自己的产品和服务。

星巴克的连锁店与品牌授权的双向盈利策略为创业者提供了关于品牌管理、连锁扩张、品牌授权和创新服务等的启示。创业者可以根据自身情况和市场需求，灵活应用这些策略，实现自己的商业目标。

### （三）轮次收入策略

轮次收入策略，又称利润乘数模式，是指企业通过多轮或多种方式利用同一源头产品或服务来创造一系列相关的收入流的模式。在这种模式下，企业不仅从初次销售中获利，还通过后续的服务、订阅、授权或其他形式的产品延伸来创造额外的收入来源。

▣ **案例**

迪士尼：五轮次、五维营收财富链

迪士尼的"轮次收入模式"是一个精心策划和执行的商业战略。迪士尼以其高质量的动画电影和真人电影闻名于世，通过投入巨资和汇聚顶尖人才，制作并包装源头产品——动画，如《米老鼠》《狮子王》《星球大战》等，迪士尼创作了一系列经典IP。这些作品不仅赢得了口碑和奖项，更为迪士尼带来了巨大的商业价值，迪士尼利用这些作品打造了影视娱乐、主题公园、消费产品等环环相扣的财富生产链。轮次收入模式确保了公司从各个角度和层面都能最大化地利用其创造的IP（知识产权）和内容。以下是该模式的具体说明。

第一轮，电影与动画大片的制作与发行。

迪士尼的核心业务之一是制作和发行高质量的动画电影和真人电影。这些电影通常以迪士尼特有的品牌故事和角色为基础，吸引着全球范围内的观众。电影的成功不仅仅体现在票房上，更体现在它们为迪士尼创造了强大的IP和提高了品牌知名度。

在这一轮中，迪士尼的收入来源主要包括：

1.电影票房：观众购买电影票进入影院观看电影所产生的直接收入。

2.电影发行：将电影发行到全球各地的影院、视频点播平台等，通过销售、租赁等方式获得收入。

3.衍生品预售：在电影上映前，通过预售与电影相关的衍生品，如玩具、服装等，提前获得一部分收入。

第二轮，衍生品销售与版权授权。

电影的成功为迪士尼带来了大量的粉丝和关注度，这为第二轮的收入创造了机会。在这一轮中，迪士尼利用电影中的角色和故事情节，推出各种衍生品，并通过版权授权与其他公司合作，共同开发、销售衍生品。

这一轮的收入来源主要包括：

1.衍生品销售：涉及玩具、服装、文具、图书等，利用电影中的角色和故事情节吸引消费者购买。

2.版权授权：将电影中的角色、形象和故事情节授权给其他公司或品牌用于生产各种消费品，如主题公园游乐设施、食品包装等。

第三轮，主题公园与度假村的体验与消费。

迪士尼的主题公园和度假村是其重要的收入来源之一。

在这一轮中，迪士尼的收入来源主要包括：

1.主题公园门票：游客购买进入主题公园的门票所产生的收入。

2.酒店与餐饮：与主题公园相连的酒店和餐厅为游客提供住宿和餐饮服务产生的收入。

3.特色商品销售：在主题公园和度假村内，游客可以购买到各种特色商品，如纪念品、服装等，这也是一个重要的收入来源。

第四轮，媒体网络与其他渠道的拓展与变现。

随着数字媒体和互联网的快速发展，迪士尼也在不断拓展其媒体网络和其他渠道，以进一步增加收入。

在这一轮中，迪士尼的收入来源主要包括：

1.电视与广播：迪士尼在其拥有的多个电视频道和网络平台播放与电影和动画相关的内容，吸引观众并带来广告收入。

2.在线视频点播：通过Disney+等在线视频平台提供内容，吸引用户订阅并产生收入。

3.社交媒体与营销：通过社交媒体平台推广其内容和产品，增加品牌曝光度，并与粉丝互动，提高用户黏性。

4.国际授权与合作：与其他国际媒体公司合作，授权他们播放其内容，从而在全球范围内获得收入。

第五轮，持续的内容创新和品牌扩张。

迪士尼一直致力于不断创新和扩展其内容库，不断地对经典IP进行更新和迭代，以保持其吸引力和消费者的新鲜感。同时，通过与其他创意产业的合作，如游戏、文学、音乐等，进一步扩展IP的影响力，以保持其品牌的持续吸引力和市场竞争力。这包括：

1.新电影和动画的制作：迪士尼不断投资制作新的电影和动画作品，以保持其在内容创新方面的领先地位。这些新作品不仅能够吸引新的观众，还能为现有的粉丝提供新的体验。

2.扩展现有IP：迪士尼通过推出现有电影和动画的续集、衍生作品或衍生故事，进一步扩展其IP的影响力。这种策略有助于巩固迪士尼的品牌地位，并吸引那些对原有作品有着深厚情感的粉丝。

3.跨媒体和跨平台拓展：迪士尼利用其在电影、电视、主题公园、衍生品等多个领域的优势，实现跨媒体和跨平台的拓展。这种策略使得迪士尼的IP能够在不同的渠道和平台上得到推广和变现，从而增加其整体的商业价值。

4.技术创新和数字化转型：随着科技的不断发展，迪士尼也在积极探索和应用新技术，如虚拟现实、增强现实、人工智能等，以提供更丰富、互动性更强的内容体验。同时，迪士尼还在加快其数字化转型的步伐，通过在线视频平台、社交媒体等数字化渠道，进一步拓展其市场份额和收入来源。

迪士尼的"轮次收入模式"是在长期的经营和发展过程中逐渐形成的。通过不断地探索、尝试和创新，迪士尼成功地使电影、衍生品、主题公园、媒体网络等多个业务环节相互协同、相互促进，这些环节共同构成了一个完整且庞大的商业生态系统。这一模式不仅为迪士尼带来了持续的高收入，还推动了迪士尼的快速发展和扩张，并使其在全球范围内保持了领先地位。

迪士尼的"五轮次、五维营收财富链"策略，核心在于将原创和收购的IP内容作为流量入口，然后通过多样化线上平台、线下游乐场（线下体验）、周边产品（衍生消费）来完成多层次的价值变现，提升盈利能力和市场竞争力。这为创业者提供了多方面的启示和指引：

（1）收入来源多元化：迪士尼通过五个不同的轮次实现收入来源多元化，这告诉创业者不要只依赖一种产品或服务，可以通过开发多种收入来源，降低经营风险并提高整体盈利能力。

（2）深度挖掘品牌价值：迪士尼利用其强大的品牌影响力，以授权、衍生品销售等方式实现额外收入。创业者应深度挖掘自己品牌的潜力，通过品牌延伸和多元化开发，增加收入来源。

（3）持续创新与迭代：迪士尼在主题公园、电影、衍生品等多个领域持续创新，不断推出新产品和服务。创业者应保持敏锐的市场洞察能力，根据市场需求和消费者喜好，不断改进和迭代自己的产品或服务。

（4）全球化布局：迪士尼在全球范围内扩张其业务，实现了国际化运营和多元化市场布局。创业者可以考虑将自己的产品或服务推向全球市场，通过国际化运营来拓展市场份额。

（5）注重客户体验：迪士尼通过提供高质量的产品和服务，赢得了消费者的信任和忠诚。创业者应注重客户体验，提供满足消费者需求的产品和服务，从而建立良好的品牌形象和口碑。

（6）长期规划与战略布局：迪士尼的"轮次收入模式"是长期规划和战略布局共同作用的结果。创业者应具备长远眼光，制定合理的发展规划和战略布局，为企业的持续发展奠定基础。创业者可以根据自身情况和市场需求，灵活运用这些策略和思路，实现企业的成功和可持续发展。

### （四）低价创收策略

低价创收策略，主要指企业通过提供低价的产品或服务来吸引更多的消费者，从而增加企业的营收。这种策略通常适用于那些希望扩大市场份额、提高品牌知名度或建立长期客户关系的企业。

### 📄 案例

*拼多多：利用低价拼团实现千亿创收*

热衷网络购物的李女士经常在各大电商平台上寻找物美价廉的商品。一天，她在朋友圈里看到了一条关于拼多多的拼团信息，一款热门品牌的防晒霜正以极低的价格出售。

李女士知道这款防晒霜在市场上售价不菲，而眼前的价格简直像是捡到了大便宜。但她也知道，这种低价商品往往数量有限，只有拼团成功才能享受优惠。于是，她毫不犹豫地发起了拼团，并分享到了自己的社交圈。很快，就有几位朋友看到了李女士的分享，并纷纷表示愿意参加拼团。她们觉得这是一个难得的机会，不仅能够以极低的价格购买到心仪的商品，还能增进彼此之间的友谊。于是，她们纷纷点击链接，并加入了拼团。

随着时间的推移，越来越多的人看到了这个拼团信息，纷纷加入进来。李女士和她的朋友们兴奋地期待着拼团的成功。终于，在短短几个小时内，拼团人数达到了要求，拼团成功了！

李女士和她的朋友们不仅以极低的价格买到了防晒霜，还感受到了拼团带来的乐趣和成就感。她们纷纷表示，以后还会继续关注拼多多的拼团活动，以享受更多的优惠和乐趣。

通过拼团活动，拼多多不仅吸引了大量消费者参与，还促进了消费者之间的社交互动，将自身打造成了一个充满活力和乐趣的购物平台。同时，商家也通过拼团活动获得了更多的曝光和销售机会，实现了双赢。

拼团的成功不仅仅意味着消费者得到了实惠，它更是拼多多商业模式的一个缩影，展示了拼多多如何利用社交网络的力量、低价创收策略和高效的运营，实现惊人的千亿创收。

造就拼多多这个平台，只用了三年，北京时间2018年7月26日晚九点半，拼多多（股票代码：PDD）正式登陆纳斯达克。创始人黄峥并未去敲钟现场，而是在上海主持了上市仪式。开盘之后，其股价大涨40%。"阿里、京东做'五环内'的生意，拼多多的人群在'五环外'"，中国的消费阶层从此有了新的划分方式。

如此情形，国内股民大喊："看不懂了！"尽管拼多多是个电商平台，但在多数人看来，拼多多"并不高级"。

但人们却并不能否认其收入增长之迅猛。

从成立到年度GMV（商品交易总额）过千亿，拼多多只用了3年时间。为了达到同样的成绩，淘宝跑了5年，京东跋涉了10年。而今，一夜之间，38岁的黄峥身价暴涨，其150亿美元左右的身价，甚至超越了电商大佬刘强东。

"黄峥的成功，几乎是坐着火箭跃升的！"有人慨叹。直到拼多多上市，大家都觉得他像是一个突然冒出来的年轻人，突然间便中了幸运大奖。一时间，赞誉也好，诘难也罢，几乎所有对商业敏感的人，都将目光投向了黄峥及拼多多，生怕错过这个"搅局者"一丝一毫的动态。

"我们要让消费者真正感受到物超所值的购物体验！"这是黄峥对团队说过的一句话。

于是，拼多多应运而生。这个以低价创收为核心策略的电商平台迅速在互联网上掀起了一股热潮。消费者纷纷涌向拼多多，寻找着心仪的商品。而商家也看到了这个平台的巨大潜力，纷纷入驻拼多多，希望能够借助这个平台获得更多的曝光和销售机会。

然而，低价创收策略并不是一帆风顺的。拼多多面临着来自竞争对手的压力和质疑。有人嘲笑拼多多只是在靠低价吸引消费者，没有真正的品牌价值。黄峥却坚信只要能够真正满足消费者的需求，就能在市场上立足。

为了证明自己的价值，黄峥带领团队不断创新和完善平台。他们优化供应链，降低成本，保证商品的质量。同时，他们还推出了一系列有趣的活动和促销，吸引更多的消费者参与。

其中，最受欢迎的活动莫过于"拼团"了。消费者可以通过分享链接邀请朋友一起参团，享受更低的价格。这个活动不仅让消费者感受到了购物的乐趣，还让他们与朋友之间的联系更加紧密。

在拼多多的努力下，低价创收策略逐渐得到了市场的认可。越来越多的消费者选择在拼多多上购物，进而享受到了真正的实惠。而商家也看到了拼多多的巨大商业价值，纷纷加大投入，与拼多多共同成长。

拼多多之所以能够快速实现千亿创收并成功上市，主要得益于其精准的市场定位、创新的商业模式、高效的运营管理、明智的资本运作以及强大的团队执行力。这些因素的共同作用，使得拼多多在短时间内便取得了令人瞩目的成就，其如今已经成为一家市值过千亿美元的电商平台。

拼多多通过低价创收策略实现了营收上千亿的壮举，这对创业者来说具有重要的参考价值。

（1）深入理解消费者需求：拼多多的低价创收策略满足了大量价格敏感型消费者的需求，这表明了深入理解消费者需求的重要性。创业者应该通过市场调研、用户访谈等方式，深入了解目标用户的真实需求，并根据需求提供相应的产品或服务。

（2）注重成本控制和运营效率：拼多多通过优化供应链、降低成本等方式实现了低价销售。创业者应注重成本控制和运营效率，通过精细化管理、优化流程等方式降低成本，提高产品或服务的竞争力，从而具有更好的市场表现。

（3）利用价格优势吸引消费者：拼多多的低价创收策略吸引了大量消费者，这表明价格优势是吸引消费者的重要因素之一。创业者可以在保证产品或服务质量的前提下，通过合理的定价策略吸引消费者，从而提高市场份额。

（4）注重用户体验和服务质量：虽然拼多多以低价著称，但它并没有忽视用户体验和服务质量。创业者应该注重用户反馈和需求，持续改进产品或服务，提升用户体验和满意度。只有提供优质的产品或服务，才能赢得消费者的信任和忠诚。

（5）持续创新和迭代：拼多多在商业模式、产品功能等方面不断进行创新和迭代，以适应市场变化和用户需求。创业者应该保持敏锐的市场洞察力和创新意识，不断迭代自己的产品或服务，以保持竞争力和吸引力。

低价创收策略通常适用于以下情形：

（1）靠低成本快速占据市场：企业能够以较低的成本生产高质量的产品或服务。这可能源于更有效的生产流程、规模经济、低劳动力成本或有效的供应链管理。通过低价创收策略，企业可以利用其成本优势吸引大量的消费者，进一步巩固其市场地位。

（2）高市场份额追求：企业希望通过提高市场份额来获得更多的利润。在这种情况下，低价创收策略可以作为一种营销手段，吸引消费者并增加销量。

（3）强大的品牌认知度：知名品牌通常可以利用其品牌认知度来实施低价策略。消费者可能会因为对品牌的信任和忠诚度而选择购买低价产品。

（4）高固定成本、低变动成本：某些企业可能拥有高固定成本（如租金、设备等），但变动成本（如原材料、劳动力等）相对较低。在这种情况下，可以通过低价创收策略增加销量，进而提高产量，从而降低单位产品的固定成本，增加盈利。

（5）低价扩大市场，打开品牌知名度：当市场需求足够大时，企业可以通过降价来吸引更多的消费者，塑造出"物美价廉"的品牌形象，从而实现更高的市场占有率，让品牌广为人知。

然而，需要注意的是，低价创收策略并不适用于所有企业。企业应根据自身情况、市场环境、竞争对手和目标消费者来制定合适的定价策略。同时，低价创收策略可能会导致产品质量下降、品牌形象受损或利润减少等问题。因此，在实施低价创收策略时，企业需要权衡利弊，确保策略能够带来长期的收益。

## 案例

线上互动、线下引流、社群传播的三维品牌策略

在商界，真正的高手常常展现出一种别具一格的经商思维——他们销售商品，却不直接依赖商品本身获取利润。这种思维模式乍看之下似乎有悖于传统观念，然而实际上却蕴含着丰富的商业智慧。下面，我们通过一个实际案例来深入剖析这种策略的精妙之处。

有一位年轻创业者，正是凭借这种独特的思维，在卖酒的过程中并不直接追求酒水的利润，却成功实现了可观的经济效益。他敏锐地洞察到年轻消费群体对于红酒的偏好并非一味追求大牌，而是更加看重口感佳、饮用后感觉舒适且不上头的产品。同时，年轻人还表现出对新颖、有趣、互动性强的活动有

着浓厚的兴趣。

于是，这位创业者巧妙地运用线上短视频和直播的方式，免费分享关于如何辨别优质红酒、如何享受红酒带来的舒适体验等知识。同时，他精心打造了一款成本约为40元、外观高端大气的红酒，并将其定价为399元。

随后，他与多家小超市达成合作，将这款红酒置于店内销售，并设置醒目的广告牌吸引顾客注意。广告中明确标注："购买价值1000元的红酒，即赠送价值1000元的会员卡。"这一优惠力度，加上线上短视频和直播的良好口碑，迅速赢得了顾客的信任，从而吸引了大量顾客前来购买。

然而，在顾客结账时，他们发现两瓶酒的总价并未达到1000元，需要购买三瓶才能达到1200元的门槛。在这种情况下，大多数顾客会选择购买三瓶酒以获取价值1000元的会员卡。

那么，这位红酒创业者是如何实现盈利的呢？首先，他与小超市达成合作，以920元的成本获得价值1000元的会员卡。当顾客支付1200元购买三瓶酒时，他首先向会员站支付920元作为会员卡的成本。接着，他再扣除三瓶酒的总成本（每瓶40元，共计120元）。经过这样的计算，他每售出一套产品便能获得160元的净利润。

小超市方面也对此表示满意，因为借助这位创业者的线上流量，他们成功解决了实体店人流不足以及变现困难的问题。而红酒创业者则借助本地商店即买即得的消费心理，单店在一个月内成功售出5000套产品，实现了80万元的净利润。这便是他通过卖酒但不直接赚取酒水利润的方式实现盈利的秘诀。

随后，这位红酒创业者以同样的模式在更多人流密集的社区与商店展开合作，实现了与1000家商店的合作模式裂变。

为了进一步促进销售，他还推出了"一物一码扫码红包+集齐卡片瓜分奖金"的营销活动。在红酒包装上设置了独特的牡丹码一物一码，消费者通过微信扫描即可参与促销优惠活动。这种方式不仅有效防止了中间商截留费用，确保促销费用能够最大化地用于激励消费者，还通过返利机制增强了消费者的黏性。

值得一提的是，消费者集齐特定卡片后还有机会参与瓜分大奖的活动。这一创新玩法充分利用了消费者的社交属性，实现了裂变式传播，迅速提升了品牌的知名度和影响力。

这种全域营销的创新打法不仅帮助品牌精准抓取消费者的用户画像以及各个零售渠道的数据，为制定更精准的营销策略提供了有力支持。同时，通过打通线上互动、线下引流、社群传播等多个维度，实现了流量的全面整合，进一步抢占了消费者的心智。

最终，这种完整的、低成本的营销闭环使得品牌的知名度迅速扩散、持续升温，并引发了消费者的持续关注。

### （五）"线上+线下"协同增长策略

"线上+线下"协同增长策略是指企业利用线上和线下的资源和优势，实现两个渠道的相互促进和共同增长。线上渠道主要包括互联网平台、社交媒体、移动应用等，而线下渠道则包括实体店、展会等。

通过线上和线下的协同增长，企业可以更好地满足消费者的需求，提升品牌影响力，增加销售额。

为了实现"线上+线下"协同增长，企业需要做到以下几点：

（1）整合线上、线下的资源和渠道，形成统一的品牌形象和服务标准。

（2）利用互联网技术和数据分析，精准地把握消费者需求和行为习惯，提供个性化的产品和服务。

（3）通过线上和线下的互动与融合，提高消费者的参与度和黏性，增强其对品牌的忠诚度。

（4）建立完善的物流配送和售后服务体系，确保线上和线下渠道的顺畅，提高顾客满意度。

### 案例

小米："线上+线下"协同增长策略

小米的"线上+线下"模式自公司创立之初就开始实施，随着市场的不断演变，小米在2015年左右开始大力推广线下渠道并深化线上线下融合的策略。通过这一转变，小米不仅提升了品牌形象和用户黏性，还成功开辟了新的创收渠道。

小米的全渠道策略分为三层：米家有品、小米商城和小米之家。这三者相互补充，形成了强大的销售网络。米家有品和小米商城作为线上电商平台，拥有种类丰富的商品，通过众筹和筛选爆品的方式吸引消费者。而小米之家作为线下实体店，虽然商品种类相对较少，但专注于提供优质的体验和服务，成为小米品牌形象的重要展示窗口。

在小米的"线上+线下"协同增长策略中，小米之家扮演着关键角色。店员在销售商品的同时，积极引导用户下载小米商城App，将线下客流有效转化为线上用户。这种策略不仅提升了用户的购买体验，还促进了线上线下的相互引流，进而实现了销售的最大化。

此外，小米的饥饿营销策略也为其创收做出了重要贡献。通过预约、抢购等方式，小米成功激发了消费者的购买欲望，使得线上商城中经常出现热门产品断货、存货不足的情况。这时，消费者往往会选择到小米之家等实体店进行选购，从而实现了线上线下的互补和互动。这种策略不仅提高了销售额，还增强了小米品牌的吸引力。

小米线下的店铺虽然面积不大、成本不高，但实现了高效的销售和转化。这得益于小米的精准选品策略。根据线上销售数据和用户口碑，小米筛选出受欢迎的产品在实体店中销售。同时，根据线下不同地域的市场需求和消费者偏好，小米还会调整选品和库存，确保销售的产品符合当地市场的口味。这种大数据驱动的精准选品策略大大提高了用户的转化率和满意度。

为了进一步提升销售效率和市场竞争力，小米技术部门投入了大量资源开发和推广ERP（企业资源计划）、供应链系统等信息化工具。这些工具不仅提高了生产监控和运营管理的效率，还为市场前端销售提供了有力的支持。其中，小米数据中台的建设尤为关键。通过数据采集、清洗和分析，小米能够实时了解市场动态和消费者行为，根据大数据安排不同地域小米之家的选品，并且进行统一调度。这边不好卖的东西，可以在那边卖；线下不好卖的东西，可以在线上卖；甚至反过来，线上不好卖的东西，可以在线下卖。基于大数据的精准选品、卖畅销品、卖当地最好卖的货，大大提高了用户的转化率，实现了巨大的营业收入，有效地减少了库存积压。

另外，小米利用线上渠道进行推广的方式多种多样，非常具有创新性和实效性。

1.社交媒体营销：小米在各大社交媒体平台上，如微博、微信、抖音等，都设有官方账号，通过发布最新产品信息、活动信息来与用户互动。例如小米会定期在微博上进行新品发布、技术解读、用户互动等，通过抽奖、问答等方式吸引用户参与，从而提高品牌曝光度。

2.内容营销：小米会在各大线上平台，如知乎、简书、B站等，发布与产品相关的深度内容，如技术文章、用户评测、使用教程等，以此提升品牌形象，同时吸引潜在用户。

3.电商平台合作：小米与各大电商平台如天猫、京东等保持深度合作关系，通过平台活动、限时促销等方式，提高产品销量。同时，小米也在自家的电商平台——小米商城进行销售，通过丰富的产品线和独特的购物体验吸引用户。

4.网络直播：近年来，小米也积极尝试网络直播这种新的推广方式。例如，小米会邀请网络红人明星进行新品直播发布，通过直播展示产品的特点和优势，以此吸引大量网友观看和购买。

5.用户社区：小米拥有庞大的用户社区——MIUI社区，用户可以在这里交流使用心得、提出问题、分享经验等。小米通过社区了解用户的需求和反馈，及时调整产品策略，同时也通过社区进行新产品的预热和推广。

通过这些方式，小米成功地将线上流量转化为销售动力，进而提升了品牌知名度和影响力。

小米的"线上＋线下"协同增长策略提醒创业者：

（1）重视线下体验：尽管线上销售具有很多优势，但线下体验对于提高品牌认知和用户忠诚度仍然非常重要。创业者应该考虑如何在线下环境中为消费者提供独特而难忘的体验，以吸引他们并促进销售。

（2）利用线上渠道进行引流：小米通过线上渠道进行广泛的市场推广，然后将流量引导到线下实体店。创业者可以借鉴这一策略，利用社交媒体推广、搜索引擎优化（SEO）和其他网络营销手段来吸引潜在消费者，并将他们引导到线下实体店进行体验或购买。

（3）精准选品与库存管理：通过大数据分析和消费者反馈，小米能够精准地选择一些产品进行线下销售，并有效地管理库存。创业者应该关注数据驱动的决策，了解消费者的需求，选择适合线下销售的产品，并优化库存管理。

（4）强化线上线下互动：小米的"线上＋线下"协同增长策略注重两个

渠道的互动和配合。创业者应该在业务中加强线上线下的互动，例如通过线下活动吸引线上关注，或在线上提供优惠券促进线下购买。

（5）持续创新：随着市场环境和消费者需求的变化，小米不断调整其"线上＋线下"协同增长策略。创业者应该保持敏锐的市场洞察力，持续创新并优化"线上＋线下"协同增长策略，以适应不断变化的市场需求。

## 三、股权融资策略

首先，我们要搞清楚什么是股权融资。股权融资就是股东转让其在该企业的部分或全部股权份额，以增资的方式引进新股东，同时使总股本增加的融资方式。通俗讲就是股东稀释股权给投资人，以此来换取投资人手上的资金。

其次，我们要明白股权融资的好处和风险。

好处：资金门槛低、财务风险小、融资风险小，以及能促使公司完善治理结构及管理制度等。

风险：商业秘密泄露，创始股东在公司战略、经营管理方式等方面与投资方股东产生重大分歧，导致企业经营决策困难等。

最后，我们要搞明白股权融资的主要渠道以及找谁融资。融资对象可分为四种类型（图1-2）。

**1.私人**
快速和灵活，成本较低，资金规模有限，可能影响人际关系

**2.财务型基金**
以买卖盈利的逻辑投资，只有钱的投入，资源和管理上支持少

**3.政府领导型基金**
扶持本地优秀企业进全国甚至全球产业，可给予优惠政策，但市场化水平低

**4.产业型基金**
以特定行业或领资对象、聚链和价值链为主，资源丰富，要求高

图1-2　不同融资对象的特点图

## （一）私人股权融资

私人股权融资又称关系型股权融资。这种策略涉及直接向个人投资者（即身边的熟人，如朋友、家人、商业伙伴等）出售公司股权以筹集资金。与传统的融资渠道如银行贷款或公开市场融资不同，私人股权融资通常涉及较少的法律和监管约束，因此更具灵活性和私密性。这种融资方式通常基于双方之间的信任关系和对彼此的了解，因此可能不需要像传统投资者那样进行严格的尽职调查。

### 案例

雷军大力相助，YY直播逆境崛起

YY直播（欢聚集团的重要业务），是国内网络视频直播行业的先行者，由广州津虹网络传媒有限公司开发并运营。YY直播是一个包含音乐、科技、户外、体育、游戏等内容的娱乐直播平台，注重UGC（用户生成内容）的创造力的充分释放，拥有众多表演形式，如演唱、游戏、聊天、DJ、说书等，每种表演形式都有其固定的参与者和粉丝。自2011年上线以来，YY直播在PC直播大战、千播大战、全民直播大战中屡战屡胜，奠定了其在秀场直播中的头部地位，成为国内泛娱乐直播平台的龙头。2012年11月21日，YY直播在美国纳斯达克上市。

2023年11月30日，全球领先的互动直播平台欢聚集团（YY.US）发布了其2023年第三季度的财务报告，展示了公司在多个关键领域的稳健增长。

财报显示，欢聚集团第三季度的总收入达到了5.671亿美元，与上一季度相比，实现了3.6%的环比增长。这一成绩反映了公司在不断变化的市场环境中，通过创新和优化业务模式，实现了稳健的收入增长。值得一提的是，欢聚集团的核心业务板块BIGO在第三季度实现了4.941亿美元的营收，环比增长4.9%，同比增长2.2%。这是BIGO在六个季度后首次实现单季营收的同比正增长，标志着公司在核心业务上的强劲复苏和持续增长。

财报披露，欢聚集团通过拓展线下商演、线上直播合作、品牌线上推广合作等多种变现方式，实现了收入的多元化增长。这一战略不仅增加了公司的收入来源，也进一步提升了其在市场中的竞争力。

## 资金策略

同时，YY直播作为欢聚集团的重要业务之一，一直注重主播和公会的培养。公司通过升级公会政策、加大扶持力度、提供丰厚的奖励、制定更具竞争力的分成机制以及建立更科学的任务体系，成功保持了主播和公会的稳定性。这些措施不仅激发了主播和公会的积极性，也为YY直播的持续发展提供了坚实的基础。

此外，YY直播还从区域扶持、主播成长、生态稳定三个方向出发，全面优化公会服务。通过推动区域运营，深入线下解决公会运营难题，以及推出"新星燃起计划"，YY直播为公会和平台注入了新鲜血液，进一步促进了整个"生态系统"的繁荣发展。

从欢聚集团2023年第三季度的财报中，我们可以看出公司采取了稳健的资金策略。尽管市场环境不断变化，但公司通过优化业务模式、拓展收入来源、重视人才培养、制定激励机制以及优化服务体验等方式，实现了稳健的收入增长。这表明公司在资金运用上注重稳定性和长期性，不追求短期的高回报，而更注重可持续的发展。

YY直播早期的股权融资故事在业界广为人知，其中雷军的投资和支持对李学凌和YY直播的起步起到了至关重要的作用。2005年，当李学凌决心从一名记者转型为创业者，着手打造YY直播时，他得到了雷军的大力支持。雷军不仅向YY直播投入了415万元的资金，还额外借给李学凌415万元，总计830万元，这在当时是很难得的。这笔资金帮助YY直播度过了初创期的资金困境，也为公司的后续发展奠定了坚实的基础。

在李学凌做记者时，他因经常发表批评雷军的文章而闻名。尽管他直言不讳地批评雷军，但两人之间的关系其实相当不错，雷军还经常邀请李学凌共进晚餐。李学凌不收受任何车马费，坚持自己的原则，雷军看到了他身上的独特之处：有坚定的原则，怀揣着梦想，同时还是一名技术发烧友。

正是基于这些特质，雷军决定投资李学凌，并借钱给他创业。他相信李学凌有能力在在线视频直播领域取得成功。雷军作为一位具有丰富经验和敏锐洞察力的投资者，对李学凌的创业计划和YY直播的发展前景给予了高度认可。他认为在线视频直播行业具有巨大的市场潜力和增长空间，而YY直播有潜力成为该行业的领军者。

在雷军的支持下，YY直播得以快速发展，并逐渐在在线视频直播行业中崭露头角。雷军的投资不仅为YY直播提供了资金支持，更为公司带来了宝贵的行业经验和各种资源。这使得YY直播能够顺利度过初创期的困境，逐步成长为行业的佼佼者。

这个案例告诉我们，在创业的道路上，有时候怀有一个坚定的信念，找对人，做一个明智的股权融资策略，就足以改变整个局面。李学凌成功的原因如下：

（1）明确估值与策略定位：李学凌在被雷军投资前，首先明确了自己的企业估值和股权融资的策略定位。这包括对企业当前的价值进行合理评估，以及对企业未来增长潜力的准确预测。明确的策略定位有助于吸引与自身发展理念相符的投资者。

（2）积极展示企业潜力与优势：李学凌成功地展示了YY直播的独特价值、市场前景以及团队能力。这不仅包括技术创新能力、用户增长数据，还涉及企业商业模式和盈利潜力。通过这些展示，他成功地吸引了雷军的注意并获得了投资。

（3）具备灵活应对能力与高超的谈判技巧：当雷军提出投资意向时，李学凌展现出了灵活的应对能力和高超的谈判技巧。他能够迅速捕捉投资者的需求和关注点，并做出相应的策略调整。这种灵活性有助于双方在股权比例、融资条件等方面达成共识。

（4）建立长期合作关系：李学凌不仅关注短期的资金注入，还注重与投资者建立长期的合作关系。他通过与雷军深入交流，展示了自己的企业愿景和发展规划，从而赢得了投资者的信任和支持。这种长期合作关系的建立有助于企业在后续发展中获得更多资源和支持。

（5）风险共担与利益共享：李学凌明白股权融资不仅是获得资金的过程，更是与投资者共同承担风险、共享利益的过程。因此，他愿意与投资者一起对股权结构、公司治理等方面进行合理安排，确保双方利益得到最大保障。

获得股权融资后，李学凌充分利用这些资金推动YY直播的快速发展。他加大了对技术研发、市场推广和人才培养等方面的投入，提升了公司的核心竞争力和市场份额。同时，他还通过并购、战略合作等方式进一步拓展了公司的业务范围，造就了YY直播的今天。

## （二）财务型基金股权融资

财务型基金股权融资，是指企业通过向财务型基金（通常是由专业投资机构管理的基金）出售股权来筹集资金。

财务型投资人注重收益和红利，很少插手企业的战略规划和经营管理。

财务型投资人投资的基本逻辑：

赚钱＝业务天花板×成功概率

业务天花板＝细分行业天花板×集中度（即产品天花板×行业壁垒）

成功概率＝商业模式成立×团队的强度（即why now×why me）

"能做大"的项目，投资人才会感兴趣，什么样的项目可以做大？首先，项目的行业天花板很高，赛道够大；其次，能形成壁垒，未来可以获得高集中度，甚至垄断；再次，可以快速复制，快速完成增长；最后，有退出通道，如上市或并购，而不是靠分红赚钱。

### 案例

某科技公司通过财务型基金股权融资实现快速扩张

某科技公司（简称"X公司"）是一家专注于人工智能技术研发和应用的企业。随着市场的快速发展和竞争的加剧，X公司急需扩大研发团队、提升产品功能和市场份额。然而，由于初创企业的不确定性和风险性，传统融资方式如银行贷款对X公司并不友好。

为了筹集资金并推动企业发展，X公司决定寻求财务型基金股权融资。经过市场调研和尽职调查，X公司选择了一家具有丰富投资经验和良好业绩的财务型基金（简称"Y基金"）作为合作伙伴。

在与Y基金进行多轮谈判后，X公司和Y基金达成了融资协议。Y基金向X公司注资数千万美元，获得X公司一定比例的股权。这笔资金将用于X公司的研发、市场推广和人才招聘等方面。

融资完成后，Y基金不仅为X公司提供了资金支持，还利用其专业的管理团队和投资经验为X公司提供了战略规划、市场分析和人才引进等方面的支持。这些支持帮助X公司快速扩大了研发团队，提升了产品功能和市场竞争力。

在Y基金的支持下，X公司成功推出了多款受欢迎的人工智能产品，其市场份额逐步扩大。经过几年的快速发展，X公司的估值大幅提升，成为行业内的领军企业。

最终，在合适的时机，Y基金通过股权转让的方式退出了X公司，实现了资本增值。而X公司则通过财务型基金股权融资实现了快速扩张和发展。

这个案例展示了财务型基金股权融资的优势。通过选择合适的财务型基金作为合作伙伴，企业可以获得资金、专业管理和投资经验等多方面的支持，从而推动企业的快速发展。然而，企业在寻求财务型基金股权融资时也需要充分考虑潜在的风险和挑战，确保与投资者建立良好的合作关系，共同推动企业的长期发展。

同时，创业者需要想清楚融资目的，并和自己的创业团队达成共识，不能盲目融资。由于财务型投资人比较重视利益，创业者要特别关注对赌协议的条款，其对企业的生存和发展施加了一定压力的，在大环境不佳时甚至会毁掉一个企业，所以需要特别慎重考虑。

### （三）政府领导型基金股权融资

政府领导型基金，又叫创业投资引导基金，是由政府出资设立的，以股权或债权等方式投资于创业风险投资机构或新设创业风险投资基金，以支持创业企业发展的专项资金。其主要职责是为创业者提供风险投资和相关服务，帮助创业者实现企业的快速发展。

政府领导型基金最大的作用就是能充分发挥财政资金"四两拨千斤"的撬动效应，吸引社会资本，以股权投资方式有力破解创新型、科技型中小企业的成长难题，加快推动地方产业集群发展。

政府领导型基金的投资范围主要包括：新兴产业领域，如新能源、人工智能、物联网、生物医药等；传统产业领域，如制造业、服务业等；创新创业领域，如科技创新、文化创意等。

## 📝 案例

**电动汽车制造商"绿色之旅"与政府领导型基金的深化合作**

随着政府领导型基金的首轮投资成功助力,"绿色之旅"取得了初步的市场成功和技术突破。但双方的合作并未止步,它们开始探索更深层次、更广泛的合作可能性。

首先,政府领导型基金开始积极协助"绿色之旅"进行国际市场拓展。凭借其对全球绿色能源和交通政策的深入了解,政府领导型基金为"绿色之旅"提供了进入欧洲、北美等市场的策略建议,并协助公司与多个国家的政府和企业建立了合作关系。这不仅帮助"绿色之旅"打开了新的销售渠道,还提升了其在全球市场的知名度。

其次,政府领导型基金与"绿色之旅"共同设立了研发基金,专门用于支持公司的下一代电动汽车技术研发。这些资金被用于招聘顶尖的研发人才、购置先进的研发设备以及进行多项前沿技术的探索。

此外,政府领导型基金还积极推动"绿色之旅"与产业链上下游企业的合作。它利用自身的资源和影响力,帮助"绿色之旅"与电池供应商、充电设施运营商、汽车销售商等建立紧密的合作关系,巩固了公司在整个电动汽车产业链中的地位。

同时,为了加强公司的内部管理和治理,政府领导型基金还推荐了一批具有丰富经验和专业知识的独立董事和管理人员加入"绿色之旅"的董事会和管理团队。这些新的团队成员为公司带来了更加规范、更为高效的管理模式。

在政府领导型基金的持续支持和帮助下,"绿色之旅"不仅在电动汽车市场取得了显著的成绩,还成为国内外众多企业和机构学习的榜样。公司不仅实现了自身的快速发展,还带动了整个电动汽车产业的进步,为推动绿色出行和可持续发展做出了重大贡献。

最终,当"绿色之旅"成为全球电动汽车领域的领军企业时,政府领导型基金通过股权转让的方式退出,实现了其投资目标,并为下一轮投资者提供了巨大的增值空间。而"绿色之旅"则凭借与政府领导型基金的深化合作,成功实现了从初创企业到全球行业领军者的华丽转身。

这个案例再次强调了政府领导型基金股权融资在推动企业发展、加强产业链合作和促进可持续发展方面的巨大作用。通过与政府领导型基金的深化合作,"绿色之旅"不仅获得了资金支持和政策扶持,还与政府建立了长期的战略合作关系,共同推动了绿色出行和电动汽车产业的繁荣和发展。

投资圈曾有这样一句话:"引导基金都直接干起了直投,哪里还有财务型普通合伙人(GP)什么事?"

近几年,越来越多的政府领导型基金不甘于"有限合伙人(LP)"的身份,开始亲自下场操刀,直投比例日渐增加。当"深圳模式""苏州模式""合肥模式"等已经成为政府领导型基金直投标杆时,政府领导型基金已经从创投新人变成毫无疑问的主角。至2023年8月,多地政府领导型基金设立总规模已超1万亿元。厦门思明区发布了厦门市第一只区级政府直投基金,将把不低于60%的资金投向种子轮、初创期的科技型或人才项目;苏州天使母基金宣布与元禾控股合作设立直投基金——苏州天使创新基金;珠海也新设了总规模100亿元的珠海基金三期,该基金同样新增了项目直投。

综上,政府领导型基金做直投,主要是为了促进地方招商引资。因此,如果创业者属于上述产业,建议直接申请政府领导型基金投资。

那么,政府领导型基金该如何申请呢?

要拿到政府领导型基金股权融资,可以遵循以下步骤:

**1. 了解政府领导型基金的投资策略和目标**

(1)在申请融资前,需要深入了解政府领导型基金的投资方向、投资策略以及他们重点关注的产业和领域。

(2)研究政府对于新兴产业、创新创业等领域的支持政策和设置的专项资金。

**2. 准备完整的商业计划和申请材料**

(1)制定详尽的商业计划书,突出项目的市场潜力、技术创新、商业模式、财务预测等内容。

(2)准备详细的申请材料,包括企业基本情况介绍、项目可行性研究报告、财务报表等内容。

**3. 建立与政府的良好关系**

(1)积极参与政府组织的产业对接会、项目路演等活动,与相关负责人和潜在投资者建立联系。

（2）通过行业协会、商会等组织，了解政府领导型基金的最新动态和投资意向。

**4. 主动向政府领导型基金递交申请**

（1）根据政府领导型基金的申请流程和要求，将商业计划和申请材料递交至相关部门或机构。

（2）在申请过程中，保持与政府领导型基金管理团队的沟通，及时解答他们可能提出的疑问。

**5. 积极参与尽职调查和谈判**

（1）一旦通过初步筛选，政府领导型基金可能会安排尽职调查，对企业的实际情况进行核实。

（2）在尽职调查结束后，若政府领导型基金对项目感兴趣，就进入融资谈判阶段，讨论投资金额、股权比例、退出机制等细节。

**6. 签订投资协议并落实资金**

（1）在双方达成一致后，签订正式的投资协议，明确双方的权利和义务。

（2）根据协议约定，政府领导型基金将向企业提供其所需的资金支持，企业则按照约定使用资金并履行相关义务。

**7. 持续与政府领导型基金保持良好关系**

（1）在获得融资后，定期向政府领导型基金报告项目进度和财务状况，保持信息透明。

（2）在项目执行过程中，与政府领导型基金保持紧密合作，共同推动项目成功落地。

**8. 履行协议并实现退出**

（1）在项目取得成功后，根据投资协议的约定，政府领导型基金可能会选择通过股权转让、首次公开募股（IPO）等方式实现资本退出。

（2）企业应积极配合政府领导型基金的退出计划，确保双方利益最大化。

在整个过程中，企业需要充分了解政府领导型基金的运作模式和投资偏好，同时加强自身的管理和创新能力，提高项目的吸引力和成功率。此外，寻求专业的财务顾问或投资银行的帮助也是非常重要的，他们可以提供专业的指导和建议，帮助企业更好地与政府领导型基金对接。

### （四）产业型基金股权融资

产业型基金（又称产业投资基金）是一种集合投资方式，它将投资者的资金集合起来，投资于特定的产业或领域。这些资金通常以股权投资方式注入未上市企业，并通过提供经营管理服务来参与企业的发展，旨在推动这些企业的发展和增值。

#### 1. 产业型基金的分类

产业型基金包括母基金、平层基金、专项基金，它们有着各自的特点（表1-2）。

表1-2 产业型基金的分类

| 母基金 | 平层基金 | 专项基金 |
| --- | --- | --- |
| 产业投资基金的投资方向偏向政策导向，要求符合区域规划、区域政策、产业政策、投资政策及其他国家宏观管理政策，能够充分发挥政府资金在特定领域的引导作用和放大效应，有效提高政府资金使用效率，以达到产业基金的引导作用 |||
| 周期较长 | 5~7年 | 3~5年 |
| 二次收费<br>母基金一般收取1%／年的管理费+5%的carry | GP收2%／年的管理费+20%的carry | GP收2%／年的管理费+20%的carry |
| 选择好GP | 选择好的项目 | |

注：carry指利润分成。

#### 2. 产业型基金的投资流程

产业型基金的投资流程如图1-3。

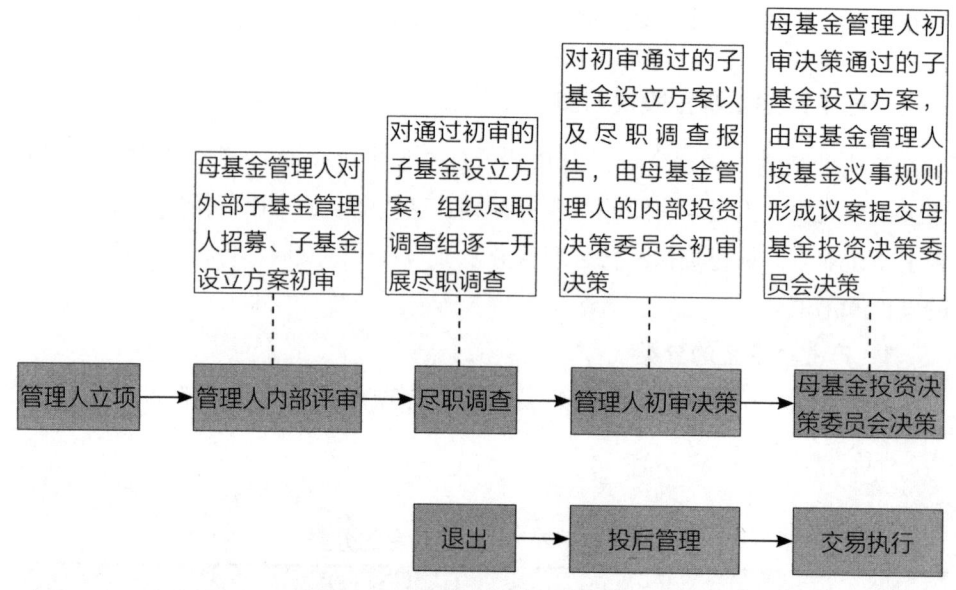

```
管理人立项 → 管理人内部评审 → 尽职调查 → 管理人初审决策 → 母基金投资决策委员会决策

                                                                          ↓
                                              退出 ← 投后管理 ← 交易执行
```

- 母基金管理人对外部子基金管理人招募、子基金设立方案初审
- 对通过初审的子基金设立方案，组织尽职调查组逐一开展尽职调查
- 对初审通过的子基金设立方案以及尽职调查报告，由母基金管理人的内部投资决策委员会初审决策
- 母基金管理人初审决策通过的子基金设立方案，由母基金管理人按基金议事规则形成议案提交母基金投资决策委员会决策

图1-3　产业型基金的投资流程

### 3．产业型基金的投资决策机制

投资决策委员会由5～7名委员组成，委员均由母基金管理人提名，经母基金合伙人会议审议通过。

投资决策委员会成员包含法律、财务、投资管理及与母基金主要投资方向相适应的产业方面的专业人士。

所有拟设立基金的投资、退出及其他对母基金运营有重大影响的事项，应经投资决策委员会审议，并经投资决策委员会超过4/5（含）有表决权的委员通过。

### 4．企业型三种产业基金

（1）产业主导型战略投资基金。

产业主导型战略投资基金，一般是多元化集团型企业在多元产业、新兴产业布局的时候，围绕集团发展战略以及核心产业发展战略，为撬动外部资本、品牌、资源力量而设立的投资基金。这种基金的投资标的都是围绕自我产业战略进行的，有的是自己先做出雏形然后再外向投资并购，也有的是直接进行投资并购抢断发展标的，国内很多多元化集团型企业旗下都有这样的战略投资基金。

> 案例

2018年3月,TCL科技集团股份有限公司(简称"TCL集团")发起成立"国内+国外"产业战略投资基金,目的是进一步推动公司变革转型,其与深圳市华星光电技术有限公司、TCL多媒体拟共同打造目标规模约为7500万美元的海外并购基金及2.01亿元人民币规模的国内并购基金。基金名称为:深圳TCL战略股权投资基金合伙企业(有限合伙)。

TCL集团表示,该基金主要期望通过专业化的管理和市场化的运作,在全球投资与TCL集团业务能创造协同效益的产业,特别是在半导体显示、新一代多媒体及通信领域拥有革命性技术的公司及初创企业,在获取财务收益的同时,通过该基金围绕公司所处产业进行投资与整合,强化公司在主业的核心竞争力,加速公司的产业升级和成长。

(2)私募股权投资(PE)主导型战略投资基金。

"PE+上市公司"的资本运作模式,基本上是指在实际控制股东共识的前提下,PE通过直接举牌、大宗交易、定增、股权转让等各种方式先成为上市公司的战略投资者,然后围绕上市公司战略重组并购、战略转型升级、战略多元化布局等,开展外向投资并购、资产重组以及资本运作的外延式增长模式,有利于在实现上市公司快速升值的过程中,实现自我资本运作价值的增值。

随着中国经济增长势头趋缓,单纯靠主业驱动市值的逻辑已经不再被市场所认可,同时有的上市公司在谋求新兴产业更多的投资布局机会,有的也在谋求转型升级变换赛道,所以上市公司天然地需要战略投资基金的支持,而PE以其专业化的运作能力以及广布市场的资源网络成为实现这一战略合作的首选对象。

> 案例

湖南大康牧业股份有限公司(简称"大康牧业公司")和浙江天堂硅谷资产管理集团有限公司(简称"天堂硅谷公司"),于2011年9月共同发起设立天堂硅谷大康产业发展合伙企业(有限合伙)(简称"天堂硅谷大康")作为公司产业战略并购整合的平台。

## 资金策略

天堂硅谷大康出资总额为3亿元（实际出资人为硅谷天堂投资有限公司），大康牧业公司和天堂硅谷公司各出资3000万元，分别占天堂硅谷大康出资总额的10%。值得注意的是，此时PE并未入股大康牧业公司。

在2011年大康牧业公司的案例诞生之后，由于IPO尚未停摆，PE的退出渠道仍然充裕，再加上这一模式刚刚兴起，因此并未引起资本市场的足够重视。

而2012年，湖北博盈投资股份有限公司（后改为"斯太尔动力"）的案例让很多产业投资者见识到了类似并购基金的巨大威力。通过精巧的交易架构设计，博盈投资以增发的方式巧妙规避了实质上的重大资产重组；而收购仅一年的斯太尔动力，被硅谷天堂投资有限公司以超过90%的评估溢价卖给了上市公司。

此案最终在2022年拿到审批"路条"，硅谷天堂投资有限公司实现成功退出。这是典型的PE主导型战略投资基金借助上市通道实现产业价值高速增长的投资模式。

此模式的具体操作步骤：通常在PE机构确定合作的上市公司后，对其进行入股，从而捆绑利益。尽管有些PE机构入股较多，成为上市公司影响力较大的股东，但大多只是小股东。资金募集方面，通常是上市公司与PE机构各自出资1%~10%，其余资金由私募机构负责募集，从而放大上市公司的资金杠杆，提高资本运作效率。并购标的选择方面，通常由PE机构根据上市公司经营战略寻找并购标的，并推荐给上市公司。

（3）国资主导型战略投资基金。

国资主导型战略投资基金是为了促进区域产业发展，落实区域产业发展战略，对接国家最新产业发展政策和机遇，由区域战略统筹国资基金发起成立的战略投资基金。其一般都是战略性新兴产业发展投资基金，以"母基金＋扶持政策＋园区"的形式，撬动社会资本，完成区域产业投资布局以及招商引资的目标。

### 案例

2015年10月，重庆两江新区管理委员会批准成立了重庆两江新区战略性新兴产业股权投资基金（简称"两江战略基金"）。两江战略基金母基金目标规模为200亿元，基金规模近80亿元时，资金主要来源为两江新区国有企业、合作金融机构及其他社会机构。后来形成了由两江战略基金、两江承为基金、两江润益基金、凌励资本等一系列子基金组成的两江战略基金体系。两江战略基金的运行模式包括直接投资及合作设立子基金。直接投资方面，已投资了两江新区的万国半导体、博奥生物、神华太阳能、天骄航空、鑫景特种玻璃等一批高精尖项目；合作设立子基金方面，参与由国家发展和改革委员会、工业和信息化部、财政部组织设立，由国投创新投资管理有限公司管理的先进制造产业投资基金。

2018年8月，两江战略基金与中金资本、武岳峰资本签署投资协议，在两江新区分别合作设立军民融合发展投资基金和先进制造产业投资基金，两只基金合计规模达100亿元。

创业者若想通过股权融资拿到产业基金的钱，就要学会站在产业投资人角度看项目，判断自己目前的项目适不适合融资；若自己的企业属于多元化集团型企业，则可以瞄准在多元产业、新兴产业布局的产业互补关系，这样就很容易获得集团企业的投资；也可以选一个接近自己产业的好赛道，如重点围绕电子信息、物联网、新能源、航天航空、电动汽车、高端制造、船舶、医疗等产业创业。若判断项目适合产业融资，先与10家产业投资基金沟通，进行试水，前期双方互为磨刀石，不需要急于达成合作的意向，此过程是为了完善自己的各项材料，并拟写一份QE清单（与量化宽松策略相关的投资清单），这有利于自己后期的接触。后期需要至少接触20～50家产投机构，通过熟人推荐、媒体报道、参加创业大赛、寻找财物顾问（FA）机构等方式，联系到负责的基金经理，对方有投资意向之后会出具投资意向书。

### （五）创业者股权融资的八大策略

任何一个企业都希望：活下去，并成长壮大。

无论是因发展所需还是为了上市，甚至上市成功后，都要进行股权融资，有些企业要融资3～5次（天使轮、A轮、B轮、C轮、D轮）甚至更多。

融到资的前提，是让投资者觉得这是一个好的项目，有投资价值。

企业融资，是一件确定性低的事，企业要有系统、有节奏、有计划地结合自身的业务发展来部署融资进程，寻找不同类型的融资渠道，如理财顾问（FA）、天使投资人、风险投资（VC）方、PE、针对上市企业的私募股权投资（PIPE）等。

以下，分享一下创业者股权融资的八大策略，以帮助企业获得股权融资。

### 1. 好项目，且结构清晰，内容完整策略

资本眼里的好项目要符合八大标准（图1-4）。

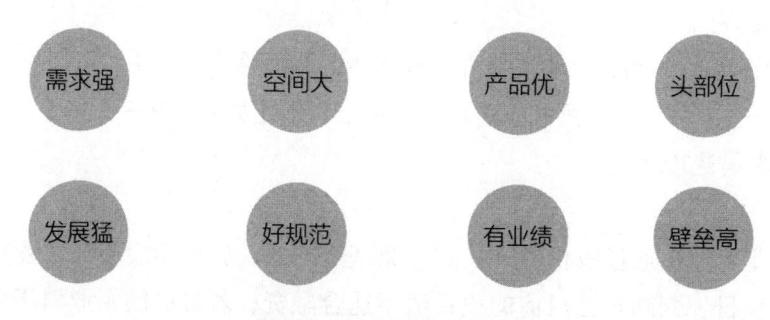

图1-4 好项目的八大标准

### 2. 赛道发展的战略定位策略

赛道发展的战略定位共有七个层级（图1-5）。

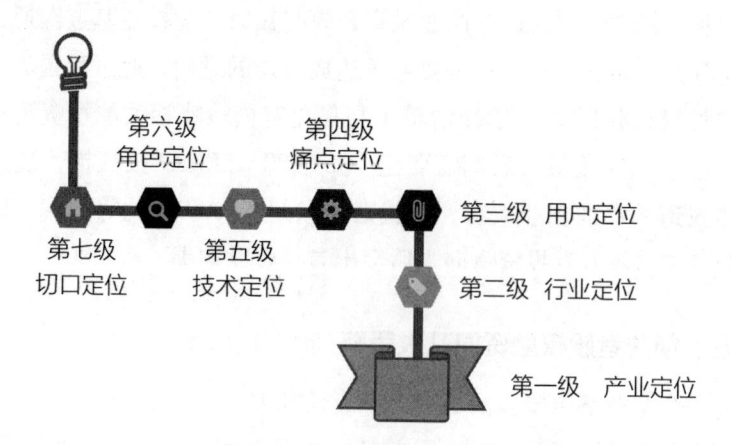

图1-5 赛道发展的战略定位的七个层级

### 3．产品资本价值策略

明确产品资本价值战略与定位（图1-6）。

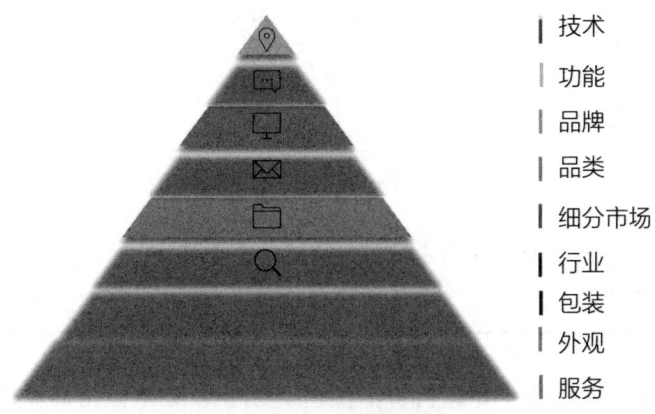

图1-6　产品资本价值战略与定位

金字塔由上至下：技术、功能、品牌、品类、细分市场、行业、包装、外观、服务

### 4．商业模式策略

首先，要梳理清楚资本市场的商业逻辑。企业需明确自己的商业模式，以解答投资者在做投资决策前会询问的问题（表1-3）。

表1-3　资本市场的商业逻辑

| 具体问题 | 细分问题或现状 ||
|---|---|---|
| 你的定位是什么 | 你是做什么的 | 你是什么行业或领域的 |
| | | 你提供什么类别的产品/服务 |
| | 你的产品/服务是什么 | 你的产品/服务解决什么人在什么情况下的什么问题<br>该问题不解决对用户会有怎样严重的后果<br>用户解决该问题的需求是否强烈，是否迫切 |
| | | 针对上述问题，别人原先是如何解决的<br>别人原先的解决方法还存在哪些问题<br>你的产品/服务是如何解决的<br>你的产品/服务比别人的好在哪里 |
| | 市场容量是怎样的 | 上述问题现在的市场容量是怎样的 |
| | | 未来需求的发展趋势是怎样的 |
| | | 未来的容量将是多少 |

续表

| 具体问题 | 细分问题或现状 |  |
|---|---|---|
| 你开发的这个市场空间怎样 | 市场竞争是怎样的 | 行业准入门槛如何 |
| | | 同行竞争者数量如何 |
| | | 同行大的竞争者如何 |
| | | 未来替代性的竞争者如何 |
| | 行业面临的问题有哪些 | 站在客户的角度看有哪些 |
| | | 站在同行的角度看有哪些 |

其次，要对自己的企业进行价值塑造。创业者必须懂得商业模式6V模型（图1-7）。

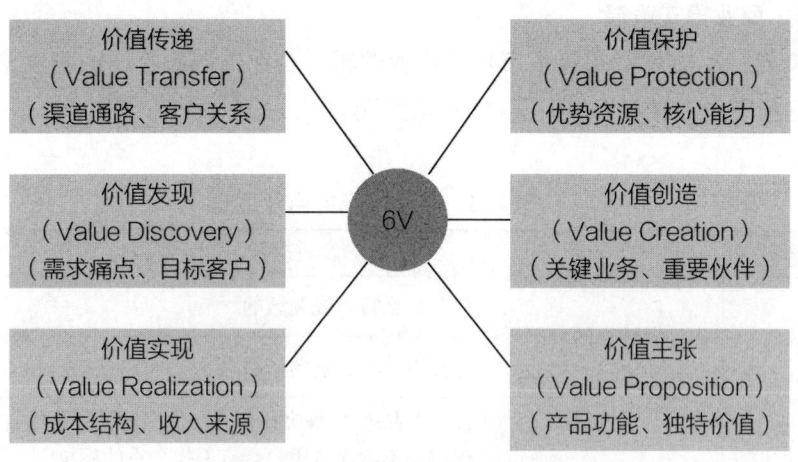

- 价值传递（Value Transfer）（渠道通路、客户关系）
- 价值保护（Value Protection）（优势资源、核心能力）
- 价值发现（Value Discovery）（需求痛点、目标客户）
- 价值创造（Value Creation）（关键业务、重要伙伴）
- 价值实现（Value Realization）（成本结构、收入来源）
- 价值主张（Value Proposition）（产品功能、独特价值）

图1-7 商业模式6V模型

再次，要站在行业层面看自己的企业的价值。可以参考如下模型（图1-8）。

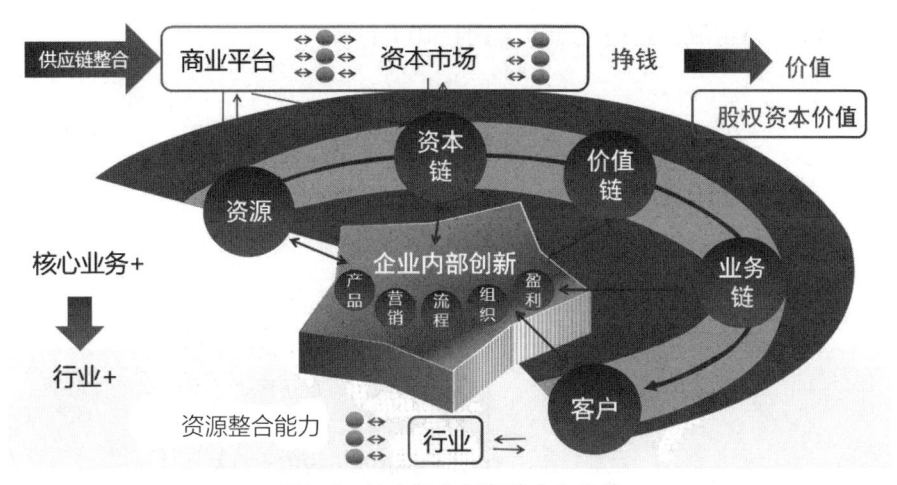

图1-8 站在行业层面看企业价值

最后，要站在产业层面看自己的企业的价值。可以参考如下模型（图1-9）。

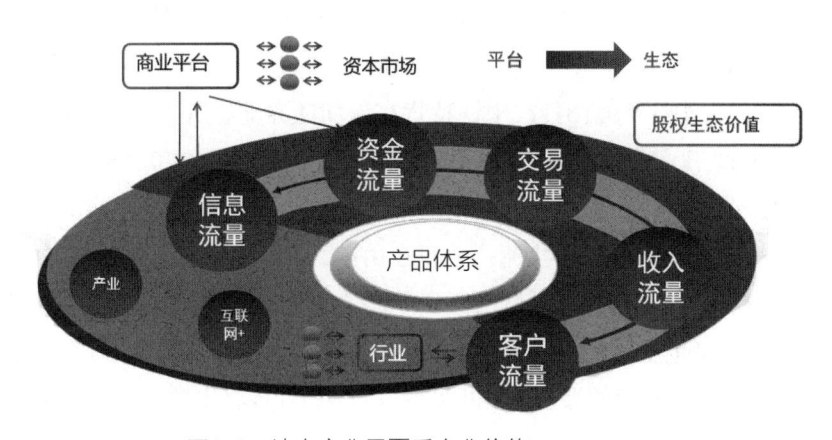

图1-9 站在产业层面看企业价值

### 5. 行业痛点和机会的融资策略

**案例**

以A物流公司为例，张老板是从事物流行业十六年的"老人"，十年前因敢于买车，起早贪黑打拼，赚了不少钱，但最近两三年生意越来越差，且公司业务只在广州市周边发展，没有将业务模式复制到全国市场。2022年初找我们合作，希望重塑企业价值，一是助力持续经营，二是期待能以股权融资助力发展。

经调研，A物流公司痛点如下（图1-10）：

**痛点一：**
盈利模式单一，服务功能单一，行业竞争激烈，同行相互压价，低成本揽货

**痛点二：**
人才成本高，高素质人才难招聘

**痛点三：**
自有车辆持有成本高，风险大

**痛点四：**
货源不稳定，难获客

**痛点五：**
发票抵扣难，税负压力大

图1-10 A物流公司痛点

首先，我们对近几年上市的物流快递公司进行行研：

（1）2021年5月28日，京东物流香港上市。

（2）2021年6月9日，东航物流在上海证券交易所挂牌上市，成为中国航空货运第一股。

（3）2021年9月8日，中铁特货在深圳证券交易所主板成功挂牌上市。

（4）2021年11月11日，安能物流正式在港交所上市，成为港交所的"快运第一股"。

招股书反映出如今物流行业正在由散、乱、小向规模化、集中化转变，大量物流企业急于通过上市解决融资问题，希望能把握资本时代的红利，借助资本机遇，将企业做大做强，获得更多融资渠道以完善其数字化、智能化建设。

随着智慧物流的渗透率不断提高，物流行业或将出现一个新的高增长阶段。

接着，我们对赛道细分领域进行分析：

传统物流企业对比分析（表1-4）以及新物流企业对比分析（表1-5），重点是找准对标，分析差异化价值。

表1-4 传流统物企业对比分析

| 物流类型 | 快递 | 快运 | 零担 | 整车 |
|---|---|---|---|---|
| 企业名称 | 顺丰 | 德邦 | 安能 | — |
| 载货重量 | 20kg以内 | 200～500kg | 500kg～3t | 3t以上 |

表1-5 新物流企业对比分析

| 类型 | 运满满 | 货拉拉 |
| --- | --- | --- |
| 服务对象 | 长途大货车 | 面包车 |
| 获客渠道 | 货运交易市场 | 搬家公司 |
| 市场机会 | 货主 | 夫妻、家族成员搭档的物流公司 |

综上，A物流公司的机会挖掘：整车3吨以上，服务对象为货主，且以夫妻、家族成员搭档的物流公司，尚有行业整合机会，在减少重资产投入，提升业绩的同时，增加了利润率，规范财务，合法优化税负率；资本价值和数字化工具上，可以加强数字化建设，这样既实现了资本价值塑造，也为日后上市做了基础建设；商业模式上可以对行业进行整合，招商加盟，获得更大市场份额；以股权融资，除了获得更多资源，解决资金周转问题，也可针对核心高管设计分红股、期权、股权激励等阶梯奖励，进而留住人才，把人才价值发挥到最大。

进行分析后，我们给出如下方案：

（1）运营模式改变。改变盈利模式单一、服务功能单一的局面，通过资源整合，减少车辆设备等硬件方面的资金投入，将A物流公司自行买车的重资产投入模式，转变为轻资产、轻运营模式，解决传统物流盈利模式单一、利润低的难题，并减小公司资金压力，极大地提高公司现金流周转速度。

（2）资源整合。设计了适合A物流公司资源股东的融资方式及加盟的招商方式和资源整合方案，进一步积累了企业相关人才的各项储备，加大了市场的投入和探索。在物流行业的赛道当中，企业抢占了更多的市场份额。

（3）数字化建设。全面构造物流新生态，建立会员机制，以货主、夫妻物流公司为主要目标客户，提供货源、车辆保险等服务，开始进行全国招商。用"美团"模式进行赋能，用全新商业合作模式将车流、物流、商流、资金流、数据流集为一体，为实现技术、方案、产品输出提供支持。

（4）在财务规范上，采取以下手段。

①和正规的货运平台合作，安装数字监控跟踪系统，为个人司机提供能开具发票的运输方案，方便物流公司合法获取个人司机的运输发票，从而规避"白条"风险，确保数据真实性，保障税收的合规性。

②设计成总部经济，利用地方政府出台的税收扶持政策，获得财政扶持

按月返还、当月纳税、次月扶持奖励，既为企业增加利润，又解决税源地的涉税风险问题。

③合作司机。设立个人独资企业或个体工商户，申请核定征收，核定之后税率在1%左右，还可开具普通发票，免征增值税及附加税，大大降低企业的税负。

方案的实施将会取得阶段性成果（图1-11）。

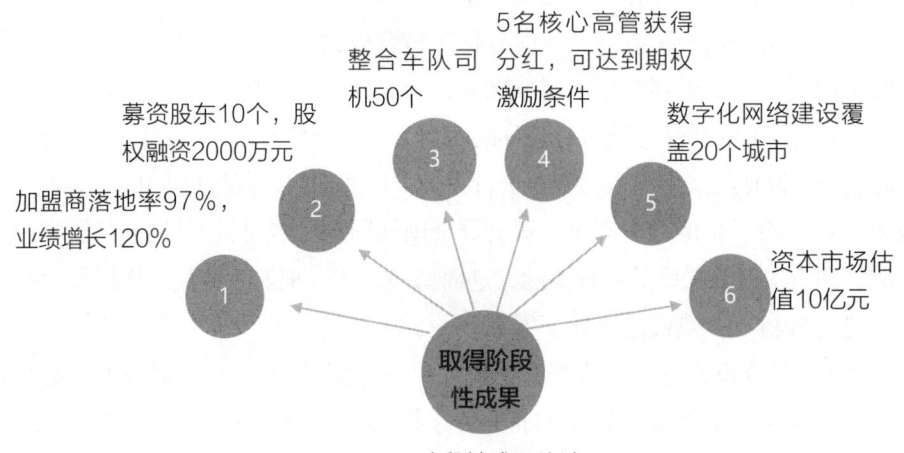

图1-11 阶段性成果统计

未来三年资本路径规划：

（1）2024年，作为港交所上市财务报表元年，预计估值20亿元，营业额15亿元，启动1.5亿元A轮融资，将其用于数字化建设和市场投入。

（2）2025年，估值40亿元，营业额突破30亿元，启动3亿元B轮融资，开始港股申请。

（3）2026年，估值80亿元，营业额40亿元，2026年底冲刺香港主板IPO上市。

### 6．一份令人心动的商业计划书策略

（1）系统性商业计划书。

商业计划书（BP）具有系统性结构，有利于帮助创始团队完成对企业发展方向的系统思考（图1-12）。搞清楚商业计划书上的问题，是融资成功的前提条件。

## BP 六维

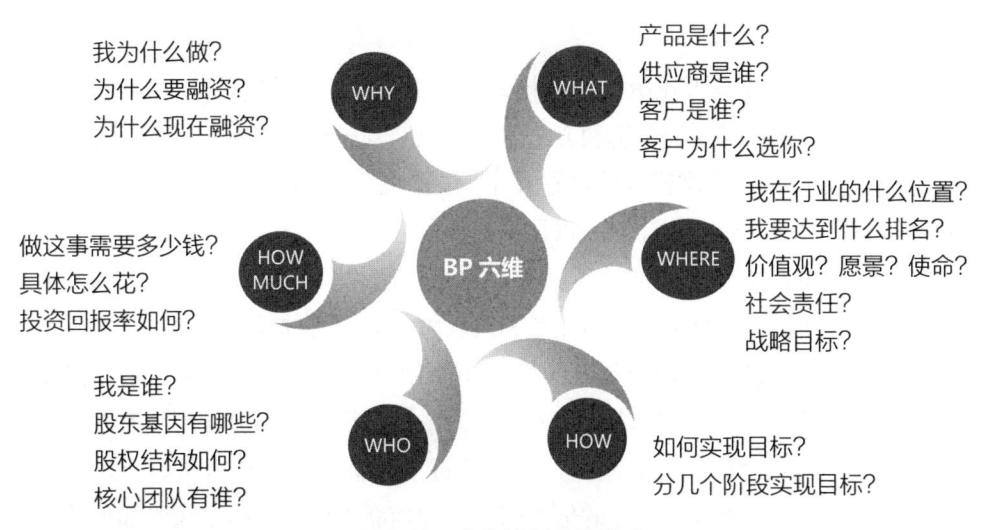

**WHY**
我为什么做？
为什么要融资？
为什么现在融资？

**WHAT**
产品是什么？
供应商是谁？
客户是谁？
客户为什么选你？

**WHERE**
我在行业的什么位置？
我要达到什么排名？
价值观？愿景？使命？
社会责任？
战略目标？

**HOW MUCH**
做这事需要多少钱？
具体怎么花？
投资回报率如何？

**WHO**
我是谁？
股东基因有哪些？
股权结构如何？
核心团队有谁？

**HOW**
如何实现目标？
分几个阶段实现目标？

图1-12　商业计划书策略图

（2）撰写商业计划书的程序、步骤。

撰写好一份商业计划书需要考虑到六个方面（图1-13）。好的商业计划书是股权融资成功的重要保证。

**反复论证**
是否有力回答了投资者关心的问题？前后逻辑是否一致？战略规划是否可以实现？财务预测是否符合实际？

**十大要点**
项目概述，用户痛点，解决方案，行业分析，经营现状，发展战略，核心团队，财务预测，融资计划，投资回报。

**行业调研**
行业天花板有多高？是什么驱动行业成长？行业处于产业链的什么位置？行业竞争格局如何？行业关键成功要素是什么？行业未来的趋势有哪些？

**基本要求**
侧重体现公司价值；页数在15页内；条理清晰；语言简单精练；活用数据图表。

**顶层架构**
商业设计（商业模式、战略规划），治理设计（股权设计、治理设计、公司设定），组织规划（结构设计、组织成长、人才发展），产融规划（供应链条、业务蓝图、资本路径）。

**融资目标**
竞争对手有谁？差异化优势有哪些？你想向谁融资？投资人偏好有哪些？除了解决资金问题外，能帮你解决资源和人才等问题吗？

图1-13　撰写商业计划书的流程

### 7. 路演策略

第一，要对业务天花板、商业模式、竞争环境、相关数据、市场和行业的相关情况、解决问题的逻辑和方法等等比较熟知。这些内容几乎可以说是整个BP的命脉，如果没能梳理清楚这几个问题，是不可能做出高质量的商业计划书的，质量不高的商业计划书将很难被投资人看中。

第二，熟悉资本市场的整体环境，重点了解投资行业众多投资人的风格偏好，搜集并整理出与创业公司业务和发展阶段相契合的投资人。

第三，搞清楚投资路径和时间表。作为创业者，决定融资前，必须清楚获得投资的流程和融资时间表，以便规划好融资预期，确保公司现金流健康。

第四，熟悉完整的融资流程，重点是每个环节该准备什么材料，投资意向该怎么落实。如投资人关注的估值依据是如何获得的？怎么定价？如何验证公司价值的风险与收益等。

第五，一定要做出最漂亮的路演，用公司的愿景去感染投资人。

一般而言，路演也是要讲技巧的，可以参考如下实战问题，提前模拟（表1-6）。

表1-6 路演模拟

| 流程 | 投资方 | 创业者 |
| --- | --- | --- |
| 介绍项目 | 了解项目 | 介绍公司及即将开展的项目（产品、空间、优势、团队等） |
| | | 15分钟左右，最长不超过20分钟 |
| | 觉得有前景 | 原则上不回答提问，除非介绍项目亮点时有遗漏，可以通过回答问题来展示亮点 |
| | | 介绍自己的企业或项目时务必充满自信，"点燃自己，照亮别人" |
| 上市规划 | 觉得不遥远 | 即介绍公司未来5年的业绩规划以及上市时间与市值预估 |
| | | 上市规划以图表的形式展示，含预计收入、利润、市值 |
| | | 若在办公室介绍，上市规划表最好在办公室某处展示出来；若在会议室介绍，最好在会议室的墙上展示出来 |
| | 回报高，想投资 | 公司领导应重点介绍收入、利润等业绩增长的预计及理由 |
| | | 公司当年的市值、三年后的市值以及预计投资回报倍数要体现在表中，使投资人能够看到，但不必自己去说 |

路演人员演说能力要够强、够出众。此外，企业需注意：

（1）讲出融资远景，以及每一个核心要点，确保路演PPT突出亮点、突出优势，有响亮的结尾。

（2）演讲内容与路演PPT须高度契合。

（3）在路演过程中，以演讲为主，PPT为辅。路演人员不能只是重复PPT上的信息，而是要基于计划书的要点，做生动有力的讲解。

（4）向投资人说清楚自己的商业逻辑、发展战略目标、能创造出的价值、解决的痛点等。

（5）投资人可能会提出以下问题（图1-14），创业者要提前想好答案，了解资本的"八不投"，避免踩雷。

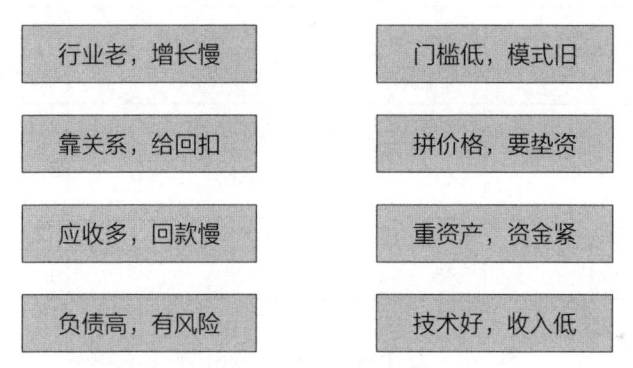

| 行业老，增长慢 | 门槛低，模式旧 |
| 靠关系，给回扣 | 拼价格，要垫资 |
| 应收多，回款慢 | 重资产，资金紧 |
| 负债高，有风险 | 技术好，收入低 |

图1-14　投资人的问题模拟

### 8. 投资回报率策略

路演的成功，仅仅是获得投资人进一步了解项目的开始，并不意味着已经获得了投资。融资机构也要调查投资人的口碑，打有准备之仗。

（1）首次约见：判断创业者靠不靠谱，所说的真不真实。因此，创业者一定要把首次约见当作一个正式的、严肃的投资机会谈判。

（2）投资回报率：这是大概率都会谈到的问题。这时候，创业者要胸有成竹，可以参考以下公式：

投资回报率（ROI）=（收益−成本）÷成本×100%

资产回报率（ROA）=净利润/投资总额×100%

净资产收益率（ROE）=税后利润/所有者权益×100%

经济增加值（EVA）=税后净营业利润（NOPAT）-资产成本=税后净营业利润（NOPAT）-资本占用×加权平均资本成本率（WACC）

另外，也可以参照某企业的财务分析表（表1-7）以及财务预测表（表1-8）。

表1-7　某企业2020—2022年财务分析表

| 项目 | 2020年 | 2021年 | 2022年 |
| --- | --- | --- | --- |
| 资产总计/万元 | 24282.76 | 24219.72 | 37068.04 |
| 股东权益共计/万元 | 11343.84 | 20679.16 | 31735.75 |
| 每股净资产/元 | 5.67 | 1.98 | 3.03 |
| 营业收入/万元 | 12842.65 | 17138.22 | 20813.70 |
| 净利润/万元 | 2908.14 | 5272.12 | 11624.52 |
| 毛利率/% | 49.67 | 58.67 | 70.74 |
| 净资产收益率/% | 29.52 | 30.50 | 44.36 |
| 基本每股收益/元/股 | 1.45 | 0.76 | 1.11 |

表1-8　某企业2024—2026年财务预测表

| 项目 | 2024年 | 2025年 | 2026年 |
| --- | --- | --- | --- |
| 资产总计/万元 | 39455 | 51500 | 89360 |
| 营业收入/万元 | 42320 | 68890 | 135900 |
| 净利润/万元 | 21500 | 32850 | 53400 |

表1-7反映了一家完成B轮融资企业的财务状况。该企业各部门通力协作，2020—2022年三年的财务指标已经实现资本价值。经我们评估，该企业拟以2024年财务报表作为上市元年，预计2027年能够成功冲刺深交所IPO。

在这里做两个提醒：

一是不要到急着用钱时才想到融资，因为融资不是一两天就能完成的，毕竟要经过上述层层环节，若企业在此过程中无资金应急，会陷入经营困难的窘境。

二是亏钱的企业只有具有资本价值，才可以融到资金。这需要提前根据企业所在的产业，以及企业发展战略规划来谋划企业的资本价值。

（3）投资人的投资决策委员会（IC）过会：这是资本内部投资决策。例如，对于5个同质化项目，内部合伙人开会讨论，投委会只选其中的2个来投资。创业者要重视和投资经理的洽谈、沟通，这是创业者能否成功的第一步。

（4）IC后面的流程：前期尽职调查（Pre-DD）。调研业务信息，验证数据真实性，做签署投资意向书（TS）前的准备。

（5）TS：投资方有专业的法务部和财务部，创业者一定要找律师把关，也要和专业的财务合作，提前为估值和合规条款的谈判做准备。

（6）正式的尽职调查（DD）：为了认真评审商业、法律、财务环节，投资方一定会做尽职调查，创业者要做好被尽职调查的所有准备。

（7）签署法律文件（SPA）：签署该文件，之后交割打款。

综上，钱不到账，永远不要拒绝其他投资人。

## 四、上市策略

有人说，企业融资的终极归宿是上市。上市不仅是企业成长的显著标志，更象征着资金、资源与人才的汇聚。同时，上市的过程能够孕育出具有远见卓识和宏大格局的企业家。这是因为，在上市的征途上，创业者必须对战略、经营模式、产品、竞争优势等进行深思熟虑，精心策划战略布局、经营模式、产品创新以及竞争优势等核心要素，从而打造出一家独具魅力的企业。

### 📋 案例

以小米为例，在融资路程上，小米的经历堪称传奇。从初创时期的艰辛融资，到逐步吸引风险投资、私募股权等多元资本，小米不断壮大自己的资金实力。在上市前，小米更是通过多轮融资，积累了丰富的资金储备，为成功上市奠定了坚实基础。

而在规范方面，小米注重公司治理和财务透明度，积极与国际标准接轨，并成立了董事会、监事会等组织，确保决策的科学性和合法性。这种严谨的管理体系，为小米的稳健发展提供了有力保障。

在规模方面，小米的发展速度令人瞩目。其以超过500亿美元的市值成功上市，实现了资本的迅速增长。这一成就不仅彰显了小米的强大实力，更为其未来的持续发展注入了强劲动力。

在赛道方面，小米敏锐地抓住了智能手机行业的机遇。通过创新和高性价比的产品，小米迅速获得市场份额，持续保持竞争优势。其独特的商业模式和运营策略，使小米在激烈的市场竞争中脱颖而出。

正是凭借在行业地位、融资路程、规范、规模和赛道这五个方面的卓越表现，小米最终成功上市。

企业在谋生存、求发展的同时，必须精心制定并落实上市策略。上市不仅是对企业综合实力的一次全面检验，更是企业实现跨越式发展的重要跳板。

首先，上市能够为企业筹集到大量资金。通过向公众发行股票，企业可以吸引广大投资者的关注和投资，从而筹集到数量庞大的资金。这些资金可以用于支持企业的扩张计划、研发创新、市场推广等各个方面，有助于加快企业的成长。

其次，上市有助于提升企业的知名度和品牌价值。作为上市公司，企业会获得更多的媒体关注和更高的认知度，这有助于提升企业的品牌形象和市场地位。同时，上市也为企业提供了与投资者、合作伙伴等主体建立更广泛联系的机会，进一步拓展了企业的发展空间。

再次，上市还有助于规范企业的治理结构和管理水平。上市公司需要遵守更严格的法律法规和监管要求，这将推动企业建立更加规范、透明的治理结构和决策机制。同时，上市也会吸引更多的专业人才加入企业，提高企业的整体运营效率和管理水平。

最后，上市成功还可以为企业带来更高的市场估值和更广阔的融资渠道。上市公司在市场上的估值通常更高，这使得企业可以通过股票发行、债券发行等方式进行再融资，满足企业因持续发展而产生的资金需求。

需要注意的是，上市并非易事，需要企业具备相应的条件、进行相应的准备。企业在决定上市前，应充分了解相关政策和法规，评估自身的财务状况、市场前景等因素，制定合理的上市计划和策略。同时，企业在谋划上市策略时，要充分考虑自身的行业地位、融资需求、规模扩张计划以及市场竞争态势等因素。通过制定合理的上市计划，明确上市时间表、路演策略、定价机制等内容环节，确保上市过程顺利推进。同时，企业还应加强内部管理和团队建设，提升企业的整体形象和信誉度，为成功上市奠定坚实的基础。

### （一）企业上市融资的轮次解析

企业上市通常需要经历多轮融资，但具体的轮数并没有固定的规定，它取决于企业的发展阶段、资金需求和市场环境等因素。一般来说，企业上市前的融资轮次可能包括种子轮、天使轮、A轮、B轮、C轮、Pre-IPO轮，此外还有Pre-A轮、D轮、E轮、F轮等不同轮次的融资。以下是对每一轮融资的介绍，旨在为创业者提供通过融资实现上市的思路。

#### 1. 种子轮融资

处于种子轮的项目一般仅有想法，没有成形的产品、模式，甚至没有团队。顾名思义，此时项目只是埋在创业者脑中的一粒种子。而寻求融资的主要目的是将想法落地。种子轮资金来源一般是创业者个人、家人、朋友。这个阶段的投资其实是为创业者的梦想买单，看重的是创业者本人与团队。这是企业最初的融资阶段，此时企业往往只是一个雏形，只有创意和对未来的蓝图。创业者通常需要自筹资金或向亲朋好友筹集资金，用于项目的初步验证和市场调研。

以滴滴为例。它的诞生正是源于创始人程维的一个想法。程维在看到英国打车应用Hailo的成功模式后，认为这一模式在国内也有着巨大的市场潜力。于是，他离开了阿里巴巴，决定投身于这一新兴领域。

在创业之初，程维与他的前上司王刚碰撞了想法，两人决定共同孵化这个项目。他们分别出资10万元和70万元，凑足了80万元的种子轮资金。这80万元对于一家初创公司来说，虽然不多，但足以让程维和王刚开启他们的创业之路。

有了这笔资金，程维得以从杭州回到北京，开始搭建团队、研发产品、探索市场。他们面临着无数的困难和挑战，但正是凭借着对梦想的执着和对市场的敏锐洞察，他们一步步将滴滴从种子轮项目孵化成了如今家喻户晓的出行巨头。

滴滴的成功，不仅在于它找到了一个可行的商业模式开发了优质的产品，更在于它有一个坚定的创业者和一支充满激情的团队。他们敢于冒险，敢于创新，敢于挑战传统，最终实现了从梦想之种到创业巨头的华丽转身。

滴滴的案例告诉我们，即使是一个看似微不足道的想法，只要有了合适的团队和资金支持，就有可能成为改变世界的力量。因此，对于那些处于种子轮阶段的创业者来说，他们不仅需要资金的支持，更需要对梦想的坚持和对市场的敏锐洞察。

一般来说，种子轮项目平均融资额往往在数十万至数百万美元，鲜有企业能拿到数千万，甚至上亿美元。有资深投资者说："如果一家刚运营的项目能拿到上亿的大额融资，一般都是背后的创业团队极其牛，且项目发力的方向是大热门，二者往往缺一不可。"下面分享一个获得巨大投资款的种子轮融资案例。

### 案例

Nvelop Therapeutics的崛起：基因递送新星一年拿下亿级种子轮融资

在2023年，医疗领域掀起了一股融资热潮，而其中最引人注目的莫过于Nvelop Therapeutics这家初创企业。它凭借一项前沿的递送技术解决方案，成功吸引了高达1亿美元的种子轮融资，这一数字不仅刷新了行业内的纪录，也向创业者们传递了一个强烈的信息：只要项目足够好，团队足够强，投资人就会打破常规，给予创业者强大的支持。

Nvelop Therapeutics成立仅仅一年时间，它的创始团队却有着令人瞩目的背景。哈佛大学教授、基因编辑领域的先驱刘如谦担任公司创始人，他不仅在学术界有着深厚的造诣，还具备丰富的创业经验。他曾主导或参与了多家知名企业的创办，其中不乏成功IPO的案例。这样的背景让Nvelop Therapeutics在诞生之初就具备了明星光环。

Nvelop Therapeutics所聚焦的新型递送技术，正是当前医疗行业的大热门。药物递送被行业普遍认为是新一代技术的主力战场，它承载着药物靶向、药物控释、促进药物吸收、增强药物属性四大核心功能，在产业链中价值巨大。然而，由于技术难度高和市场前景不确定，这一领域一直缺乏突破性的进展。

正是在这样的背景下，Nvelop Therapeutics凭借其独特的递送技术解决方案脱颖而出。刘如谦教授与团队开发出的工程化类病毒颗粒（eVLP），能够高效地将基因编辑工具递送到动物体内的细胞中。与传统的病毒载体和非病毒载体相比，eVLP具有更高的装载能力和更低的脱靶风险，为基因治疗领域带来了革命性的突破。

除了前沿的技术解决方案外，Nvelop Therapeutics的明星创始团队也是其获得大额融资的重要因素之一。除了刘如谦教授外，联合创始人J. Keith Joung也是哈佛大学教授，并在基因编辑领域有着丰富的经验。而CTO Jeffrey Hrkach博士曾在Moderna和Frequency等生物制药公司负责递送研究，他的加入进一步提升了公司在递送技术领域的实力。

这样的团队组合让Nvelop Therapeutics在短短一年时间内就吸引了众多知名投资机构的关注。他们看到了公司技术的巨大潜力和市场前景，也看到了创始团队的实力和经验。因此，他们愿意打破常规，给予这家初创企业高达1亿美金的种子轮融资。

这次融资的参与方包括一些知名的生命科学风险投资机构，如Newpath Partners、Atlas Venture和F-Prime Capital等。这些机构在生命科学领域有着丰富的投资经验和深厚的行业资源，他们的加入不仅为Nvelop Therapeutics提供了资金上的支持，也给其带来了宝贵的行业资源和合作机会。

值得一提的是，这次融资是在公司成立仅一年多时完成的，这足以说明Nvelop Therapeutics的技术和商业模式得到了市场的广泛认可。

这个案例符合投资人对种子轮的投资逻辑，即看重团队、想法、产品三个核心要素，为创业者在种子轮融资阶段带来如下启示。

首先，Nvelop Therapeutics的成功凸显了团队和创始人的重要性。公司的创始人刘如谦是哈佛大学生物化学家，拥有丰富的学术背景和深厚的行业经验。这样的背景不仅为公司的技术研发提供了坚实的基础，也增强了投资者对公司的信心。因此，创业者应注重自身和团队的建设，提升自身的专业能力和行业影响力，以吸引投资者的关注。

其次，创业者需要关注市场动态和行业竞争。Nvelop Therapeutics的融资成功也得益于其独特的商业模式和广阔的市场前景。公司专注于开发新型基因递送技术，解决了CRISPR等编辑工具转化为治疗疾病药物的递送技术难题，具有巨大的市场潜力。这提示创业者要深入挖掘市场需求，寻找创新的商业模式，打造具有竞争力的产品或服务。

再次，创业者要有清晰的愿景和战略规划。Nvelop Therapeutics之所以能够吸引投资者的关注，不仅在于其强大的团队和先进的技术，更在于其明确的愿景和长远的战略规划。创业者需要明确自己的企业定位、市场定位以及未来的发展方向，这样才能更好地向投资者展示自身的价值和潜力。

最后，Nvelop Therapeutics的融资成功还启示创业者要关注融资后的资金使用和企业发展。获得融资只是第一步，如何有效利用这些资金推动企业的研发、生产和市场推广才是关键。创业者应制定合理的资金使用计划，确保资金能够用在刀刃上，推动企业的快速发展。

**2．天使轮融资**

企业在初步完成产品或服务，并积累了一些核心用户后，会进入天使轮融资阶段。此时，企业的商业模式已经初步形成，天使投资人或天使投资机构会提供资金支持，帮助企业进一步发展。

天使轮融资，作为股权融资的起点，承载了无数创业者从梦想蓝图到市场现实的跨越期望。在这一阶段，项目往往还停留在构想和初步规划层面，缺乏实际的产品和市场验证。因此，天使轮融资的主要目的是为项目注入启动资金，推动产品从概念走向市场，从而开启商业化的新篇章。

天使投资人对于此阶段项目的评估，既看重创始团队的能力和背景，也关注项目的市场空间和潜在价值。同时，他们还会参考前期MVP（最小可行化产品）的测试数据，以判断项目的可行性和市场接受度。

在天使轮融资中，投资机构通常会根据对企业的商业模式、市场空间以及未来潜力的预期，给出相应的估值，并据此确定股权比例。一般来说，天使轮给出的股权比例范围在15%～20%。由于天使轮的投资金额相对较小，企业往往能够直接与天使投资人进行接洽和谈判。

在国内，活跃的天使投资机构众多，如真格基金、英诺天使基金、梅花创投、创新工场等，它们为创业者提供了丰富的融资资源和专业指导。同时，一些著名的天使投资人，如雷军、徐小平、投资滴滴的王刚等，也以其独特的眼光和丰富的经验，在天使轮投资中发挥着重要作用。

天使轮的投资人可以是多个也可以是单个，他们之间还存在领投和跟投的区别。由于天使投资人的投资策略相对宽松，他们往往会选择在更大的范围内"撒网"，将资金分散投入多个项目中，以降低风险。因此，其对企业的关注度并不会十分集中，这也要求创业者在寻求天使轮融资时，要有足够的准备和耐心，以应对各种可能的挑战和机遇。

> **案例**
>
> 徐小平投聚美：陈欧实力胜模式，天使轮识人重潜力
>
> 2009年，真格基金创始人徐小平做出了一个令人瞩目的投资决策——投资聚美优品。他的这一选择并非基于聚美优品早期的经营模式，而是源于对创始人陈欧的高度认可。陈欧，这位斯坦福MBA毕业的年轻创业者，不仅拥有扎实的商业教育背景，还具备丰富的创业经验。他曾在大学期间成功创办在线游戏平台GG-Game，展现出了非凡的创业能力和市场洞察力。
>
> 徐小平看中的正是陈欧的这些特质。在天使轮投资阶段，他更加注重创业者的个人能力和背景，而非仅仅局限于项目的经营模式。他相信，一个优秀的创业者能够带领企业克服各种困难，实现快速发展。因此，在评估聚美优品项目时，徐小平更多地关注了陈欧本人的能力、背景以及未来的发展潜力。
>
> 这一投资理念并不符合天使投资的理念和特点，但徐小平打破了惯例和局限，体现了他对创业者个人潜力和价值的深刻认识。他相信，在天使轮阶段，通过识别并投资那些具备高潜力和能力的创业者，能够为企业带来长远发展的动力。
>
> 事实也证明了徐小平的眼光。在陈欧的带领下，聚美优品逐渐发展成为国内领先的化妆品电商平台，实现了快速崛起。陈欧的创业能力和领导才华得到了市场的充分认可，也为真格基金带来了丰厚的回报。

徐小平在投资聚美优品时，对创始人陈欧的高度认可体现了他对创业者个人能力和背景的重视。这一投资理念并不符合所有天使投资的特点，因为投资机构天使轮投资逻辑的核心关键词为：产品可视、商业模式清晰。然而，徐小平的选择却突破了这一常规逻辑，他更加看重创业者的个人素质和发展潜力。这种投资理念为创业者们带来了宝贵的启示：

首先，创业者应充分认识到个人能力和背景在融资过程中的重要性。在

天使轮阶段，投资者往往更关注创业者本身，而非仅仅是一个初步成型的产品或商业模式。因此，创业者应努力提升自己的专业素养、领导力和市场洞察力，以便在融资过程中更好地展示自己的潜力和价值。

其次，创业者应重视与投资者的沟通和交流。在寻求天使轮融资时，创业者应主动与投资者建立联系，充分展示自己的实力、愿景和计划。通过与投资者深入交流，创业者不仅可以获得更多的融资机会，还可以从投资者那里获得宝贵的建议和资源支持。

最后，创业者应保持创新和进取的心态。虽然天使轮投资更注重产品可视度和商业模式清晰度，但创业者不应忽视创新和进取的重要性。只有不断创新和进取，才能在激烈的市场竞争中脱颖而出，赢得投资者的青睐和市场的认可。

这个案例提醒创业者，在融资过程中应怀有上市的梦想。这不仅能够激发自身的积极性和创新精神，还能够吸引更多资源和支持，推动企业快速发展。当然，实现上市并非易事，需要创业者具备扎实的专业素养、敏锐的市场洞察力和卓越的领导力。但只要怀有坚定的信念并不断地努力，就能带领团队克服各种困难，推动公司快速发展。

### 3. A轮融资

A轮一般是指首次正式引入战略投资者的融资环节，A轮的主要目的是准备进一步扩大市场、完善模式。在这个阶段，企业的产品或服务已经正常运作一段时间，并积累了一定的市场份额和用户基础。此时，A轮融资主要用于产品的进一步研发、市场拓展和团队扩张，资金规模相对较大。投资者关注的不仅是团队、市场前景和相对概念的产品，还有前期跑出的业务数据，如收入规模、用户数、增长率、留存率、复购率、毛利率等。因此，投资机构对A轮的投资逻辑，一般以产品及数据支撑的商业模式、业内领先地位、初具规模为核心。

📄 **案例**

*A轮砺音：网易云音乐资本之路启航与股权智慧*

A轮融资的股权配置和资金融入对企业的重要性不言而喻。以网易云音乐2016年的A轮融资为例，这一融资不仅对企业自身发展具有里程碑式的意义，更对整个音乐产业乃至互联网领域产生了深远影响。

首先，从股权配置的角度来看，网易云音乐在A轮融资中引入了战略投资者，从而实现了从网易100%持股到更为多元化股权结构的转变。战略投资者持有12%~15%的股权比例，这种配置既确保了网易的控股地位，又赋予了战略投资者足够的参与度和决策权。这种平衡的股权结构不仅有助于网易云音乐吸引更多的外部资源和合作机会，还能优化公司治理结构，提升企业的决策效率和市场竞争力。

其次，从资金融入的角度来看，A轮融资为网易云音乐注入了高达7.5亿元的巨额资金，为企业后续发展提供了强大的动力。资金是企业发展的基石，尤其是在竞争激烈的音乐市场中，资金更是关乎企业的生死存亡。有了这笔资金，网易云音乐得以加大在产品研发、市场推广、版权购买等方面的投入，从而进一步提升产品质量和用户体验。此外，资金还为企业的扩张和并购提供了可能，因而有助于网易云音乐快速占领市场份额，提升竞争地位。

此外，A轮融资的估值也体现了市场对网易云音乐的高度认可。60亿元的估值既不过高也不过低，适中的估值额度既能够展现企业的发展潜力和实力，又能够吸引更多投资机构关注和参与后续的融资轮次。这种适度的估值不仅有助于网易云音乐在资本市场树立良好形象，更为企业未来的融资和发展奠定了坚实基础。

A轮融资至上市的过程对创业者来说是一个重要且充满挑战的阶段。因为进入A轮融资阶段，企业开始寻求更大规模的资金支持，以推动产品研发、市场推广和团队扩张等关键业务。此时，创业者要认识到引入战略投资者至关重要。这些机构投资者，如红杉、IDG、红纬中国、金沙江创投等，不仅拥有雄厚的资金实力，还能为企业提供战略资源、行业经验和市场渠道等多方面的支持。

战略投资者的参与，使得企业的股权结构和管理层决策都发生了变化。他们通常持有较大比例的股权，并可能要求在企业决策中拥有一定的话语权。这有助于确保企业的战略方向与市场趋势保持一致，并推动企业实现更快速和稳健的发展。

此外，战略投资者还会用其丰富的行业经验和资源帮助企业优化业务模式、拓展市场份额和提升竞争力。他们可能会与其他行业领导者建立合作关系，为企业提供更多的市场机会和合作空间。

然而，引入战略投资者也带来了一定的挑战。企业需要权衡不同投资者的利益诉求，确保决策能够符合长期发展目标。同时，企业还需要与投资者建立良好的沟通和合作关系，以确保双方的利益得到最大化保障。

以下是一些从A轮融资到上市给创业者的启示。

（1）精心准备A轮融资：A轮融资是公司初创阶段的第一轮融资，通常在产品或服务开发、市场验证阶段进行。为了成功吸引投资者，创业者需要做好充分的准备，包括完善商业计划书、展示清晰的盈利模式和可行的市场策略。

（2）清晰的股权战略：从A轮融资开始，创业者就需要有一个明确的股权战略。这包括确定每个阶段的股权分配比例、预留未来融资和扩张所需的股权空间，以及设定关键员工和合作伙伴的股权激励机制。但股权过于分散可能导致决策效率低下和内部矛盾增加。因此，在设计股权布局时，创业者需要注意保持股权的相对集中，确保核心团队和关键股东具有足够的决策权；在引入外部投资者时，创业者需要仔细权衡投资者与创始人之间的权益，确保投资者获得合理的回报，同时保证创始人的控制权和决策影响力。股权是一种有效的激励工具，可以用来吸引和留住关键人才。创业者可以设立员工持股计划，或者为优秀员工提供股权激励，以激发他们的工作积极性和创造力。

（3）选择合适的投资者：投资者不仅能提供资金，还可能带来战略资源和合作机会。因此，创业者需要仔细选择投资者，确保他们的投资理念、行业经验和资源能够与公司的发展目标相匹配。

（4）高效利用融资资金：A轮融资的资金通常用于扩大公司规模、完善产品或服务、推动市场推广等。创业者需要确保资金得到有效利用，避免浪费和不必要的支出。

（5）构建强大的团队：一个优秀的团队是公司成功的关键。创业者应该注重人才的选拔和培养，构建一个具有共同目标和协作精神的团队。

（6）关注市场动态和竞争态势：市场是不断变化的，创业者需要密切关注市场动态和竞争态势，及时调整战略和计划，以应对市场的变化和挑战。

（7）为上市做好规划：虽然从A轮融资到上市可能需要数年时间，但创业者应该提前规划上市路径。这包括了解上市的要求和流程、制定合适的财务策略、建立良好的公司治理结构等。

（8）保持耐心和决心：创业是一个漫长而艰辛的过程，从A轮融资到上市更是充满挑战。创业者需要保持耐心和决心，不断学习和进步，以应对各种困难和挑战。

4．B轮融资

当企业的商业模式得到验证，并展现出较强的竞争优势时，为了进一步开拓新业务与新领域，B轮融资便成了企业的重要战略选择。在B轮融资阶段，多数企业已经开始获得盈利，并且商业模式相对于竞品显示出可行、可持续的增长性，这为它们吸引了投资机构的进一步关注与投资。

B轮融资的主要目的是进一步强化企业的核心竞争力、扩大市场份额，并培育新业务。通过引入更多的资金和资源，企业可以加速产品研发、市场推广和团队建设，进一步提升其市场地位和品牌影响力。同时，B轮融资也有助于企业在激烈的市场竞争中保持领先地位，实现更快速和更稳健的发展。

在B轮融资阶段，投资机构会对企业的商业模式、市场前景、团队能力、财务状况等多个方面进行全面评估。他们希望看到企业具备清晰的战略规划、高效的执行力以及可持续的盈利模式。只有符合这些要求的企业，才有可能取得B轮融资的成功。

B轮融资的额度一般较大，通常在2亿元人民币以上。这是因为企业需要足够的资金来支持其新业务与新领域的开拓，以及进一步提升其核心竞争力和市场份额。因此，企业在进行B轮融资时，需要充分准备，制定详细的融资计划和战略，以吸引更多的投资机构关注和投资。

B轮融资作为企业发展过程中的一个重要阶段，其投资者相对于天使轮融资和A轮融资确实存在一定区别。在B轮融资阶段，企业的融资来源主要包括A轮投资机构的跟进投资和其他私募股权投资机构（PE）的新进投资。这些投资者往往对企业的商业模式、市场前景和盈利能力有更为深入地了解和判断，因此他们的参与对于企业的长期发展具有重要意义。

在B轮融资中，估值方法是一个核心关注点。不同的投资机构可能会采用不同的估值方法，如市盈率P/E、单用户贡献P/MAU、市销率P/S等。这些估值方法反映了投资机构对企业商业模式、成长性和市场空间的不同理解和估价。在我国资本市场中，市盈率P/E通常是企业估值的主要规则，因此本土风投公司往往更看重企业的盈利能力和盈利预期。

然而，企业在选择估值方法时，不应仅受资本市场规则的影响，而应权衡各种估值方法的利弊，并与VC、PE等投资机构进行充分协商，选取一个对企业长期发展最有利的估值方案。这有助于确保企业的估值既符合市场规则，又能充分反映其实际价值和成长潜力。

此外，B轮融资还需要关注前期的估值金额。部分初创公司A轮融资金额过大，可能导致其在进行B轮融资时面临估值难题。一方面，A轮前期泡沫过大可能导致B轮估值无法支撑A轮的估值；另一方面，如果下一轮融资没有合适的投资者接手，A轮投资者可能面临退出困难或"流血"退出的风险。因此，企业在进行A轮融资时应保持理性，避免过度融资导致后续融资困难。

### 案例

Neumora Therapeutics：2年融资超6亿美元，B轮即冲刺IPO

Neumora Therapeutics，这家年轻而充满活力的生物制药公司，自2019年成立以来，短短几年内便取得了令人瞩目的成就。它成功研发了多种处于中后期人体试验阶段的药物，展现了强大的研发实力和市场潜力。

2023年，Neumora Therapeutics更是宣布在B轮融资后便申请IPO，这一举动引起了市场的广泛关注。据悉，公司计划在IPO中筹集高达1亿美金的资金，尽管有外媒分析师认为这只是一个"占位符"，但仍有咨询机构预测Neumora Therapeutics很可能会在IPO中募得更多资金。

Neumora Therapeutics的资本运作能力是其成功的重要因素之一。在短短两年内，公司便顺利融资超过6亿美元，这一成绩足以让众多投资机构为之侧目。同时，公司也展现出了及时止损的智慧，这对于初创企业来说无疑是一种宝贵的经验。

值得一提的是，Neumora Therapeutics的融资历程堪称精彩。A轮融资由ARCH Venture Partners领投，吸引了Polaris Partners、软银愿景等众多知名机构参与。随后，公司又获得了安进公司的1亿美金入股，并在业务研发上得到了安进的大力支持。在B轮融资中，Mubadala Capital Ventures领投，再次吸引了多家机构的跟投。这些融资活动不仅为Neumora Therapeutics提供了充足的资金支持，也为其未来的发展奠定了坚实的基础。

根据招股书，安进持有Neumora Therapeutics24.4%的股份，成为公司的最大股东。软银作为公司的第四大外部机构股东，占股比例达5.6%，也给予了Neumora Therapeutics大力支持。随着Neumora Therapeutics冲刺IPO，软银或许将迎来更多的退出机会，这对于缓解其近期的财务压力具有重要意义。

Neumora Therapeutics的主营业务聚焦于中枢神经系统疾病相关治疗靶点药物的开发。公司旗下共有七个临床和临床前神经科学项目，这些项目针对一系列服务不足的神经精神疾病的新作用机制，以及神经退行性疾病。其中，navacaprant（NMRA-140）作为公司最先进的候选产品，正在开发用于治疗重度抑郁症（MDD）。此外，公司还计划在未来12至18个月内启动多项临床试验，并预计在未来几年内取得更多重要成果。

脑疾病是全球未满足医疗需求的最大领域之一，市场规模超过800亿美元。然而，目前市场上的药物并不能完全满足患者的需求。因此，Neumora Therapeutics等生物制药公司的出现，为这一领域带来了新的希望。Neumora Therapeutics的首席财务官Joshua Pinto曾表示，神经科学领域正处于一个转折点，未来十年将是神经科学的黄金时期。而像Neumora Therapeutics这样的生物制药公司和给予支持的投资人，无疑是推动这一领域发展的重要力量。

Neumora Therapeutics在B轮融资之后直接冲刺IPO，这一决策给了创业者重要启示。

（1）明确企业定位与战略：Neumora Therapeutics在相对较早的阶段就选择冲刺IPO，这反映了公司对自身发展路径的清晰认识和坚定信心。创业者需要明确自己的企业定位和发展战略，确保每一步决策都与企业长远目标相一致。

（2）加速成长与扩张：IPO通常意味着企业可以获得大量资金，用于支持其未来的研发、市场扩张和运营活动。对于像Neumora Therapeutics这样的生物制药公司来说，这些资金可以用于加速药物研发进程，推动更多项目进入临床试验阶段，从而加快企业成长和扩张的步伐。

（3）建立强大的投资者关系：成功冲刺IPO不仅需要企业自身实力过硬，还需要与投资者建立良好的关系。Neumora Therapeutics在B轮融资阶段就吸引了众多知名机构的参与，这为其后续的IPO奠定了坚实的基础。创业者应

资金策略

重视与投资者的沟通和合作，积极寻求资源和支持，共同推动企业的发展。

（4）优化公司治理与财务结构：冲刺IPO需要企业具备较高的治理水平和规范的财务结构。Neumora Therapeutics在准备IPO的过程中，可能已经对公司的治理结构、财务体系和内部控制等方面进行了全面优化。创业者应以此为鉴，不断提高公司治理水平，确保企业财务健康、透明。

（5）抓住市场机遇与风险控制：选择B轮融资后直接冲刺IPO，意味着Neumora Therapeutics对市场机遇有着敏锐的洞察力，同时也对潜在风险进行了充分评估和控制。创业者应学会把握市场机遇，及时调整战略，同时保持对风险的警惕和控制，确保企业在稳健发展中取得突破。

### 5. C轮融资

C轮融资，作为企业冲刺IPO的关键一步，其主要目标在于拓展新业务、补全商业闭环，并为后续上市做好充分准备。这一阶段的融资额度通常高达5亿元人民币左右，资金来源主要以VC、PE为主。完成C轮融资的企业，往往已经积累了丰富的经营和财务数据，其商业逻辑也更加清晰，从而能够通过市场估值倍数等方式进行企业估值。

然而，C轮融资并非一帆风顺。业界称之为"C轮魔咒"，因为从A轮到C轮融资的过程中，企业的存活率极低，仅有近12%的企业能够成功跨越这一难关。这主要是因为，随着市场热度的变化，投资人的态度逐渐回归理性，对于那些没有足够实力或前景的企业，他们往往会选择放弃。

企业在寻求C轮融资时，必须充分了解市场需求，明确自身定位，制定出切实可行的商业计划。同时，企业还需要加强内部管理，提升经营效率，确保在融资过程中能够展现出足够的吸引力和竞争力。只有这样，企业才能成功跨越C轮融资的难关，为冲刺IPO打下坚实的基础。

### 📝 案例

C轮风帆：沪上阿姨IPO航程拉开帷幕

C轮融资是企业发展的重要里程碑，它标志着企业已经度过了初创期的风险，开始寻求更大规模的资金支持以推动业务的进一步扩张。对于沪上阿姨这样的企业来说，C轮融资更是冲刺IPO的关键一步。

2024年2月，沪上阿姨成功获得了1.22亿元人民币的C轮融资，这一融资额虽然在整个茶饮行业中不算特别突出，但对于沪上阿姨自身的发展而言，却具有极其重要的意义。这笔资金为沪上阿姨的未来发展提供了必要的动力，支持其继续拓展业务、加强品牌建设和提升市场竞争力。

在C轮融资的助力下，沪上阿姨已经递交了香港IPO的招股书，准备冲刺资本市场。这一举动不仅展现了沪上阿姨对于自身实力的自信，也表明了其对于未来发展的坚定决心。通过上市，沪上阿姨将进一步拓宽融资渠道，吸引更多的投资者和合作伙伴，为企业的发展注入更多的活力。

同时，C轮融资的成功也反映了市场对于沪上阿姨的认可。尽管茶饮市场竞争激烈，但沪上阿姨凭借其独特的品牌定位、丰富的产品线和广泛的市场覆盖，赢得了消费者的喜爱和市场的认可。这也为沪上阿姨冲刺IPO增添了更多的信心和底气。

因此，C轮融资对于沪上阿姨的发展具有极其重要的意义，它不仅是企业冲刺IPO的关键一步，更是企业实现更大规模发展、提升市场竞争力的重要支撑。

这一案例为创业者提供了诸多关于C轮融资至上市的启示。

首先，C轮融资是企业发展过程中的一个重要里程碑。这一阶段的融资不仅意味着企业已经得到了市场的认可，更标志着企业即将进入全新的发展阶段。对于创业者来说，成功完成C轮融资，意味着他们的企业已经具备了冲刺IPO的潜力，企业可以吸引具有丰富经验和资源的投资者，他们不仅能够提供资金支持，还能够为企业带来先进的技术、市场渠道、管理经验等资源，为企业的未来发展奠定坚实的基础。

其次，C轮融资为企业提供了必要的资金支持，帮助企业解决在快速发展过程中可能遇到的资金瓶颈问题。这些资金可以用于扩大生产规模、增加研发投入、加强市场营销等多个方面，从而推动企业实现更快的成长和更高的市场竞争力。

再次，冲刺IPO是一个复杂而漫长的过程。企业不仅需要具备强大的业务实力和良好的财务状况，还需要建立完善的公司治理结构、规范的财务管理体系以及有效的风险防控机制。在这个过程中，创业者需要保持冷静和耐心，不断优化企业的运营和管理，确保企业能够顺利通过IPO审核。

最后，创业者需要保持对资本市场的敬畏之心。IPO虽然能够为企业带来大量的资金支持，但同时也意味着企业需要接受更加严格的监管和审查。因此，在冲刺IPO的过程中，创业者需要遵守相关法律法规，确保企业的合规经营，牢记当年蚂蚁金服宣布C轮融资落地，总金额达到140亿美元（约950亿元人民币）后，IPO进程却突然中断的教训。为了避免此类事件发生，创业者应该做到以下几点：

一是严格遵守相关法律法规，确保企业的所有经营活动都在法律允许的范围内进行。这包括财务报表的真实准确、信息披露的完整及时以及公司治理结构的合规性等。只有合法合规的企业，才有可能获得资本市场的认可和支持。

二是深入了解并适应资本市场的规则和要求。资本市场有其独特的运行逻辑和监管体系，创业者需要对此有充分的认识和理解。在冲刺IPO的过程中，创业者应该与专业的中介机构合作，如券商、律师事务所和会计师事务所等，共同推进企业上市进程，确保企业符合资本市场的各项要求。

三是关注市场变化和政策调整，及时调整企业的战略和业务模式。市场环境和政策环境都是不断变化的，创业者需要保持敏锐的市场洞察力，以便在第一时间做出反应，确保企业的稳健发展。

四是保持诚信和负责任的态度。资本市场是一个高度透明的市场，企业的任何不当行为都可能被曝光并受到严厉惩罚。因此，创业者应该始终坚守诚信原则，对企业、股东和投资者负责，树立良好的企业形象和信誉。

### 6. 中后期D轮、E轮、F轮融资

中后期D轮、E轮、F轮融资确实可以被视为升级版的C轮融资，它们在企业的发展过程中扮演了至关重要的角色。

D轮融资通常发生在企业已经进入盈利期或正在朝着盈利方向稳步发展的阶段。在这个阶段，企业需要向投资者提供详细的财务报表、市场分析、竞争对手分析等信息，以便投资者更好地了解企业的情况，从而做出投资决策。D轮融资的成功往往意味着企业已经具备了一定的市场地位和盈利能力，为后续的发展奠定了坚实的基础。

E轮融资则更多地关注公司的成长性和市场前景。在这个阶段，企业的融资规模可能会更大，投资人也会更加看重公司的战略规划和未来发展方向。E

轮融资不仅可以解决企业的资金需求，还可以为企业扩大规模、深化市场布局和提高竞争力提供关键支持。

F轮融资则往往发生在公司已经取得一定的发展成果，可能已经成功上市或盈利状况良好的情况下。这时的融资主要用于支持公司的进一步扩张和发展，可能需要庞大的资金支持。同时，F轮融资也可能是创始人面临的一个重要阶段，需要创始人认真权衡融资的利弊，决定是否接受新的投资者和合作伙伴。

这些轮次的融资一般都是企业持续扩张中的用钱，包括与竞争对手互相烧钱的情况。在同一个细分领域，同样模式的公司，一般不可能有第三者获得C轮以后的融资，最多两个。一些在B轮后已经获得较好收入情况甚至盈亏平衡的企业，可能不需要C轮及以后的新融资。

至于G轮及以后的融资，则更多是巨型项目或需要持续投入的项目的需求，这类项目通常需要大量的资金支持，以推动其业务的进一步扩展和创新。这些轮次的融资往往吸引了金融投资巨头等大玩家的参与，他们通过投入巨额资金，帮助企业实现更大的发展目标。

D轮、E轮、F轮融资在企业的发展过程中具有举足轻重的作用，它们不仅解决了企业的资金需求，还为企业提供了更多的战略资源和合作机会，推动了企业的持续发展和创新。

### 7. 后期Pre-IPO轮融资

Pre-IPO轮融资在企业的发展中占据着重要地位。这一轮次的融资主要发生在企业即将上市的阶段，目的是进一步巩固业务、完善上市条件，以及优化股权架构。通过引入知名投资人，企业可以获得信任背书，对后期IPO产生积极影响。

Pre-IPO轮次的投资对象主要是拟上市的优质项目，多由私募股权投资（PE）机构参与。这些机构通过投资，为企业提供必要的资金支持，并帮助企业提升品牌知名度、优化治理结构等，为企业的上市做好充分准备。

在Pre-IPO轮融资中，投资机构的退出通道主要是在企业上市后，通过公开资本市场出售股票套现。为保障自身利益，投资机构通常会采取对赌协议等方式，规定企业若达不到设定的财务或股价目标，需向投资机构转让一定的股票。

然而，Pre-IPO轮融资也存在一定的风险。一方面，这一轮次的融资可能

## 资金策略

推高上市前的估值，导致上市后收益缩水；另一方面，随着IPO监管的加强，上市的不确定性增加，对私募股权投资机构的退出机制造成挑战。摩拜单车就是一个典型的例子。

### 📋 案例

时代眼泪：摩拜单车

回顾摩拜单车的一生，也算是"时代的眼泪"了。

扫一扫就能骑，解决"最后一公里"的通勤难题，在互联网产业野蛮生长时期，摩拜横空出世，两年间获得好几轮融资，总资金高达数十亿美元。

2015年3月，获得天使轮融资146万元人民币。

2015年10月，获得A轮融资300万美元。

2016年8月19日，获得B轮融资数千万美元。

2016年8月30日，获得B+轮融资数千万美元。

2016年9月30日，获得C轮融资1亿美元。

2016年10月13日，获得C+轮融资5500万美元。

2017年1月4日，获得D轮融资2.15亿美元。

2017年1月23日，获得富士康战略投资1亿美元以上。

2017年6月16日，获得E轮融资6亿美元。

然而，摩拜单车的生命却非常短暂，发展史如下：

2016年，摩拜单车上线。

2018年4月3日，美团以27亿美元的作价全资收购摩拜。

2019年1月23日，王慧文宣布摩拜单车已全面接入美团App，摩拜单车更名为美团单车。

2020年底，摩拜App、摩拜微信小程序停止服务和运营。

短短四年，摩拜退出共享单车赛道，美团接棒。

2018年4月3日，美团以27亿美元的价格全资收购摩拜单车，标志着摩拜单车正式进入美团时代。

创始人胡玮炜在此次交易中，以9%的股权成功套现15亿元，最终不仅将手中这个烂摊子成功甩给美团王兴，自己更是在短短四年创业时间内，便实现了绝对的财富自由。

这个案例为创业者带来了启示，特别是在融资能力和创始人资金回报方面，其经验值得深入反思和学习。

首先，摩拜单车的融资能力展现出了其强大的市场潜力和商业价值。从天使轮到E轮融资，摩拜单车在短短两年内成功吸引了高达数十亿美元的融资，这充分证明了其商业模式和市场前景得到了资本市场的广泛认可。对于创业者来说，这意味着拥有一个具有创新性和可行性的商业模式是至关重要的，因为这将直接影响企业的融资能力和发展速度。

其次，尽管摩拜单车最终未能成功上市，但其给创始人带来的巨大资金回报仍然令人瞩目。创始人胡玮炜通过持有摩拜单车的股权，在美团收购摩拜时成功套现15亿元，实现了个人财富的快速增长。这一事实告诉我们，创业者的努力和创新精神是有可能获得丰厚回报的。当然，这也需要创业者具备敏锐的市场洞察力和强大的执行力，以便其在竞争激烈的市场中脱颖而出。

再次，摩拜单车的案例还告诉我们，即使企业最终未能实现上市或长期盈利，也不代表创业者的努力就没有价值。在摩拜单车的发展历程中，创始人胡玮炜带领企业实现了快速扩张和市场领先，不仅赢得了资本市场的认可，也为自己积累了宝贵的创业经验和人脉资源。这种经验和资源对于创业者未来的事业发展无疑具有巨大的推动作用。

最后，摩拜单车的创始人胡玮炜以体面的方式谢幕，也为创业者树立了一个榜样。她没有因为企业的困境而气馁或逃避责任，而是选择将摩拜单车交给更有实力和资源的美团，从而确保了企业的平稳过渡和员工的利益。这种责任感和担当精神是创业者们应该学习和借鉴的。

Pre-IPO轮次的投资对象是拟上市的优质项目，参与这一部分投资的操盘手以私募股权投资（PE）居多。此轮投资的退出通道多半是在企业上市后，从公开资本市场出售股票套现。投资机构往往会通过采取对赌协议等方式来保障自身利益。对赌协议通常规定企业若达不到协议设定的财务目标或股价目标，公司管理层则需向投资机构转让一定的股票，若达到相应目标则反之。

### 案例

摩根士丹利等投资机构与蒙牛对赌经典案例

2003年，摩根士丹利等机构与蒙牛签订的对赌协议便是典型案例，也是中国对赌协议应用的早期实例之一。这一协议不仅体现了投资机构对于蒙牛未来增长的信心,也通过一系列条款确保了投资机构在蒙牛未能达到预定目标时的利益保障。

协议的核心内容是,摩根士丹利等投资机构与蒙牛约定,如果在2003年至2006年的四年间,蒙牛的业绩复合增长率低于50%,那么蒙牛的管理层需要向这些投资机构支付一定数量的蒙牛股票,或以等值的现金作为赔偿。相反,如果蒙牛在这期间达到了业绩增长的预定目标,那么摩根士丹利等投资机构则需要向蒙牛的管理层提供相应的股票奖励。

这一对赌协议的签订,对蒙牛来说,既是一种压力,也是一种动力。压力在于,如果不能实现预定的业绩增长目标,蒙牛的管理层将面临重大的经济损失;动力则在于,如果成功实现目标,蒙牛将获得额外的股票奖励,进一步推动公司的发展。

事实上,蒙牛在这一对赌协议中表现出色,成功实现了预定的业绩增长目标。因此,摩根士丹利等投资机构并未获得蒙牛的股票,反而按照协议约定,向蒙牛的管理层支付了相应的股票奖励。这一结果不仅体现了蒙牛的强大实力和良好运营流程,也证明了投资机构对于蒙牛发展的精准判断和成功投资。

这个案例对于理解对赌协议在投资中的应用具有重要意义。它展示了对赌协议如何作为一种激励机制,推动被投资企业实现更高的业绩增长。同时,它也提醒投资者和企业家,在签订对赌协议时,需要充分考虑企业的实际情况和市场环境,合理设定目标,确保协议的公平性和可行性。

值得注意的是,Pre-IPO作为一种重要的融资方式和私募业务模式,在为企业提供资金支持的同时,也带来了一系列潜在的风险。这些风险不仅影响企业的上市进程和估值,也对私募机构的退出机制构成了挑战。

首先,Pre-IPO轮融资往往会推高企业上市前的估值。在这一阶段,由于市场对企业的未来发展抱有高度期待,投资者往往愿意支付较高的溢价来获取股权。然而,这种高估值可能会引发炒作,导致上市后的实际股价无法维持在高水平。一旦股价下跌,投资者将面临收益缩水的风险。

其次,随着IPO监管的日益趋严,监管红线不断增多,企业上市的不确定性也随之增大。这不仅意味着私募股权投资机构在投资时需要更加谨慎地评估企业的合规性和上市前景，还可能导致上市进程被推迟或取消。这种不确定性对私募股权投资机构的退出机制构成了不小的挑战，因为它们可能无法按照预期的计划和时间表退出投资。

最后，套利空间的缩小和业务空间的限制也是私募股权投资机构在Pre-IPO阶段需要考虑的风险。由于市场环境的不断变化和监管政策的调整，私募股权投资机构可能发现原本的套利空间不再存在或大幅缩小。同时，业务空间的限制也可能导致私募股权投资机构在投资后难以找到合适的退出路径。

从企业融资的角度来看，上市之前应当按需来决定融资轮次与规模。企业应根据自身的实际需求和发展规划，合理评估所需的资金量和融资时机，避免过度融资或过早融资带来的风险。同时，企业也应加强与私募股权投资机构的沟通和合作，共同应对市场变化和监管挑战，确保融资活动的顺利进行和企业的长久发展。

不得不提Pre-IPO轮次的估值，是企业在上市前的重要环节，它涉及对企业未来盈利潜力、市场地位、竞争优势等多方面的综合考量。在这一阶段，投资者和潜在买家会密切关注企业的各项经营指标和发展前景，以确定其合理的市场价值。

Pre-IPO轮次的估值通常综合运用多种方法，包括但不限于市盈率法（PE法）、市净率法（PB法）、现金流折现法（DCF）以及市场比较法等。这些方法各有侧重，可以从不同角度反映企业的价值。

（1）市盈率法是一种常用的估值方法，它通过比较企业的市盈率与行业平均水平或可比公司的市盈率来确定企业的价值。市盈率法简单直观，但需要注意的是，它忽略了企业的负债情况，因此在使用时需要谨慎。

（2）市净率法则关注企业的净资产价值，通过比较企业的市净率与行业标准或可比公司的市净率来评估企业价值。市净率法能够反映企业的净资产水平，但在评估高增长或轻资产企业时可能不太适用。

（3）现金流折现法则是一种更为严谨的估值方法，它通过对企业未来自由现金流进行预测并折现到当前时点来确定企业价值。这种方法充分考虑了企业的盈利潜力和成长性，但需要对企业未来的现金流进行准确的预测，难度较大。

（4）市场比较法则是一种基于市场可比交易来评估企业价值的方法，它通过分析市场上类似企业的交易价格和估值来确定目标企业的价值。这种方法适用于市场上有类似交易案例的情况，但在寻找合适的可比公司和调整相关参数时可能存在一定的主观性。市场前景则反映了企业未来的发展空间和潜力。创业者应站在投资者角度，关注行业的发展趋势、市场需求以及竞争格局等因素，以此判断企业未来的成长性和盈利能力。一个具有良好市场前景的企业往往能够获得更高的估值。

在Pre-IPO轮次中，投资者还会关注企业的商业模式、管理团队、市场前景等因素，这些因素虽然不直接用于估值的计算指标，但对于确定企业的市场价值具有重要影响。

此外，需要注意的是，Pre-IPO轮次的估值并非一成不变，它随着市场环境的变化、企业业绩的波动以及投资者预期的调整而发生变化。因此，在进行Pre-IPO轮次估值时，需要保持灵活性和敏感性，及时根据市场变化调整估值方法和参数，以全面、准确地评估企业的价值，避免估值偏离实际，如果企业的估值过高，可能会使得潜在的投资者或合作伙伴望而却步，因为他们可能认为这样的投资回报率不高或风险过大。同时，过高的估值也可能使得企业在后续的融资过程中遇到困难，因为后续的投资者或许难以接受这样的高估值。而偏低的估值则可能损害企业的利益。

从种子轮融资到IPO，能够顺利完成蜕变的企业凤毛麟角。国内天使投资企业进入下一轮的总体概率为45%，其中A轮27%，B轮7%，C轮以后3%，IPO上市仅2%，即100家获得天使投资的企业，仅有2家能成功上市。应了马云那句话："今天很残酷，明天更残酷，后天很美好，但是大多数人死在明天晚上。"但是，创业者要学会在每一步的融资中做到运筹帷幄，扛起上市的大旗，梦想是要有的，万一实现了呢？

融资的项目是发展，还是上市？一般来说，建议创业者多准备一份上市计划书。上市是一个大系统工程，企业早知道、早规划，就能早成功。（图1-15）。

第一章　四维资金策略

设定好时间里程碑，一般要3~5年冲刺，时间节点目标任务要清晰

**上市时间规划**

科学合理、有目的、有条理、有规划地设计商业模式

**商业模式与业绩规划**

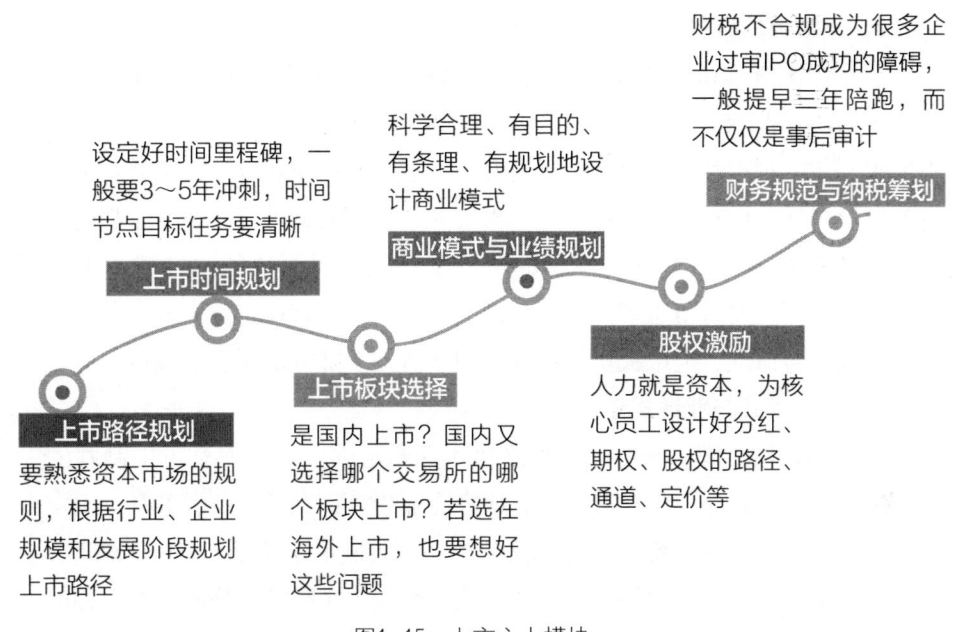

财税不合规成为很多企业过审IPO成功的障碍，一般提早三年陪跑，而不仅仅是事后审计

**财务规范与纳税筹划**

**上市路径规划**
要熟悉资本市场的规则，根据行业、企业规模和发展阶段规划上市路径

**上市板块选择**
是国内上市？国内又选择哪个交易所的哪个板块上市？若选在海外上市，也要想好这些问题

**股权激励**
人力就是资本，为核心员工设计好分红、期权、股权的路径、通道、定价等

图1-15　上市六大模块

## （二）上市规划

### 1．上市路径规划

熟悉境内外资本市场规则，根据公司自身企业规模、行业及所处发展阶段的不同，对比不同资本市场间的政策、环境差异，依据企业自身发展特点，审慎选择适合企业的资本市场发展路径。

### 2．上市时间规划

IPO上市流程包括规范阶段、股改阶段、辅导阶段、申报材料制作及申报阶段、发行及上市阶段。企业自筹划改制到完成发行上市总体上需要3~5年，如何制定一个合理的时间规划表，有效推进后续上市过程，是企业筹备前期的重大问题。

以向证监会申报材料为基准时间进行倒推，把握关键节点，结合公司的规范程度、业绩情况、是否涉及投资者引入及股权激励等因素，逐项分解，按任务节点制定具体的时间规划表。企业按照时间规划表执行，高效利用所有资源，可极大程度缩短上市时间。

### 3. 上市板块选择

在多层次资本市场建设中，主板、科创板、创业板、北交所改革齐头并进，国内还有香港主板、国外有美国的证券交易所等，企业的上市路径选择也更加多元化。对于准备上市的企业而言，除了专心做企业以外，还需要了解自身的发展目标和诉求，对上市地点、板块的选择等问题进行仔细考虑与衡量。

企业在对自身进行详细了解的基础上，比较各版块的通过率、审核时限、募资金额、发行市盈率、上市条件、财务要求、行业定位等因素，分析各上市板块优劣情况，上市板块的选择有明确认知，降低前期摸索成本。

### 4. 商业模式与业绩规划

（1）成功的商业模式是企业盈利的重要基础，也是在竞争中制胜的关键。通过深入分析企业的核心资源，研究企业内外部利益相关者关系，确定企业的价值定位、业务系统，完善股权结构，帮助企业打造合适的商业模式。企业应将之前模糊的误打误撞式的运作方式，转变为更科学合理的、有目的的、有条理的、有规划的商业行为。

（2）公司在IPO申报过程中一旦出现业绩大幅下滑的现象，会立即受到证监会重点关注。业绩下滑超过50%者，将暂不予安排核准发行事项，待其业绩恢复并趋稳后再行处理或安排重新上发审会。因此，为避免功亏一篑，提前进行业绩规划就显得尤为重要。

根据企业业绩成长节奏，规划收入及业绩增长曲线，对报告期内非经常性的大额成本和支出进行预判，分解业绩增长目标，在毛利、现金流、周转率、成本能耗、费用率方面设置考核指标，从而建立强有力的目标管控机制，企业将展现健康、向上的增长趋势。

（3）根据企业业务成长和业绩释放节奏，协助拟定匹配的融资规模、估值、时点规划；在正确的时点启动、落地相关融资工作。企业融资将更好地支持企业的业务发展。

### 5. 股权激励

股权激励不是让所有人都成为股东，而是让所有人都有机会成为股东。对于一家拟进行IPO的企业来讲，实施员工股权激励，有利于稳定管理层以及核心员工，使其创造更大的价值，并与企业共享所创造的价值，同时也对投资人判断企业价值以及其成长性具有正面影响。

在符合法律法规和政策规定的大前提下，根据企业自身特性，结合各激励模式的作用机理，就激励工具选择、激励对象的设置、授予定价、考核指标设置等方面为企业制定适合实际发展并能有效实行的股权激励方式，使得企业的股权激励模式更具有科学性和合理性，最大限度满足企业和员工的共同需求。

**6. 财务规范与纳税筹划**

很多中小企业在上市之前的发展过程中，由于财务基础薄弱，缺少良好的财务规划，留下了很多问题，在上市阶段，即使企业花高额费用聘请专业机构处理这些问题，也会由于财务处理的连续性以及财务报表对外报送机构的限制而需要较多时间。这样一来，上市计划不得不一再推迟，甚至由于历史遗留问题太过严重而最终在发审委审核阶段被否决。

企业应严格按照中国证券监督管理委员会、股票发行审核委员会关于上市的要求和《企业会计准则》的规定做好前期财务会计、税务和业务活动等基础工作。在业务发展可承受的限度内，开展规范整改工作，确定财务战略，组建财务部门，搭建财务核算体系、财务管控体系，做到层层把关、不出差错，让企业持续经营能力获得提升，会计基础工作全面改善，会计核算规范，财务规范运行，五项独立，符合上市规范要求。

在IPO审核过程中，涉税问题一直是关注重点，直接关系结果成败。企业上市前期因资金不太稳定、对于最新税收政策不够了解等，普遍在上市前期面临着很多棘手的税务问题。

创业者提前把握企业潜在的税务风险，优化企业供应链管理，实现税务架构最优化，让企业在IPO资本运作过程中，具备专业能力评估和应对税务风险，同时合理控制股东及员工税收成本。前期的税务架构搭建与筹划，既有利于企业顺利通过交易所、证监局的审核，又可以合理控制企业的税收成本。

另外，企业还应做好以下两点：

（1）内控体系规划。

企业最大的风险在于对风险的不了解和无视。内部控制的健全、实施，是企业经营成功的关键，也是监管关注的重点。无论是登陆主板或创业板、科创板，还是境外上市，内控是否有效和完善都是衡量上市企业质量的重要标准之一。

对企业现行内部控制系统进行诊断分析,确定与监管要求的差距,发现风险并提出改善建议,以完善内部控制体系;持续监控内控体系,确保内控体系运行满足上市规范要求。内部控制制度健全且被有效执行,能够合理保证企业运行效率、合法合规及财务报告的可靠性。

(2) 独立性规划(包含关联交易与同业竞争)。

独立性是证监会对企业首次公开发行股票并上市的审查重点之一。一旦股东与企业、企业与企业之间往来账目、账户混同,业务混同甚至是人员混同,不仅会产生企业财产被隐匿、非法转移或被私吞、挪用等重大隐患,而且会阻碍企业上市。

在企业筹备过程中关注独立性事项,通过吸收、注销、转让等方式重点规划关联交易及同业竞争,从源头上避免未来可能产生的问题。企业实现独立运营,做到业务、资产、人员、财务、机构独立完整,主营业务突出,形成核心竞争力。

股权融资不是一蹴而就的,需要不断打磨和锻炼,美团的王兴也是通过无数次路演积攒经验才最终获得成功。希望创业者能够早日拿到资本市场的投资,创业顺利。

## 五、债权融资策略

债权融资,顾名思义,就是企业通过借钱的方式进行融资。企业首先要承担资金的利息,另外,在借款到期后还要向债权人偿还资金的本金。

这是企业经常用到的融资方式,因此,也是资金向企业流入的常规途径。常见的债权融资的方式有:银行贷款、票据融资、项目融资等。而创业者在进行各项融资时,既要有策略,又要防风险。

### (一) 银行贷款策略

银行是融通社会资金的主渠道,没有银行的支持,中小企业的发展壮大就会受到严重制约。同时,我国大部分企业都是中小微企业,相对于大企业而言,银行开展中小企业业务时资本消耗更少,议价能力更强,相关业务具有明显的"低资本消耗、高收益水平"特征,如果银行不重视小微企业就等同于放弃了这块市场，银行的收益就会大幅减少。因此，中小企业的银行贷款业务就成为银企双赢的通道。

**1．贷款的形式**

（1）线下：贷款流程主要在线下进行，比如约谈、考察、交资料、签合同等。

（2）线上：贷款资料和流程全部在线上完成，比如从手机端、电脑端上传证件、资料，在线查询进度、结果等。

**2．贷款的种类**

贷款的种类有四种（图1-16）。

**信用贷款**
1 不需要抵押物，也不需要第三方来做担保，但额度不会太高

**抵押贷款**
2 企业或股东将不动产、汽车、设备等作为抵押物，银行评估后批复、发放

**纳税贷款**
3 根据企业的纳税额度批复贷款的额度

**联保贷款**
4 企业、股东或者其朋友组成联保小组向银行申请联保贷款

图1-16　贷款的种类

不论申请何种贷款，资料审查环节都应依法进行。当企业提出贷款需求时，银行初步评估同意受理贷款，要求企业按资料清单提供资料。在资料递交上去之后，基本按县支行（市分行）、省分行和总行三级授权审批贷款。而审核材料、审批原则和额度审批，都是有规定和尺寸的，具体如下。

**1．合法性是前提也是基础**

与银行贷款相关的法律：《中华人民共和国中国人民银行法》《中华人民共和国商业银行法》和《贷款通则》。其中，担保还要遵循《中华人民共和国民法典》中的担保条款。

《贷款通则》第二十条规定：

（1）不得在一个贷款人同一辖区内的两个或两个以上同级分支机构取得贷款。

（2）不得向贷款人提供虚假的或者隐瞒重要事实的资产负债表、损益表等。

（3）不得用贷款从事股本权益性投资，国家另有规定的除外。

（4）不得用贷款在有价证券、期货等方面从事投机经营。

（5）除依法取得经营房地产资格的借款人以外，不得用贷款经营房地产业务；依法取得经营房地产资格的借款人，不得用贷款从事房地产投机。

（6）不得套取贷款用于借贷牟取非法收入。

（7）不得违反国家外汇管理规定使用外币贷款。

（8）不得采取欺诈手段骗取贷款。

《贷款通则》第二十四条第二款规定，借款人有下列情形之一者，不得对其发放贷款：

（1）不具备本通则第四章第十七条所规定的资格和条件的；

（2）生产、经营或投资国家明文禁止的产品、项目的；

（3）违反国家外汇管理规定的；

（4）建设项目按国家规定应当报有关部门批准而未取得批准文件的；

（5）生产经营或投资项目未取得环境保护部门许可的；

（6）在实行承包、租赁、联营、合并（兼并）、合作、分立、产权有偿转让、股份制改造等体制变更过程中，未清偿原有贷款债务、落实原有贷款债务或提供相应担保的；

（7）有其他严重违法经营行为的。

综上，企业申请贷款不能违反银行发放贷款最基本的底线，否则，就没有必要递交贷款申请。

## 2．"三性"原则

《中华人民共和国商业银行法》将"三性"的顺序调整为安全性、流动性、效益性，将安全性置于首位，并一直延续至今，成为银行经营的首要原则（图1-17）。

安全性是前提，流动性是手段，效益性是结果。

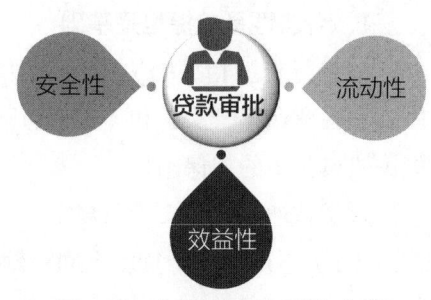

图1-17 审批前置"三性"条件

（1）安全性：因为企业贷款的周期长、金额大，所以风险不容小觑。因此，银行在面对企业的贷款申请时，会重重审核，层层严格把关，尽量保证放出去的款项和利息能及时收回。因此，安全性就成了很多银行批准贷款的前提条件。

（2）流动性：资金的流动性越高，证明其使用效率越高，越可以提高企业的运营效率，对企业的绩效起到促进作用，这样就可以增加资金利用效益，不仅对偿付银行的本金和利息有保障，还能有效降低资金使用成本，减轻企业的财务负担，让企业活起来，提高企业的综合竞争力。因此，资金的流动性是手段。

（3）效益性：无论是企业还是银行，它们都是经济组织，都把效益作为经营目标，只有以追逐资本最高回报率和资金最佳收益率为目标，提高盈利能力，才能在市场竞争中获得生存发展的条件。因此，资金的效益性是结果。

综上，银行审批贷款业务时会把"三性"放在法律之后的最重要位置。

### 3. 银行眼里的优质创业者

企业硬性条件决定了是否能获得贷款，而创业者的几个特征也是银行放贷的考核标准。具备以下条件的创业者是很受银行青睐的（图1-18）。

（1）为人品德好：银行一般比较看重企业的"三品"，即抵押品、产品、人品，尤其是创业者的人品，如无赌博行为、言必信、对企业用心经营等。其实不难理解，只有这样的创业者，才会有能力并且讲诚信地按时足额还本息。

图1-18 银行眼里的优质创业者

（2）职业素养高：一个企业的实际控制人就是企业的天花板。素质高的实际控制人，通常会有更高的职业道德和责任感，具有战略眼光、行业经验、较高管理水平等，能够带领企业诚信经营和做大做强。因此在有利于银行回收本息的同时，推出更多或者更高额度的金融贷款产品，更符合银行的长远利益。

（3）班子能力强：团队是企业的脊梁骨，团队强则企业强，团队弱则企业弱。银行只会把资金贷给有成绩的企业，只有企业核心班子成员的能力强，才会更有利于抵抗风险，提高效益，按期偿还本息。

**4．银行眼里的优质企业**

除了中央企业及地方重点国有企业、世界500强企业在华机构、中国企业500强、外资企业外，银行眼里的优质企业还有新兴信息技术企业，经营持续稳定、区域或行业内知名度高的中小企业等。优质企业具有以下六个标准（图1-19）。

图1-19　优质企业的6个标准

（1）有技术：企业在技术支撑下，可以生产出更有竞争优势的产品，有助于开拓市场和定价权，资金回笼有保障，从而有能力偿还本息。

（2）有市场：企业的市场占有率越高，销售业绩就会越好，现金流就越大，因此，银行贷款给企业的风险就越低。

（3）有规模：在规模化方面，银行会选择有经济实力、有一定市场份额、资金流动率好、技术和管理成熟、发展潜力大、贷款额度高、很容易满足银行业绩要求，并且安全的企业。

（4）有流水：很多人都忽略了流水在贷款方面的重要性，有些人更认为公司的收入证明能够有效地代替流水。其实，流水在银行办理贷款的时候有着不可或缺的作用。

但凡申请贷款的企业，银行都要关注其还款能力。比如一般申请抵押经营贷，要求一年进账流水大于贷款金额的1倍，或者要求一年进账流水是所有月供的1.5倍。当然，每家银行要求不一样，同样的要求下，流水大的企业申请贷款就更容易通过！

（5）有效益：近些年，很多企业都是急用钱时才申请贷款，造成银行被骗贷的案例比较多。其实，企业有效益，并且效益好，才能源源不断获利，才具备贷款资格和偿还能力，才能可持续发展。因此，银行在做风险控制的时候，一项很重要的考核指标就是企业的效益。

（6）有信用：关于信用问题，要重点说一说，因为信用等级非常重要。

①一般情况下，银行将企业的信用等级分为5个等级，具体为：AAA级、AA级、A级、B级、C级。（当然，有银行将B级、C级细化为BBB级、BB级、B级、CCC级、CC级、C级。）

②6个信用评定内容：企业领导者素质、经济实力、资金结构、履约情况、经营效益、发展前景。

在行业、产业方面，银行贷款有4个维度的倾斜：

①在行业方面，银行比较青睐电力、交通、通讯、电子等骨干行业和本地优势行业。

②在领域方面，银行会向科技含量高、产品附加值高的领域倾斜。

③在同一行业中，银行会选择在技术、市场、竞争力等方面是排头兵的企业。

④在管理视觉方面，银行会重点支持公司制规范化运作的企业，如产权明晰、管理规范、财税规范、已建立现代企业管理制度的企业。

在经营方向选择方面：

银行会倾向本地区的优先发展产业，比如为大企业配套的中小企业，且此大企业已是本行的客户，并符合国家产业发展方向；或者倾向具有专、精、特、新等科技特点的企业。

综上，若企业和创业者都具备以上条件，那他们就是银行眼里的优质企业和优质客户，银行会主动地为其提供贷款服务。

当然，如果还没具备以上条件，就要尽早规划，让银行的资金助力企业快速发展。

### 5. 银行"双六条"重点支持和适度支持类型的企业

银行重点支持的企业需满足六个条件（图1-20），另外，其适度支持的企业需满足六个条件（图1-21），即"双六条"。

-111-

## 资金策略

信用在AA级及以上
每期按时还本息
流水好、净现金流余额为正
重点支持
资产负债率小于60%
报表各项指标勾稽关系合理
无重大司法纠纷

图1-20　重点支持的企业

信用在BB级以上
报表各个指标合理
流水好且有盈利
适度支持
资产负债率低于70%
按时还款，不欠本息
无重大经济纠纷

图1-21　适度支持的企业

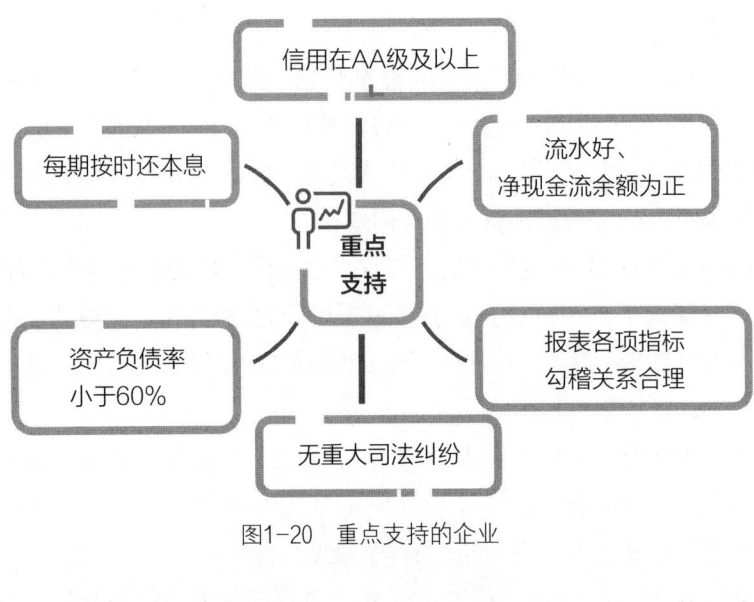

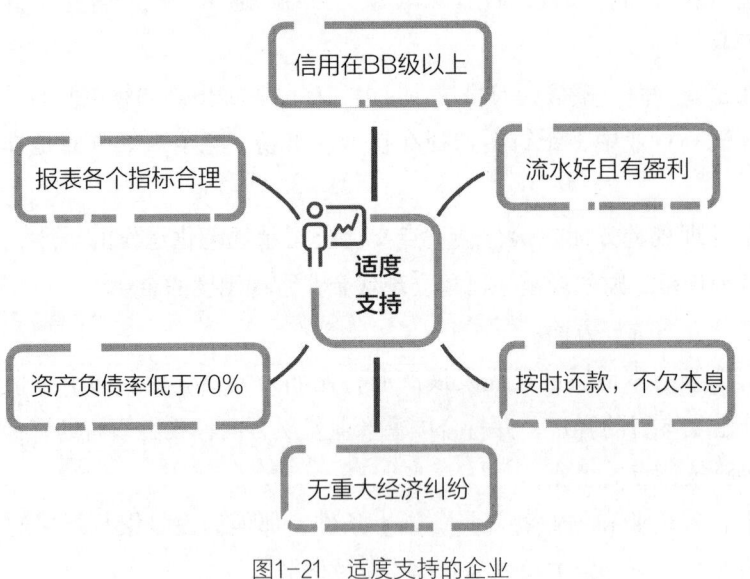

### 6．贷款批复八大障碍

企业得不到银行贷款的批复，主要是存在八大障碍（图1-22）。

图1-22 贷款批复八大障碍

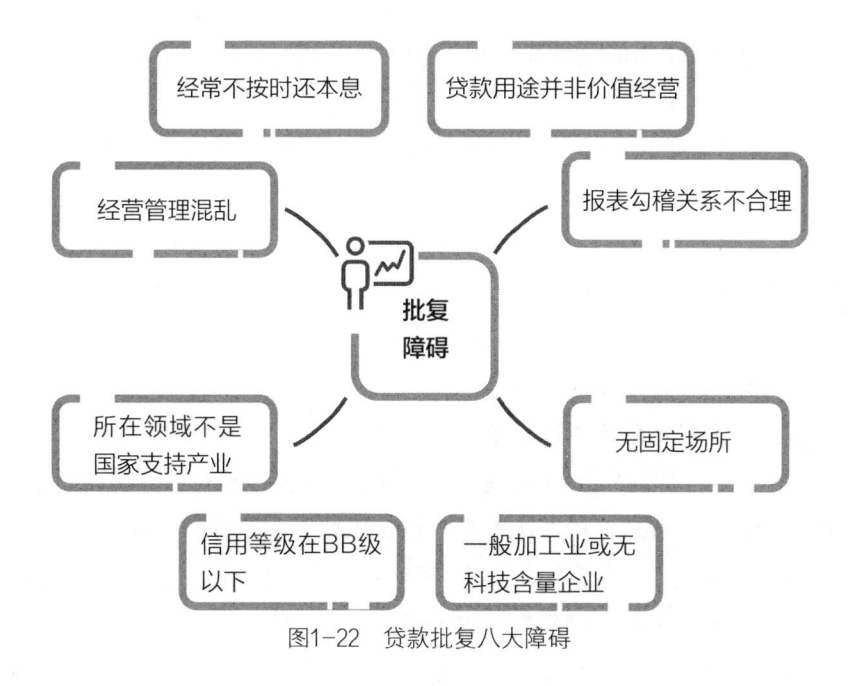

（八大障碍：经常不按时还本息、贷款用途并非价值经营、经营管理混乱、报表勾稽关系不合理、所在领域不是国家支持产业、无固定场所、信用等级在BB级以下、一般加工业或无科技含量企业）

综上，创业者要理解银行视觉下的重点支持企业和适度支持的企业需满足的条件，以及造成审批障碍的原因，避开风险，培育条件，早日拿到银行的资金，把企业做大做强。

### 7. 企业向银行贷款、融资成功五个不可忽视的策略

企业若想在向银行贷款、融资时不走弯路，可以参考如下策略。

**策略一：提早建立良好的涉税信用**

随着"银税互动"政策的深入落地实施，纳税信用已经成为企业的"金钥匙"，好的纳税信用级别能够打开银行融资大门并获得资金支持。因此，企业要注意以下问题。

（1）有无偷税、漏税等不良记录？银行喜欢信用等级为A级的企业，那么企业的信用至少要在B级以上。

（2）在日常资金管理方面，企业资金流水是否充足、合理？银行比较关注期末现金流净值的正数，所以尽量不要出现负数。

（3）有过贷款经历的，是否按时足额还款？最好未发生过逾期还款，亦未发生过违反结算纪律、退票、票据无法兑现和罚款等情况，这决定了银行是否受理企业的贷款申请。

-113-

（4）企业负责人的贷款或信用卡是否按时履约还款？银行尽职调查时会关注。

（5）是否有抽逃资金、挪用资金的情况？银行会据此判断企业实际控制人的诚信度。

（6）是否有过授权查询征信？无论企业还是企业负责人，不要频繁授权查询征信，避免被高度关注。

（7）是否频繁申请网络上的消费贷？谨慎申请网络上的消费贷，避免由此产生资金流向问题以及征信问题。

### 策略二：财务报表无障碍审批

贷款时，银行都要企业提供近三年的财务报表，银行喜欢负债低、报表各项指标勾稽关系合理、担保比率小、现金比率大、净现金流量为正值、各项经营指标良好的企业。每家银行对报表审核要求不同，但企业总体要注意财务规范、税务合规，不要让财务报表成为银行审批的障碍。

### 策略三：企业资质、荣誉及早规划、及早认定

银行喜欢创新型科技企业，比如新能源、5G、环保、基础设施业、产能和装备、高新技术和先进制造业、环保、农业和一带一路投资等领域，近年来全国鼓励企业认定高新技术企业、专精特新企业、科技小巨人企业等，这些是银行倾斜支持的领域。

### 策略四：持有合理固定的资产策略

让银行看到企业的资产保障实力。比如财产实力：房、车、设备等硬实力；产品竞争力、行业专注度、行业经验等软实力；可提供纳税、订货、物流、银行流水、财务等电子数据证明的经营实力。

### 策略五：培育良好的征信

银行会关注企业的诚信度。

（1）对合作伙伴是否恪守合同约定，是否按期支付应付账款等进行关注。如果存在司法纠纷甚至失信问题的话，获贷概率就会不高。

（2）不能有环保、消防、税务、人社、工商等部门的处罚。若情况严重，想获得银行授信是比较难的。

（3）法人代表、大股东的征信要保持良好。若存在重大负债、逾期、网贷、官司等，会影响企业的正常运营，甚至无法偿还贷款。

### 8．选银行的策略

一般来说，要向三家以上的银行申请贷款。一是只找一家银行但不获批的话，会影响资金的使用；二是可以货比三家，择优选择利率更低、还款期限更适合自己、还款方式更灵活的银行，当然，也要考虑抵押物和担保条件。只有货比三家，才会找到更有利于自己的银行。

### 9．自我评分策略

有贷款计划时，一定要有一套银行视角的企业贷款自评表（商业）（表1-9），先给自己的企业评价、打分，如发现问题，还有时间去修正和解决，这样一旦启动贷款，就有更大可能获得审批额度。

表1-9　企业贷款自评表（商业）

企业名称：　　　　　　　　　　　　　　　　　　　　年　月　日

| 事项 | 内容 | 要求 | 满分 | 实际状况 | 自评分 |
|---|---|---|---|---|---|
| 资本及运营28分 | 固定资产净值率（固定资产净值÷固定资产原值） | ≥50% | 2 | | |
| | 资本金占资产总额比率（资本金总额÷资产总额） | ≥15% | 2 | | |
| | 资产负债率（负债总额÷资产总额） | ≤60% | 2 | | |
| | 流动比率（流动资产÷流动负债） | ≥130% | 1.5 | | |
| | 速动比率〔（流动资产-存货）÷流动负债〕 | ≥60% | 1.5 | | |
| | 应付账款支付率〔（期初+本期-期末）÷（期初+本期）〕 | ≥95% | 3 | | |
| | 贷款利息按期支付率（实际支付利息÷到期利息） | 100% | 2.5 | | |
| | 到期贷款偿还率 | 100% | 2.5 | | |
| | 商品销售率（商品销售成本÷商品购进总额） | 100% | 2 | | |
| | 销售回款率（年回款额÷年销售额） | 零售≥98%<br>批发≥95% | 2 | | |
| | 存货周转率（销售成本÷平均存货余额） | ≥3次 | 1.5 | | |
| | 流动资金周转率（年销售收入÷流动资金平均余额） | ≥3次 | 1.5 | | |
| | 营业利润率（利润总额÷销售收入） | ≥15% | 2.5 | | |
| | 净资产收益率（税后利润÷净资产平均余额） | ≥6% | 1.5 | | |

续表

| 事项 | 内容 | 要求 | 满分 | 实际状况 | 自评分 |
|---|---|---|---|---|---|
| 商品及服务28分 | 服务设施条件能力 | 适应 | 2 | | |
| | "三无"商品和假冒伪劣商品 | 无 | 3 | | |
| | 过期、变质、失效商品 | 无 | 3.5 | | |
| | 服务标准或服务合同约定 | 达到 | 2.5 | | |
| | 超范围经营活动 | 无 | 1.5 | | |
| | 售后服务承诺 | 兑现 | 3.5 | | |
| | 计量器具及操作误差 | 符合标准要求 | 2.5 | | |
| | 用户综合满意度 | >90% | 3.5 | | |
| | 促销活动、广告宣传 | 无虚假 | 3.5 | | |
| | 价格、收费 | 无违规、欺诈 | 2.5 | | |
| 社会行为22分 | 证照及年检 | 齐全、及时 | 2 | | |
| | 完税率（全年实缴税/全年应缴税） | 100% | 3.5 | | |
| | 销货不开、多开、虚开发票行为 | 无 | 3.5 | | |
| | 各种行政事业收费 | 不拖欠 | 3.5 | | |
| | 各种公益企业费用 | 不拖欠 | 3.5 | | |
| | 养老保险和失业保险费用 | 不拖欠 | 2.5 | | |
| | 对外交往失信、毁约行为 | 无 | 3.5 | | |
| 管理素质11分 | 经营管理和服务人员素质、业绩、能力 | 适应 | 3.5 | | |
| | 经营场所、店容形象 | 好、安全、卫生 | 3.5 | | |
| | 各项管理职责 | 明确、执行严格 | 2 | | |
| | 管理方法及手段、效率 | 先进、效率高 | 2 | | |
| 发展趋势11分 | 近三年利润趋势 | 增长 | 3.5 | | |
| | 近三年销售率、销售额趋势 | 增长 | 3.5 | | |
| | 近三年资本金趋势 | 增长 | 2 | | |
| | 环境条件、行业竞争趋势 | 有利 | 2 | | |

注：某项内容与标准要求有差距时，定量指标按所差程度用比例法扣分，定性事项按差距较小、较大、很大、完全达不到分段扣分。

以上旨在提醒企业尽早规划自己的资金，用好银行贷款政策，让企业有合理的负债；银行快速审批、资金快速到账，让企业的资金流不受影响。千万不要急着用钱时才想到培养企业的信用，东拼西凑流水，这样最终获得批准的贷款额度并不高，也会影响企业的发展。

## （二）票据融资策略

### 1．商业汇票贴现

商业汇票贴现是指持有票据的非金融机构在票据到期前为获取资金，向金融机构贴付一定的利息后，以背书方式所作的票据转让。

> **案例**
>
> A公司量产商品在仓库堆积如山，急需一批资金开拓市场，但由于银行贷款利率较高，周期较慢，且有征信、流水、纳税等要求，于是A公司选择了以票据贴现的方式融资。即：A公司将一张价值200万元的商业汇票出售给票据贴现公司，最终获得180万元的资金，贴现利率为10%。

点评：从上述案例可以看出，商业汇票贴现的融资是一种快速、灵活的融资方式，但企业需付出一定的利息。此方式的资金代价比较大，适用于企业短期资金周转迫切需求。因此，如果不是遇到资金特别紧张的情况，不建议采用此方式融资。

### 2．商业承兑汇票贴现

商业承兑汇票贴现是指中小企业有资金需求时，持商业承兑汇票到银行按一定贴现率申请提前兑现，以获取资金的一种融资业务。

> **案例**
>
> B公司由于账期较长无法及时收回应收账款，现在急需资金支付供应商的货款，由于供应商催得急，且合同约定的违约成本比较高，加上生产线还要供应商不断供货，并且银行贷款额度已经用完，若资金不及时解决，会影响B公司的持续生产，产生连锁问题，B公司会背负更多的违约责任。因此，B公司将一张价值100万元的商业承兑汇票出售给银行，银行同意提前兑换，但贴现利

率为10%，即：A公司利用100万元的商业承兑汇票向银行换取90万元的资金，及时支付了货款。

点评：此种方式依然是资金代价极高的一种票据融资方式，若企业资金需求不是特别迫切，建议还是等到期再和银行兑换现金。

### 3. 协议付息票据贴现

协议付息票据贴现是指卖方企业在销售商品后持买方企业交付的商业汇票（银行承兑汇票或商业承兑汇票）到银行申请办理贴现，由买卖双方按照贴现付息协议约定的比例向银行支付贴现利息后，银行为卖方提供票据融资的业务。

### 案例

广州的C贸易公司收到南京D贸易公司签发的2000万元的银行承兑汇票，期限6个月，在总行营业部办理贴现，贴现率3.4%。双方约定，各自承担一半的融资利息，即34万元。按约定南京D贸易公司向银行划付34万元贴现利息，银行将1966万元余额票款支付给广州的C贸易公司。

点评：实务中，当市场弱势企业向市场强势企业购买货物并开出商业汇票时，强势企业可能不愿接受，因为收妥后除了背书转让，再贴现时还要贴付资金；如果弱势企业愿意承担贴付票据贴现利息时，强势企业可能会接受。此时，买方付息票据贴现业务才能被弱势企业和强势企业共同接受。因此，协议付息票据在贴现利息的承担上有相当的灵活性，既可以是卖方又可以是买方，还可以约定双方共同承担。与其他的票据相比，协议付息票据中的贸易双方可以根据谈判力量以及各自的财务情况决定贴现利息的承担主体以及分担比例，从而达成双方最为满意的销售条款。这是一种灵活的协议融资方式。

## （三）项目债权融资策略

对于需要大量资金支持的特定项目，企业可以采用项目债权融资的方式。项目债权融资通常以项目的未来收益和资产作为担保，吸引投资者或金融机构提供资金。

## 📋 案例

**粤融易：珠海华发集团有限公司（简称"华发集团"）引领供应链金融数字化债权融资创新**

粤融易是华发集团旗下的一个供应链金融服务平台，属于华发集团的金融产业板块。华发集团是珠海最大的国有企业和综合性企业集团之一，拥有房地产开发、金融产业、实业投资三大核心业务板块。其中，金融产业板块以华发金融为核心平台，致力于为客户提供多元化的金融服务。粤融易作为华发集团供应链金融板块的重要布局，充分发挥集团优势，整合内外部资源，通过数字化技术手段，为供应链上下游企业提供高效便捷的融资、结算、风险管理等全方位金融服务。

华发集团通过"科技+供应链金融"的方式，成功推行了首批数字债权凭证融资，通过数字化技术手段，实现了供应链金融服务的线上化、智能化和高效化。平台致力于以全方位金融服务帮助企业优化资金流、降低成本、提高运营效率。

2020年12月16日，华发集团披露，旗下的珠海华发供应链金融服务有限公司（简称"华发供应链金融公司"）采用了"粤融易"供应链金融服务平台，这个平台实现了核心企业、供应商、资金方等的全线上化操作。通过这种方式，华发供应链金融公司为7家中小企业提供了1.92亿元的融资。这种融资方式基于真实交易背景，通过数字债权凭证的形式，为中小企业提供了快速、便捷的融资渠道。这些资金可能用于企业的运营、扩张、研发或其他重要投资，不仅缓解了中小企业的融资难题，还推动了供应链金融和数字技术的发展。

### 1. 获得项目债权融资对中小企业的意义

（1）资金支持：债权融资为中小企业提供了资金支持，有助于缓解企业的资金压力。企业可以利用这笔资金进行短期的运营周转或长期的投资扩张，推动企业持续发展。

（2）债务杠杆：通过债权融资，中小企业可以利用债务杠杆，通过借款或发行债券等方式扩大企业的规模，提高经营效率。这有助于企业实现规模经济，提高市场竞争力。

（3）信用提升：成功获得债权融资也表明了中小企业的信用状况得到了

市场的认可。这有助于提升企业的信用评级，为企业未来的融资活动创造更好的条件。

（4）风险管理：债权融资通常会有一定的还款期限和利率，这要求中小企业在筹集资金时充分考虑自身的还款能力和风险承受能力。这有助于企业加强风险管理，提高经营稳定性。

**2. 为获得项目债权融资，需做好准备**

（1）财务审计和规划：企业应对其财务状况进行全面的审计，确保财务记录的准确性和完整性。在此基础上，企业需制定财务规划，包括预算、现金流管理、利润增长计划等要素，以展示企业财务的稳健性和可持续性。

（2）商业计划和策略：企业需要明确其商业目标和策略，这包括市场分析、目标客户、竞争对手分析、产品或服务的差异化等要素。这些计划应详细阐述企业如何创造价值和实现盈利，以吸引投资者的兴趣。

（3）评估还款能力和风险：企业应详细分析自身的还款能力，包括现金流状况、盈利能力、资产负债结构等内容；同时，还应评估企业面临的风险，并制定风险管理机制，以降低债权人的风险。

（4）信用记录和信用评级：企业应重视信用记录的维护，确保按时偿还债务、履行合同义务等。如果可能的话，可以寻求第三方信用评级机构的评估，以提高企业的信用评级和信誉度。

（5）准备担保措施：如果企业需要提供担保措施来获得债权融资，应提前准备合适的抵押物、质押物或第三方担保等。这些担保措施可以增加债权人的信心，提高融资成功率。

（6）寻找合适的债权人和融资方式：企业可以通过市场调研、专业融资顾问等途径，寻找合适的债权人和融资方式。在选择债权人时，应考虑其信誉度、利率、还款期限等因素；在选择融资方式时，应根据企业的实际情况和需求进行选择。

（7）准备融资申请材料：在申请债权融资时，企业需要准备详细的融资申请材料，包括商业计划书、财务报表、信用记录、担保措施等。这些材料应真实、完整、准确地反映企业的实力和潜力，以吸引债权人的关注。

## 六、政府补贴策略

### （一）政府补贴的种类

政府补贴，就是政府无偿拨付给企业的财政资金。

一般有以下三种形式（图1-23）。

#### 1．财政拨款

财政拨款是政府无偿给企业钱的一种方式。其以政府政策文件作为依据，同时附有明确的使用条件，政府在批准拨款时就规定

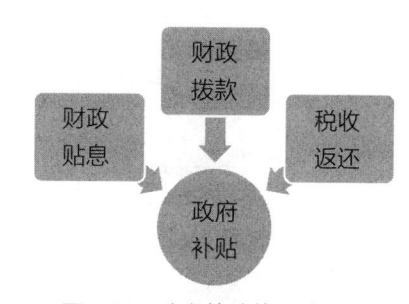

图1-23　政府补贴的三种形式

了资金的具体用途和适用的项目类别。企业申报后，相关部门聘请专家评审，通过后进行公示。

#### 2．财政贴息

财政贴息主要有两种方式，一是某项目立项后财政将贴息资金直接支付给受益企业；二是财政将贴息资金直接拨付至银行，由银行以低于市场利率的政策性优惠利率向企业提供贷款。

#### 3．税收返还

税收返还主要包括先征后返、先征后退、即征即退、加计扣除的税款，定额扣减增值税，招用自主就业退役士兵和残疾人的稳岗补贴等。这种方式需满足规范性的前提条件：

（1）日常往来款的费用归集规范。

（2）税务处理规范。

（3）研发费用的归集规范。

若财务弄虚作假，即使获得税收返还或财政资金，也会在后续的抽查过程中暴露出来，会被要求退还补贴，被列入黑名单，若触犯刑法还要坐牢。

### （二）能够获得政府补贴的企业

能够获得政府补贴的企业有以下六种类型（图1-24）。

资金策略

政府补贴的六类型：高技术型、人才型、创新载体型、环保型、设备补贴型、资质型

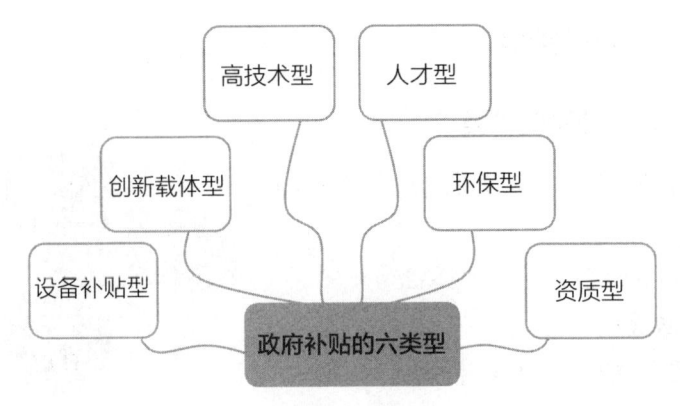

图1-24 政府补贴的企业类型

### 1. 高技术型

对于在技术上居于国际领先水平，并在核心技术领域有较强的研发和创新能力的企业，补贴政策主要包括以下几个方面：

（1）配套资金补贴：科技成果转化项目孵化资金、技术研发项目资金等。

（2）税收优惠政策：企业所得税优惠政策、高新技术企业在出口业务中的增值税退税政策等。

（3）获奖补贴：给予科技进步奖、自然科学奖等奖项的获奖企业一定的奖励。

（4）创业创新人才政策：为创业创新人才提供相应的优惠政策，包括人才引进扶持、人才住房补贴等。

### 2. 创新载体型

包括孵化器、创客空间、技术中心、实验室等。

### 3. 设备补贴型

包括小微企业培育、技术装备及管理智能化提高、循环经济和节能设备等。

### 4. 人才型

人才是企业发展的根本，随着政府对人才的重视，不仅企业申报政府补贴时要有高级技术人员参与，而且引进人才的补助政策也陆续推出，但各地补贴尽显不同。比如，有些地方政府推出：企业人才首次晋升高级技师的补助

5000元，首次晋升技师的补助3000元；高级管理人才补贴10万元，分3年申请发放；成功全职引进或自主培养了两院院士人选的引荐、培养单位（机构）获100万元奖励。

### 5．环保型

环境补贴是为了解决环保问题，或是出于政治、经济原因而对企业进行各种补贴，以帮助企业进行环保设备、环保工艺改进的一种政府行为。目前，环境补贴采取的形式主要有：支付现金、税收激励和豁免、政府环境保护投资或政府以优惠利率提供贷款等。

### 6．资质型

包括高新技术企业认定、高新技术企业入库培育、知识产权贯标、AAA企业信用认证、专精特新中小企业认定、创新型中小企业认定等，尽管每个地方资金补贴金额不同，但都属于资质型的补贴。

## （三）申报流程

对于一家企业来说，要想快速发展壮大，离不开强力的资金支持，而企业申请政府补贴的好处之一就是能够获得资金援助，让企业有更多的市场启动资金，从而开拓出更广阔的市场。政府补贴少则几千元、几万元，多则几十万元、几百万元，都是无偿的奖补，建议企业高度重视。

由于很多中小企业的申报补贴没有专人跟进，所以领导层必须重视起来，注意申报流程（图1-25）。

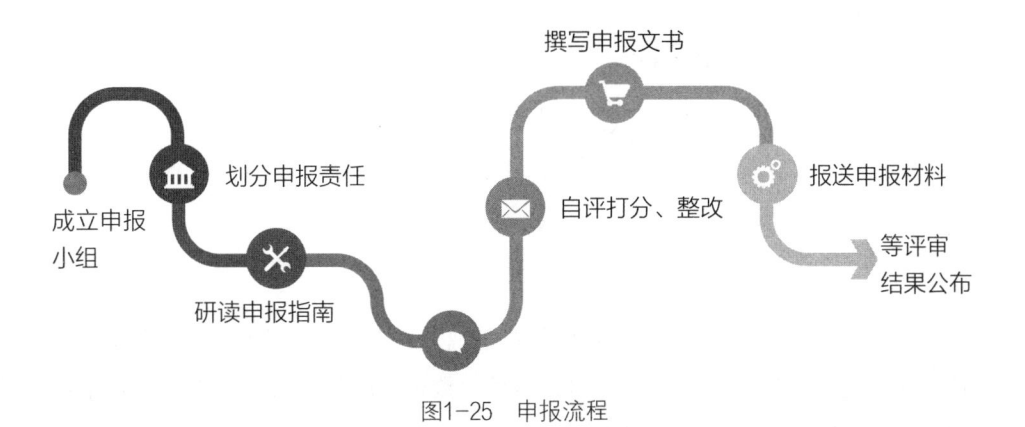

成立申报小组 → 划分申报责任 → 研读申报指南 → 自评打分、整改 → 撰写申报文书 → 报送申报材料 → 等评审结果公布

图1-25　申报流程

资金策略

建议企业在申报政府补贴前，先看企业是否正常注册运作，再看上年度有无纳税、是否有高新技术、是否有高级技术人才参与、是否有专利保护、是否运用了信息技术、是否属于支持产品产业等。除此以外，还要从技术、研发团队、财务、年收入、企业规模等方面进行评估，再规划出符合条件的补贴项目；如果企业暂时未达到要求，可以经过努力培育达到要求。

## 第三节　资金流出管控策略

### 一、防黑洞策略

企业日常生产经营中所用到的流动资金，包括货币资金、储备资金、生产资金、成品资金以及结算资金等，都有可能造成资金黑洞。支出过大、过度采购、生产成本严重浪费、销售中应收账款过多都会造成资金短缺，如果没有管控措施，可能会面临资金链断裂的风险。

俗话说，"老板不会做预算，明年一年打乱仗"。一个优秀的企业家，必定是半个财务专家，在资金管控上，建议老板从借支、采购、存货、生产、销售五个现金藏身的维度管控公司资金（图1-26）。

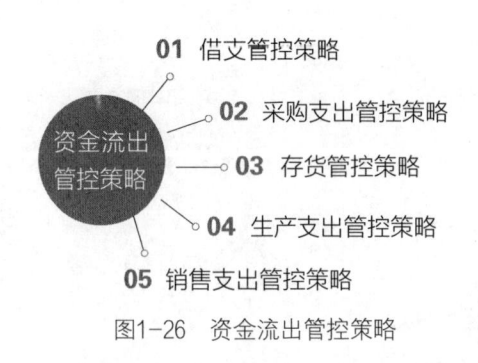

资金流出管控策略
01　借支管控策略
02　采购支出管控策略
03　存货管控策略
04　生产支出管控策略
05　销售支出管控策略

图1-26　资金流出管控策略

利润是企业的肌肉，现金流是企业的血液和生命线。因为现金流紧张就容易导致资金链断裂，资金链断裂就容易导致企业倒闭，所以说现金流是企业生存的"命脉"。一家企业如果没有了利润，但还有现金流就可以继续经营下去。现金流的存量和流量是促进企业血液流动的主要角色（图1-27）。

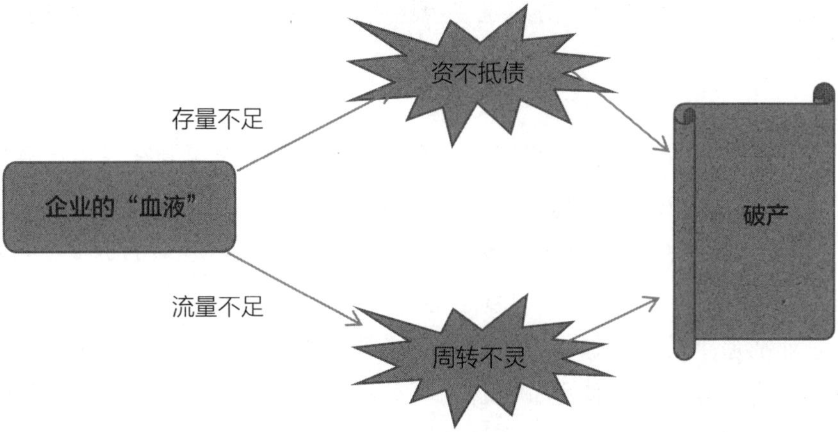

图1-27　现金流不足导致破产

## （一）表层现象

### 1. 资金一旦紧张，资金黑洞已经形成

**案例**

万科资金链之困：非标准债务与资金黑洞之谜

2024年某日，国内的大街小巷纷纷传出了这样一个消息：万科正在与多家贷款机构（其中以保险公司为主）展开紧张谈判，目的是延长其非标准债务的还款期限。这些非标债务原本于2023年12月到期，但在此前的延期协商中，还款期限已被推至今年3月。眼下，随着新的到期日再次逼近，万科董事长亲自率领高管团队赴京，与监管机构进行会面，试图争取再次延期。

与此同时，万科也在与债权人探讨可能的资产处置方案。据悉，万科正计划出售其租赁公寓子公司PORT APARTMENT的部分股权，以缓解资金压力。而参与此次股权交易讨论的潜在买家中，不乏一些国有企业。

这一连串的动作无疑表明，万科的资金链问题已经浮出水面。一直以来，万科以其出色的住宅项目操盘能力著称，拥有两大显著特点：一是品牌溢价能力强，使得万科的产品在市场上更具竞争力，销售回款能力突出；二是项目开发贷款能力强，融资回款效率高。然而，即便在销售回款和融资回款通常能够覆盖项目开发成本的情况下，万科仍然借入了大量非标准资金，使得如今面临着巨大的非标债务到期还款压力。

钱，看似无形，但并不会凭空消失，它只是从一个地方转移到了另一个地方。那么我们不禁要问：万科融资的这些非标准资金究竟流向了何处？万科的财务体系中又隐藏着怎样的资金黑洞？

万科资金紧张事件警示我们：资金一旦紧张，资金黑洞往往也已经悄然形成。这个看似强大的房地产巨头，如今正面临着巨大的非标债务到期还款压力，这不仅是其资金链紧张的体现，更是使其财务体系中隐藏的资金黑洞显露无遗。

企业在追求发展的过程中，创业者必须时刻保持警惕，防范资金黑洞的出现：要合理规划资金使用，确保每一分钱都花在刀刃上；加强内部控制，建立严格的财务审计机制，防止内部人员利用职务之便进行财务造假或挪用资金。

一旦发现资金紧张或存在潜在的资金黑洞，要立即采取措施加以解决。这包括但不限于与债权人协商延期还款、优化资产配置、调整经营策略等。只有及时应对，才能避免资金黑洞进一步扩大，给企业带来更大的损失。

## 2. 为什么说资金黑洞是企业的隐形杀手

资金黑洞之所以被称为企业的隐形杀手，主要是因为它难以被察觉和具有潜在破坏性的特点，能够悄无声息地侵蚀企业的健康运营和持续发展。

📄 **案例**

*正威集团爆雷10万亿大瓜：风光背后的资金链黑洞*

你有没有想过，一个曾经风光无限的商业巨头，会在一夜之间成为众人瞩目的焦点，而背后的原因竟是资金链黑洞？正威集团，这个一度在商业舞台上熠熠生辉的名字，如今却因为一场突如其来的资金链危机，让人们重新审视其辉煌背后的真实情况。

中建八局对正威集团提起高达1亿的工程款诉讼，这无疑像一块巨大的石头投入了平静的湖面，瞬间激起了千层浪。这起诉讼事件不仅揭示了正威集团在资金运用上的严重问题，更让人们对其商业道德和诚信产生了深深的质疑。而正威集团选择不履行法院的判决，更是让这一事件升级为了公众关注的焦点。

随着事件的深入，正威集团的财务问题更是如同滚雪球般越滚越大。创始人被贵阳银行追债16亿，这一数字让人瞠目。更令人震惊的是，公司公开的铜矿资源数量和真实的铜矿资源数量之间存在巨大的差异，这无疑让人们对正威集团的真实财务状况产生了严重的怀疑。

其主营的产业园也未能幸免，正威集团在这里的投资并未带来预期的回报。员工的工资水平持续低迷，公司频频陷入停工、欠薪等困境。法律纠纷更是层出不穷，公司的声誉和形象受到了前所未有的打击。

资金链断裂、停工、欠薪等问题接踵而至，公司的前景一片黯淡。如果不及时采取紧急措施，恐怕正威集团将步入资不抵债的境地，成为下一个商业巨头崩溃的案例。

从更深层次来看，正威集团的困境并非个例。它反映出许多企业在发展过程中可能面临的资金链管理问题。在追求规模和扩张的过程中，很多企业往往忽视了资金链的稳定性和可持续性，导致一旦外部环境发生变化，资金链便面临断裂的风险。

从正威集团的案例中，我们得以窥见资金链黑洞的致命性。这位"隐形杀手"，往往在企业盲目追求规模和扩张的乐观与自信中悄然生长。当企业过度依赖外部融资，或是盲目进行过度扩张时，资金链黑洞就如同潜伏的猛兽，一旦外部环境出现风吹草动或是资金链轻微紧张，都可能引发其猛烈的撕咬，导致整个资金链的断裂。

正威集团的资金链黑洞事件，如同一面镜子，映射出许多企业在资金链管理上的疏忽与不足。无论企业规模多大，地位多高，资金链的管理都容不得半点马虎。资金链的稳定与持续，是企业生存与发展的基石，任何对资金链管理的轻视，都可能引发无法挽回的后果。

资金链黑洞的存在，不仅是财务数字游戏的结果，更是企业决策层心态、经营理念和价值观的综合体现。因此，防范资金链黑洞的出现，不仅仅需要加强财务管理和内部控制，更需要企业从根本上转变经营理念，树立正确价值观，将风险管理和可持续发展纳入企业战略的重要课题。

企业应建立健全的财务管理体系，强化内部控制和审计机制，确保资金使用的透明与合规；制定合理的投资策略和扩张计划，不能盲目追求规模和速度，忽视资金链的安全与稳健；时刻保持对外部环境的敏锐洞察，做好风险预警与应对。当资金链出现紧张或面临风险时，应积极寻找解决方案，如与债权人沟通协商、优化资产配置、调整经营策略等，以化解危机，保障资金链的畅通无阻。

### （二）底层原因

创业者遇到的资金黑洞情况层出不穷，形式也多种多样。底层原因大多如下。

#### 1. 存货管理漏洞

企业存货造成的资金黑洞是一个复杂而严重的问题，它可能源于多个方面，并对企业的财务状况和运营产生深远影响。

首先，不合理的存货采购和存储策略是导致资金黑洞的一个重要原因。如果企业采购过多存货，或者存货的周转率低下，那么这些存货就会占用大量的流动资金。这些资金原本可以用于其他投资或运营活动，但由于被存货所占用，企业可能面临资金短缺的问题。此外，过多的存货还可能增加仓储成本、管理成本和保险费用等，进一步加重企业的财务负担。

其次，存货损失和浪费也是造成资金黑洞的一个重要因素。由于管理不善或市场变化等原因，企业可能会面临存货过期、损坏或丢失的情况。这些损失不仅会导致企业资产减少，还会影响企业的盈利能力和市场竞争力。此外，如果企业未能及时清理和处理这些造成损失的存货，它们将继续占用企业的资金和资源，进一步加剧资金黑洞。

最后，存货造成的资金黑洞还可能影响企业的战略规划和决策。由于资金被大量占用，企业可能无法及时抓住市场机遇或进行必要的投资，从而错失发展机会。

#### 📋 案例

化妆品生产销售企业的资金黑洞：从繁荣到破产的警示

有家化妆品生产销售企业以其独特的配方、精美的包装和出色的营销手段，在化妆品市场上独占鳌头。每一款新品上市，都能引发消费者的抢购热潮，企业的利润也直线上升。

然而，随着市场的不断变化和竞争的加剧，企业领导层开始变得焦虑。他们担心销售下滑、市场份额被侵占，于是决定采取一项大胆的策略：大量生产并储存化妆品，以备不时之需。

起初，仓库里堆满了各式各样的化妆品，仿佛一座座小山。企业领导层信心满满，认为这些存货将成为他们应对市场波动的坚实后盾。然而，他们却忽略了市场需求的变化和产品的有效期限制。

随着时间的推移，市场风向突变，消费者的喜好也发生了变化。原本备受追捧的产品，后来却无人问津。

时间一天天过去，那些堆积如山的存货逐渐逼近有效期。企业领导层开始感到一丝不安，但仍然抱有一丝侥幸心理，认为市场会好转，存货最终能够变现。

然而，现实是残酷的。市场并没有出现预期的转机，那些存货也一批批地过了有效期，变成了废品。企业领导层终于意识到问题的严重性，但为时已晚。

大量的资金被这些无法变现的存货所占用，企业的现金流开始枯竭。供应商开始停止供货，员工工资无法按时发放，甚至连日常运营都难以维持。

此时，企业的资金状况也开始捉襟见肘。大量的资金被存货所占用，无法用于研发、营销或日常运营。供应商开始频频催款，员工工资也一拖再拖。企业领导层心急如焚，但束手无策。

最终，这家曾经风光无限的化妆品生产销售企业，因为存货过多、资金积压和资金链断裂而陷入了破产的境地。那些曾经引以为傲的存货，却成了压垮企业的最后一根稻草。

这个案例展示了因存货管理不善导致的资金黑洞给该企业带来的沉重打击。为了避免和解决由存货造成的资金黑洞问题，该企业可以采取以下解决方案：

（1）加强市场需求预测与产品规划。

企业应加强市场调研，准确预测消费者需求和市场趋势。根据预测结果，合理规划产品种类、生产量和上市时间，避免盲目生产和存货积压。

（2）建立科学的存货管理制度。

企业应构建一套全面且科学的存货管理制度，涵盖存货的采购、入库、存储、出库以及报废等核心环节。这一制度的建立旨在通过规范化和系统化的管理方式，确保存货的数量和质量得到精准控制，从而大幅减少存货损失与资源浪费。此外，企业还应增强市场预测的精准性以及加深市场需求分析的深度。通过深入洞察消费者的需求和市场动态，企业能够更准确地规划产品线和生产策略，避免因盲目生产造成的存货积压问题。同时，定期开展市场调研与分析工作，有助于企业及时捕捉市场变化，灵活调整存货策略，进而有效降低资金风险。

（3）实施定期盘点与清查。

企业应定期对存货进行盘点和清查，确保存货数量与财务报表相符。对于过期或损坏的存货，应及时处理，避免其继续占用资金和仓库空间。

（4）优化供应链管理。

企业应加强与供应商的合作与沟通，建立稳定的供应链关系。通过优化采购计划、降低采购成本、提高采购效率等方式，减少存货积压和资金占用。

（5）加强财务管理与资金监控。

企业应建立完善的财务管理体系，加强对资金流动的监控和管理力度。通过实时监控存货的变动情况，及时发现和解决资金黑洞问题，确保企业财务的安全。

（6）加强存货周转监控。

①设定合理的存货周转率目标，定期对存货周转率进行分析和评估。

②对于周转率偏低的存货，及时采取措施进行调整和优化。

（7）建立风险预警机制。

①设定存货管理的关键指标和风险阈值，建立风险预警系统。

②当存货管理出现异常情况时，及时触发预警机制，并采取有效措施进行应对。

③建立跨部门、跨岗位的沟通机制，确保存货管理信息的及时传递和共享。

④加强部门之间的协作与配合，形成合力，共同解决存货管理问题。

## 2. 应收账款难以收回

对于任何企业来说，应收账款的回收都是获得现金流的重要一环。然而，当客户拖欠款项或坏账发生时，应收账款难以收回，就会形成资金黑洞。这种资金黑洞不仅影响企业的现金流，还可能导致企业无法正常运营。

📄 案例

资金黑洞警示录：李老板应收账款困局与破局之道

李老板是一家电子制造企业的创始人兼CEO。他白手起家，凭借过硬的技术和敏锐的市场洞察力，带领企业逐渐在竞争激烈的电子市场中站稳了脚跟。然而，随着业务的扩展，他也面临着越来越多的挑战。

近年来，市场竞争愈发激烈，客户对产品的需求也变得多样化。为了稳固老客户、吸引新客户，李老板决定采取更为灵活的信用政策，即延长客户的付款期限。这一策略在短期内确实奏效，订单量明显增加，企业的营业收入也大幅攀升。

然而，好景不长。李老板很快发现，随着应收账款的不断增加，企业的现金流开始变得紧张起来。大量的资金被客户拖欠，导致企业日常运营所需的资金无法得到保障。供应商开始抱怨款项支付不及时，员工工资的发放也受到了影响。更让他头疼的是，由于现金流不足，企业原本计划投资研发的新产品项目也不得不暂时搁置。

李老板深知，这些都是他当初为了扩大销售而采取宽松信用政策的后果。他开始反思自己的决策，并意识到应收账款管理的重要性。他明白，如果继续这样下去，企业很可能会因为资金黑洞而陷入困境。

为了挽救局面，李老板采取了一系列措施。他加强了与客户的沟通，督促他们尽快还款。同时，他也优化了企业的内部控制流程，确保应收账款的及时跟进和回收。此外，他还调整了销售策略，不再过分依赖少数大客户，而是努力拓展更多优质的客户群体。

经过一段时间的努力，企业的现金流状况逐渐得到改善。李老板也从中汲取了教训，他深刻认识到资金黑洞对企业运营的巨大威胁。从此以后，他更加注重财务管理和风险控制，确保企业在稳健发展的道路上不断前行。

这个案例给创业者敲响了警钟：

（1）严格信用政策管理：李老板为了扩大销售，放宽了信用政策，结果导致了应收账款的急剧增加。这提醒其他创业者，在设定信用政策时，必须充分考虑客户的信用状况和市场环境，不能盲目追求销售额，牺牲资金安全。

（2）加强应收账款跟踪与催收：李老板发现应收账款问题后，开始加强与客户的沟通并催促还款。这提醒其他创业者，对应收账款的跟踪和催收工作必须做到位，要及时发现并解决欠款问题，防止坏账的发生。

（3）注重现金流管理：应收账款的积压导致李老板的企业现金流紧张，甚至影响了日常运营。这提醒其他创业者，现金流是企业的生命线，必须高度重视现金流的管理，确保资金的及时回收和有效利用。

（4）建立风险预警机制：李老板在应收账款问题变得严重后才意识到风险，这提醒其他创业者应建立风险预警机制，通过数据分析、客户信用评估等方式，提前识别并应对潜在的应收账款风险。

（5）平衡销售与风险：李老板为了销售增长而放松了对应收账款的控制，最终导致了资金困境。这提醒其他创业者，在追求销售增长的同时，也必须充分考虑风险控制，平衡好销售与风险之间的关系。

（6）创新解决方案：面对困境，李老板没有局限于传统的解决方案，而是积极寻找创新的方法。他考虑与供应商协商延期付款、优化内部流程以提高效率、开展促销活动以加速应收账款的回收等。这些创新方案不仅有助于解决当前问题，还为企业未来的发展提供新思路。

（7）长远规划与风险控制：在解决资金黑洞问题的过程中，李老板不仅关注眼前的困境，还积极思考如何避免类似问题再次发生。他开始重新审视企业的信用政策、客户评估和应收账款管理制度，加强风险控制，确保企业的稳健发展。

**3. 成本控制不当**

对于每个企业来说，成本控制尤为重要，尤其是制造业企业。然而，一些企业对成本缺乏精细管理，导致不必要的开支过多，甚至产生浪费。长期下来，这些成本黑洞会严重侵蚀企业的利润，甚至威胁企业的生存。

## 📖 案例

服装生产企业的成本黑洞：从粗放管理到精细控制的转变

在服装制造行业，成本控制对于企业的生存与发展至关重要。然而，一些创业者往往因为成本管理不够精细，导致企业在运营过程中面临巨大的成本压力。我们曾经为一家中型服装生产企业提供了服务，通过一系列详细的措施，成功帮助企业降低了10%的成本。

首先，在原材料采购环节，我们对企业之前的采购模式进行了全面优化。我们与企业共同制定了严格的原材料质量标准，并对多家供应商进行比较和评估。通过与供应商进行深入的谈判，企业成功签订了集中采购和长期供货协议，不仅确保了原材料质量的稳定性，还大大降低了采购成本。同时，我们还引入了电子化的采购管理系统，实现了采购流程的透明化和标准化，减少了人为干预和腐败风险。

其次，在生产过程优化方面，我们深入生产现场，对生产流程进行了全面地梳理和分析。我们发现生产线上的多个瓶颈环节，并有针对性地引入了先进的生产设备和工艺。通过引入自动化设备，企业提高了生产线的自动化程度，减少了人工操作失误造成的损耗。同时，我们还对生产流程进行了合理地调整和优化，使得生产效率和产品质量都得到了显著提升。

最后，在库存管理和物流配送方面，我们也采取了多项措施。我们帮助企业建立了科学的库存管理制度，通过合理的库存规划和预警机制，企业降低了库存积压和资金占用的风险。同时，我们还优化了物流配送网络，通过与物流公司建立长期合作关系，企业实现了对物流成本的有效控制。

通过这些具体的措施，我们不仅帮助企业实现了成本10%的降低，还提升了企业的整体运营效率和市场竞争力。这些措施的实施过程虽然艰难，但结果却是显著的，它们不仅为企业带来了实实在在的利润增长，更为企业的长远发展奠定了坚实的基础。

成本黑洞不仅会逐步侵蚀企业的利润，而且还会在不知不觉中让企业陷入资金链断裂的风险。在制造业中，这种风险尤为突出，因为该行业通常涉及大量的原材料采购、复杂的生产流程以及广泛的销售网络。为了有效应对这一挑战，制造业企业需要实施成本精细化管控策略。

首先，建立全面的成本意识是至关重要的。从管理层到基层员工，都需要充分认识到成本控制对企业生存和发展的重要性。通过培训和教育，提高员工对成本管理的认识，使他们能够在日常工作中积极参与成本控制工作，形成全员参与、共同管理的良好氛围。

其次，实施精细化的原材料采购管理。企业应与供应商建立长期稳定的合作关系，确保原材料的质量和供应稳定性；同时，通过集中采购、定期谈判等方式，降低采购成本；引入电子化的采购管理系统，实现采购流程的透明化和标准化，减少浪费和腐败风险。

在生产过程优化方面，企业需要深入分析生产流程中的瓶颈和浪费环节，并采取相应的改进措施。通过引入先进的生产设备和工艺，提高生产线的自动化程度和生产效率。同时，加强生产过程中的质量控制和损耗控制，降低生产过程中的废品率和返工率，进一步降低生产成本。

库存管理也是成本控制的关键环节之一。建立科学的库存管理制度，合理规划库存水平和建立预警机制，避免库存积压和资金占用。通过加强库存周转和库存管理，降低库存成本，提高资金使用效率。

再次，在销售和物流配送环节，企业也需要进行成本控制。优化销售渠道和物流网络，降低销售成本和配送成本。通过合理的定价策略和促销策略，提高销售效率和客户满意度，进一步降低销售成本。

最后，企业需要建立有效的成本监控和评估机制。定期对各项成本进行核算和分析，及时发现和解决成本控制中的问题。同时，通过设立成本考核指标和激励机制，鼓励员工积极参与成本控制工作，形成成本控制的良性循环。

企业整体构建有效应对成本黑洞的防控体系，实现成本的降低和资金的稳定流动，为企业的长远发展奠定坚实的基础。

另外，实践中成本黑洞往往隐藏在复杂烦琐的成本结构中，难以被轻易察觉。而成本毛利率的计算，就如同为企业经营安装了一双透视眼，让老板能够清晰地看到每一笔投入与利润产出的关系。通过深入分析成本毛利率，老板可以及时发现那些成本过高、利润过低的环节或产品，进而采取有效措施，降低成本，提高盈利能力。

老板要学会算成本毛利率，这不仅是因为成本毛利率是企业财务状况的晴雨表，更是因为它是老板洞察企业运营状况、制定经营策略的重要工具。通过精确计算成本毛利率，老板能够准确把握企业在销售产品或服务过程中的盈利能力，即扣除成本后所剩余的利润比例；通过精准计算成本毛利率，老板可以深入洞察企业经营的每一个细节，有效防范成本黑洞，确保企业稳健发展。

同时，计算成本毛利率还有助于老板做出更明智的定价决策。了解产品的成本结构以及毛利率水平，老板能够更准确地判断产品的利润空间，从而制定出既符合市场需求又具有竞争力的价格策略。这不仅有助于提升销售额，吸引更多消费者，更能确保企业在激烈的市场竞争中保持优势地位。

此外，通过对比不同产品或服务的成本毛利率，老板可以找出成本控制的薄弱环节，有针对性地进行优化和改进。这不仅能够减少不必要的资源浪费，提高企业的资源利用效率，还能够为企业的长远发展奠定坚实基础。

## 案例

**毛利率的智慧：老板必修的财务课**

企业老板常常需要面对各种复杂的财务问题。在解决这些问题时，毛利率的计算和产品定价是至关重要的一环。为了帮助老板们更好地掌握这些基本的财务知识，我们进行如下的阐述说明。

首先，我们来澄清一个常见的误区。很多人认为，如果进货价是100元，售价是130元，那么毛利率就是30%。但实际上，这种计算方法是错误的。正确的毛利率计算方式应该是：用售价减去进货价，再除以售价。在这个例子中，毛利率应该是（130－100）÷130，约等于23%。

那么，如果我们想达到30%的毛利率，应该怎么定价呢？假设进货价是100元，我们可以使用公式"进货价÷（1－毛利率）"来得出售价。在这个例子中，售价应该是100÷（1－30%），约等于143元。

接下来，我们谈谈实体店经营中的盈亏平衡点。假设你的店铺一个月房租是1万元，人工费是4万元，水电费是5000元，其他杂费是1.5万元，那么固定成本就是7万元。为了计算盈亏平衡点，我们需要将固定成本除以毛利率。如果你的毛利率是30%，那么盈亏平衡点就是7万元除以30%，约等于23.3万元。这意味着你每个月的营业额需要达到23.3万元才能保本，超出这个数额就是盈利，低于这个数额则是亏损。换算到每天，你需要有约7777元的业绩才能保本。

通过以上的计算和分析，我们可以看出，毛利率的计算和产品定价对于老板们来说是非常重要的。只有掌握了这些基本的财务知识，我们才能更好地控制成本、提高利润，确保企业的稳健发展。

### 4. 盲目扩张导致的资金链紧张

许多创业者在业务初步成功后，往往急于扩大规模，以期获取更多的市场份额。然而，这种盲目扩张往往忽视了现金流的稳定性和可持续性。当扩张速度超过资金回流速度时，资金链就很容易断裂，形成资金黑洞。

**案例**

王老板盲目扩张导致资金链紧张

王老板是一家绿色小家电的创始人，凭借一款创新的智能产品，成功打开了市场，并在短时间内获得了不俗的业绩。看到初步的成功，王老板信心满满，决定加快公司的发展步伐，迅速扩大业务规模。

他首先加大了对产品研发的投入，希望能够通过不断推出新产品来巩固和扩大市场份额。同时，为了快速占领更大市场，王老板还积极在全国范围内开设新的销售网点和办事处。此外，为了提升公司的品牌形象和知名度，他还投入大量资金进行广告宣传和市场推广。

然而，这些举措并没有带来预期的收益。新产品的研发周期过长，且市场表现并不如预期；新开设的销售网点和办事处因为缺乏有效的管理和运营，成本高昂且收益微薄；广告宣传和推广的效果也并不显著，投入的资金并没有带来足够的回报。

由于扩张速度过快，王老板的资金链开始出现问题。公司回流的资金远远跟不上扩张所需的资金投入，导致现金流紧张。为了维持公司的运营和扩张计划，王老板不得不寻求外部融资，然而由于公司的财务状况不佳，融资难度很大。

最终，王老板的公司因为资金链断裂而陷入了困境。新产品研发受阻，销售网点和办事处无法正常运营，陷入了资金重度短缺的困境。

资金黑洞在盲目扩张过程中形成的隐患是许多创业者容易忽视的重要问题。当企业急于扩大规模、追求市场份额时，往往容易忽视现金流的稳定性和可持续性，从而陷入资金黑洞的困境。

在盲目扩张的过程中，企业往往需要大量的资金投入来支持新项目的研发、新市场的开拓以及新设施的建设等。然而，如果这些扩张计划没有经过充分的市场调研和风险评估，或者没有考虑到企业的实际资金状况，那么很可能导致企业资金链紧张甚至断裂。

一旦资金链出现问题，企业将面临严重的财务危机：资金无法及时回流，新项目无法按时完成，市场开拓受阻，甚至可能威胁企业的正常运营。同时，资金黑洞还可能对企业的声誉和品牌形象造成负面影响，使投资者和消费者对企业的信心下降。

因此，提醒其他创业者在做大做强生意时，务必要注意保证现金流的充足。首先，要对自身的资金状况有清晰的认识，确保资金能够支持企业的正常运营和扩张计划。其次，要制定合理的扩张计划，充分考虑市场需求、竞争状况以及企业的实际能力，避免盲目跟风或过度扩张。此外，还要加强资金管理，提高资金的使用效率，降低不必要的成本开支，确保资金能够持续、稳定地支持企业发展。

### 5. 投资决策失误

创业者在投资新项目或新产品时，如果缺乏充分的市场调研和风险评估，很容易做出错误的投资决策。这些错误的投资决策可能导致资金大量流失，形成难以填补的资金黑洞。

### 📄 案例

诺基亚盲目投资智能手机市场，资金黑洞致其痛失手机江山

诺基亚，这家曾经在手机领域风光无限的巨头，因盲目投资智能手机市场而深陷资金黑洞，最终痛失了其在手机市场的统治地位。

随着科技的飞速发展，智能手机迅速崛起，成为手机行业的新宠。然而，诺基亚在这一变革中却显得迟钝和保守。它过于依赖传统的手机业务，对新兴的智能手机市场缺乏足够的认识和敏感度。在竞争对手纷纷推出创新性的智能手机产品时，诺基亚仍然坚守着自己的传统手机战略，错失了市场发展的黄金时期。

为了挽回市场地位，诺基亚决定进行大规模的投资和转型。然而，由于缺乏充分的市场调研和风险评估，诺基亚盲目地投资了一些并不具备竞争力的

智能手机项目和产品。这些投资并未能带来预期的市场回报，反而导致了资金的大量流失，形成了难以填补的资金黑洞。

资金黑洞的存在使得诺基亚在智能手机市场的竞争中逐渐失去优势。它的新产品无法与竞争对手相抗衡，市场份额不断下滑。同时，诺基亚还面临着巨大的资金压力和财务困境，无法持续投入足够的资金进行研发和市场推广。

随着市场竞争的加剧和消费者需求的不断变化，诺基亚最终无法扭转颓势，其在手机市场的地位被新兴品牌所取代。尽管诺基亚并未真正走向破产，但它痛失了曾经的手机江山，成为市场变革中的失意者。

诺基亚这个案例深刻地告诉我们：时代要抛弃你，一句"再见"都不会说。

在快速变化的市场环境中，创业者必须时刻保持警觉，与时俱进，否则很容易在激烈的竞争中失去立足之地。然而，在追求与时俱进的同时，创业者还需要特别警惕升级迭代投资中可能存在的资金黑洞。

首先，创业者要认识到升级迭代投资的重要性和带来的挑战。随着科技的进步和市场的变化，企业需要不断投入资金进行技术升级和产品迭代，以维持竞争优势。然而，这种投资往往伴随着巨大的风险。如果创业者未能准确把握市场趋势和技术发展方向，盲目进行升级迭代投资，很可能导致资金大量流失，形成难以填补的资金黑洞。

其次，创业者需要加强市场调研和风险评估，避免盲目投资。在进行升级迭代投资前，创业者应该深入了解市场需求、竞争态势和技术发展趋势，评估投资项目的可行性和潜在风险。通过充分的市场调研和风险评估，创业者可以更加明智地做出投资决策，避免陷入资金黑洞。

最后，创业者还需要注重资金管理和成本控制。在升级迭代投资过程中，创业者应该合理规划资金的使用，确保资金得到有效利用。同时，创业者还应该加强成本控制，降低浪费和损耗，提高投资回报率。通过科学的资金管理和成本控制，创业者可以更好地应对升级迭代投资中的风险和挑战，实现企业的稳健发展。

投资回报率的计算公式：

ROI =（投资收益–投资成本）÷投资成本×100%。

在这个公式中，投资收益是指投资所带来的全部收入，包括资本增值、利息、股息等；投资成本则是指投资者为了获得投资收益所付出的全部成本，包括购买投资产品的成本、管理费用、交易费用等。投资回报率表示的是每投入一单位资金，可以获得的收益百分比。

举个例子，假设一个创业者投资了一个新项目，投资成本为100万元，一年后该项目带来的收益为120万元。根据投资回报率的计算公式，这个项目的投资回报率就是（120–100）÷100×100% = 20%。这意味着创业者每投入100元，就可以获得20元的收益。

创业者通过学习和运用这个公式，可以更好地评估投资项目的风险和收益，避免盲目投入资金，导致入不敷出。在投资决策过程中，创业者应该充分了解项目的市场前景、竞争情况、技术难度等因素，结合自身的资金状况和风险承受能力，做出明智的投资决策。

请注意，投资回报率只是衡量投资效益的一个指标，它并不能全面地反映投资的风险。因此，在进行投资决策时，创业者还需要综合考虑其他因素，如市场波动、政策风险、技术变革等，以确保投资的稳健性和可持续性。

## 二、借支管控策略

我们在审计时发现有些企业费用支出占收入的40%之高，若费用支出比例降低10%，利润就增加10%。经营性的费用支出管理又称"费控"。费用控制不好的话，企业的资金就会被吞噬，无法用在经营发展上。比如有些企业借支的账款三年都收不回来，有将其挂在其他应收款科目的，也有拿着白条将其记在管理费用科目的（这种无票借支让企业连税前扣除都享受不了，无疑加重了企业的税收负担），更有借支后虚列报销的，常见的现象是明明去A城市借支，拿回来的发票却有B城市的，或者明明是非洽谈业务的商务出行，但却报销大量餐费。这些不仅带来税务稽查的风险，还会让企业资金流失。

因此，无论是股东还是员工，最好凭票报销经营垫支及差旅支出，若不得已先行借支的，需要注意借支类型和还款期限等要素（表1-10）。

表1-10 借支类型、核算内容及还款期限示例

| 借支类型 | 核算内容 | 还款期限 |
| --- | --- | --- |
| 差旅费 | 职员出差、校园招聘出差等出差费用 | 出差结束后10天内 |
| 日常费用支出 | 部门的正常费用支出借支，如房租、水电费、电话费、应酬费、临时租车费、网络安装费、违章罚款、企业文化费、培训费、诉讼费、证照办理费、物价评估费、补充备用金等 | 从借支日起10天内（新成立部门第一次开具房租发票的，从借支日起20天内；偏远部门日常类从借支日起15天内） |
| 税金支出 | 国税、地税、个人所得税等 | 从借支日起15天内 |
| 福利支出 | 社保费、对外公积金、职工食宿费用等 | 从借支日起15天内 |
| 车辆费用 | 油费、外请车费用、车辆年审费、车辆保险费、轮胎费、配件费、车辆维修费、道路许可证费等 | 从借支日起10天内（长途车队的充油卡20天内） |
| 抵押支出 | 押金、定金、订金、保证金、合同意向金、担保费等 | 从借支日起后15天内票据冲销 |
| 成本支出 | 物流专线成本、外请大车运费等 | 车辆外出结束后10天内 |
| 预付账款 | 预付工程款、装修款等 | 结算工程款后10天内 |
| 采购支出 | 车辆采购、固定资产采购、物料采购等 | 从借支日起30天内 |
| 宣传推广 | 网店投流费、广告牌制作费、印刷费、招牌制作费等 | 从借支日起20天内索取票据冲销 |
| 保险理赔 | 车辆出险、货物理赔、工伤理赔等 | 从借支日起30天内索取票据冲销占用费 |
| 日常生活借支 | 生活费、员工应急费等私人借支 | 以3个月为限，还款时从工资中扣除 |

执行细节提醒：

（1）遵循"非员工不借支，非公务不借支"的原则。

（2）审批流程：主管部门经理审批签字→财务经理复核→总经理审批。

（3）借款人按规定填写借款单证明，包括借款事由（出差地点、目的）、借款金额、借款形式（现金或转账）等内容。

一张完整的借支条包括四个要件：借支部门、借支人法定全名、借支内容、归还时间，还包括签名及借支时间等内容。

（4）标题一定要写"借条"二字，不能写成"欠条"。

（5）最好加上：若本人借支款存在虚列行为，或者差额余款不按规定及时归还，本人同意公司财务部从工资中扣减。

（6）涉及发票冲销的，要加上一句话：若本人发回来的报销发票存在虚开行为，本人承担法律责任，并按公司损失进行赔偿。

（7）所有借支遵循"欠款未结、后款不借"的原则，即前次借款未归还或未报账，则不再办理第二次的借款手续。

（8）不能一单多借，除不好管理外，也会造成财务记账烦琐或错记。

（9）如果股东借支跨年不归还，存在税务风险。税局可视将其为企业对股东的红利分配，依照"利息、股息、红利所得"项目计征20%个人所得税。

（10）无论是员工还是股东，大额无偿借支都可能会引发税务风险。建议借支行为一定要真实合理，该收利息时记得申报收入并及时完税，否则会被要求补缴税款，还要缴纳每天万分之五的滞纳金，甚至被罚款。

备用金管控也是企业资金管控的一项重要内容。备用金管控失当会出现借支、备用金混淆的情形，导致出现超过规定期限多次催收未果、旧欠未还借新款、原借原还以及非正式职工借支备用金的情况，不仅占用企业资金，甚至还可能引发违法乱纪事件。管控策略包括将费用借支业务与备用金归还强行分离开，尽量避免以备用金的名义借支，并且建立区分不同类型业务且体现差异化管理的备用金借支区间控制额度制度，避免影响资金运营管理效果或增加备用金不合理占用等问题。

## 三、采购支出管控策略

在一个公司里，采购和销售是仅有的两个能够产生收入的部门，其他任何部门发生的都是管理费用。

——杰克·韦尔奇（通用电气前任CEO）

由此可以看出，采购也是收入，也是资金在采购环节有效流出至关重要的一环。因此，我们认为：采购支出是采购流程最有权力的节点。

然而，有些企业采购环节缺乏比价、复核等细节管理，甚至有采购舞弊行为，导致购进的物料、商品价格比市面高，占用更多的资金，从而使利润大

资金策略

幅降低。因此,采购价格的高低不仅对资金有重大影响,而且对利润的影响也很大。

有些企业采购环节管理不善,造成供应商断货,企业停机待料,交货延迟,甚至产生质量问题。当老板因为资金紧张而对采购支出束手无策时,一般采取停止支付货款的手段,但这弊大于利,会使企业诚信大打折扣,若触发合同的违约条款,企业还要承担违约金、滞纳金等。

当然,不管是不行的,但是,怎么管才更有效呢?可以参照以下策略。

### 1. 预算策略

前期设计阶段的采购成本预算,一是为了采购成本可控,二是为了谈判采购价格时心中有数,按计划达到预期。

### 2. 账期策略

企业采购付款方式和付款时间的不同直接或间接影响着订购成本。资金充足、客户稳定时,可以考虑一次性付款,毕竟可以争取以更低的价格购入,利润会更高。而在资金不是很充沛的情况下,要争取到账期,尽可能以分期付款、延期付款的方式支付款项。

这样在不考虑注入外部资金的情况下,企业现有的资金就可保障企业的正常运营。设定采购产品账期可以参考如下公式:

付款账期>(采购周期+原辅料库存时间+产品生产周期+产品库存时间+产品交付时间+应收款账期)。

当企业与供应商进行价格谈判时,要想达到预期效果,就要学会换位思考,注意供应商最关注的五个核心问题(图1-28)。

(1)数量:一般来说,采购的数量越多,成本就越低。因此,如有需求,在资金允许的情况下,尽量集中采购、大量采购。

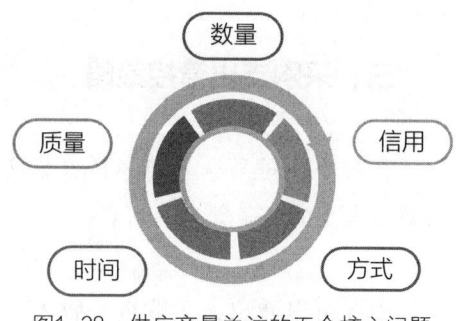

图1-28 供应商最关注的五个核心问题

(2)信用:因缺货被屡屡提价,甚至断供的情形不在少数,谈判前一定要了解供应商的信用问题,避免造成损失。反之,自己也要讲诚信,让供应商心里踏实、放心。

（3）方式：付款方式是供应商比较在乎的事项，包括预付款、货到付款、月结、季度结等方式，尽可能制定双方都能接受的方案。

（4）时间：一定要守信，做到不影响双方资金运用。

（5）质量：以上所有条件都是在质量可靠的前提下展开的，因为一旦质量有问题，将会给企业带来成本、商誉损失等。

### 3．选择供应商策略

一是了解供应商的产品质量、信用、所具备的资质，建立供应商库，明确供应商选择范围，建立指标体系，逐项评估、综合评分。

二是以上述设定采购产品账期的公式为依据，若是付款账期不能满足公式要求，就要和供应商谈账期，否则，就要考虑外部融资了。但如果外部融资不能迅速实现，企业就会持续出现资金紧张的状况。因此，争取到供应商的合理账期非常重要。这要财务部和采购部联合出谋划策，统筹规划好采购付款账期，确定其满足企业资金管理需要后，再签订合同。

### 4．比价策略

采购人员不是在为公司讨价还价，而是在为顾客讨价还价，我们应该为顾客争取最低的价钱。

——山姆·沃尔顿（沃尔玛的创始人）

由此反映出采购在商品定价中的重要性，合理的价格更容易被客户接受，更容易获得市场。

建议企业在比价时考虑以下六要素（图1-29）。

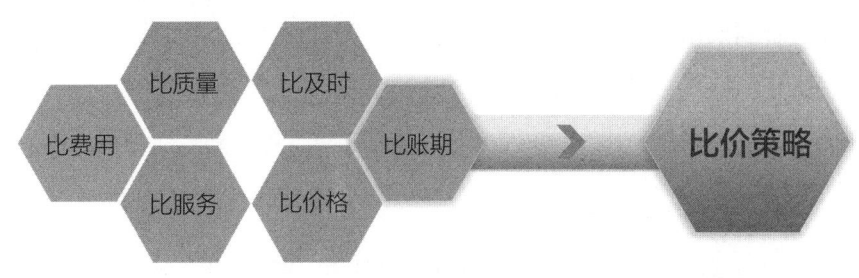

图1-29 比价六要素

这六要素是针对企业自身的，但有时遇到的供应商比较强势，企业也需结合自身的具体情况，选择对自己最合适的优惠方案，从而降低订购成本。

当供应商的优惠政策无法弥补损失时，企业须尽可能采用票据支付、分期付款、延期付款的方式支付款项。

**5．采购资金审批流程策略**

预付款超过30%或者账期低于30天的采购合同，必须经过财务经理的审批，以便于财务可以通过审核来控制付款账期的合理性。

**6．业财融合策略**

业务部、财务部负责人参与销售合同、采购合同的评审，以便于财务人员对销售回款账期、采购付款账期做到系统监控，避免资金周转问题，以及因自己未及时付款丧失诚信和支付违约金、滞纳金等问题。

**7．付款单据的审核策略**

对于一些需要付现款的物料，最好要求采购人价比三家，财务部也进行核价，并且必须在获得发票和检验合格签字的入库单后，再去付款。后续仓管定期检查，财务不定期抽查，反复印证账实是否相符，这样做可以有效避免虚假采购、账实不符的腐败行为。

**8．对账策略**

财务人员要定期发函给供应商，要求供应商明确两个日期：对账日期和付款日期。一是避免糊涂账发生，二是集中处理能提高财务核算效率。

**9．付款方式控制策略**

一般来说，采购付款是从谈判开始至合同签订，然后按交货执行支付的。

（1）预付部分款项。

（2）货到一次性现金支付。

（3）货到票据支付。

（4）货到后分期付款。

（5）货到延期付款。

（6）以上方式的结合。

**10．采购资金管控策略**

（1）选择战略供应商，从供应商处获得采购账期和信用额度。

（2）尽量避免采购预付。

（3）与供应商结成战略伙伴关系，大项目采购合同使用背靠背条款。

（4）延期支付，必要时开银行承兑汇票付款。

**11. 利用应付账款分析评价指标策略**

（1）应付账款周转天数。

（2）应付账款的平均余额。

综上，采购支出作为企业的一项重要支出，如果安排不当，会造成多付、错付、少付的问题，影响企业资金安全、供应安全。严控提前付款，关注退换货、索赔对付款的影响，建立与供应商定期对账机制，保证企业现金流的合理规划。在综合考虑企业平均收款周期、行业付款条件等因素基础上，制定企业标准的付款条件，并要求采购部门在采购协议中落实。

企业在采购环节要尽可能做到支出有预案、有账期，讲诚信，也要关注税价分离的约定，以及开票付款的条件，避免因发票开具不及时而无法享受税前扣除，从而加大企业税务成本的情况。提高企业资金支付安全，减少企业损失，保证供应链稳定，维护企业信用，避免采购腐败等问题的发生。

## 四、存货管控策略

狭义的库存，包括原材料、半成品、成品、包装物、低值易耗品等；广义的库存，包括机器、厂房、人、时间、产能等。

库存是资金的黑洞。为什么这样说？因为存货会导致流动资金不足，库存跌价。尤其是呆滞库存，长期占用仓库空间，浪费大量的人力、物力及财力，导致净利润大幅下滑，给企业现金流及管理运作带来严重影响，于是，便有了存货黑洞之说。而这些存货情况在很多企业中往往没有及时反映到账面上，更加谈不上做到有效管控。

### （一）库存占用率的意义

库存占用率对企业的意义主要体现在以下几个方面：

（1）资金利用效率：库存占用率反映了企业资金在库存上的沉淀情况。高库存占用率意味着大量资金被锁定在库存中，不能用于其他更有回报的投资或运营活动。因此，降低库存占用率可以提高企业的资金利用效率，增强企业的财务灵活性。

（2）运营成本：过高的库存水平可能导致企业需要支付更多的仓储费、

保险费等额外成本。通过降低库存占用率，企业可以减少这些成本，提高盈利能力。

（3）市场竞争力：库存是企业生产、销售、物流等各个环节不可或缺的资源。库存管理不仅有助于企业掌握自身已有的库存情况，还有利于预测未来的需求量，从而更好地规划生产、物流和销售策略，确保企业稳定运营。高效的库存管理可以使企业快速响应市场变化，满足客户需求，提高客户满意度，进而增强企业在市场中的竞争力。

（4）风险管理：库存积压可能导致产品过时、损坏或过剩，从而产生废品损失。通过降低库存占用率，企业可以及时发现库存中的问题并采取有效措施避免这些损失。此外，低库存占用率还有助于减少因市场需求波动而给企业带来的风险。

（5）运营效率：库存管理可以为企业提供及时、准确的库存数据，帮助企业根据实际情况决策生产和配送计划。这有助于减少货物滞留时间，降低运作成本，提高企业运营效率。

库存占用率对企业的意义在于能够帮助企业提高资金利用效率、降低运营成本、增强市场竞争力、降低风险以及提高运营效率。因此，建立有效的库存管理制度对企业长远发展至关重要。

### （二）库存占用率的计算方法

库存占用率的计算方法可以有多种，以下是其中两种常用的计算方法：

方法一：

$$库存占比 = 库存量 \div 总产量 \times 100\%$$

这种方法计算的是库存量占总产量的比例，可用以了解库存相对于生产量的水平。

方法二：

$$库存占用率 = 库存金额 \div 总资产金额 \times 100\%$$

这种方法计算的是库存金额占企业总资产金额的比例，可以更全面地反映企业的整体资产状况，而不仅仅是库存量。

需要注意的是，以上计算方法仅供参考，具体的计算方法可能因企业、行业或会计准则的不同而有所差异。因此，在实际应用中，企业应根据具体情况选择合适的计算方法，并遵循相关会计准则和规定。

### （三）存货管控的10个手段

（1）精准预测需求：通过收集和分析历史销售数据、市场趋势和消费者行为等信息，精准预测未来一段时间内的产品需求。这有助于企业提前规划生产和采购，避免库存积压或缺货。

（2）实时库存监控：建立实时库存监控系统，确保企业能够随时掌握各产品的库存情况。这有助于企业及时发现问题并采取相应的措施，如调整生产计划、优化物流配送等。通过优化采购策略、提高物流效率等方式，确保供应链的稳定性和高效性。这有助于降低库存成本，减少资金占用。

（3）精细化库存管理：根据产品的特点、销售速度和市场需求等因素，将库存划分为不同的层次和类型，进而实行精细化管理。这有助于企业更好地控制库存成本、提高库存周转率。

（4）优化采购策略：与供应商建立长期稳定的合作关系，采用定期采购、批量采购等方式，降低采购成本并确保供应链的稳定性。同时，加强对供应商的管理和评估，确保产品质量和交货期的可靠性。

（5）灵活应对市场变化：密切关注市场动态和消费者需求变化，及时调整生产和销售策略。例如，对于市场需求激增的产品，可以适当增加库存量以满足市场需求；对于市场需求下降的产品，可以适当减少库存量以降低库存成本。

（6）建立风险预警机制：通过设定合理的库存警戒线和风险预警指标，及时发现库存异常和风险，并采取相应的应对措施。这有助于企业提前规避潜在的资金黑洞风险。

（7）强化内部协同与沟通：定期盘点与审计，加强企业内部各部门之间的协同与沟通，确保生产、销售、采购等环节之间的信息共享和协调配合。这有助于提高整个供应链的运作效率和响应速度。

（8）利用先进技术工具：积极引入和应用先进的信息化技术工具，如物联网、大数据、人工智能等，提升存货管控的智能化和自动化水平。这有助于提高存货管控的准确性和效率性。

（9）灵活销售策略：根据市场需求和库存状况，灵活调整销售策略，如促销、打折等，加速库存周转，降低资金占用。同时，通过定期清理滞销库存、及时处理退货等手段，提高库存周转率，降低资金占用。

（10）账实相符的管控策略：账实相符率是指仓库账册上的货物存储量与实际仓库中保存的货物数量相符合的程度。现实中，没有一家企业可以做到100%账实相符，账实相符率在一个合理的范围内即可。账实相符率的计算公式为：

账实相符率=账实相符笔数÷库存货物总笔数×100%

要想让账实相符率符合企业预期，需要定期做如下处理：
①清仓盘点。

进行清仓盘点工作时，应注意如下事项：锁定仓库，保证没有存货流出、新货进入；检查物资的账面数与实存数是否相符；检查物资收发有无差错；检查各种物资有无超储积压、损坏和变质的情况；检查安全设施和库房设备有无损坏；等等。

②实盘切账。

根据清仓的实际数据进行实盘切账，与账目进行对照，将不相符的部分明确标示出来，并寻找原因。根据相关数据形成完整的书面报告，报告要精确到产品数量等细节，交由财务部门归档，仓库保管部门进行核查。

有效加强存货的日常管理将会提高存货周转的效率，加强存货的成本控制，为加快存货向现金流转化奠定基础。

总之，企业通过加强对存货的管理和控制，在满足企业生产经营需要的基础上，加快存货周转速度，减少现金流循环过程中存货阶段的滞留时间，将为有效加速现金流回收提供有利条件。

### （四）库存流量管控策略

企业在日常运营中，要注意库存流量管控，每次的入库、出库、调拨、报废等都应按照规定进行，填写对应表单（表1-11、表1-12、表1-13、表1-14），保证库存流量精准、有章可循，责任到人。

表1-11 货物入库单样例

| 编号 | 采购日期 | 品名 | 数量 | 单价 | 入库日期 | 备注 |
|------|----------|------|------|------|----------|------|
|      |          |      |      |      |          |      |
|      |          |      |      |      |          |      |
|      |          |      |      |      |          |      |
|      |          |      |      |      |          |      |
|      |          |      |      |      |          |      |
| 采购人签字 |    |      |      | 入库人签字 |    |      |

表1-12 货物出库单样例

出货日期：
买货公司：

| 货品名称 | 货品号码 | 规格 | 数量 | 单位 | 单价 | 总价 | 备注 |
|----------|----------|------|------|------|------|------|------|
|          |          |      |      |      |      |      |      |
|          |          |      |      |      |      |      |      |
|          |          |      |      |      |      |      |      |
|          |          |      |      |      |      |      |      |

签收人：　　　　　　仓库：　　　　　　审核：　　　　　　填表：

表1-13 货物调拨单样例

| 调出库房 | ××× | 20××年×月×日 || 调入库房 | ××× |
|----------|------|------|------|----------|------|
| 序号 | 名称 | 规格型号 | 单价 | 数量 | 总额 | 备注 |
| 1 |  |  |  |  |  |  |
| 2 |  |  |  |  |  |  |
| 3 |  |  |  |  |  |  |
| 4 |  |  |  |  |  |  |
| 5 |  |  |  |  |  |  |
| 项目经理签字 |  | 发料员签字 |  | 接收项目经理签字 |  | 收料员签字 |

表1-14　货物报废单样例

| 名称 | 型号 | 数量 | 报废原因 |
|---|---|---|---|
|  |  |  |  |
|  |  |  |  |
|  |  |  |  |

领导批准：　　　　　申请人：　　　　　库房报废员：

年　月　日

### （五）存量及呆滞货管控策略

#### 1. 存量管控策略

要实现资金利用价值最大化，终极目标是实现零库存。所谓零库存，就是把一切不必要库存量降到零，最大限度地降低运营成本，让现金流不被库存占用。建议如下：

（1）从根本上解决一切产销量异常问题。

产品的生产计划以销售计划为根据。企业在生产产品前，要展开完善的市场调研，分析产品的市场需求度，通过在线问卷调查、线下门店调研、趋势数据图对比等，确认当季产品的需求量，实现按需生产。

多频控量的生产方式，是未来弹性市场管理的主流，有利于让生产符合销售需求，大大降低库房占有率，实现资金快速回笼，缩短资金链循环周期。

（2）用周转库存取低尾数。

所谓用周转库存取低尾数，就是在接到订单以后，按需购买原材料，再少量购买下次订单需要的数量。第一批订单结束后，根据存量进行补货，而不再是大量购买造成积压。周转库存比安全库存更合理，更有利于降低资金风险，加速现金流通。

同时，如果出现不良产品，用周转库存代替尾数库存会给工人带来"库存数量不多"的感受，工人就会很慎重地去生产，从而降低不良率。

#### 2. 呆滞货管控策略

所谓库存呆滞，是指进入仓库后超过预定的一段时间没有使用的物品。几乎所有企业都存在库存呆滞的困扰，多数企业将其当作废品，最终只能以极低的价格出售，避免库存成本进一步增加。

低价出售虽然能避免成本增加,但是与进货价相比显然会导致明显亏损,所以并不是最好的方法。对库存呆滞,企业应当思考三个问题。

首先,库存是否可用?如果呆滞产品不存在明显的质量问题或季节差异问题,那么它就可以再次销售,且以一个较为合理的价格变现,而不是低价出售。

其次,库存是否畅销?呆滞产品如果进入市场,是否能够畅销?如果不能畅销,能否与其他产品组合成为周边产品进行销售,丰富产品场景?

最后,库存是否周转快?通过产品组合、折扣销售等模式,呆滞产品是否可以快速完成销售,实现高转换率?

对于这三个问题,如果都可以给出肯定的答案,那么就不要选择低价出售,而是利用其他方式解决库存呆滞。解决呆滞问题后,要从制度入手,避免库存呆滞现象频繁发生。比如,首先要制定呆滞报表,并进行责任排查。如果企业的废料期为一个星期,那么要固定每个星期出具报表(表1-15)。

其次要根据这份报表,订立呆滞处理标准与制度,抄送各权责部门限期处理。

表1-15 呆滞报表

| 序号 | 物料编号 | 物料名称 | 规格型号 | 入库日期 | 单位 | 库存状况 || 最后领用日期 | 呆滞时间 | 呆滞原因分析 | 拟处理方案 ||| 备注说明 |
|---|---|---|---|---|---|---|---|---|---|---|---|---|---|---|
| | | | | | | 库存数量 | 单价 | 账面金额 | | | | 返工 | 利用 | 报废 | |
| | | | | | | | | | | | | | | | |
| | | | | | | | | | | | | | | | |
| | | | | | | | | | | | | | | | |
| | | | | | | | | | | | | | | | |
| | | | | | | | | | | | | | | | |

制表:　　　　　　　　　　审核:　　　　　　　　　　日期:

（1）开发部门。要求开发部门进行呆滞分析，确认其能否再次被利用，如进行组合销售，或生产新产品时实现再次利用。如果确认可以使用，应限期及时利用。

（2）采购部门。如果开发部门确认无法利用，要求采购部门分析其是否可以置换为其他可用物品。

（3）总务部门。如果采购部门无法使用，应由总务部门接受，分析其快速销售的价值和处理周期。

（4）源头改善。进行相关处理后，应对源头进行分析，调查是开发部门、仓库部门还是采购部门造成的呆滞。如果是第一次发生，可以进行内部警告；如果是第二次发生，应根据过失进行一定处罚；如果发生三次以上，应对相关负责人进行停工处理，严格处分。

库存管理系统可以提供实时产品销量趋势分析，通过分析近期平均销量和增长率，建议产品安全存量，方便采购或仓库及时更新产品安全库存；采购可以参考产品出货次数、购买客户数决定本周期安全库存。通过安全存量批次变更模块，一次变更所有产品安全存量，在保证销售快速交货需求的同时，减少库存资金占用。

综上，只有把库存管控好，资金才能被科学利用。

## 五、生产支出管控策略

随着市场竞争日益激烈，客户越来越关注价格，企业需要不断提高生产效率，降低生产成本。否则，产品滞销或者销售无利润，都会导致企业资金短缺，影响发展，甚至使企业倒闭。

### （一）生产成本的构成

生产成本包括可见的生产成本（图1-30）和不可见的生产成本（图1-31）。

一讲到成本，许多企业就认为这是财务部或成本会计的事，大部分员工也认为，"我不是老板，成本与我无关""公家的东西，不用白不用""节约了成本，对我有什么好处"。

其实，成本下降需要每个人的参与。首先，作为企业的决策阶层，需要有投资的概念，这是决定和影响企业成本形成的基本条件；其次，企业的工程人员和管理人员影响着产品设计和生产成本的耗费水平；最后，企业供应部门和销售部门员工的业务活动影响着材料物资的采购成本及产品销售费用水平。

图1-30 可见的生产成本

图1-31 不可见的生产成本

### （二）生产支出管控最为核心的问题

业务行为的支出管控归结为以下八大核心问题。

#### 1. 花钱的详情分析

（1）谁在花钱？明确到具体的个人或部门。

（2）在什么时候花钱？资金的时间价值需被充分考虑。

（3）在什么业务上花钱？区分核心业务、主营业务和其他业务。

#### 2. 花钱的目的与效果

（1）为什么要花钱？确保资金的投入能带来增值效果。

（2）花钱的目的是什么？明确资金的投入与经营目标的关系。

（3）实际花钱又干了什么？确保资金被用于预期的目的。

-153-

资 金 策 略

**3．花钱的策略与计划**

（1）应该怎样花钱？制定详细的工作计划和成本预算。

（2）钱应该花在什么地方？以及应该花多少？明确成本预算的细节。

（3）钱实际花在了什么地方？实际花了多少？进行成本核算。

**4．花钱的权力与审批**

（1）花钱的权力来自哪里？明确企业的权力结构。

（2）谁在批准花钱？明确管理层的审批权限和流程。

**5．业务支出与浪费的区分**

与业务有关的支出和与业务无关的支出有哪些？明确成本与浪费的界限。

**6．浪费的识别与度量**

（1）到底浪费了多少钱？识别并量化浪费。

（2）浪费在什么地方？明确浪费的具体领域（图1-32）。

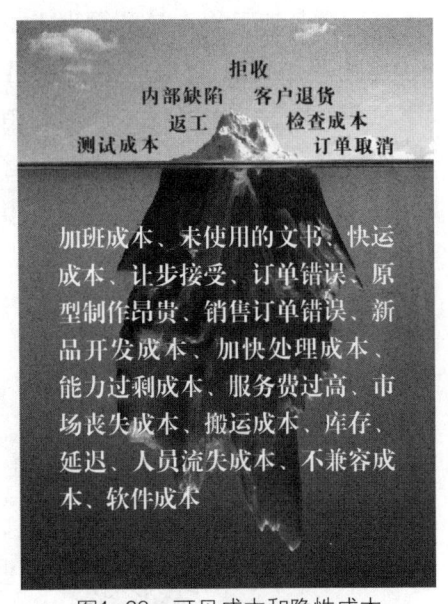

图1-32　可见成本和隐性成本

**7．业务与人员花钱的决策**

（1）哪些业务应该花钱？哪些人应该花钱？基于业务营利性和人员职责进行判断。

（2）实际上什么业务在花钱？什么人在花钱？进行实际支出与预算的对比。

**8．成本控制与减少浪费的策略**

（1）怎样控制成本支出？建立科学合理的成本管理体系。

（2）怎样减少浪费？制定并实施减少浪费的具体方案。

（3）方案是什么？怎样推进方案？明确方案的细节和实施步骤。

（4）会遇到哪些问题？会有什么阻力？进行风险评估和应对计划。

（5）怎么解决？谁来解决？给出解决方案，落实到责任人。

## 六、销售支出管控策略

### （一）销售费用的组成

销售费用是指企业在销售产品或应税劳务等过程中产生的各项费用，以及为实现销售而专设销售机构发生的各项经费，有广告费、销售人员薪酬、业务费、售后服务费、公关费等（图1-33）。

就如电商企业，投流推广费是非常大的一笔费用，若无法做到合理控制，不仅影响资金使用，也无法保障企业利润，从而无法提升企业竞争力。

**大家先认识一个公式：**

销售费用率=销售费用÷销售收入×100%

那么，销售费用占多大比例合适呢？

根据《中华人民共和国企业所得税法实施条例》第四十四条，企业发生的符合条件的广告费和业务宣传费支出，除国务院财政、税务主管部门另有规定外，不超过当年销售（营业）收入15%的部分，准予扣除；超过部分，准予在以后纳税年度结转扣除。

**销售费用**

| 01 广告费 | 02 销售人员薪酬 | 03 业务费 |
|---|---|---|
| 广告策划费、广告制作费、投流费、推广费、媒体费等 | 基本工资、业务提成、福利费、奖金及特殊奖励等 | 培训费、差旅费、办公费、通信费、业务招待费、销售折扣、坏账损失、分支机构费用等 |
| 04 售后服务费 | 05 公关费 | 06 其他费用 |
| 材料消耗费、客户损失赔偿费、售后服务网点管理费等 | 公关公司费用、赞助费、礼品采购费、庆典活动费、公关人员报酬、会议费等 | 展览费、租赁费等 |

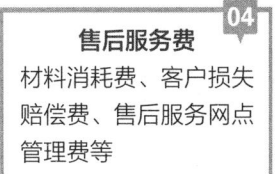

图1-33 销售费用的组成

因此，在条件允许的情况下，我们建议，尽可能把销售费用定为不超过销售收入的15%。

资金策略

## （二）销售费用支出管控策略

### 1. 销售人员薪酬管控策略

（1）薪资控制方案。

①薪资结构：固定薪资+浮动薪资。

②固定薪资比重与销售人员职级成正比，级别越高，固定薪资比重越高；设定签订销售合同发生的销售费用占合同利润额的最高比例，并将其与薪资挂钩。

③设定最低回款率及回款周期警戒线，将其与薪资挂钩。

浮动薪资（提成+奖金）=回款完成率×绩效工资基数×60%+销售完成率×绩效工资基数×30%+销售考核分数×绩效工资基数×10%

（2）业务提成控制方案。

①确定提成比例的程序：销售部制定，上报总经理办公室；总经理办公室会同人力资源部、财务部审核，报营销部、财务部及总经理审核、审批后，下发至人力资源部、财务部备案执行。

②提成比例：提成计算基数为每单合同成交额减去销售费用（通信费、差旅费、应酬、公关等）后的金额；完成基础任务后才有提成；一线销售获得签单提成，管理人员获得管理提成。

③提成办法：财务部每月编制销售提成表，销售经理确认，企业主管领导批准，低于报价的一定比例成交或延期 $N$ 个月以上的，不计发提成。

④回款责任：销售专员负回款责任，回款率与提成挂钩；设定回款警戒线；回款平均周期超过警戒线一定幅度，按一定比例折算提成。

（3）津贴费用控制方案。

津贴类型：外勤津贴、学历津贴、职务津贴、午餐津贴、通信津贴、交通津贴、出差津贴、住房津贴等。

①外勤津贴：按地区、职级划分标准。

②学历津贴、职务津贴：根据学历、职级设定。

③午餐津贴、通信津贴、交通津贴：午餐津贴根据固定标准和出勤天数计算，通信津贴和交通津贴根据职级设定。

④出差津贴：根据区域设定。

⑤住房津贴：根据租借房屋是否本人或本人家属房屋设定。

（4）回款奖励控制方案。

①奖项：设定集体奖、个人奖。

②奖金额度：一般为回款总额的千分之二或千分之三。

③销售部经理回款奖励：当部门回款率达到一定比例时，可得集体奖，集体奖数额为回款总额的一定比例。

④销售人员：既可得个人奖，也可得集体奖，前提是部门回款率和个人回款率都达到一定比例。

⑤销售部内勤人员：当部门回款率达到一定比例时，内勤人员也可得集体奖。

⑥销售部奖励取消机制：当销售部回款率低于一定比例时，取消部门集体奖和个人奖。

（5）特殊奖励控制方案。

①部门奖励：销售明星奖、成本节约奖、季度优秀片区奖、销售竞赛奖等。

②公司奖励：突出业绩奖、市场开发奖、成本节约奖。

（6）促销赠品管理控制方案。

①赠品需要管控的重点：防止乱用，防止其成为经销商谋取利润的渠道，避免成为挤占经销商仓库的附加品，防止经销商挪作其他产品促销。

②控制措施：对赠品采用半价购买制，在经销商完成公司制定的各项考核指标后，予以报销；把赠品同产品包装在一起，分多次发放赠品，做好赠品登记、集点赠送、邮寄赠送、加费赠送等。

③终端赠品控制：防止导购员随意使用／挪作他用／互送赠品／虚假赠送，可制定周密管理计划，设置惩罚措施。

**2．业务费管控策略**

（1）销售折扣控制方案。

①可根据预计销售收入和以往年度的折扣费用占收入的比例，确定本年度的折扣预算总额。

②销售折扣包括实物折扣和现金折扣。

③一般情况下提倡使用实物折扣，折扣力度应与公司销售战略相适应。

④销售折扣申请单经销售部经理和财务部经理审核、销售总监审批后执行。

（2）销售人员差旅费控制方案。

①申请流程：出差人员事先填写出差申请单→销售部经理审核签字→分管销售负责人批准。

②出差前在预定金额范围内可预支差旅费。

③差旅费根据出差时点、职级、地区等的不同而不同。

（3）销售人员通信费控制方案。

①包括销售人员手机费、办公固定电话费等。

②按人员职级设定手机费固定额度。

③办公固定电话分经理、分部门设定额度。

（4）销售业务招待费控制方案。

①采用"预算控制、逐笔报批"的控制方式。

②销售部经理拟定年度业务招待费预算建议方案→销售部经理拟定年度业务招待费支出计划及分解计划→财务部经理复审→总经理审批。

③一般事先填写审批单。遇到临时招待时需事先电话请示，招待结束后24小时内补填审批单，并于次月发放工资后报销。

④额度根据销售人员职级不同而不同。

（5）销售坏账损失控制方案。

①坏账损失控制工具：客户信用管理、客户信用调查、客户信用预警、客户信用分级等。

②应收账款回收控制：设立信用管理部来负责客户信用管理等相关工作；采取提前支付、抵押等方式保障应收账款回收；委托专业机构回收或处理应收账款的转让、仲裁、诉讼等。

（6）销售分支机构费用控制方案。

销售分支机构按每月实际销售回款总额的1%提取费用，该部分费用由分支机构自行安排。

### 3．售后服务费管控策略

（1）客户损失赔偿费控制方案。

①投诉损失金额核算基准：对客户的赔偿处理分为赔偿、折扣、退回、

补送、返修五类。

②投诉罚扣判定基准：对内部责任人员的处理。若系个人过失，则全数分摊至个人；若为两个或两个以上人员的共同过失，则依责任轻重分别判定责任比例。

（2）维修配件费控制方案。

①将维修配件成本计入产品销售成本，使成本变现提前，改善经营工作质量，如采取科学策划产品、降低采购成本、提高产品质量、合理定价、控制损耗、把部分维修成本压力转移给供应商等措施，从而把显性成本的影响压缩到最低。

②控制配件库账面规模总量。

③强化配件残值回收。

④考核业绩时考虑配件最高限额、坏账和库存跌价损失的影响。

**4．公关费管控策略**

（1）公关费控制方案。

①主要用途：批量订单前期公关、重点客户走访、重要客户来访、市场准入公关。

②费用申请与使用程序：销售业务经办人员书面申请→销售分部经理审批→总经理审批→销售部备案→业务经办人员办理借款→业务人员汇报费用使用效果→销售部验证效果→业务经办人员持票据办理报销。

（2）公关赞助费控制方案。

①从预算源头控制赞助费：罗列详细清单，避免不必要支出。

②充分利用内外部资源，节省公关费用：借鉴以往经验，优化赞助方案；让多部门参与，增加可利用资源；与供应商取得联系，得到外部供应商支持。

③定期维护与供应商和客户的关系，保证赞助活动的实施效果。

（3）公关礼品管理控制办法。

①公关礼品原则上由办公室统一订购或发放。

②货比三家、择优选择，达到招标采购标准的，必须进行招标采购。

③礼品领用程序：销售部门填写申请单→主管领导审核→办公室主任审批→至行政部领用。

**5．广告费用支出管控策略**

（1）展览费控制方案。

展览费的内容：参展费、参展人员差旅费、展会布置费、宣传赠品费、展品运输保管费等。

①参展费的控制：联合其他企业共同参展、与举办方商议参展价格。

②参展人员差旅费的控制：控制参展人员数量、明确差旅费用标准。

③展会布置费的控制：布置可持续站台、减少不必要服务项目。

④宣传赠品费的控制：明确宣传资料的规格／标准、合理控制宣传资料及赠品的数量。

⑤展品运输保管费的控制：利用仓储服务，降低运输保管费用。

（2）租赁费控制方案。

租赁费包括租金、担保费、租赁保证金占用损失三部分。

①租金的控制：核算利润，货比三家，合理控制租金费用。重大资产租赁可采用招标方式；长期租赁可签订长期合同。

②担保费的控制：选择正规担保公司或合作单位做担保，运用谈判技巧压低担保费用。

③租赁保证金占用损失的控制：保证金一般设定为合同的5%或特定基期数金额。

（3）广告制作费控制方案。

①控制广告制作费预算总额：一般占总体广告费的10%～20%。

②广告制作费通常包括拍摄准备／器材／场地费、道具／服装费、导演／制片／演员费、电力／音乐制作／剪辑费等。

③可与广告制作公司协商降低预付款比例，以提高广告制作公司服务意识。

（4）媒体广告费控制方案。

①产品广告投入比例测算：设置产品价格界面，将产品依价位进行归类，区分主要终端产品；设置产品价格界面销售最低线，流通产品复合材料、财务投入承受比率比较低的产品可定位为游击产品，作为终端产品的补充。在测算广告投入比例时需综合考虑产品特性、市场需求及财务承受能力，确保投入合理有效。

②网点广告费投入比例测算：既有网点分为导入期、成长期、成熟期、衰退期四个市场，导入期和成长期广告费投入比例一般分别为50%、30%，成熟期只需做提醒性或公益性广告即可，衰退期主要是新品的推广。

（5）广告费控制管理规定

①广告企划部每月向销售总监、总经理提报次月广告费计划，经批准后下发各区域固定广告费及变动广告费。

②广告费分区域进行统计与分析，各区域销售分支机构经理/主任承担费用管控责任。

### 6．销售费用支出管控之道

（1）合理分配销售费用预算。

合理的销售费用预算分配是根据企业的经营策略和市场的规模确定的，并充分考虑了销售渠道、产品定价和销售目标等因素。销售预算可以衡量销售支出是否合理，例如：A企业今年销售额是1000万元，销售费用控制在销售额的15%以内，那么销售费用预算就在150万元以内。

（2）提高销售人员的销售技能和服务质量。

销售人员是推动销售的重要力量，企业可以通过培训、考核激励等方式提高销售人员的销售技能和服务质量，从而提高销售业绩，减少不必要的促销费用支出，还能带来二次转化，进一步提升销售业绩。

（3）科学制定促销策略。

促销活动是企业推动销售的重要手段之一，不仅可以提高促销效果，还可以减少不必要的促销费用支出。企业可以根据销售季节、促销目标、产品特点等因素，采用不同的促销策略，如采用打折、送赠品、抽奖等方式吸引客户，刺激销售。企业在制定促销策略时还应该考虑促销的成本，避免促销成本过高影响企业盈利。

（4）优化销售渠道。

优化销售渠道是有效控制销售费用的重要手段。企业可以通过网络销售、移动销售等多种渠道实现多元化销售，减少不必要的销售费用支出。同时，企业还可以通过线下渠道的优化如合理布局、降低店面租赁成本、减少库存等方式降低销售费用，提高企业的盈利能力。

（5）精细管理销售费用。

精细管理销售费用是确保企业盈利的关键措施之一。企业可以通过精细的费用核算、费用控制、费用预算等手段，控制和管理销售费用。同时，企业还应该结合实际情况，在费用控制的前提下确保销售质量和客户服务质量，不断提高企业的竞争力和市场占有率。

（6）加强内部管理，优化流程。

企业内部管理的加强和流程的优化可以帮助企业提高工作效率，减少人力资源和物力资源的浪费，从而降低销售费用支出。同时，企业还可以通过先进的信息化管理系统，提高销售流程的管理效率，进而降低人力成本，保证销售质量和客户服务质量。

## 第四节　资金效益化策略

资金效益化是一项资金管理活动，目标是实现资金的最大化利用，通过合理的投资策略和资金管理手段，提高资金的使用效率，获得更大的收益和回报。因此，它不仅关注资金的安全和流动性，还强调资金的投资和增值。做大做强的企业都有一个共同特性，就是逐步将资金效益化的理念和方法融入日常运营中，实现资金的增值和最大化利用，提高企业的竞争力和盈利能力。同时，这些企业能保持灵活性和适应性，不断调整和优化策略，以应对市场变化和行业挑战，发挥资金的最大价值。

### 📄 案例

美的与阿里巴巴联手打造智能冰箱"OS集智"：家电智能生态圈的新里程碑

美的前身是一家创办于1968年的乡镇企业，1980年正式进入家电业，1981年注册"美的"品牌。

美的一直保持着健康、稳定、快速的增长，在2010年成为年销售额突破1000亿元的国际化消费类电器制造企业集团，跻身全球白色家电制造商前五名，成为中国最有价值的家电品牌。

在激烈的市场竞争中，资金效益化成为企业成功的关键因素之一。2016年9月8日，美的与阿里巴巴在北京的战略发布会上宣布，在物联网（IoT）领域达成主题为"一触即发·拥抱万物互联网"的合作，共同推出了搭载YunOS操作系统的新一代美的智能冰箱"OS集智"。这次发布会不仅标志着两大行业巨头在IoT领域实现深度合作，更是家电智能生态圈发展历程中的一个重要里程碑。

这一合作的背后，正是双方对资金效益化理念的极致追求和巧妙运用。

首先，从美的的角度来看，与阿里巴巴的合作实现了资源的优化配置和技术的互补。阿里巴巴作为领先的电商平台和云计算服务提供商，拥有强大的技术实力和庞大的用户基础，对于美的来说这些资源是无法独立获得的。通过与阿里巴巴的合作，美的成功地将传统家电制造与先进的云计算和大数据技术相结合，提升了产品的智能化水平和市场竞争力。这种合作模式不仅降低了研发和市场推广的成本，还提高了产品的附加值和市场份额，实现了资金效益的最大化。

其次，从阿里巴巴的角度来看，与美的的合作带来了显著的资金效益。作为电商平台，阿里巴巴一直致力于拓展业务领域和增加用户黏性。通过与美的的合作，阿里巴巴不仅将其云计算和大数据技术应用于家电领域，还借助美的的销售渠道和品牌影响力进一步扩大了自身的用户基础和市场份额。这种合作模式不仅为阿里巴巴带来了更多的商业机会和收入来源，还增强了其在互联网行业的竞争力和影响力。

最后，从整个家电行业的角度来看，美的与阿里巴巴的合作也为行业树立了资金效益化合作的典范。传统的家电行业面临着激烈的市场竞争和不断变化的消费需求，如何实现资金效益最大化成为行业发展的重要课题。美的与阿里巴巴的合作模式为其他企业提供了借鉴和启示，即通过合作实现资源的优化配置和技术的互补，从而提高产品的附加值和市场竞争力，实现资金效益的最大化。

美的与阿里巴巴的合作在资金效益化方面达到了极致。通过充分发挥各自的优势和专长，实现资源的优化配置和技术的互补，双方共同推动了智能冰箱"OS集智"项目的成功实施。

从此案例中可以看出美的在资金效益化管理方面做得非常出色。

### 1. 精准选择合作伙伴

美的在选择合作伙伴时，精准地选择了阿里巴巴。阿里巴巴作为互联网行业的领军企业，拥有强大的技术实力和庞大的用户基础，与美的在家电制造领域形成了互补。这种互补有助于双方共同开发市场、提高产品竞争力，从而实现资金效益的最大化。

### 2. 资源共享与风险共担

美的与阿里巴巴的合作实现了资源共享和风险共担。通过共同投入资金和资源，双方共同研发智能冰箱"OS集智"，共享技术和市场资源。这种合作模式不仅降低了研发和市场推广的成本，还分散了风险，提高了项目的成功率。

### 3. 技术创新与产业升级

美的通过与阿里巴巴的合作，成功地将传统家电制造与先进的云计算和大数据技术相结合，推动了产品的技术创新和产业升级。这种技术创新不仅提高了产品的附加值和市场竞争力，还为集团自身带来了更多的商业机会和收入来源。

### 4. 市场拓展与用户服务优化

阿里巴巴的电商平台资源为美的提供了广阔的市场。借助阿里巴巴的销售渠道和品牌影响力，美的的智能家电产品得以迅速拓展市场，提高市场份额。同时，双方的合作还优化了用户服务体验，提供了更加便捷、高效的购买、安装、维修等服务，提高了消费者的满意度和忠诚度。

美的为了实现更高的资金效益，不断与能实现这一目的的各方企业与机构展开合作，比如：

**美的与广东省国资基金的合作**

明细操作：美的与广东地区政府引导基金合作，共同设立了多支产业基金，专注于智能家居、智能制造等领域的投资。双方通过共同出资、共同决策、共享收益的方式，对具有潜力的创新企业进行投资。

结果：这一合作不仅为美的带来了资金上的支持，还帮助其拓展了产业链，美的借此加强了与广东省国资基金的战略合作关系。通过投资智能家居和智能制造企业，美的得以进一步巩固其在家电领域的市场地位，并推动了整个生态系统的发展。

**美的与小米的合作**

明细操作：美的与小米共同出资设立了产业基金，专注于智能家居领域的投资。双方通过资源共享、技术合作等方式，共同推动智能家居产业的创新和发展。

结果：这一合作使得美的与小米在智能家居领域形成了紧密的合作关系，共同推动了智能家居技术的研发和应用。通过投资智能家居创新企业，双方得以抢占市场先机，提高了自身在智能家居行业的竞争力，并推动了整个生态系统的发展。

**美的与南昌引导基金的合作**

明细操作：美的与南昌市现代产业引导基金合作，共同设立了10亿元的产业基金，主要围绕智能终端及核心零部件、集成电路、物联网、机器人与工业互联网等领域进行投资。双方通过共同出资、共同决策、共享收益的方式，对具有潜力的创新企业进行投资。

结果：这一合作不仅为美的带来了资金支持，还帮助其实现了产业链的垂直整合和横向拓展。通过投资智能终端、集成电路、物联网等领域的企业，美的集团得以加强其在智能制造和智能家居领域的领先地位，并推动了整个生态系统的发展。

**美的与百度的合作**

明细操作：美的宣布成为百度"文心一言"首批生态合作伙伴。接入百度"文心一言"后，美的智能家居、美的家庭服务机器人将优先内测和试用百度"文心一言"的能力，旨在提升现有产品和服务的智能化水平。

结果：这一合作为美的和百度带来了多方面的影响。

技术升级与产品创新：通过接入百度"文心一言"，美的得以利用前沿的生成式AI技术，推动智能家居场景下自然流利对话的实现。这不仅提升了产品的智能化水平，还为用户带来了更加便捷和高效的使用体验。

市场拓展与品牌影响力提升：作为百度"文心一言"的首批生态合作伙伴，美的展示了其在智能家居领域的创新能力和市场领导力。这有助于提升美的的品牌影响力，吸引更多的用户和合作伙伴。

深化与百度的合作关系：此次合作标志着美的与百度在AI技术领域的合作进一步深化。未来双方有望在AI技术研发、前沿技术探索等方面展开更加深入的合作，共同推动智能家居领域的技术创新和市场发展。

## 美的与腾讯不断深化合作，实现资金效益最大化

明细操作：

### 1. 智能家居生态系统完善

合作研发：双方投入研发资源，共同开发智能家居产品和解决方案。

产品对接：确保腾讯的技术与美的的家电产品完美融合，提供无缝的用户体验。

### 2. 大数据与精准营销

数据共享：腾讯提供用户数据，美的进行产品优化和市场策略调整。

广告推送：利用腾讯的广告平台，精准推送美的产品给目标用户。

### 3. 供应链与物流优化

技术支持：腾讯提供云计算和大数据技术，帮助美的优化供应链。

效率提升：通过数据分析，提高库存管理、物流路线优化等方面的运营效率。

### 4. 国际化拓展

市场调研：腾讯协助美的进行海外市场调研，确定目标市场。

销售渠道：双方共同探索新的销售渠道，扩大美的的国际市场份额。

### 5. 可持续发展与社会责任

合作项目：共同开展环保和社会公益项目，推动绿色发展。

品牌传播：通过合作，提升双方品牌的社会责任感和影响力。

结果：

### 1. 资金效益最大化实现

成本优化：通过腾讯的技术支持，美的实现了运营成本的有效降低，提升了资金效益。

收入增长：智能家居产品市场份额的增长和国际化拓展带来了显著的销售收入增长。

### 2. 智能家居市场领先

市场份额增长：通过深度合作，美的在智能家居市场的份额增长。

产品创新：成功推出多款领先行业的智能家居产品，如智能空调、智能冰箱等。

**3．营销效果提升**

广告转化率提高：利用腾讯的大数据技术，美的广告转化率大幅提升。

投资回报率（ROI）增长：营销活动的ROI同比增长。

**4．运营效率显著提高**

库存周转率加快：通过腾讯的技术支持，美的的库存周转率提高。

供应链优化：供应链和物流的优化减少了库存积压和运输成本，提高了资金流转效率。

**5．可持续发展和社会责任得到落实**

环保项目成效显著：共同开展的环保项目减少了碳排放量，达到了减排目标。

社会影响力增强：通过社会公益项目，美的和腾讯塑造了正面的企业形象，增强了社会责任感。

美的的资金效益化策略对其业务发展产生了深远的影响，主要体现在以下几个方面：

（1）加速产品研发与创新：资金效益化策略使得美的有更多的资源投入产品研发和创新中。通过不断推出技术先进、功能齐全的智能家居产品，美的能够满足消费者日益增长的需求，并在竞争激烈的市场中保持领先地位。这种持续的产品创新不仅提升了美的的品牌形象，还为其带来了更多的销售机会和更高的市场份额。

（2）提升市场营销效果：资金效益化策略促使美的更加注重市场营销的效果和投资回报率。通过与腾讯等合作伙伴的紧密合作，美的能够更精准地定位目标用户，制定有效的营销策略，提高广告转化率和销售效果。这种精准的市场营销策略不仅节约了营销成本，还提高了资金的利用效率，为美的的业务增长提供了有力支持。

（3）优化供应链和物流体系：资金效益化策略推动美的不断优化供应链和物流体系，降低成本并提高运营效率。通过与腾讯等合作伙伴的技术合作，美的能够实现更高效的库存管理、物流路线优化和订单处理，减少库存积压和运输成本。这种供应链和物流体系的优化不仅提高了资金的使用效率，还提供了更好的客户体验，提高了美的的市场竞争力。

（4）促进国际化拓展：资金效益化策略为美的提供了更多的资金支持，推动了其国际化拓展的步伐。通过与腾讯等合作伙伴的合作，美的能够更好地了解国际市场的需求和竞争态势，制定有针对性的市场策略，拓展销售渠道并提升品牌影响力。这种国际化拓展不仅为美的带来了更高的销售收入和市场份额，还提升了其全球竞争力。

（5）增强可持续发展能力：资金效益化策略促使美的更加注重可持续发展和社会责任的履行。通过投入资金和资源开展环保项目和社会公益活动，美的不仅履行了企业的社会责任，还提升了品牌形象和消费者信任度。这种基于可持续发展和社会责任的实践不仅为美的的长期稳定发展奠定了基础，还为其赢得了更多的合作机会和市场支持。

（6）美的与广东地区政府引导基金、南昌市现代产业引导基金等机构的合作，体现了其多元化融资渠道、引入战略投资者、促进技术创新、优化产业链布局和降低资金成本等资金效益化的策略。这不仅为美的提供了更多的资金支持，降低了单一融资渠道带来的风险，还带来了丰富的行业经验和战略资源，有助于美的优化产业链布局，加强与当地企业的合作，实现资源共享和提高变现能力，从而实现资金效益的最大化。

美的与上述企业和机构的合作为创业者提供了以下启示：

（1）寻求多元化的合作伙伴：美的的合作案例表明，与不同类型的机构和企业的合作可以带来多元化的资源。创业者也应该积极寻求多元化的合作伙伴，包括投资机构、产业链上下游企业、技术提供商等，以获取更多的支持和资源。

（2）注重合作伙伴的战略价值：美的选择的合作伙伴都是在其业务领域中具有领先地位和战略价值的企业。创业者在选择合作伙伴时，也应该注重其战略价值，选择那些能够带来长期利益、推动自身业务发展的合作伙伴。

（3）利用合作伙伴的资源和经验：美的通过与合作伙伴的合作，获得了资金、技术、市场等多方面的支持。创业者也应该充分利用合作伙伴的资源和经验，学习其成功的商业模式、管理经验和技术创新能力，以提升自身的竞争力和创新能力。

（4）保持开放和灵活的合作态度：美的的合作案例显示，它始终保持开放和灵活的合作态度,乐于与不同类型的机构和企业建立良好的合作关系。创业者也应该保持开放和灵活的合作态度,愿意与不同类型的企业进行合作,共同探索新的商业模式和发展机会。

(5)有效利用资本市场:美的通过与不同类型的资本机构合作,成功吸引了大量的资本。美的不仅获得了资金支持,还通过资本市场的运作,实现了资金的高效利用和增值。对于创业者来说,了解并有效利用资本市场,可以为企业带来更多的资金支持和更广阔的发展空间。

(6)优化融资结构:在与不同类型的资本机构合作过程中,美的注重优化融资结构,通过股权融资、债务融资等方式,实现了融资成本的降低和融资效率的提升。对于创业者来说,这意味着在寻求资金支持时,需要综合考虑各种融资方式,选择最适合自己的融资结构,以降低融资成本,提高资金效益。

另外,提醒创业者:一是制定明确的资金效益化策略,明确资金的使用方向和回报要求;二是建立专业的财务团队和投资团队,为企业的资金管理提供强有力的支持;三是通过精细化的财务管理和投资策略,实现资金的高效利用;四是不断优化和调整策略,以适应市场变化和应对行业挑战。

## 一、资金效益化体系的搭建

资金是企业的血液,是企业生存和发展的重要基础,是企业财务管理的核心。有效的资金管理能够促进资金快速、良性循环,使有限的资金用在刀刃上,提高资金的时间价值和经济效益,确保资金的安全与完整,故建议企业搭建资金效益化体系,具体举措如下。

### 1. 建立健全预算制度

(1)制定详细的预算计划,该计划应涵盖所有预期的收支项目。

(2)定期评估预算执行情况,及时调整预算以适应市场变化和满足企业需求。

(3)强化预算执行的刚性,确保各部门严格按照预算执行。

### 2. 资金集中管理

(1)实施资金的集中管理,将企业的所有资金纳入统一的管理体系,提高资金使用效率。

（2）设立专门的资金管理部门或岗位来负责资金的日常管理和调度。

### 3．优化资金结构

（1）分析企业的资金结构，合理配置长短期资金，降低资金成本。

（2）积极拓展融资渠道，如向银行贷款、发行债券等，确保资金来源多样性。

### 4．强化现金流管理

（1）实时监控企业的现金流状况，确保现金流的稳定性和充足性。

（2）预测未来的现金流需求，提前做好资金安排。

### 5．提高资金使用效率

（1）采用先进的财务管理软件，实现资金的自动化管理和调度。

（2）优化支付流程，减少不必要的支付环节，缩短资金流转周期。

### 6．风险管理

（1）建立完善的风险管理机制，识别、评估和控制资金风险。

（2）对外部环境进行监测，及时关注市场变化和政策调整对企业资金的影响。

### 7．内部审计与监督

（1）设立内部审计部门，定期对企业的资金管理进行审计和评估。

（2）加强关于资金管理的培训和教育，增强全员的资金管理意识。

### 8．信息技术应用

（1）利用信息技术手段提高资金管理的效率和准确性，如使用企业资源计划、云计算等先进软件和技术。

（2）建立资金管理信息系统，实现信息的实时共享和查询。

### 9．跨部门协同

（1）加强与其他部门的沟通与协作，确保资金管理的顺利实施。

（2）定期召开资金管理相关会议，共同商讨资金管理和使用策略。

### 10．绩效评估与激励

（1）建立资金管理绩效评估体系，对资金管理效果进行量化评估。

（2）根据绩效评估结果对相关部门和员工进行奖励和激励，提高资金管理的积极性和效率。

通过搭建资金效益化体系并有效实施上述举措，企业可以更加高效地管理资金，提高资金的时间价值和经济效益，确保资金的安全与完整，从而支持企业持续健康发展。

## 二、防止资金短缺的措施

资金短缺是创业过程中常见的挑战之一，但提前做好规划和采取预防措施可以大大降低这种风险。以下是一些防止资金短缺的措施，可以帮助创业者提前做好准备。

1．精准预算和财务规划

（1）制定详细的创业预算，包括初期的启动成本、运营成本、市场营销费用等。分析资金来源和预期收入，确保资金流能够覆盖预算支出。

（2）定期评估预算执行情况，并根据实际情况调整预算计划。

2．多元化融资策略

（1）探索不同的融资渠道，如天使投资、风险投资、众筹、银行贷款等。

（2）与投资者建立良好的关系，为企业的未来发展提供稳定的资金支持。

3．控制成本和支出

（1）优化生产和经营流程，降低不必要的成本。

（2）合理分配资源，确保每一分钱都花在刀刃上。

（3）建立成本控制机制，对超出预算的支出进行严格审查。

4．风险管理

（1）识别潜在的财务风险和市场风险，并制定相应的应对措施。

（2）建立风险预警机制，及时发现并应对可能的资金短缺风险。

5．有效的资金调度和管理

（1）实施资金的集中管理，确保资金的流动性和安全性。

（2）建立资金调度机制，根据企业的实际需求合理分配资金。

6．灵活应对市场变化

（1）密切关注市场动态和行业趋势，调整经营策略以应对市场变化。

（2）灵活调整产品或服务的定价、促销策略等，以吸引更多的客户和提高收入。

### 7. 建立良好的商业合作关系

（1）与供应商、合作伙伴等建立良好的合作关系，确保供应链的稳定。

（2）通过合作降低成本、提高效率，为企业提供更多的现金流支持。

### 8. 个人财务与企业财务分离

创业者应确保个人财务与企业财务的清晰分离，避免个人财务问题影响到企业的运营。

提前规划和采取预防措施是防止资金短缺的关键。创业者应充分了解市场需求、竞争对手和自身实力，制定合理的经营策略和财务规划，确保企业稳健发展。同时，创业者也应保持敏锐的市场洞察力，及时调整策略，应对可能出现的资金短缺风险。

### 案例

美的：改变存货管理模式，提升销售率和存货使用率

由历史资料来看，美的的存货周转速度在不断提高，尤其是自2008年以来，存货管理效果显著。这说明其占用在存货上的营运资金减少，资金流动性增强，存货转换为现金、应收账款等的速度加快，产品销售率和存货使用率在提高。

## 三、供应商策略

长期以来，美的在减少库存成本方面成绩一直不错，但依然有最少5～7天的零部件库存和几十万台的成品库存。这一存货水准相比其他产业的优秀标杆仍稍逊一筹。在此压力下，美的在2002年开始尝试合作性策略模式（VMI）。

美的是供应链里的"链主"，即核心企业，居于产业链上游且较为稳定的供应商共有300多家。其中60%的供应商是在美的总部顺德周围，25%的供应商距顺德总部三天以内车程，只有15%的供应商距离较远。在这个现有供应链之上，美的实现VMI的难度并不大。

美的在顺德总部建立了很多仓库，然后把仓库分成很多片。那15%的远程供应商可以在仓库里租赁一个片区，把零配件放到片区里面储备。美的需

要用到这些零配件的时候，就会通知供应商，然后进行资金划拨、取货等工作。此时零配件的产权才由供应商转移到美的手上，而在此之前，所有的库存成本都由供应商承担。也就是说，在交易零配件之前，美的一直把库存成本转嫁给供应商。

因此，美的优化供应链管理的举措可以总结如下：

（1）与供应商建立长期合作关系：确保关键零部件和原材料的稳定供应，降低因供应链中断导致的资金风险。通过签订长期供货协议，稳定价格和交货期，减少不确定性。

（2）实施供应商绩效评估：定期对供应商进行绩效评估，确保产品的质量、交货期、成本等方面符合公司要求。对于绩效不佳的供应商，进行整改或替换，确保供应链的稳健运行。

（3）采用预付款或供应链金融模式：与核心供应商的合作采用预付款方式，确保供应商有足够的资金进行生产。同时，探索与金融机构合作，开展供应链金融业务，为供应商提供融资支持，降低整个供应链的资金压力。

## 四、经销商策略

在优化业务链后端的供应体系的同时，美的也在加紧对前端销售体系的管理渗透。像空调、风扇这样季节性强的物品，断货或压货也是常有的事。各事业部的上千个型号的产品，分散在全国各地的100多个仓库里，光是调来调去就是一笔巨大的开支。又因为信息传导渠道不畅，传导链条过长，市场信息又常常误导工厂的生产，造成生产过量或产品紧缺的现象。

因此，在经销商环节上，美的近年来公开了与经销商的部分电子化往来业务，由以前半年一次的手工性的繁杂对账，改为业务往来的实时对账和审核，运用这些信息，根据合理预测制定生产计划和安排配送计划以便其补货。也就是说，美的作为经销商的供应商，为经销商管理库存。理想的模式是：经销商基本不用备货，缺货时，美的会立刻自动送过去，而不需经销商提醒。这种存货管理上的前移，可以有效地减少和精准地控制销售渠道上昂贵存货的数量，而不是任其堵塞在渠道中，占用经销商的大量资金。

综上，美的在客户端管理上展现出了卓越的手段和策略，不仅有效杜绝了自身资金链断裂的可能，还为经销商提供了巨大的帮助，实现了共赢。以下是美的在客户端管理方面的具体举措。

### 1. 完善客户信用体系

美的建立了完善的客户信用档案，对客户的信用状况进行动态评估。这一举措旨在确保与信用良好的客户建立长期稳定的合作关系，同时对于信用较差的客户采取严格的信用控制措施，以降低坏账风险。通过客户信用体系的完善，美的能够更准确地识别潜在风险，制定更加合理的销售政策，确保资金的安全。

### 2. 加强应收账款催收

美的成立了专门的应收账款管理团队，负责对应收账款进行催收。对于逾期未付款的客户，美的采取多种方式进行催收，如电话催收、上门拜访等，确保资金能够及时回笼。此外，美的还通过法律手段维护自身权益，对恶意拖欠的客户进行起诉，以维护公司的利益。

### 3. 为经销商管理库存

美的深知存货管理对于降低成本和提高资金利用率的重要性，因此在前端销售环节为经销商提供库存管理服务。通过与第三方物流公司合作，美的实现了将产品直接运送到指定经销商或零售商处的目标，缩短了产品与市场的距离。这种模式不仅提高了物流效率，还降低了仓储成本。

同时，美的优化仓储网络，使仓储网点由分散到相对集中。这一举措减少了需求源的数量，提高了数据的准确性，为库存预测提供了有力支持。通过集中仓储，美的能够更好地掌握市场需求，合理安排生产和配送计划，减少库存积压和资金占用。

此外，为了理顺经销商的信息渠道，美的积极推广进销存软件的使用。通过为经销商分担一半费用并协助其搭建信息化库存管理，美的帮助经销商实现了业务往来的实时对账和审核。这不仅提高了对账效率，还降低了对账成本，为经销商提供了更加便捷的服务。

通过以上举措，美的有效地减少和精准地控制了销售渠道上昂贵的存货数量，避免了存货堵塞在渠道中占用经销商大量资金的情况。同时，美的对物流和信息流的高效处理为存货管理成本的降低提供了有力保障。

美的在客户端管理上采取了一系列有效的举措，不仅保障了自身资金的安全和稳定，还为经销商提供了巨大的帮助和支持，实现了共赢的局面。这些举措不仅提高了美的市场竞争力，还为整个家电行业的客户端管理提供了有益的借鉴和参考。

## 五、银行贷款策略

美的的银行贷款策略在应对资金链断裂风险方面确实展现出了较高的效能和稳健性。以下是对其银行贷款策略是否能够应对资金链断裂风险的详细分析。

首先，美的能够通过提前规划与预警机制，预测和评估可能出现的资金短缺风险，从而及时采取应对措施。这种前瞻性的管理方式使得美的能够在资金链出现断裂之前就采取行动，避免资金链断裂的发生。

其次，美的与多家银行建立了稳固的合作关系，这为企业在需要时获得银行贷款提供了有力的支持。多家银行的合作意味着资金来源的多元化，可以避免资金来源单一带来的风险，同时也增加了贷款审批和放款的灵活性。

再者，美的在贷款组合上采取了多元化的策略，通过获得不同期限、不同利率、不同还款方式的贷款产品，进一步优化了贷款结构，降低了整体融资成本，并分散了还款压力。这种多元化的贷款组合有助于降低资金链断裂的风险。

此外，美的在贷款申请、审批、使用及还款等各个环节都建立了严格的管理制度和流程，以确保贷款资金的合规使用，并实时监控资金的流向和使用情况。这种精细化的管理方式有助于确保贷款资金的有效利用，降低因资金管理不善导致的资金链断裂风险。

最后，美的还通过优化还款计划与策略，确保按时足额还款，维护公司良好的信用记录。良好的信用记录有助于美的在未来需要时更容易地获得银行贷款，从而应对可能出现的资金链断裂风险。

美的使用银行贷款策略能防止资金链断裂（防缺钱），有效地保证资金的流动性和充足性（图1-34）。

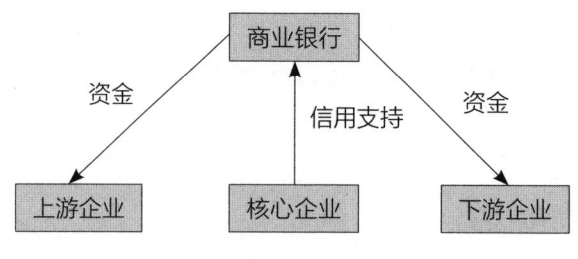

```
         商业银行
      ↗    ↑    ↘
   资金  信用支持  资金
   ↙      |       ↘
上游企业  核心企业  下游企业
```

图1-34　银行贷款策略

## 六、营运资金OPM战略

营运资金管理的OPM（Other People's Money）战略，是指企业充分利用自身的优势，增强与供应商的讨价还价能力，利用供应商在货款结算上的相关政策，将占用在存货和应收账款上的资金成本转嫁给供应商，用供应商的资金经营自身业务，谋求企业价值最大化。

营运资金管理的OPM战略是一种高风险和低成本的经营战略，属于营运资金管理中的风险型决策方法，能使企业处于较高的盈利水平，但同时也需承担较大的风险。

### （一）营运资金OPM战略的风险控制

OPM战略强调在加速流动资产周转的同时大量运用流动负债融资，其成功实施能够带来较高的企业盈利和股东回报，但同时也蕴藏着极大的风险。对于那些通过OPM战略进行融资的企业来说，过度使用这一融资方式会导致与供应商的关系恶化，引发供应商挤兑，同时带来巨大的财务风险。

OPM战略对传统的营运资金管理提出了极大的挑战。保持流动性并不意味着必然要维持很高的营运资金和流动比率，只要企业能够加速应收账款和存货的周转，合理安排流动资产和流动负债的数量及期限以保证它们的衔接与匹配，就可以动态地保证企业的偿债能力。

### （二）营运资金管理机制

（1）营运资金管理必须有业务配合。

（2）营运资金管理的思路要贯彻到各业务环节中，各业务环节要对现金流负责。

（3）如果形势严峻，营运资金管理一般都有配套的奖惩制度。

（4）如果资金风险比较大，需要在考核指标中增加现金流修正指标。

（5）营运资金管理的关键重视现金流管理。

## 七、营运资金管控策略

营运资金管控策略包括以下方面：

### 1. 规范好资金管理工作，提升资金分析的水平

（1）资金运转应该有一套完善的制度作为保障，资金使用的付款申请表包含用款额度、业务内容、经办人姓名、时间、付款方式、开户行、收款单位等事项，同时还要由主管人员签字认可，授权以后应该由财务部门进行审核，确保上述程序没有问题才能够进行支付。

（2）健全与完善企业的资金跟踪制度，避免出现资金被挪用的现象，防范资金流失；同时还要配套完善资金使用的奖惩机制，避免资金使用混乱或舞弊。

（3）遵循置存成本原理，分析各类资产的资金成本、管理成本及短缺成本，使三者之和最小，对资金成本与管理成本进行压缩，加强管理的精细化程度，不断提升企业的资金管理水平。

（4）定期编制现金流量表，在资金的各种存在形态当中，要围绕现金来研究资金的运作状况，强化资金分析。抓最活跃的表现形式让其持续高效率循环，因为现金流量方面的信息往往要比资金运动更为重要，因此，需加大对现金的监控力度。

### 2. 实现资金的集中管理，方便统一调拨

多账户是企业在进行资金管理工作时面临的一项重要问题，这会导致企业的资金沉淀，或者资金使用无法实现效益化。为应对这一问题，企业应该重点考虑以下几点：

（1）根据实际需要开启，保证开户银行能够满足自身需求，尽可能少开户。

（2）设专人对账户进行管理，定期或不定期地清理账户，应注销不常用的账户。

（3）对保留账户要进行资金的合理归集，避免沉淀与闲散降低其使用效率，影响资金把控与投资决策。资金集中管理可提升使用效率，完善资金理财。

### 3. 重点完善资金预算工作，内敛外拓

要想提升资金管理水平，还要重点加强资金预算工作。预算可以有效控制资金的收支，是企业开展全面预算的一个组成部分，为企业经营管理的各个环节提供保障。

企业可结合运用固定预算和弹性预算、滚动预算和定期预算等多种方法进行编制，依据内敛外拓原则，对内要将各项费用开支进行合理压缩；最重要的是要对预算资金的使用情况进行实时监控，完善预算协调机制与预警监督机制，同时配套制定相应的预算考核绩效制度，保障预算编制的严格性与执行的稳定性，同时做好相关考评，切勿使预算成为企业的摆设，流于形式。

## 八、资金价值化的"三性"原则

企业要深度考虑资金效益化体系搭建，需将其和资金的安全性、流动性、效益性挂钩（图1-35）。

**安全性**
资金流动安全、合规的前提下，要避免各种不确定因素对其资产、负债、利润、信誉等的影响

**效益性**
以最小的成本费用换取最大的经营成果

**流动性**
货币资金、正常结算资金等的流动性越高，支付能力越强，应对风险能力越强

图1-35 资金的"三性"

### （一）资金安全下的流转能力

（1）资金循环的初始：企业资金的源头是股东的初始投资，这是任何企业一切的开始。

（2）随着企业经营的开展，资金来源增加，有股东、客户、金融市场和资本市场。来自股东的是股权投资，来自客户的是营业收入，来自金融市场的是融资，来自资本市场的叫股权或股票。

（3）企业资金的间接来源有供应商和员工。来自供应商的叫账期，来自员工的叫应付职工薪酬。如果企业暂缓支付，应付账款和职工薪酬也算资金间接来源，然后流入企业。但这两个对象，大多时间都是资金流出的去向。

（4）企业资金的流出去向有员工、供应商、产业市场、金融市场、资本市场和股东。流向员工的是薪资，流向供应商的是原材料货款，流向产业市场的是资产资源购置金，流向金融市场的是归还的本金和利息，流向资本市场的是股权或股票投资回报。

（5）在资金流转轨迹图（图1-36）中，金融市场、资本市场与企业间的连线是虚线，这是为了说明它们之间可能有联系，也可能没有联系。因为并不是所有企业都能获得金融市场、资本市场的投资。对于能够获得的企业，这些虚线就会变成实线；对于不能获得的企业，这些虚线就只能代表可能性，而不是事实。

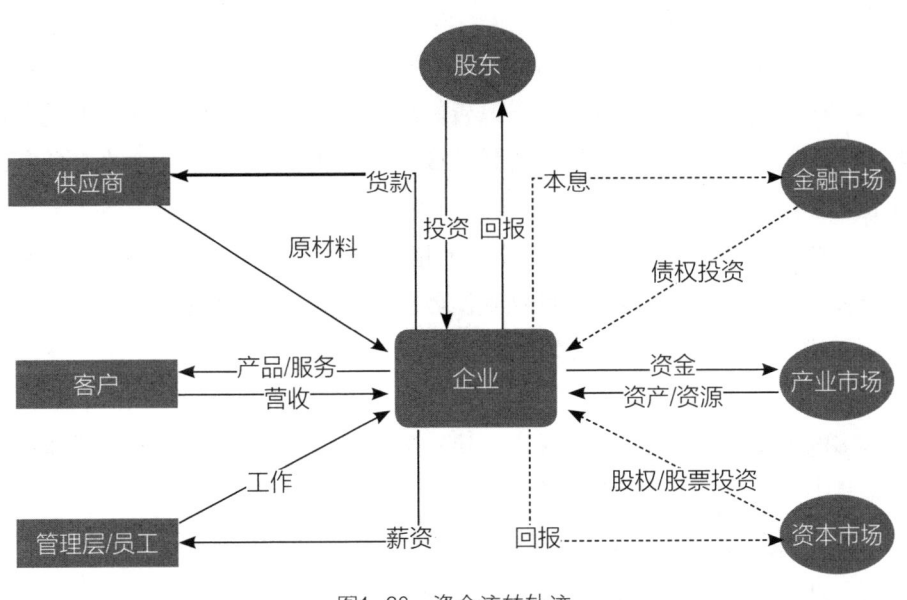

图1-36 资金流转轨迹

### （二）资金流动性之资金循环体系

企业整个资金循环的重心，是采购至客户端的营业收入（图1-37）。
从图中可以看出资金转化过程包括：
（1）资金转化成资源的采购过程。
（2）资源转化成产品的企业生产过程。
（3）产品转化成资金的销售回款过程。

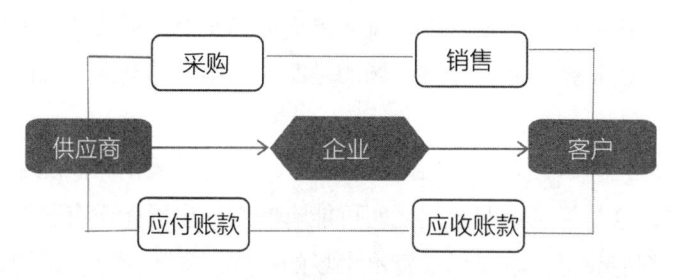

图1-37 资金收支循环过程

缩短这三个过程就意味着增加了资金的周转次数，提高了资金的周转效率，即提升了资金的流转能力。

其实，采购付款和销售回款环节受制于企业在产业链中的地位，需要通过商务谈判或者提高产业链地位来改善。而生产过程则完全取决于企业的管理能力，缩短生产周期就是缩短资源转化成产品的过程，有利于提高企业的资金周转效率。

资金周转率是反映资金流转速度的指标。企业资金（包括固定资金和流动资金）在生产经营过程中不间断地循环周转，使企业获得销售收入。

创建一个无间断的、持续稳定的连续流，以及提高资金周转率、缩短交付周期、降低库存、暴露问题等确实可以令企业尽可能少地占用资金，取得尽可能多的销售收入，资金周转速度更快，资金利用效果更好。因此，企业资金流动是手段，而客户端的营业收入才是目的。

想要资金流转能力强，就要保证长期、稳定的连续流。这条路只有起点没有终点，只有持续不断地进行改善才能一步步实现目标。

## 九、资金效益化之企业持续经营的十个策略

"现金为王"主要是指经营现金流为王,企业有持续、稳定的现金流入流出,而不是单纯指持有现金本身。

在销售收入、利润、经营性现金流三大指标上,中国很多企业只关注前面两个指标——销售收入有多少,赚了多少钱,关注经营性现金流的企业相对较少。而在经济危机时期、经营下行时期,这三个指标中最重要的是经营性现金流,而绝不是"销售收入+利润"指标。支撑经营性现金流的就是企业的持续经营。因此,企业持续经营、实现资金效益化具有重要意义,以下分享推动持续经营的十个策略。

**策略一:人才资本策略**

前面我们举过华为的例子,通过选拔和培养优秀人才、建立完善的激励机制和流动管理策略,华为成功地吸引了大量高素质人才,并激发了他们的创造力和工作热情。华为的人才战略在企业持续经营中起到了关键的作用。从资金效益化视角来看,最关键的两点如下:

一是人才资本策略通过优化人力资源配置,提升员工的工作效率和质量,直接促进资金效益的提升。在策略实施过程中,企业会针对员工的技能、经验和能力进行合理配置,确保每个员工都能在其擅长的领域发挥最大价值,从而提升整体的工作效能,减少不必要的成本支出。

二是人才资本策略通过激发员工的创造力和创新能力,推动产品和服务的升级换代,进而增加企业的收入。创新是企业发展的核心竞争力,而人才是创新的源泉。通过人才培养和激励机制,企业可以激发员工的创新热情,推动产品和服务的创新,从而开拓新的市场,增加企业的销售额和利润。

创业者想实现持续经营,第一个永恒法则是"找到正确的人做正确的事",需要建立一套包括招聘、遴选、培训、任用、留存环节的完整的人力制度,同时让进入的员工了解企业使命、愿景与核心价值观,毕竟好的人才、接班人只有清晰知道企业的发展风向,众志成城,才能满足企业各个阶段发展的不同需求,然后再制定适合自己企业发展的人才战略,让员工为企业创造更多价值。

### 策略二：创新产品策略

这是一个最好的时代，也是一个竞争激烈的时代，好的产品加颠覆式创新与新商业模式，全世界都是你的舞台！因此，将创新落地为产品十分重要。

首先，创新产品策略是企业实现可持续发展的核心动力。通过不断推出具有创新性和竞争力的产品，企业可以扩大市场份额，提高品牌知名度，从而增加销售收入和利润。这些资金收入不仅可以用于进一步研发和创新产品，还可以为企业其他战略活动提供资金支持，形成良性循环。

其次，创新产品策略有助于优化产品结构，提高产品质量和性能。通过改进现有产品或开发全新产品，企业可以满足消费者的多样化需求，提高客户满意度和忠诚度。这不仅有助于增加产品销量，还可以减少因产品缺陷或性能不佳导致的退货和维修成本，降低资金损耗。

此外，创新产品策略还可以帮助企业降低成本，提高生产效率。通过采用新技术、新材料或新工艺，企业可以降低生产过程中的能耗和物料消耗，减少生产成本。同时，创新的产品设计也可以提高生产线的自动化和智能化水平，提高生产效率，进一步降低成本。这些成本的节约可以转化为企业利润的提高，从而提升资金效益。

最后，创新产品策略还可以为企业创造新的增长点。在市场竞争日益激烈的环境下，企业需要不断寻找新的增长点以保持其竞争优势。通过创新产品，企业可以开拓新的市场领域，推出具有独特性和领先性的产品，从而在竞争中脱颖而出，实现快速增长。这些新的增长点不仅可以带来新的销售收入和利润，还可以为企业未来的发展奠定坚实基础，为企业持续经营添砖加瓦。

### 策略三：创收策略

创收策略旨在通过多种方式增加收入，而资金效益化则强调如何更有效地利用和管理资金，以实现最大的经济效益。创收策略与资金效益化之间存在密切的联系，它们共同构成了企业持续、稳定发展的基石。

首先，企业创收策略的实施有助于增加企业的资金流入，为资金效益化提供物质基础。通过拓展市场、开发新产品、提升服务质量等方式，企业可以吸引更多的客户，增加销售收入。这些收入不仅可以用于企业的日常运营和发展，还可以为资金效益化提供更多的资金来源。

其次，资金效益化是创收策略的重要支撑和保障。通过对资金进行合理配置和高效利用，企业可以降低成本、提高生产效率、优化库存管理，从而进一步提升企业的盈利能力。

因此，创收策略和资金效益化之间相互促进、相互依存。一方面，创收策略的成功实施可以为企业带来更多的收入，为资金效益化提供更多的空间和可能性，资金效益化的实现需要企业具备科学的财务管理体系和精细化的资金运作能力，这些都可以通过制定和执行有效的创收策略来培养和提升。另一方面，资金效益化的实现可以为企业创造更多的经济效益，为创收策略的实施提供更好的资金支持和保障。

创收策略要注意以下三个维度：

（1）重视前端营销。

如果产品不好，只有营销，企业早晚会吃大亏；如果产品很好，不会做营销，企业同样会吃大亏。最理想的状况就是有好产品，也有好的营销，这样资金就会源源不断地流入企业。

（2）注意产品升级迭代。

没有完美的产品。市场是动态变化的，我们要注重产品的升级迭代，满足更多客户的需求，甚至引导客户需求，树立行业威信。

（3）注重服务。

一家企业需要注重营销，更需要注重服务。只有提供好的服务，才能够更好地创造顾客价值；只有提供好的服务，才能够确立一家企业和产品在市场上难以撼动的品牌形象。

**策略四：顾客价值策略**

无论市场环境是好还是坏，营业收入都是保持现金流的保障，而得到保障的前提是重视顾客价值。以下围绕乔布斯的例子对这一观点进行具体阐述。

乔布斯以"产品简化＋增加顾客体验"的商业战略，使苹果取得了极大的成功。他不贪图眼前利益，而是放眼市场前景和最核心的价值观——顾客价值，他不但为苹果创造了财富，更为苹果创造了未来。

首先，顾客价值是企业成功的核心驱动力。乔布斯始终坚持"以顾客为中心"的理念，将顾客的需求和体验置于首位。通过不断简化产品设计和增强顾客体验，苹果成功吸引了大量忠实粉丝，并赢得了市场的广泛认可。这种以顾客价值为导向的战略，不仅提升了苹果的品牌形象，也为企业带来了长期的竞争优势。

其次，顾客价值是企业创新的重要源泉。乔布斯深知，只有不断创新，才能满足顾客日益增长的需求，保持企业的竞争力。他通过简化产品设计和增加顾客体验，不断推动苹果在产品、服务和商业模式等方面的创新。这种创新不仅为顾客带来了更好的产品和服务，也为企业创造了新的增长点和发展机遇。

最后，顾客价值是企业赢得市场信任的关键。乔布斯始终坚守诚信和注重品质的原则，以高质量的产品和优质的服务赢得顾客的信任和忠诚。这种信任不仅有助于企业在市场竞争中脱颖而出，也为企业树立了良好的口碑和形象，为企业的长期发展奠定了坚实的基础。

因此，企业应始终坚持以顾客为中心的理念，不断提升产品和服务的质量，为顾客创造更大的价值，从而实现企业的可持续发展和长期成功。

乔布斯这个案例为创业者提供了以下启示：

首先，要始终关注顾客需求，把顾客放在中心位置。深入了解顾客，不断优化产品和服务，满足他们的期望。

其次，勇于创新并简化产品。打破传统，追求产品的卓越和易用性。关注细节，提升用户体验，打造出色的产品。

此外，创业者要有长远眼光，不局限于眼前利益。以顾客价值为导向，制定符合市场趋势的战略，坚持诚信和注重品质原则。

最后，维系并关注老客户、忠诚客户。一定要注意老客户，不能让老客户、忠诚客户流失，因为他们是危急关头的"资金来源"。

### 策略五：及时收款策略

（1）营业收入是建立在权责发生制基础上的，例如，发出货物后，相关主要风险和报酬已转移给购买方并已开具发票，但购买方截至报表日没有付钱，这种情况对公司来说没有现金流量，但有营业收入。营业收入的计算方式为：

营业收入=主营业务收入+其他业务收入=产品销售量（或服务量）×产品单价（或服务单价）

注意：主副产品（或不同等级产品）的销售收入应全部计入营业收入，

所提供的不同类型服务的收入也应计入营业收入。

（2）现金流量是建立在收付实现制基础上的，也就是说只有收到了钱，才能算作现金及现金等价物流入。现金流量的计算方式为：

现金流量=税后经营净利润+折旧=（营业收入−付现成本）×（1−税率）+折旧×税率

若应收账款过多的话，企业就变成了纸面富贵。因此，首先要保证营业收入确实入账，而不是作为应收账款存在。

有些老板认为，把货卖掉是自己的事，但有应收账款是财务的事。其实这样的认知是有问题的。如果老板不清楚自己企业的营业收入、应收账款、营业支出等彼此间的关系，也许企业根本撑不到财务能把应收账款收回来的那天！

经营活动产生的现金流量净额是公司经营成果中"落袋为安"的部分，是真正的营业收入，也是彰显企业盈利能力的重要指标。企业要关注两个要素：应收账款和赊销。打回款的攻坚战，努力及时收款，让现金落袋为安。

提醒创业者注意以下五点：

（1）一定要强化应收账款管理，比如，华为当年应收账款余额大，导致现金流紧张，公司高层专门成立应收账款、回款领导小组，聚焦应收账款，把该拿的钱要回来，甚至不顾成本把钱收回来以落袋为安。

（2）卖出的任何一件产品都会占用资金，所以，必须把钱收回来，即便只把成本收回来，企业也能活下去。这就要尽力杜绝或减少赊销，不然客户越拖欠就越不愿意付款，现金流就越紧张，资金链断裂的风险就越大，即有可能企业货卖得越多，倒闭得越快。

（3）重视现金流管理：创业期，资金往往相对紧张。因此，创业者需要特别关注现金流量，确保企业有足够的现金流入来支持日常运营和未来发展。这包括及时收款、控制成本、优化库存等。

（4）平衡营业收入与现金流量的关系：创业者需要认识到营业收入和现金流量之间的区别和联系。在追求营业收入增长的同时，也要关注现金流量的状况，确保企业有足够的现金储备来应对可能出现的风险和挑战。

（5）创业者应该具备基本的财务知识和技能，能够制定有效的财务规划。通过对营业收入和现金流量进行预测和分析，创业者可以更好地把握企业的财务状况和经营趋势，从而做出更准确的决策。

**策略六：轻资产策略**

谈到资金效益化，轻资产运作是一个非常重要的策略。

那么，什么是轻资产？轻资产是相对于重资产而言的一种资产形态，主要指以无形资产形式存在的资产，如品牌价值、企业文化、研发能力、客户关系等。这些资产虽然不直接体现在企业的财务报表中，但往往能够为企业创造更多的价值。

轻资产运作有什么特点？降低成本是轻资产运营模式最显著的特点。

比如，作为一家企业，一般通过将技术含量较低的产品和零部件的生产环节转移给具有成本优势的公司，从而避免了大量的基建和设备投资，同时减少了人工费用。这种策略不仅优化了企业的运营效率，还极大地降低了生产成本，为企业创造更大的价值。另外，轻资产运作的企业可以通过外包、租赁等方式，将自身不擅长且不能带来高附加值的环节转移出去，集中资源于自身擅长的领域，从而实现资源的高效利用，可以大幅度降低运营成本，提高资金的使用效率。或者具有较快的资金周转速度，能够更快地回收投资并再次投入新的项目中，从而实现资金的快速增值。

### 案例1

塞翁失马，焉知非福？

2015年，万达年会。台下人潮涌动，舞台中央，王健林纵情高歌：《向天再借五百年》，尽显他的豪迈。

这一年的胡润富豪榜上，王健林的名字排在第一位。

对王健林来说，这是他人生中的高光时刻。高台之下，是30年的浮沉。这得益于他在最好的年代，创办了万达，把房地产行业做得风生水起。

2000年，万达跻身全国房地产百强企业，总资产近百亿元。但王健林敏锐地意识到，住宅房地产是不可持续的，土地会越来越少，大家的需求也有放缓的一天。他开始把目光投向商业地产，主攻消费和娱乐领域。

万达系的商场、电影院、酒店、游乐园……如雨后春笋，在全国蔓延。除此之外，王健林还迈开了全球化的步伐，在全球到处买买买。扩张速度太快,融资渠道收紧,那段时间,万达的负债率比较难堪。

一般到这个时候,卖掉一些资产是最好的选择。既能把负债降下来,又能快速补充现金流。

但往往,这又是最难的。一边买买买,一边却要卖卖卖,这多掉面子。再说了,手心手背都是肉,卖哪一个好呢?

在这个关键时刻,最怕的就是犹豫不决。一旦错失良机,后面就是万丈深渊。谁也没有想到的是,王健林的动作会如此迅速。2017年7月,他做出了一个惊人的决定:万达集团旗下的13个文旅项目91%的股权作价438.44亿元转让给融创,同时,万达旗下的77个酒店则作价199.06亿元转让给了富力。这场"世纪交易"让万达在短时间内获得了大几百亿的资金,极大地缓解了资金压力。

然而,王健林并未止步于此。他更加专注于海外资产的处置。时至今日,万达已将其海外地产项目全部清空。媒体报道显示,仅海外资产的处理上,万达就曾在15个月内减掉2158亿负债,负债率迅速降到了60%以下。这一举措不仅让万达成功降低了负债率,也为万达的轻资产转型提供了有力的支持。

2018年3月,万达的主营业务万达商业地产股份有限公司更名为大连万达商业管理集团股份有限公司,去掉了"地产"二字,其产品万达广场的业务模式也从拿地自持,向输出管理,租金分成转变。

此后,万达在轻资产之路上飞奔。也正是这种转型,让万达彻底跳出了"高收入+高风险"的模式。

商管之外,万达还将"轻资产"战略扩展到酒店、文旅、体育等各个产业。以万达院线为例,2020年签约轻资产影城310家,占到15年来已开业万达影城总数的44%。

很少有人意识到,万达电影早已位于国内电影院第一梯队。其在国内拥有已开业影院700多家,6000多块银幕,公司的票房、观影人次、市占率等核心指标长期位于全国第一。

多年前,王健林就曾提到,做生意的最高境界,就是"用品牌赚钱"。

轻资产模式,走的就是这个路子。

## 案例2

用别人的钱来还自己的债，还能让资金效益最大化

用别人的钱来还自己的债，并且还能解决资金流和利润的问题，这听起来像是一个精心策划的商业奇迹。而这个故事，正是发生在我们身边的一个潮汕老板身上。

这位潮汕老板独具慧眼，从银行借款1亿元，用于建设一栋豪华写字楼。然而，市场风云变幻，由于经济环境的波动和行情的不佳，他未能如预期般迅速将写字楼出手。银行开始催促他还债，他面临着巨大的压力。如果无法按时偿还债务，他不仅要失去这栋写字楼，还将承担高达1000万元的违约金。

在这关键时刻，这位老板展现出了过人的智慧和胆识。他巧妙地将写字楼划分为100个独立的企业经营场所，并发布了一则引人注目的公告。公告中明确表示，对于规模达到50人以上的企业，可以享受无租金入驻的优惠，但前提是需要满足一些条件。首先，每家企业需要缴纳10万元的保证金，租赁期满后全额退还；其次，企业入驻时的装修将由写字楼提供，费用与市场上装修公司一致；再次，企业日常的办公家具、办公用品、打印机耗材以及桶装水等，都必须从写字楼指定的供应商处采购，但价格与市面相同，品质更优；最后，企业的一般账户需要在指定的银行开设，员工的储蓄卡和信用卡也需在该银行办理。

这一策略迅速吸引了众多企业的关注，他们纷纷抢占先机，希望能够入驻这栋写字楼。很快，写字楼就被一抢而空，老板成功回笼了1000万元的资金。他拿着这100份租赁合同找到了银行，自信满满地展示了自己的商业计划。

他告诉银行，他现在拥有100个稳定的租户，这些租户将在未来20年内持续产生可观的租金收入。他提议将未来20年的租金收入打包出售给银行，总价仅需5亿元。银行可以将这些租金收入包装成信托产品，出售给其他投资者。由于他的信托产品有租金保底，每年都会产生稳定的收益，投资者无须担心损失。银行在仔细评估后，迅速答应了这一提议。

这位潮汕老板不仅成功收回了5亿元，还额外获得了可观的利润。这个案例充分展示了轻资产运营的魅力和潜力。

**策略七：剥离可变现的非核心资产策略**

如果有具有变现能力的资产，一旦遇到资金短缺，可以采取非核心资产变现的方法保住主业。

比如，当年华为在遇到经营困难的时候，把莫贝克卖掉，得到了7.8亿美元，救了急，这就是华为的救心丸。

还有，华为国际化的时候遇到资金紧张，把3Com卖掉，得到了40亿美元，补充了现金流。当然，华为有钱以后，又把它收回来了。

所以，企业一旦现金流紧张，可以把一部分资产进行变现以救急。企业的一些新业务、非核心资产可以养着，但不一定要并到主业体系中，并且这些业务一定是竞争对手或者某些大的机构想要的，这样当企业现金流紧张时，可以低价售出，往往可能价值10亿元的资产只卖临时1亿元，然后你再花3亿元都买不回来，这样是非常吃亏的，但在当时能缓解现金流的紧张。

**策略八：剔除、退出亏损业务**

经营就是取与舍的艺术，美国《财富》杂志调查报道，美国中小企业平均寿命不足7年，大企业平均寿命不足40年。在中国，中小企业的平均寿命仅2.5年，集团企业的平均寿命仅7~8年。美国每年倒闭的企业约10万家，中国有100万家。我们发现，很多老板都没有意识到亏损业务的危害。

因为亏损业务消耗公司的资源，只贡献很少收入。所以，这时候企业要剔除这种"亏损"的业务，精简产品组合，大胆做减法、主动做减法，这样才能使企业有足够的现金流。

**策略九：拓宽融资渠道策略**

不要等到急着用钱时才去培养信用，才去找人融资，要提前部署、准备，不间断地拓宽融资渠道，避免急着用钱时一筹莫展，陷入资金周转困难的局面。

所谓拓宽渠道，就是企业与银行、投资方、供应链、客户等多个渠道的高层进行有效的沟通并建立信赖关系，给予他们未来发展信心。

比如，提前了解各个银行的贷款产品、所需资料、批复条件和金额、放款时间，提前准备对标银行审批通过的资料、征信、报表，适当跟决策人描述发展规划，增加他们的信心。

再比如，开发和建立供应链长期合作伙伴，尤其要强化供应链的管理，建立供应链管理体系，打造战略性供应链，以防短期或一时资金紧张导致断货。因为企业经营会面临两大问题：一个是现金流短缺；一个是断货的风险。一旦原材料供应链断裂，供应商不供给原材料，就会没原材料可生产、没货可卖，也就产生不了销售收入，最终，资金链就会断裂。所以企业需要建立长期稳定的战略合作关系。

**策略十：IPO策略**

为什么说，企业持续经营策略中包含IPO策略，原因主要有以下几点：

首先，IPO策略是企业筹集资金的重要方式。通过IPO，企业可以在资本市场上向广大投资者出售股票，从而筹集到大量的资金用于扩大生产规模、开展新项目或进行技术研发等，支持企业的快速发展和持续增长。

其次，IPO策略有助于提升企业的知名度和品牌形象。一旦成功上市，企业就会受到更多公众和媒体的关注，这有助于提升企业的知名度和品牌价值，增强企业的市场竞争力。

此外，IPO策略还可以促进企业的规范运作和治理结构的完善。上市企业需要遵守严格的法律法规和监管要求，这将推动企业建立健全内部控制和风险管理机制，提高企业的规范运作水平。同时，IPO策略还可以促使企业完善治理结构，提升决策效率和透明度，增强企业的稳定性和可持续发展能力。

最后，IPO策略也是企业实现战略转型和升级的重要手段。通过IPO，企业可以引入更多的战略投资者，他们为企业带来先进的管理经验、市场资源和技术支持等，推动企业实现战略转型和升级，提升企业的核心竞争力和市场地位。

IPO策略在企业持续经营策略中占据重要地位，它不仅可以为企业筹集资金、提升企业知名度和品牌形象，还可以促进企业规范运作和完善治理结构，实现战略转型和升级。因此，在制定企业持续经营策略时，应当充分考虑并合理运用IPO策略。

## 第五节　资金投资策略

关于投资，人们常说：鸡蛋不要都放在同一个篮子里。

这句话简单通俗地诠释了资产合理分散配置的大道理：无论是企业还是个人，在投资时都应尽量合理地使资金分散到不同的项目中，降低风险。

莎士比亚的《威尼斯商人》中，主人公安东尼奥在故事最开始就说："感谢我的命运，我的买卖成败并不完全寄托在一艘船上，更不是依赖着一处地方，我的全部财产也不会因为这一年的盈亏受到影响，所以我的货物并不会使我忧愁。"这跟"鸡蛋不要放在一个篮子里"是同一个道理，都体现了投资理念的运用，即资产的配置规划。

实现企业闲置资金的有效投资，要以巩固企业地位并实现更充足的现金流为目的，可以按照以下具体步骤进行。

**1．了解闲置资金投资渠道**

（1）定期存款：将企业闲置资金存入银行定期存款账户，可以获得一定的收益，并且可以获得银行定期存款的保障。

（2）债券投资：可以通过投资债券获得更高的收益，而且投资期限可以根据企业资金的需要进行调整，更加灵活。

（3）股票投资：可以通过投资股票获得更高的收益，也可以根据企业的资金需求进行调整，更加灵活。

（4）基金投资：可以通过投资基金获得更高的收益，而且基金具有多样性，更加安全。

（5）海外投资：可以通过投资海外市场获得更高的收益，而且可以获得多元化的投资组合，更加安全。

**2．树立资金时间价值观念**

企业将资金用作某项投资，可能得到一定的收益或利润（资金增值），如果放弃资金的使用权力，一直让资金处于闲置状态，相当于失去收益的机会，也就等于付出了一定的代价。在一定时期内的这种代价，就是资金的时间价值。当前企业应该重视资金的时间价值，不能任由资金使用效率低下、投资泛滥等情况出现，要最大限度地根据时间价值概念在资金周转过程中创造价值，为企业赢得更多利益。

**3. 对企业闲置资金制定投资计划**

（1）企业投资的目的。

有些企业投资的主要目的是保障资金更好地流动，而有些企业进行投资是希望获得较高的收益，提升企业的最大盈利值。因此，投资的初衷不一样，产生的结果也会截然不同。在进行投资时，一定要事先明确企业为何要进行投资，再做最后的投资规划！

（2）企业投资的计划。

企业一定不能贸然进行投资，必须根据企业的运营情况制定周密的投资规划。如何投资、在哪个平台投资、希望最终的收益率达到多少等，这些问题都需要进行考虑，要选择一条最合适的投资途径。

**4. 对企业闲置资金进行资产了解**

（1）投资的风险控制。

收益与风险往往是并存的，切不可为了获得高收益而忽略风险，应客观地评估企业的风控能力，规避风险。企业如果经济实力较强、风险控制能力也较强，则可以选择一些高收益、高风险的投资产品，比如股票、信托；反之，则选择风险较低、收益居中的投资产品，比如互联网金融点对点借贷（P2P）。

（2）投资的能力。

企业本身的投资能力也是需要考虑的因素，如果选择一些专业性较强的投资方式，可能会需要技术型人才来进行操作，或者邀请专业的投资机构来提供技术指导和培训，因此可能会造成额外的开支。所以，企业在进行投资前要选择合适的投资产品。

投资有风险，老板需谨慎。

对于老板而言，只有合适的投资，没有绝对正确的投资。因此，我们在讲投资策略的同时，特别强调老板要注意投资风险，在投资风险可控的范围内，按不同阶段以及不同的资金规模规划自己的投资。

企业的投资策略至少包含资产配置（无形资产配置、数字化资产配置）、股权投资、产融投资、国际投资四个维度（图1-38），实施投资策略可以拓展收益来源，让资金在一定时期增值保值，使企业发展壮大。

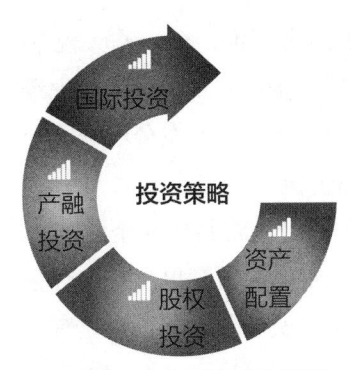

图1-38 企业四维投资策略

## 一、资产配置的三个策略

资产是企业重要的财务资源，代表了企业在特定时间点的权益。

在资金充足的条件下，我们认为企业投资的第一环是先规划资产配置，企业应一边发展一边规划、执行，比如：与企业发展同步，要购置固定资产来保障资金安全性以及涉税价值；企业要由赚钱变成值钱，影响其估值的九大因素中的护城河要素，就包括知识产权护城河，无论是在司法上还是市场上，知识产权都有保护自己、打击对手的重要作用；企业有周期性的剩余资金时，可根据资金使用需求购买保本保息的数字证券、数字商品和数字艺术品等理财产品，保障资金安全并增加资金效益。

### （一）固定资产配置与纳税筹划策略

固定资产，指企业持有超过12个月的可支配、使用的实物，包括房屋、建筑物、机器、机械、运输工具等。固定资产是企业重要的财务资源，对纳税产生重要影响，对生产经营和发展也起着重要作用。

这里重点探讨企业房产投资策略。

**1. 企业购房的风险和缺点**

（1）风险方面：在国家政策对房地产不再倾斜的时代，企业配置房产要注意贬值的风险。

（2）缺点方面：按我国现有的税务政策，企业作为购房主体，要缴纳较高的契税（企业买房时要缴纳的契税为计税价×3%；而个人购买则按照买入价格×1.2%×0.8×年限缴纳房产税，个人购买税率要低于企业契税）；每年要缴纳房产税、土地使用税；企业万一破产或产生经济纠纷，房子是抵债资产的一部分；如果房子转回个人名下，要按分红征收个人所得税。

### 2. 企业购房的优点与价值

（1）优点方面：首先，可以将其作为企业日常经营所需的办公、研发、生产、员工住宿等的场所，使企业留存更多资金，在新产品研发、生产经营拓展、扩大市场等方面发力；其次，若出租，企业有固定的收益以备不时之需，若贷款，企业因持有物业，可获得更高的贷款额度，满足企业更大的资金需求；再次，不受名额限制，因为很多商业房产是指定要以企业名义购买的，而住宅性住房是限购的；最后，如果升值，将其变卖便可获得更多的资金，满足企业发展所需。

（2）价值方面：企业若是一般纳税人，并有一定利润空间，以企业名义购房的好处是非常明显的，主要可参考以下方面。

①以企业名义购买房产，契税是3%。然而，若购买资金是企业的，自然人股东从企业分配股息分红，要缴纳20%的个人所得税。因此，比较分红与契税，以个人名义买房的实质税负率相对更高。

当然，有人会说不以分红的名义从企业拿钱，就不用交分红税了！这种情况普遍存在，但这样做是有很大的涉税风险的，因为以股东名义把企业的资金借走，当年年末不归还的话，税局会视同分红要求补缴税款、缴每天万分之五的滞纳金，还会被处以不缴或者少缴的税款50%以上5倍以下的罚款，随着税局推行以数治税并启动金税四期，被罚的企业比比皆是。

若以非股东名义借走企业的资金，先不说会引发他人侵占资金的安全风险，这种方式也是要支付利息并交税的，最终本金也要归还，不然税局根据金税四期非税业务监控，同样会让企业补缴个税、滞纳金并处以罚款。

②如果企业是增值税一般纳税人，购买用于经营用途的房产时，取得的增值税专用发票可以抵扣增值税，意味着企业可以少缴纳增值税（增值税税率为13%）、城建税和教育费附加。

每月的账务核算可以计提折旧，折旧费冲抵企业所得税（高新技术企业所得税税率为15%，非高新技术企业所得税税率为25%），相对利润较高的企业，以企业名义购买可减少所得税的税金，远比个人买房划算。

③虽然企业买房获得的银行贷款额度比个人要低，但是，利息做税前扣除，抵扣增值税和冲抵企业所得税。

## 📋 案例

某科技有限公司：房产投资，智慧税务与资金解困之道

在科技浪潮中扬帆远航的某科技有限公司，凭借敏锐的市场洞察力和卓越的技术实力，业绩一路飙升。然而，随着企业规模的扩大和市场竞争的加剧，其税务和资金问题逐渐浮出水面，成了阻碍公司发展的两大难题。为了摆脱这一困境，公司领导层决定采取一项大胆而明智的举措——以企业名义购买房产。

这一决策并非空穴来风，而是深思熟虑和精心策划的结果。公司购入的房产位于城市的核心区域，不仅地段优越，而且配套设施完善，具有极大的升值潜力。这处房产不仅成了公司新的办公场所，更是公司税务优化和资金管理的得力助手。

在税务方面，房产投资的智慧之处显现无遗。购房款项作为公司的长期资产投入，在未来将通过折旧摊销的方式逐渐计入成本，从而有效降低应纳税所得额。这种巧妙的税务安排不仅为公司节省了可观的税金支出，更为公司的未来发展积累了更多的资本。

然而，房产的价值远不止于此。在公司面临资金困境时，这处房产发挥了至关重要的作用。随着业务的快速发展，公司的资金链一度紧张，急需一笔资金来解燃眉之急。这时，公司领导层果断决策，将房产抵押给银行，成功获得了一笔可观的贷款。

这笔贷款的到来如同雪中送炭，为公司摆脱资金困境提供了及时而有力的支持。公司得以顺利支付供应商款项、发放员工工资、推进项目进展等。同时，公司还利用这笔资金优化了库存结构、加强了市场推广，进一步提升了市场竞争力。

在房产投资的助力下，某科技有限公司成功度过了资金困境，业务持续稳定增长。公司的领导层深刻体会到，房产投资不仅是一种资产配置的明智选择，更是一种税务优化和资金管理的有效手段。

此案例中，某科技有限公司因房产投资而解决了困难，获得了发展，但每个企业的情况不同，无论以企业还是以个人名义买房，都要根据以上优缺点和自身情况思考资金的来源、企业的规模、买房的用途等，提前做好税负差异测算，做到心中有数，合理合法纳税。

### （二）知识产权配置策略

除了因迫切的市场需求、司法保护去申请知识产权（商标、专利、软件著作权）时，企业应该把眼光放长远一些，如为了日后发展所需政府认定的资质、商誉（高新、专精特新企业等），日后获取更大的商业利益和竞争优势，日后要股权融资、上市等去申请。企业需要提前投入一定的资金去申请知识产权保护，尤其是搭建专利护城河体系。

在此，我们重点说说专利配置令企业更值钱的策略和观点。

首先，政府对高新技术企业的认定要求不得低于5项实用新型专利或1项发明专利，而专精特新企业认定则需要拥有有效发明专利2项或实用新型外观设计专利5项及以上，这说明政府对企业有效专利的数量是有要求的，要想获得此类资质荣誉，就得提前申请专利。

其次，围绕知识产权的数量、质量所做出的评估报告，可以作为银行贷款额度审批依据之一。知识产权含金量越高，评估价值越大，获得的贷款额度将越高。因此，需要银行贷款的企业要提前做知识产权规划，进行技术先进性评估（图1-39）。

最后，一家公司是否值钱，其中一项重要指标是该公司产品科技化水平的高低，而判断产品科技化水平的依据主要是发明专利数量和质量（表1-16）。

表1-16 知识产权值钱布局示例

| 排行 | 企业 | MQ指数 | 自主知识产权程度 | 说明 |
| --- | --- | --- | --- | --- |
| 1 | 旷视 | 100.00 | 高 | 专利布局领先同行1年，高价值专利数量多，全球专利布局佳，发明人团队实力强 |
| 2 | 优必选 | 73.33 | 高 | 高价值专利比例较高，全球专利布局佳 |

续表

| 排行 | 企业 | MQ指数 | 自主知识产权程度 | 说明 |
|---|---|---|---|---|
| 3 | 澜起科技 | 70.80 | 高 | 高价值专利比例较高，全球专利布局佳 |
| 4 | 商汤 | 70.41 | 高 | 高价值专利比例较高，全球专利布局佳 |
| 5 | 寒武纪 | 69.71 | 高 | 新申请专利比例较高，技术成熟度有待验证 |
| 6 | 出门问问 | 57.11 | 较高 | 新申请专利比例较高，技术成熟度有待验证 |
| 7 | 云从 | 55.52 | 较高 | 新申请专利比例较高，技术成熟度有待验证 |
| 8 | 廊坊智通 | 54.75 | 较高 | 高价值专利比例较低 |
| 9 | 康力优蓝 | 54.11 | 高 | 专利数量较少，没有体现突破国际垄断的技术 |
| 10 | 依图 | 53.57 | 中 | 专利数量较少，没有体现突破国际垄断的技术 |
| 11 | 车音智能 | 53.11 | 中 | 专利数量较少，没有体现突破国际垄断的技术 |
| 12 | 碳云 | 52.71 | 中 | 专利数量较少，没有体现突破国际垄断的技术 |

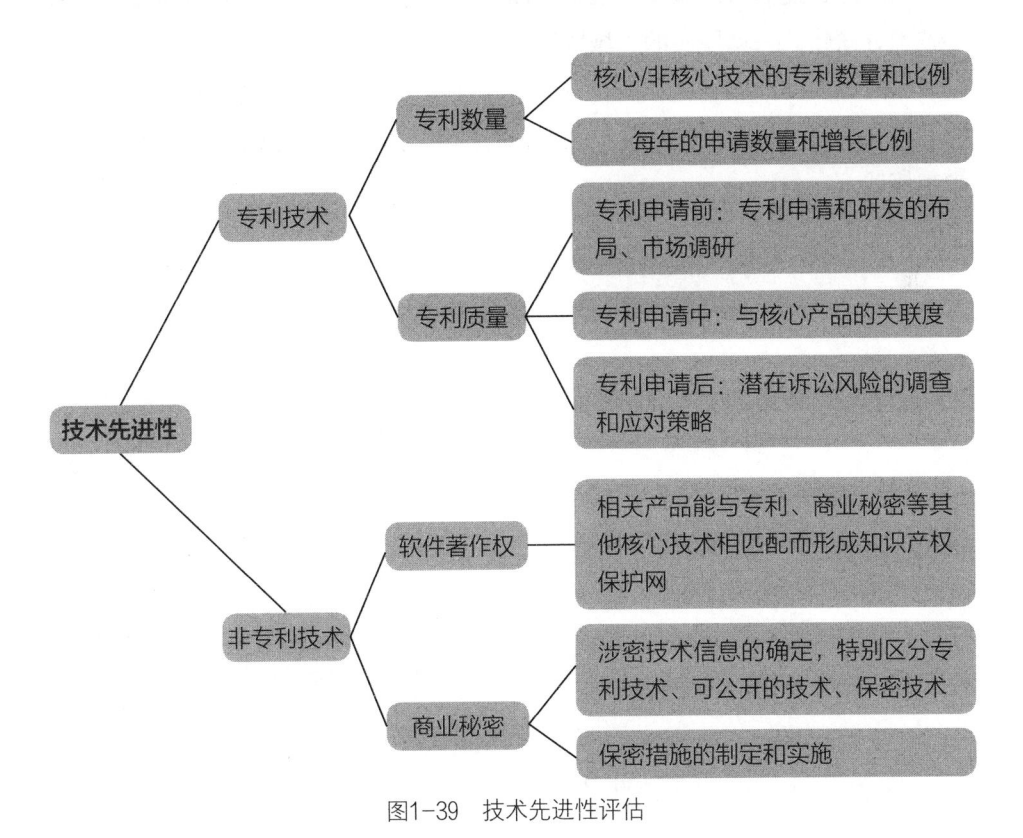

技术先进性
- 专利技术
  - 专利数量
    - 核心/非核心技术的专利数量和比例
    - 每年的申请数量和增长比例
  - 专利质量
    - 专利申请前：专利申请和研发的布局、市场调研
    - 专利申请中：与核心产品的关联度
    - 专利申请后：潜在诉讼风险的调查和应对策略
- 非专利技术
  - 软件著作权
    - 相关产品能与专利、商业秘密等其他核心技术相匹配而形成知识产权保护网
  - 商业秘密
    - 涉密技术信息的确定，特别区分专利技术、可公开的技术、保密技术
    - 保密措施的制定和实施

图1-39 技术先进性评估

## 资金策略

资本市场已经认识到，专利证、软件著作权登记证已经不足以证明知识产权的稳定性、唯一性和高价值性，专利可控性、依赖专利的产品的可营利性才是评价项目和产品的关键。

企业的竞争优势越多，越能体现知识产权市场壁垒。大部分产品都有专利保护，这就限制了其他企业进入和参与竞争，使企业能够在特定领域中独占市场。很多企业的营收、净利润数据非常漂亮，但市场却不愿意给其高估值。究其原因，其中之一就是没有搭建知识产权护城河，因此，科技创新让企业走向产业，更高的专利质量和更多的专利数量让创业充满无限可能。

因此，如果经营者着眼于长远发展，并计划将来进行资本募集，应当尽早将思维转换成投资人思维来规划和申请知识产权（图1-40）。

综上，有政府资质荣誉需求、银行贷款需求、资本股权融资甚至上市需求的企业，建议提早对知识产权进行布局，尤其是从高价值专利数量、全球专利布局状况、发明人团队实力三个方面布局。每年拿出一定比例的资金，在核心技术方面建立一堵厚实的"城墙"，使竞争对手不能使用这些专利技术，为企业创造更多的经济利益和商业机会，并且有助于企业在市场上建立声誉和提升品牌知名度，从而更好地保护企业自身的市场份额和盈利能力，并使企业越来越值钱。

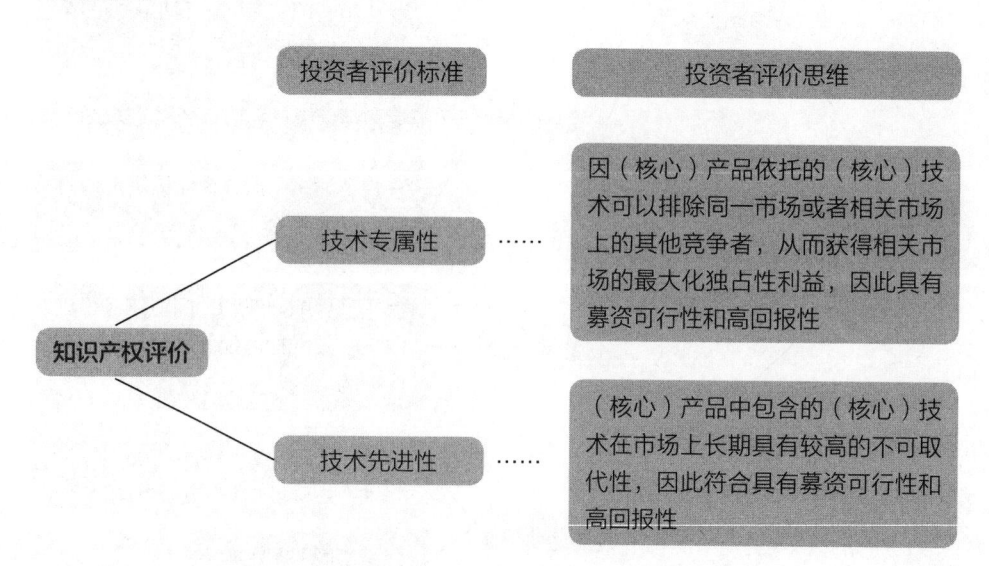

图1-40 投资思维的知识产权评价

### （三）数字化资产配置策略

靠在线售书起家的亚马逊，市场估值为什么超过万亿美元？

亚马逊常年低盈利，是怎样得到1.7万亿美元高估值，成为全球市值最高的企业之一的呢？

答案似乎离不开"科技创新"和"数字经济"这两个关键词。实质是通过数字经济手段，提升用户体验或降低成本。因此，亚马逊的定位从最初的"地球上最大的书店"转变为"最大的网络零售商"，快速实现了内容和技术的原始积累，之后发展到"最以客户为中心的企业"，一次次升级迭代和高歌猛进，改写了零售业，改变了人们的阅读习惯。亚马逊在发展过程中一直秉持着"飞轮理论"——以低毛利的状态运营，将赚到的钱投入规模扩张和用户体验改善上；随后利用规模效应降低成本，给消费者更便宜的价格、更多样的选择和更快捷的物流。其在中国率先实现了全球可视化的供应链管理，让消费者、合作商和亚马逊的工作人员能够全程监控货物流通、包裹位置和订单状态。其还让大数据应用贯穿于整个物流环节，比如：利用仪器对中小体积的商品进行入库前的体积测量，优化入库操作；根据历史数据，分析哪些商品容易坏、坏在哪里，出库前对商品进行预包装；通过历史大数据分析预测图书、畅销品的需求量，需求量大的商品会被放在离发货区更近的位置；在亚马逊仓库中心区，系统会利用算法技术自动推荐下个拣货点，并确保全部货物拣选完毕后路径最短，员工和机器人无须走回头路。这都是以数字经济为中心、围绕客户需求的创新，因此，亚马逊的估值极高。

软银集团创始人孙正义在"向世界挑战"主题演讲中提到，数字资产会成为全人类最大的资产。

2021年2月4日，人民币的数字货币被正式宣布立法，这一决定标志着中国在数字货币领域有了重大进展。数字人民币是我国法定货币的数字形态，也是为数字经济发展提供的通用型基础货币，由中国人民银行发行和管理，与人民币现金具有同等效力，同时保证100%的人民币储备金率，具有价值特征和法偿性（即任何单位和个人在具备接收条件时不得拒收数字人民币）。数字人民币面向试点地区由一开始的深圳、苏州、雄安、成都，扩展至广东、江苏、河北、四川全省，并增加山东省济南市、广西壮族自治区南宁市、防城港市，

资金策略

云南省昆明市、西双版纳傣族自治州。

2022年9月30日，广州数据交易所揭牌成立首日交易额超1.55亿元。官方披露其成立目的有三：一是合规登记保障数据资产权益；二是场景导向打造专业化数据交易平台；三是技术规范保障数据安全。其成立能更好地促进数据资源开发利用，激发数据要素市场体系对推动全面数字化发展的新动能，助力经济社会高质量发展。至2023年8月，广州数据交易所累计成交总额已超16亿元，1081家会员进场，覆盖23个行业类别。

"十四五"规划强调了数据要素是数字化经济发展的基础。

有人说，数字资产是未来企业的核心价值，因为将来所有的一切都会成为生活记录，被保存在云端。

也有人说，当下正是企业布置数字资产最好的时机，10年或20年以后，当人人都拥有数字资产时，比拼的就是谁拥有得更多了。

### 案例

腾讯云利用数据资产在数字交易市场中实现显著资金效益

腾讯云作为业界领先的云计算服务提供商，近年来在数据资产的开发利用方面取得了显著成就，通过广州数据交易所等平台，成功实现了数字资产的巨大资金效益。

随着数字经济的快速发展，腾讯云敏锐地捕捉到了数据资产的市场潜力，并积极投身于数据交易领域。通过合规登记，腾讯云确保了其数据资产的权益，为后续的交易奠定了坚实基础。

在广州数据交易所成立之初，腾讯云便成了其重要会员之一，充分利用交易所的专业化数据交易平台，实现了数据资产的快速流通和高效利用。腾讯云的数据资产涵盖了多个行业，包括金融、零售、物流等，为各行各业提供了丰富的数据资源。

在场景导向的策略下，腾讯云与多家企业展开了深度合作，共同打造了一系列基于数据资产的创新应用。这些应用不仅提升了企业的运营效率，还为消费者带来了更加便捷的服务体验。通过数据交易，腾讯云不仅实现了数据资产的变现，还进一步推动了数字经济的发展。

同时，腾讯云高度重视数据安全和技术规范。在数据交易过程中，腾讯云采用了先进的技术手段，确保了数据的安全性和隐私性。通过数据加密、访问控制等措施，有效防范了数据泄露和滥用风险，为数据交易的顺利进行提供了有力保障。

在腾讯云的带动下，广州数据交易所的交易额不断攀升，数字资产的市场价值得到了充分体现。腾讯云也通过数据交易实现了巨大的资金效益，为公司的持续发展注入了强大动力。

腾讯云作为数据领域的佼佼者，通过合规登记、场景导向和技术规范等手段，成功利用数据资产在数字交易市场中实现了显著的资金效益，为数字经济的繁荣发展做出了积极贡献。

## 案例

某科技有限公司投资数字资产实现高收益

某科技有限公司是一家专注于智能家居领域的小型企业。随着数字化浪潮的推进，该公司敏锐地捕捉到了数字资产的投资价值，并通过一系列精准的投资决策，实现了高收益和业务的快速增长。

起初，某科技有限公司主要依赖于传统的家居产品制造和销售。然而，随着市场竞争的加剧和消费者需求的不断升级，公司意识到必须寻求新的增长点。于是，公司决定将目光投向数字资产领域，以寻求突破。

在深入调研和分析市场趋势后，某科技有限公司决定投资一家专注于智能家居数据分析的公司。这家被投资的公司拥有一套先进的智能家居数据分析系统，能够收集并分析用户的家居使用习惯，为家居产品的设计和优化提供有力支持。

通过这次投资，某科技有限公司获得了被投资公司的技术支持和数据资源，成功将其应用于智能家居产品开发中。通过不断优化产品设计和提升用户体验，某科技有限公司的智能家居产品逐渐在市场上脱颖而出，销售额和利润均实现了快速增长。

此外，某科技有限公司还与被投资公司合作，开展了一系列市场推广活动，通过数据分析和精准营销，成功吸引了更多潜在客户。这些活动不仅提升了公司的品牌知名度，还进一步推动了数字资产的增值和变现。

## 资金策略

某科技有限公司通过投资数字资产,成功实现了高收益和业务的快速增长。他们精准把握市场机遇,善于利用外部资源和技术优势,为公司的未来发展奠定了坚实基础。

这一成功案例为其他小企业提供了有益的借鉴和启示,也进一步证明了数字资产投资的重要性和潜力。

数字资产需要积累(图1-41),尤其是数据,不是什么数据都能成为资产,只有获得大量原始数据,才能生成有价值的数据。因此,企业必须进行提前规划。

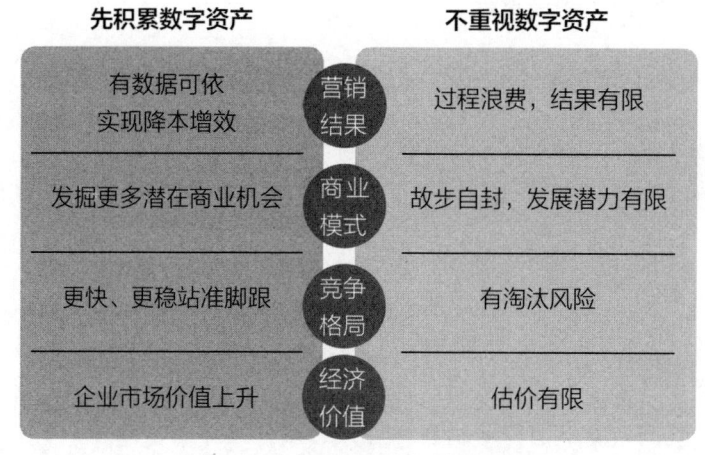

| 先积累数字资产 | | 不重视数字资产 |
|---|---|---|
| 有数据可依 实现降本增效 | 营销结果 | 过程浪费,结果有限 |
| 发掘更多潜在商业机会 | 商业模式 | 故步自封,发展潜力有限 |
| 更快、更稳站准脚跟 | 竞争格局 | 有淘汰风险 |
| 企业市场价值上升 | 经济价值 | 估价有限 |

图1-41 有无积累数字资产比对

那么,企业如何配置数字资产呢?

第一步:数字化经营(图1-42),实现原始数据沉淀。

数字化生产经营解决方案是后疫情时代的商业格局,为企业数字化转型提出全新视角,并通过AI/云计算等先进数字化转型技术,

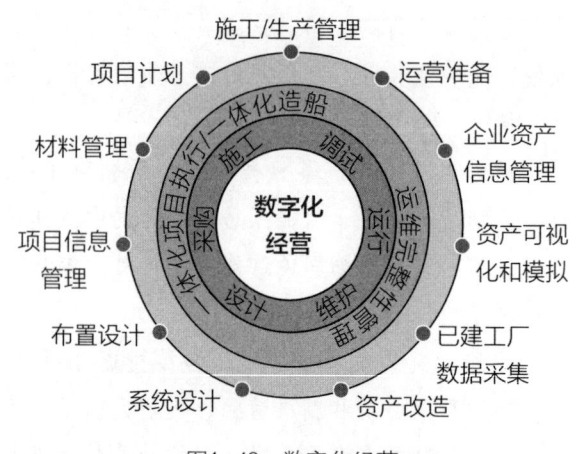

图1-42 数字化经营

推动企业转型，构建前瞻性业务模式。数字化经营有助于实现数字资产的原始累积。

第二步：资产数字化。

（1）营销物料数字化。

图文、短视频、H5等都是实现企业营销物料数字化的工具，它们使公司、产品、服务、案例、资质等内容线上化，形成企业数字内容。

（2）产品数字化。

域名、商标等不仅是给品牌、商品打上"身份证"的互联网标识，也可成为一种投资，成为数字资产。

第三步：统一监测数据。

拥有小程序、商城网站的企业可通过后台系统监测"内容发布—用户查看—留资—销售转化—留存"等整个过程，并进行统一管理、留痕和数据沉淀，既积累大量原始数据，又通过数字技术等方式，为企业呈现结构化数据，辅助企业进行决策。

第四步：积累用户数据。

沉淀营销数据后，可以更好地积累用户数据，构建用户画像，帮助企业制定营销策略，提高企业的核心竞争力。

因此，数字资产是值钱的数字化信息资源。当下，企业在保障现有业务盈利的同时，一定要将自身变成一个数字化企业或与数字化行业有关联的企业，如此企业未来才会更加"有钱""值钱"。

## 二、股权投资策略

若想参与或者控制某企业的经营活动，最好是以股权投资的形式购买其股权，可以以自然人、合伙企业、公司、基金等身份参与或者控制。

由于股权投资具有高风险、高回报的特性，因此，最好实行理性的投资策略，即把股权投资作为投资配置的其中一部分，不要把全部的资金都用于股权投资。

股权投资的期限为1年、3年、5年，甚至更长。无论是个人还是企业，都应选择合适的股权投资期限，以自己能承受的资金投资。

## 资金策略

股权投资最忌的是拍脑袋决定。股权投资可能会引发股东出资纠纷、股权确认纠纷、股东权利纠纷、股权转让纠纷等问题，最后导致投资失败。

### 📋 案例

2015年，王思聪投资了上海熊猫互娱文化有限公司（简称"熊猫互娱"）的直播公司，其持股40%。因为王思聪的影响力比较大，因此熊猫互娱一开始并不差钱，2015年就获得了数百万元的天使投资，接下来投资人、投资机构、上市公司等不断跟投，呈现出一片欣欣向荣景象。据相关资料统计，熊猫互娱获得的投资如下：

2015年10月21日，熊猫互娱正式上线熊猫直播平台，主打游戏直播。

2015年11月，熊猫互娱完成数百万元人民币天使轮融资。

2016年9月，熊猫互娱完成由乐视网、博派资本、辰海投资、奇虎360等投资的A轮融资，金额6.5亿元。

2016年11月，熊猫互娱完成未披露数额的战略投资，由奇虎360主投。

2017年5月，熊猫互娱完成由品今控股、真格基金、博派资本投资的未披露数额的A+轮融资；月底，完成由兴业证券兴证资本领投，汉富资本、沃肯资本、光源资本等5家跟投的10亿元B轮融资。

2018年12月，游戏主播PDD正式起诉熊猫互娱拖欠签约费1.5亿元。

2019年3月30日，熊猫互娱宣布破产，并被法院列为失信被执行企业。

4年时间，管理混乱、派系斗争严重、挖角主播不计成本以及主播成本过高等种种因素叠加，导致原本与斗鱼、虎牙三足鼎立的熊猫互娱直接关停，最后王思聪的普思投资与熊猫互娱数十位投资人全部达成协议，由实际控制人王思聪承担了对所有投资人的赔偿。

这是一起能拿到赔偿的投资案例，但现实中投资款收不回来亦得不到赔偿的案例比比皆是。

股权投资有很多不确定的因素，是技术，也是艺术，更是"努力＋运气"。所以，为每件事情设想三种结果：最好的、正常的和最坏的，即：要做最好的准备、要以正常的心态看待，要做最坏的打算。

投资成功的方程式可以理解为：

心（心力，心态） + 想（梦想，认知） + 事（事上练，执行） = 成（成功，成果）

因此，投资要按步骤来：找对意向项目、做好最初步的风险调查、对意向项目进行谨慎筛选、对意向投资企业的创业者有一定了解并进行评估，再按流程地对通过以上步骤筛选的公司做尽职调查。

## （一）选项目策略

**策略一：投资新物种**

**劢微机器人**［公司全称：劢微机器人科技（深圳）有限公司］

价值亮点：产业升级，智能替代人工，领先的场内物流解决方案提供商。

投资理由：

（1）具有软件（WMS、WCS、劢微云、劢微天眼视觉）+硬件（各类无人叉车、AMR、无人牵引车及仓储机器人）优势。

（2）软件系统的持续升级和算法迭代，不断提升复杂场景方案的柔性化适应能力，满足不同行业、不同场景的碎片化需求，大幅度降低客户导入智能物流系统的边际成本。

成果：已于2022年10月20日上市。

投资者对劢微机器人投资，在其上市后也获得了高额的回报，这告诉大家，投资新物种策略应考虑以下问题。

（1）优质项目筛选：这是股权投资成功的基石。投资者需要运用专业的知识和经验，从众多的项目中筛选出具有高增长潜力、稳健运营模式和良好市场前景的优质企业。这需要对目标企业进行深入的行业研究、财务分析、管理团队评估以及市场前景预测。

（2）深入的市场调研与趋势分析：投资者在投资前对机器人行业进行了深入的市场调研，识别出物流自动化、智能制造等领域的增长趋势。特别是对劢微机器人这样的新物种，投资者分析了其技术特点、市场定位以及潜在竞争优势，从而判断其是否具有高成长潜力。

（3）技术评估与团队背景调查：投资者对劢微机器人的核心技术进行了

评估，包括其自主导航、智能调度、高精度定位等方面的技术能力。同时，对创始团队和管理层的背景、经验以及执行能力进行了深入调查，确保团队有能力将技术优势转化为市场优势。

（4）合理的估值与投资策略：在估值过程中，投资者综合考虑了勱微机器人的技术成熟度、市场规模、竞争状况等因素，确保投资价格合理。同时，制定了灵活的投资策略，包括投资额度、持股比例、投资阶段等内容，以适应勱微机器人的发展需求和市场变化。

（5）长期持有与增值服务：投资者对勱微机器人的投资并非短期行为，而是基于长期持有和价值增长的考虑的行为。在持有期间，投资者不仅提供了资金支持，还通过战略规划、市场拓展、人才引进等方式为勱微机器人提供增值服务，帮助其快速成长。

（6）退出机制规划：在投资之初，投资者就规划好了退出机制，包括股权转让、IPO等方式。在勱微机器人成功上市后，投资者通过二级市场转让或长期持有分享企业成长带来的收益，实现了获得高回报的投资目标。

**策略二：投资新生态系统下的全球思维和眼光**

**赤子城**［公司全称：赤子城网络技术（北京）有限公司］

价值亮点：定位出海，流量生态。

投资理由：

（1）全球人工智能信息分发平台。

（2）对标在中国成功的模式复制到海外落地创业。

（3）中国移动互联网出海的领先者，拥有7亿海外用户。

（4）建立出海流量生态，成为移动出海流量入口。

成果：出海领域的上市公司，已在港交所上市。

从投资新生态系统下的全球思维和眼光策略的角度来看，赤子城的成功上市及实现超预期投资回报主要有如下原因：

**1. 全球视野下的市场机遇捕捉**

（1）国际化战略布局：赤子城成功捕捉到了中国模式复制到海外的巨大机遇，这得益于其具备的全球视野和其国际化战略布局。在全球化的今天，企业不能再局限于本国市场，而应积极寻求海外市场的拓展机会。

（2）跨文化理解与适应：在出海过程中，赤子城需要面对不同文化背景的用户和市场。通过深入了解目标市场的文化、习俗和消费习惯，企业能够更好地满足当地用户的需求，提升市场份额。

2. 技术创新与全球资源整合

（1）前沿技术运用：作为人工智能信息分发平台，赤子城不断加大研发投入，运用前沿技术提升服务质量和用户体验。在全球范围内寻找优质的技术资源和合作伙伴，这有助于企业保持技术领先地位。

（2）全球人才吸引：为了支持企业的全球化发展，赤子城积极吸引全球范围内的人才。通过搭建国际化的人才团队，企业能够汲取不同文化背景人才的智慧和经验，为创新和发展提供源源不断的动力。

3. 生态系统构建与全球合作

（1）流量生态与全球合作伙伴：赤子城成功建立了流量生态，与全球多个合作伙伴建立了紧密的合作关系。这种生态系统的构建有助于企业获取更多的流量资源，提升品牌影响力和市场竞争力。

（2）全球化商业模式复制：通过与国际合作伙伴共同探索商业模式，赤子城能够更快地适应不同市场环境，实现商业模式的全球化复制。这种合作方式有助于降低市场进入成本，从而提升企业在全球市场中的竞争力。

4. 风险管理与全球视野下的财务策略

（1）全球化风险管理：在全球化投资过程中，风险管理至关重要。赤子城需要具备全球视野，关注不同国家和地区的政治、经济、法律等方面的风险因素，制定有针对性的风险管理策略。

（2）跨境财务策略：面对复杂的全球市场环境，赤子城需要制定合理的跨境财务策略。这包括合理的估值、投资额度分配、资金运作等，以确保投资回报的稳健性和可持续性。

**策略三：投资新敏组织**

**星河动力[公司全称：星河动力（北京）空间科技有限公司]**

价值亮点：商用航天市场的开阔前景。

投资理由：

（1）国内首家实现连续成功发射的民营火箭公司，中国追赶SpaceX的最大希望。

（2）国内唯一布局"小型运载火箭＋中大型液氧/煤油运载火箭"完整序

列的商业航天公司。

（3）2023年固体火箭"谷神星一号"已经成功将6颗卫星送入预定轨道，创造了国内民营公司的最高纪录，并已实现成批量化产能。

（4）在手卫星订单超过10颗，发射成本为体制内的1/3~1/2。

成果：上轮估值约63亿元，融资约7亿元，历史累计融资超18亿元。

从星河动力的投资策略案例中，我们可以获得以下重要的投资启示。

（1）技术驱动型投资策略：星河动力从一开始就明确了以技术创新为驱动的投资策略。它持续投入大量资源用于研发，不仅在运载火箭技术上取得了突破，还形成了小型运载火箭与中大型液氧/煤油运载火箭的完整序列，这在国内商业航天领域是独一无二的。投资者可重点关注新敏组织的技术创新能力。

技术创新是新敏组织发展的核心驱动力，也是其在市场竞争中脱颖而出的关键。投资者应评估新敏组织的技术团队实力、研发投入以及技术成果的转化能力，确保其具备持续创新的能力，并能够快速适应市场变化。

（2）市场定位策略：投资者还应关注新敏组织的市场前景和订单储备情况。一个具有广阔市场前景和稳定订单储备的新敏组织，能够为投资者带来更高的投资回报。星河动力精准地定位了商业航天市场，通过提供低成本、高效率的发射服务，满足了市场对卫星发射的旺盛需求。这种市场定位策略使得星河动力在激烈的竞争中脱颖而出，获得了大量的在手卫星订单。这也是评估其未来成长潜力和盈利能力的重要指标。

（3）长期投资与持续融资策略：星河动力明白航天产业是一个需要长期投入和耐心的行业，因此它采取了长期投资与持续融资的策略。通过多轮融资，星河动力不仅获得了必要的资金支持，还吸引了众多战略投资者和合作伙伴，进一步推动了公司的发展。这是投资者能否顺利退出的重要依据。

（4）关注企业的量产能力与成本控制策略：星河动力的固体火箭"谷神星一号"已经实现成批量化产能，并且其发射成本仅为体制内的1/3~1/2。这表明企业不仅具备强大的生产能力，还能有效控制成本，提高市场竞争力。投资者在评估企业时，应关注其量产能力和成本控制能力，这将直接影响企业的盈利能力和未来发展潜力。

## 策略四：投资新收益率

**徕芬（公司全称：东莞市徕芬电子科技有限公司）**

价值亮点：产品差异化创新。

投资理由：

（1）创始人叶洪新深耕电商多年，连续成功创业。

（2）超强性能，超高性价比。

（3）国货高速吹风机单品No.1，线上购物平台好评率99.8%，复购率超过20%。

成果：2023年的"618"全网销售额达1.67亿元，官方直播销售额破6000万元。

在徕芬电子科技有限公司的案例中，我们看到了产品差异化创新所带来的显著成果，这为我们提供了宝贵的投资心得和启示。

从投资理由来看，首先，徕芬的创始人叶洪新拥有多年的电商经验，并且连续成功创业，这展现了他出色的商业洞察力和执行能力。在电商领域深耕多年的他，对于市场需求、消费者行为以及产品趋势有着敏锐的洞察力，这使得徕芬能够在激烈的市场竞争中迅速抓住机遇，实现快速增长。其次，徕芬的产品具有超强性能和超高性价比，这是其赢得市场认可的关键。在国货高速吹风机市场中，徕芬凭借出色的性能和合理的价格定位，成功占据了单品销售榜榜首的位置。这证明了产品差异化创新的重要性，只有不断创新和提升产品价值，才能在竞争中脱颖而出。最后，徕芬在消费者心中建立了良好的口碑。线上购物平台的好评率高达99.8%，复购率超过20%，这充分说明了消费者对徕芬产品的认可和信赖程度。这种强大的品牌影响力和消费者忠诚度，为徕芬的未来发展奠定了坚实的基础。

从投资成果来看，在2023年的"618"徕芬全网销售额达到了惊人的1.67亿元，官方直播销售额也突破了6000万元。这一成绩不仅证明了徕芬的市场竞争力和增长潜力，也验证了投资者对徕芬投资策略的正确性。

因此，本案例提醒我们：投资策略的核心在于寻找并投资那些具有独特价值亮点和可持续增长潜力的企业。

**策略五：投资自己**

**理想汽车**

价值亮点：投资自己，积小步，集大成。

投资理由：从普通人到五层楼的天花板。

一层楼：成为一个普通的人；

二层楼：成为一个优秀的人；

三层楼：成为一个优秀的管理者；

四层楼：成为一个优秀的领导者；

五层楼：成为一个顶尖的领导者。

成果：于2020年7月30日在美国纳斯达克证券市场正式挂牌上市。

投资策略中的"投资自己"是一种深刻且长远的发展理念，它强调通过不断提升个人的能力和素质，实现个人价值的最大化。理想汽车作为一个成功的案例，充分展示了这一策略的有效性。从普通人到五层楼的天花板，理想汽车通过持续自我投资，实现了跨越式的发展。

在剖析投资理由时，我们可以看到理想汽车所追求的五个层次，不仅是对个人成长的规划，更是对企业发展的精准定位。从普通人到优秀的管理者，再到顶尖的领导者，这是一个不断积累、不断突破的过程。在这个过程中，理想汽车始终坚持自我投资，通过学习、实践和创新，不断提升自身的能力和水平。这种自我投资的理念，使得理想汽车能够在激烈的市场竞争中脱颖而出，成为行业的佼佼者。

从投资成果来看，理想汽车于2020年7月30日在美国纳斯达克证券市场正式挂牌上市，这是对其自我投资策略的最好肯定。上市不仅意味着企业获得了更多的资金支持，更代表着市场对理想汽车的高度认可和信任。这一成果的取得，离不开理想汽车长期以来对自我投资的坚持和努力。

通过理想汽车的案例，我们可以得出以下投资心得和启示。

首先，自我投资是一种长期且高效的投资方式。与投资外部项目相比，投资自己能够带来更加稳定且可持续的回报。通过不断提升自身的能力和素质，我们可以更好地应对各种挑战，抓住机遇，实现个人和企业的共同发展。

其次，自我投资需要坚持和耐心。成长是一个积累的过程，不可能一蹴而就。我们需要保持学习的热情和实践的勇气，不断挑战自己、突破自己，才能在自我投资的道路上取得成功。

最后，自我投资需要明确的目标和规划。我们需要清晰地认识到自己想要成为什么样的人、达到什么样的高度，并制定出切实可行的计划和步骤。这样我们才能有针对性地进行自我投资，实现个人价值的最大化。

**策略六：投资成长经验，和不同时期的高人为伍**

**Outer（户外家居品牌）**

价值亮点：自主研发科技面料，中国工厂代工，缩短供应链环节。

投资理由：

（1）结合"线上电商+线下体验家"的生态销售策略，推销产品的同时，加强客户与客户间的情感连接。

（2）Outer不仅仅是一个环保品牌，还注重精神层面的投入，让客户对其品牌价值、产品颜值、所打造的社区氛围有更深的体验。

成果：2023年估值15亿美元。

投资策略"投资成长经验，和不同时期的高人为伍"是一种着眼于长远发展的智慧选择。这种策略强调通过与行业领袖和专家建立联系，汲取他们的经验和智慧，以此来加速自身的成长和进步。同时，这种策略也注重在实践中积累经验，不断提升自己的能力和认知。Outer的案例充分展示了这一投资策略的有效性。

Outer作为一个具有价值亮点的品牌，其成功并非偶然。它自主研发科技面料，通过中国工厂代工来缩短供应链环节，这体现了其对效率和品质的双重追求。然而，更值得一提的是Outer的投资策略，它不仅仅局限于产品和供应链的优化，更注重于与不同时期的高人为伍，以及构建线上线下相结合的生态销售策略。

从投资理由看，首先，Outer通过结合"线上电商+线下体验家"的生态销售策略，成功推销产品的同时，也加强了客户与客户间的情感连接。这种策略不仅提升了品牌的知名度和影响力，还提高了客户对品牌的认同感和忠诚度。线上电商的便捷性和线下体验家的沉浸感相结合，为客户提供了全方位、多层次的购物体验。其次，Outer不仅是一个环保品牌，还注重精神层面的投入。它让客户对其品牌价值、产品颜值、所打造的社区氛围有更深的体验。这种对品牌精神和文化的深入挖掘和塑造，使得Outer在竞争激烈的市场中脱颖而出，成为消费者心目中的独特存在。

Outer的投资策略取得了显著的成果，2023年估值达到了15亿美元。这一成果是对其投资策略的充分肯定，也为我们提供了宝贵的投资心得和启示。

首先，投资成长经验是实现长远发展的关键。通过与行业领袖和专家建立联系，我们可以学习到他们的成功经验和失败教训，避免走弯路，从而加速自己的成长进程。

其次，与不同时期的高人为伍可以帮助我们把握市场趋势和未来发展方向。这些高人具有敏锐的市场洞察力和前瞻性的思维，他们的意见和建议往往能够为我们提供宝贵的参考和指导。

最后，构建完善的销售策略和注重品牌精神的塑造是提升品牌价值和影响力的关键。通过线上线下相结合的方式，我们可以为客户提供更加全面和优质的服务体验；而深入挖掘和塑造品牌精神，则可以让我们的品牌在消费者心中留下深刻的印象，从而实现投资回报。

### 策略七：投资创新力量的榜样

**FIIL耳机（公司全称：江西斐耳科技有限公司）**

价值亮点：安克创新的榜样。

投资理由：

（1）耳机硬件领域的创业非常难，需要产业拐点。

（2）创业团队充分利用了内容营销、直播带来的流量红利。

（3）产品创新设计能力很强，产品具有颠覆性。

成果：新一轮融资估值20亿元。

通过FIIL耳机的案例，我们深刻体会到聚焦创新力量的投资策略的重要性和价值，也获得一些投资心得与启示。

首先，认识到创新是推动企业发展和市场进步的核心动力。可以投资那些具有创新精神和强大设计能力的企业，这些企业通常具有敏锐的市场洞察力和强大的研发实力，能够不断推出具有竞争力的新产品，满足消费者的需求，不仅自己能够获得丰厚的回报，更能为投资者带来长期的成长和价值。

其次，关注市场趋势和新兴营销方式，善于捕捉流量红利，为企业的快速成长提供有力支持。因此，投资者需要密切关注市场动态，把握市场机遇，选择那些能够充分利用新型营销方式的企业进行投资。

此外，榜样力量的存在为我们提供了宝贵的参考和借鉴，通过学习和借鉴成功企业的经验和做法，我们可以更好地把握市场机遇，实现投资价值的最大化。

最后，投资创新力量的榜样需要关注企业的长期发展潜力和价值。创新是一个持续的过程，只有那些能够不断创新、不断提升自身实力的企业，才能在激烈的市场竞争中立于不败之地。

因此，投资者在选择投资对象时，需要关注企业的长期发展潜力和价值，而不是仅仅关注短期的盈利表现。

**策略八：提升认知，模式迭代**

**福佑卡车（公司全称：北京福佑多多信息技术有限公司）**

价值亮点：福佑卡车的模式进行过三次以上重要迭代。

投资理由：

（1）中国目前最大城际整车运输科技物流公司。

（2）核心竞争力为整车物流标准化和智能化＋领先的物流大数据。

（3）创始人认知力不断提高。

成果：2023年估值超过百亿元。

在投资领域，提升认知和模式迭代是取得成功的两大关键要素。通过对这两个方面的深入理解和实践，投资者可以更加精准地把握市场脉搏，发掘优质的投资机会，从而实现资产的长期增值。

首先，提升认知是投资决策的基础。在快速变化的市场环境中，投资者需要不断学习和更新知识，增强对市场、行业、企业以及商业模式的理解和判断。通过深入研究和分析，投资者可以更加准确地评估企业的价值和潜力，从而做出更为明智的投资决策。

在提升认知的过程中，投资者还需要保持开放的心态和敏锐的洞察力。要敢于挑战传统观念，敢于尝试新的投资理念和方法。同时，投资者要善于从各种信息中筛选出有价值的内容，形成自己的独特见解和判断。

其次，模式迭代是企业持续发展的关键。随着市场竞争的加剧和技术的不断进步，企业需要不断调整和优化自身的商业模式，以适应市场的变化和满足客户的需求。一个成功的商业模式应该具备可持续性、可拓展性和创新性等特点，且能够为企业带来长期的竞争优势和增长动力。

对于投资者而言，关注企业的模式迭代能力同样重要。通过观察企业是否能够根据市场变化及时调整战略、优化产品和服务，以及是否具备持续创新的能力，投资者可以评估企业的未来发展潜力。

在实践中，提升认知和模式迭代往往相辅相成。一方面，通过提升认知，投资者可以更加深入地了解企业的商业模式和竞争优势，从而更加准确地判断其是否具备模式迭代的能力。另一方面，通过关注企业的模式迭代情况，投资者可以进一步验证和更新自己的认知，不断完善自己的投资理念和策略。

**策略九：跨界创新，顺势而为**

**找靓机（公司全称：深圳市万事富科技有限公司）**

价值亮点：二手3C嫁接新媒体营销带来的创业机会。

投资理由：二手手机领域竞争很激烈。创业团队具有领先的新媒体营销能力，充分利用了短视频、直播带来的流量红利与联合创始人的成功经验，直接复制，高度重视新媒体营销，实现了负成本获客的跨界创新，带来了极高的创业机会。

成果：和转转战略合并，估值30亿元。

通过深入分析找靓机的案例，我们可以进一步得出以下投资启示。

首先，跨界创新需要勇气和决心。在传统行业界限日益模糊的今天，企业要想在竞争中脱颖而出，就必须敢于跨界、敢于创新。找靓机正是凭借这种勇气和决心，将二手手机与新媒体营销相结合，打破了传统二手市场的局限，实现了快速增长。

其次，跨界创新需要深厚的行业洞察力和敏锐的市场感知能力。找靓机的成功并非偶然，这背后是对二手手机市场的深刻理解和对新媒体营销趋势的敏锐把握。这种能力使得找靓机能够精准定位目标用户，制定有效的营销策略，从而快速占领市场。

再次，跨界创新还需要强大的执行力和团队协作能力。找靓机的创业团队不仅具备领先的新媒体营销能力，还能够在实践中不断总结经验、优化策略，确保企业能够持续创新、不断发展。同时，团队成员之间的紧密协作也是找靓机能够取得成功的关键因素之一。

最后，投资者在关注跨界创新的同时，也要注重风险控制。虽然跨界创新能够带来巨大的商业机会，但也伴随着较高的风险。因此，在投资过程中，投资者需要对企业的商业模式、市场前景、竞争环境等方面进行全面的评估和分析，确保投资的安全性和可持续性。

策略十：集众智，群体进化

鲨鱼菲特（公司全称：山东鲨鱼菲特健康科技有限公司）

价值亮点：加入多个投资人生态圈，形成群体进化。

投资理由：

（1）产品迭代频率高，并以最小化可行产品（MVP）模型进行市场测试。

（2）产品线200+SKU，覆盖健康主食、调味料、休闲零食等多个细分品类。

成果：

（1）从小白到细分品类第一。

（2）成交总额（GMV）200倍增长。

（3）3年6轮融资，估值翻40倍。

以鲨鱼菲特为例，其成功践行了"集众智，群体进化"的投资策略。在产品迭代方面，鲨鱼菲特保持高频次的产品更新，并采用MVP模型进行市场测试，从而快速验证产品可行性并不断优化。这种高效的迭代模式使得鲨鱼菲特能够紧跟市场趋势，满足消费者不断变化的需求。

在产品线拓展方面，鲨鱼菲特拥有200+SKU，覆盖健康主食、调味料、休闲零食等多个细分品类。丰富的产品线使得鲨鱼菲特能够满足不同消费者的多样化需求，提高市场占有率。同时，这也反映了鲨鱼菲特对市场趋势的敏锐洞察和其创新能力。

在投资成果方面，鲨鱼菲特实现了从小白到细分品类第一的华丽转身，GMV实现了200倍的增长，且在短短3年内完成了6轮融资，估值翻了40倍。这些成果充分证明了"集众智，群体进化"投资策略的有效性。

从鲨鱼菲特的案例中，我们可以得到以下投资启示。

首先，加入多个投资者生态圈有助于企业获取更多的资本支持和资源网络。这些投资者不仅为企业提供资金支持，还能提供市场渠道、品牌宣传、人才引进等多方面的帮助，推动企业快速发展。

其次，企业要保持高频次的产品迭代和创新。在快速变化的市场环境中，只有不断创新和优化产品，才能满足消费者的需求，保持竞争优势。此外，拓展丰富的产品线也是企业实现快速成长的重要途径。通过覆盖多个细分品类，企业可以扩大市场份额，提高品牌影响力，实现规模化发展。

最后，我们要认识到"集众智，群体进化"不仅是一种投资策略，更是一种企业发展的理念。通过汇聚各方智慧和资源，企业可以实现群体进化，不断突破自我，实现更高的成就。

"集众智，群体进化"是一种具有前瞻性和实效性的投资策略。在未来的投资过程中，投资者应关注那些能够积极融入投资者生态圈、具备高频次产品迭代和创新能力，以及拥有丰富产品线的企业，它们将有望在市场竞争中脱颖而出，实现快速成长和群体进化。

**策略十一：大力出奇迹，极致创业**

**拇指白小T**

价值亮点：拇指白小T从过去被忽视的T恤品类切入，相较于廓形创新，更专注于基本款面料和制作工艺的研发。

投资理由：

（1）邀请阿玛尼御用设计师共同设计服饰。

（2）寻找阿玛尼中国代工厂，所有生产工艺严格遵循一线奢侈品标准。

（3）在原奢侈品面料中加入水光打磨工艺，零下180°液氮技术低温淬炼。

成果：私域复购单月超1600万元，单月订单销售额过亿元，已完成1.7亿元B轮融资。

从投资者的角度来看，"大力出奇迹，极致创业"这一策略展现了一种对品质与创新深度追求的投资哲学。这种策略强调在投资过程中，寻找那些致力于将产品和服务做到极致的创业企业，它们往往能够突破传统，打造出具有独特竞争力和市场吸引力的产品。

以拇指白小T为例，这家企业专注于T恤这一看似普通的品类，却通过极致的研发和创新，实现了产品品质的飞跃。他们邀请阿玛尼御用设计师共同设计服饰，采用一线奢侈品生产标准和工艺，使产品不仅外观出众，更在品质上达到了行业领先水平。这种对产品和服务的极致追求，使得拇指白小T在激烈的市场竞争中脱颖而出，获得了惊人的销售业绩和融资成果。

对于投资者而言，选择这种类型的企业进行投资，意味着选择了具有巨大市场潜力和成长空间的创新企业。这些企业不仅能够在现有市场中获得竞争优势，更能够在未来市场中引领潮流，实现持续的增长和盈利。

此外，投资者还需要关注这些企业的商业模式和盈利能力。只有那些能够持续创造价值和实现盈利的企业，才是值得投资者长期投资的对象。因此，在选择投资标的时，投资者需要综合考虑企业的产品品质、创新能力、市场前景以及盈利潜力等多个方面。

"大力出奇迹，极致创业"这一投资策略为投资者提供了一种寻找具有独特竞争力和市场吸引力的创新企业的思路。在未来的投资过程中，投资者可以借鉴这一策略，寻找那些致力于将产品和服务做到极致的创业企业，以实现长期的资本增值。

以上11个投资策略，都是根据企业的价值亮点以及对投资者的投资成果的分析得出来的，旨在帮助创业者先去构建一个健康的、可持续的产品或有价值的投资模式，获得有结构性行情的机会，如新、半、军、数、智、航多点开花，不仅与国家的意志同频共振，而且补充自己企业的短板（营销、资源、技术等），还让投资人持续投资，因此创业者要选适合自己的项目，要有规划，让自己的企业值钱，当创业尚未成功时要与时间做朋友，不断提升迭代，进化成为一个综合能力比较强、没有短板的睿智的创业者。

## （二）投团队策略

高瓴资本创始人张磊曾说，"投资就是投人"，要找靠谱的，真正有格局、有胸怀又有执行力的创业者。

**案例：**

美团点评与蓝月亮的崛起之路

张磊在投资过程中，不仅看重企业家的个人品质和能力，还非常看重团队的整体实力和协作能力。以下是他投团队策略的成功案例。

美团点评：张磊通过IDG技术创业投资基金（IDG资本）的投资渠道入股美团点评，这一投资决策在很大程度上是基于对美团点评团队的高度认可。美团点评团队在创始人王兴的带领下，展现出了强大的执行力和创新能力。他们不仅在团购和外卖领域取得了显著的成绩，还通过不断拓展业务领域，如酒店预订、旅游服务等，实现了业务的多元化发展。张磊的投资为美团点评提供了资金支持，也带来了战略上的指导和资源上的整合。美团点评团队在张磊的支持下，不断壮大，最终成功上市，创造了巨大的商业价值。

蓝月亮：在投资蓝月亮时，张磊同样看重其团队的整体实力。蓝月亮的团队在创始人罗秋平的领导下，专注于洗涤用品的研发和生产，拥有强大的技术实力和创新能力。他们不断推出符合市场需求的新产品，提升品牌影响力和市场份额。张磊的投资不仅为蓝月亮提供了资金支持，还帮助其学习电商和社交媒体的使用，使其进一步扩大了销售渠道和市场占有率。通过双方的紧密合作，蓝月亮在短时间内成为洗涤用品市场的领军企业。

这些成功案例充分展示了张磊投团队策略的有效性。他善于发现并投资那些拥有优秀团队的企业，通过提供资金和资源支持，帮助这些企业实现快速发展和成长。同时，他也注重与企业家和团队的沟通和合作，共同推动企业的创新和进步。这种投团队策略不仅为张磊带来了丰厚的回报，也为中国经济的发展注入了新的活力。

因此，选对项目只是投资的第一步，投资的第二步是选对创业团队。

### 1. 从投资角度看创业团队

投资人可以从创业态度、素质能力、合作方式三方面去看创业团队（图1-43）。

（1）创业态度。

①必须认真思考共同创业的目标、理念和态度，精心构筑团队成员的报酬、补偿和激励机制。

②创业者要超越自己，超越机制的束缚。

③早期团队成员共享愿景比技能更重要。

④若暂时的业务困难影响团队信心，一把手应能积极建立和提升团队成员对事业目标的信心，促进团队创业价值观的形成并达成共识。

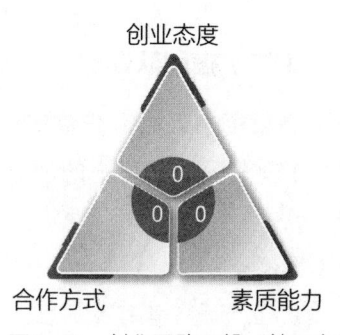

图1-43 创业团队可投"铁三角"

创业心态不够、准备不足或劲头不足都会使企业无法渡过难关，所以这类人不应成为核心团队成员，更不能成为创业企业的一把手。

（2）素质能力。

创业团队常见的素质能力问题有以下几点。

①CEO的德才不足以对团队形成正面影响：德行方面，心胸狭窄、不能容人、缺乏公正、任人唯亲等，让团队成员对其产生信任危机，严重的将导致团队瓦解；才能方面，有的CEO因为某个机遇而创业，但随着企业发展，其个人能力不能应对随之而来的各种挑战，加上学习能力不足，难以胜任企业发展的需要。

②成员个体才能不足：商业感不够、市场运作能力差、内部管理能力差、领导能力差。

③团队成员缺位：缺少公司业务或管理方面的成员；团队成员与CEO在配合层次上的缺位——没有形成核心团队；人才引进难、融入更难。

综上，可以围绕以下七点去评价，并进行针对性改善。

①如果团队整体上能力弱、状态差，无论造成这种状况的原因有多少，根本原因还是CEO缺乏德和才。

②个体才能不足时，若可以通过其他方式和手段弥补，问题就不大。

③如果团队成员能力素质差距太大，CEO就要毫不迟疑地撤换能力素质差的成员。

④企业发展阶段所需的关键成员不能缺位。

⑤CEO对核心成员的关键能力也要给予关注，并对其进行评估。

⑥对有潜质的人，在可控条件下要早给机会，在"赛马"中发现和培养人才。

⑦要清楚究竟缺的是什么类型的人（独当一面的，专业管理的，还是综合运营的），对引进的人才，要从具体的、容易衡量的工作开始评价，给双方的相互了解、认同留出时间和空间，给引进人才创造融入的机会。

（3）合作方式。

①团队结构不合理的主要原因。

a.创业CEO对组织架构、管理层分工、业务运营和企业管理缺乏认识。

b.在快速成长变化过程中，CEO不能及时调整团队结构。

②沟通不畅影响决策实施的直接表现。

中层对企业战略意图不了解，只知道本部门的任务；战略执行中部门间互相争吵、推诿；员工不知道企业总目标，只知道自己的工作目标，或者只知道听谁的话；最终决策的事情执行不下去。

针对团队结构和团队沟通的改善策略：团队结构要与企业业务特点和发展阶段相符合，并精简高效；CEO关注现有不合理情况的可转变性，特别是转变的益处、条件和障碍；CEO要有在企业发展的过程中不断调整团队结构和分工的意识，充分发挥每个成员的才能和长处，形成最大的合力；团队成员要不断学习、不断提高，树立竞争和淘汰意识；要特别防止融资导致的团队盲目扩张；CEO要特别强调沟通的重要性，注重培养团队的沟通意识；CEO要建立有效的决策机制、沟通机制（比如例会制度、分层次沟通方法、务虚会、谈心会等）；沟通方式要适合自己企业的风格。

③做事"说法"不清、奖惩不及时的主要原因。

a.创业时都是"哥们儿"，开始时就没有立规矩。

b.即使有规矩，发生问题后又抹不开面子。

c.一把手缺乏信用和自律，没有决心和魄力。

④团队成员合作意识不足的表现。

团队成员易产生冲突；团队成员之间没有合作精神，各顾各的；团队成员之间无沟通。

针对"做事"说法和团队合作意识的改善策略：

a.有没有定"说法"的习惯，是CEO意识和能力的体现，是CEO执行力问题，有无"说法"和"说法"是否一定兑现，是判断创业团队，尤其是CEO的试金石；CEO和核心团队要从理念上明白和认可对企业高层管理者考核的重要性；确定考核指标时，要切合实际，强调考核内容与业务的相关性、方法的简单性和可操作性，并注意短期激励和长期激励的结合；要"说法"，实质是强调个人做事要守信，组织要经常总结。

b.对待冲突，要注意判断是什么性质的冲突；合作精神不够，CEO要倡导形成团结合作的工作氛围；加强团队成员间的沟通，必要时建立相关机制。解决冲突的可借鉴原则：企业利益第一原则、业绩导向原则，最后看谁对企业责任更大、承诺更多，责任更大和承诺更多的应该得到支持。

## 2．创业团队的三类人

做风险投资，最重要的就是投"人"，也就是企业的创始人。如果投对了人，投资就成功了一大半；如果投错了人，可以毫不客气地说，这笔投资肯定失败。而人，又分为以下三种类型：

（1）CEO：创业早期，CEO的创业态度、能力素质对企业的存活和成长起决定性作用；团队的可调整性如何，也是对CEO能力的要求；创业团队的组建、调整，也是CEO德、才的佐证。

（2）创业团队：以信任为基础，不必用规则就能推进事情。

（3）核心团队：既志同道合又覆盖企业关键职能，有核心、有分工、有规则的团队是保证企业持续发展的理想团队。

## 3．如何判断创业团队

（1）怎么看？

看一把手、团队及企业的管理。

通过管理尽职调查（DD）来看。管理DD的目的是解决投资决策过程中"人为重"的问题，包括揭示风险和判断人"成事"的可能，并为投资后收集早期需求提供产品信息管理（PIM）重点。

（2）看什么（考察内容——能力的强弱与事情的匹配度）？

首先要看一把手以下三要素：

①看业绩：历史（个人经历和成就）、事实。

②看能力：战略能力、学习能力、识人用人能力、执行力。

③看态度：成就动机、信誉、胸怀。

其次要看团队：

①看完整性、个人能力、合作、氛围、形成过程。

②看团队成员对一把手的认同、团队成员的相互认同。

还要看公司治理、文化及运作：

①看股权结构、决策过程（实际控制人）、利益分配、与投资者的关系。

②看骨干培养、员工士气和能力。

③看制度、流程、规则的有效性。

## 三、投资决策的关键环节

投资一定要走正式流程（图1-44），一是双方多了解，二是避免投后风险。

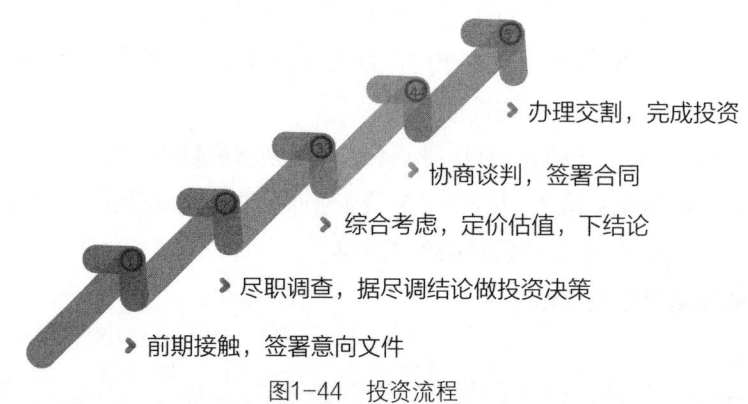

图1-44 投资流程

- ① 前期接触，签署意向文件
- ② 尽职调查，据尽调结论做投资决策
- ③ 综合考虑，定价估值，下结论
- ④ 协商谈判，签署合同
- ⑤ 办理交割，完成投资

### （一）前期接触，签署意向文件

确定目标企业之后，投资人和目标企业通过协商，约定相对比较细致的投资条款和双方的权利义务，并签署意向文件（如意向书/备忘录/Term Sheet等），以确定投资意向，约定投资目标的范围、价格（即估值，多少钱占多少股份），借款、投资还是可转换债券，信息披露及保密，投资人尽职调查，融资方陈述保证，交割前提和条件，与投资相关的其他主要商业条款，竞业禁止范围和期限，独家谈判期限等内容。

意向文件一般不具有法律约束力，任何一方都可以随时终止合作；但其存在道德约束力，除非发生重大意外或变故，否则意向文件会得到尊重。

### （二）尽职调查，据尽调结论做投资决策

#### 1. 尽职调查的维度

尽职调查的目的是了解公司。调查研究，发现问题，确定问题的性质和程度；判明是否存在潜在的致命缺陷（Deal Breaker），提出并分析解决问题的方案和阶段（签投资协议前解决、交割前解决、通过在投资协议中增加原股东和公司的承诺与保证来解决或交割后解决）。

不同行业的项目，需要关注的问题不同，除了调查信息公司的数据合规情况外，还需要调查八大范围（图1-45）。

**2．尽职调查的内容**

（1）收集信息：包括但不限于工商登记资料（如营业执照）、税务登记资料（如纳税申报表）、银行开户证明、产品检验报告等。

（2）访谈：通过与企业的相关人员进行沟通，了解企业的经营现状及未来发展规划。

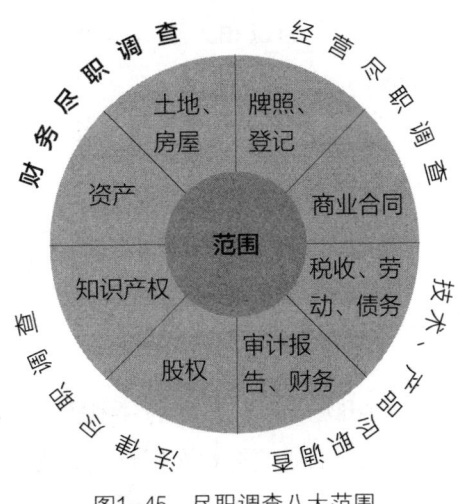

图1-45　尽职调查八大范围

（3）考察：实地考察企业的生产经营情况，包括生产车间、仓库、销售网点以及客户资源等内容。

（4）调研：通过对竞争对手或行业内其他企业的调研，掌握行业竞争格局，并判断该企业在行业内的相关情况。

**3．尽职调查的方法**

（1）询问：咨询客户和相关部门，向内部员工了解情况。

（2）查询：到工商和税务部门查询；从互联网搜索；通过行业杂志、业内人士等了解所处行业的情况；根据相关信息，结合经验，综合分析得出结论。

（3）审阅文件资料：审阅公司工商注册、财务报告、业务文件、法律合同等各项资料，发现异常及重大问题。

**4．尽职调查的访谈策略**

企业是社会的一部分，不是孤立的，在企业所在价值链上，一定能找到其环境相关方、业务相关方、利益相关方；与股东和管理团队相关方的访谈可以迅速缩短与CEO交流的距离，从而尽可能与CEO站在"同一层次"上进行交流。

（1）环境相关方：行业协会、同行。

（2）业务相关方：最终客户、代理商／分销商、供应商、合作方。

（3）利益相关方：股东（现有的、离开的）、管理层（现有的、离开的）。

（4）怎样让CEO多说？建立信任，态度是前提，能力是保障。

①做功课。

a.读行业、业务、公司及CEO背景等材料。

b.设计好交流的基本架构，先与外围相关人员交流，再与团队内部成员交流。

②与CEO交流。

a.开场白和过渡性的"闲聊"是让对方放松下来、建立信任的开始。

b.CEO通常喜欢介绍自己是多么成功，要尊重CEO并认真倾听，以同理心对待。

c.适当插话，适当赞扬，要让CEO有得到共鸣、遇到知音的感觉，CEO才会敞开心扉。

d.在初步接触时，不违反原则的附和无伤大雅，不要一开始就表示异议。

e.适时表达有把握、有独特价值、CEO关注的观点，体现价值、建立信任。

f.得到CEO的接纳后，再对问题展开讨论。

③怎么了解到实情？

a.了解CEO的权威形成过程，判断其基础是否稳固。

b.了解股份的由来及比例。

c.团队成员对CEO的看法与CEO的自我评价。

d.班子议事及决策方式。

④要"听其言"更要"观其行"。

a.听完故事听原因，听完原因听反思；看计划、看结果、看总结、看改进。

b.看重大业务起落时CEO的应对方式，看重要的人员变动及变动的原因。

c.在与CEO相关的利益分配中，他是怎么考虑的？别人怎么想？

⑤时间可以帮助我们了解CEO的学习能力。

a.随着时间（事件）的推移，看CEO有什么变化。

b.在短暂的时间内，静止地看人可能会概念化，把调查时间拉长更有利。

综上，尽职调查是一个渐进的过程，真正的窍门就是不断复盘。

## （三）综合考虑，定价估值，下结论

### 1．定价估值

估值的方法一般如下：

（1）市盈率（PE）估值法：市盈率一般按照当前市值除以公司当前年度预计利润计算得出，一般为10～20倍。公司估值为市盈率乘以公司未来12个月利润。

（2）可比公司法：以同行业可比或可参照的非上市公司或上市公司为参考，以同类公司的股价与财务数据为依据，计算出主要财务比率，以这些比率作为市场价格乘数来推算目标公司的估值、PE、市销率（PS）。

（3）可比交易法：以近期被投资、并购的同行业公司定价为参考，获取财务或非财务数据，得出合适的计算依据。

（4）现金流折现：比较适合成熟、偏后期的公司。

（5）资产法：通常以公司发展所支出的资金为基础。

### 2．作出投资结论前，投资人容易被误导的点

（1）为支撑自己的观点做粉饰。

（2）以CEO谈话为主要判断依据。

（3）以亮点掩盖关键问题。

（4）以偏概全。

（5）被团队矛盾蒙蔽。

### 3．下结论前，要分析人、事、阶段、环境的匹配度

（1）要将每个事件的背景、企业阶段等结合起来看。

（2）每个事件中，要对CEO表现的合理性进行分析。

（3）结合情境分析，不要轻易下结论，结论下得过快会影响进一步的分析和认识，影响我们对事情性质进行系统的探究。

### 4．描述CEO

在描述一个人的时候，应多在事件和分析上费笔墨。

做出投资决策前，除了考虑上述因素外，还应要综合考虑以下方面：

（1）了解市场趋势和经济形势。

(2) 识别投资机会。

(3) 估算营业净现金流量（NCF）及价值指标。

(4) 指标评价，选择最优方案。

(5) 动态评估风险。

(6) 做投资回报率预测，评估投资效果等要素，以做出更好的投资决策。

### （四）协商谈判，签署合同

**1. 谈判**

在确立投资决策和基本的商业条款后，目标企业和投资人会开始进行正式的谈判协商，最终确定全部条款并签署一系列投资合同。其中：

(1) 双方会就一些具体问题或根据谈判的进展签署备忘录或会议纪要。

(2) 目标企业律师会根据法律尽职调查情况出具披露清单和法律意见书。

(3) 投资人及投资人律师会根据法律和财务尽职调查中所发现的具体问题出具尽职调查报告并在投资合同中设置交割前提条件以及交割后续义务。

(4) 投资合同文本一般需要经过双方和双方律师反复磋商和修改。

友情提示：由于《中华人民共和国公司法》的限制，海外广泛应用的一些常见的投资条款，在中国可能需要一定的特别安排才能实现。

**2. 合同关注要点**

(1) 重组方案：通常会作为交割前提条件，重视关键节点和可行性。

(2) 买价条款：估值（股权价值和企业价值、净负债）和估值调整（对赌），对价形式（现金、股权或两者结合），支付方式，税务安排（2015年2月3日国税总局下发了7号公告）。

(3) 能力和胜任度条款。

(4) 不竞争条款：主要针对公司及创始股东（关键员工）。

(5) 公司治理条款：决策权、人事权和财务权、管理层（否决权如何设计）。

(6) 股权激励及其他激励机制。

(7) 创始股东和关键员工的锁定及例外：股权转让限制。

(8) 反稀释保护。

（9）投资流动性：对投资人股权转让的限制（通常无优先购买权或优先要约权），退出条款（回购权、优先清算权、共售权、托售权）。

（10）控制权变更。

（11）上市安排和上市影响评估。

（12）信息权。

（13）交割后承诺的跟进（考察创始团队的契约精神）。

### 3．不可忽略的陈述与保证

陈述与保证是目标企业和原股东向投资人就投资认购前存在的重要事项做出的保证和声明。如果出现虚假陈述与保证，将构成违约。如果存在与陈述与保证不符的情况，目标企业和创始股东可准备一份披露函，将该等例外情况告知投资人。主要内容（作为投资人，要求尽量不改，但可披露例外）如下：

（1）有效存续：公司依法设立并有效存续。

（2）未披露债权债务：公司不存在资产负债表中未体现的任何其他重大债权和债务。

（3）必要授权：股东与公司均具有相应的民事行为能力，并具备充分的权限签署和履行协议。

（4）无冲突：公司与股东签署及履行的协议不违反其与任何第三方签署的协议，也不违反公司章程或任何法律。

（5）税务：公司遵守有关税收征管的法律法规，没有未缴税款等违法行为。

（6）资产：公司合法拥有和使用其所有的全部固定资产、无形资产和租赁的财产。

（7）知识产权：公司拥有从事其营业活动所需的全部知识产权的合法所有权或使用权。

（8）诉讼：公司及其资产未涉入任何未决的诉讼、仲裁、劳动仲裁、政府审查或处罚程序。

（9）员工：公司遵守相关劳动法律法规，包括依法为员工缴纳社会保险和住房公积金等。

（10）合同：公司全部现行有效的合同均是合法有效和可以依法执行的，不存在重大违约的情况。

（11）信息披露：公司和创始股东已向投资人披露可能影响投资决策的必要信息，并保证披露和信息真实、准确和完整。

（12）对外投资：除已披露的外，公司没有在任何子公司、关联公司、分支机构及其他社会团体内持股或拥有类似股东权益。

（13）财务报表：公司向投资人提供截至某具体日期的财务报表，财务报表可真实完整显示公司在财务报表截止日时的资产负债状况和经营状况。

（14）股本结构除已披露的外，公司未发行任何股份、债券、认股权、期权或性质类似的权益；公司股权不存在质押、担保、代持或任何其他权利负担。

### 4．投资人权利条款安排（重点关注）

（1）清算事件下的财产分配。

投资人一般享有清算优先权，即：若发生清算事件，可优先获得相当于其投资价款1倍或几倍的偿付，若在投资人行使清算优先权之后，公司仍有剩余财产可分配，则剩余财产应当按照各股东持有的股份比例在各股东之间进行分配（投资人可能参加分配也可能不参加，参加分配更为普遍）。

（2）支付股息。

一般而言，投资人享有股息优先权，即：投资人按一定比例取得股息前，公司不得向创始人以及其他股东支付股息。

若在投资人行使股息优先权之后，公司仍有可以分配的股息，则剩余可供分配的股息应当按照各股东持有的股份比例在各股东之间进行分配。

（3）对赌条款下的业绩调整。

境外架构常见且容易操作，境内架构需注意以下方面：

①非上市股份有限公司股权转让的法律程序。

②一般设定一个明确的业绩指标。

③股份有限公司股权转让的限制。

④避开上述股权转让限制的方法。

⑤目前证监会关于对赌协议的态度。

⑥目前法院和仲裁案例关于对赌协议的态度（激励型：老股东可以约定，公司回购不行；价格调整：公司是否应该回购）。

（4）回购权。

①投资人会要求公司同意其有权在投资完成一段时间之后要求公司行使回购权，按照其投资价款（加上一定比例的回报）回购其股份。一般为在交割日后第4～6年或公司违反相应条款（根据尽责调查情况）时；届时如公司无法上市，投资人有退出保障。

②在一些情况下，投资人会要求创始人在公司无法完成回购时，以个人财产对投资人股份按照其投资价款（加上一定比例的回报）进行回购。

③对于境内架构回购条款的设置以及执行的注意事项。

（5）股份授予。

投资人为了制约创始人，让其致力于公司经营，在某些交易中会要求创始人仅先实现其全部应得股权的一小部分，其后，在创始人继续担任公司职务的前提下，按照公司经营情况逐年/月实现创始人应得的股权。

（6）股份回购。

同样为达到制约创始人的目的，投资人会要求若创始人离开公司，则公司有权回购全部或部分创始人的股权——投资早期公司主要就是投"人"。

（7）认购新股。

一般而言，投资人享有新股认购优先权，即：当公司发行新股份的时候，投资人有权选择按照约定的价格和条款按比例认购公司的新股份，以保证其股份比例不被稀释。

（8）不竞争、保密和知识产权归属协议。

为了达到制约创始人和关键员工以及保证公司良好发展的目的，投资人一般会要求创始人、关键员工和公司签署令投资人满意的不竞争、保密和知识产权归属协议。

关键员工名单由创始人提出，由投资人确认。

（9）员工持股计划（ESOP）。

逻辑：公司所有者以股权激励作为激励优秀员工努力工作的一种手段，从而使公司员工的目标和选择与公司的长期发展目标相一致，实现公司价值最大化，进而使公司持续发展和价值最大化成为所有者和经营者的共同目标。一般情况下投资人会要求创业者在融资后设置期权池。

境外架构：一套协议，包括员工持股计划、授予协议、授予通知和其他相关决议文件。

境内架构：在境内架构的框架内，创业者在公司上市前所面临的股权激励选择确实相对有限。常见的做法包括直接向员工授予股份、通过股权转让的方式实现权益转移、采取直接增资的策略来扩大股本。然而，由于早期公司面临复杂的工商变更流程以及有限公司对股东人数的严格限制，这些公司往往更倾向于采用代持或登记为持股方（如有限合伙或公司）的模式来实施股权激励计划。这种策略不仅有助于规避一些潜在的法律和行政障碍，还能更有效地管理股东关系和股权结构，为公司的长远发展奠定坚实基础。

（10）反稀释条款。

①反稀释通常指公司将来发行新股的时候，如果新发股的价格低于投资人投资时的购股价格，投资人有权将所持有的股票数量按照约定的方式（完全棘轮或加权平均）进行调整。

②对于采取境内架构融资的公司，由于我国没有授权资本的概念，因此如果需要调整股份数额，只能增发新股或从让原有股东已认购股份。但无论是增发或转股，都可能需要审批机关登记或备案或批准，而审批机关对于购买的对价有基本的要求，难以以无偿或较低的价格取得。

（11）股份转让。

一般而言，投资人还有股份转让优先购买权（Right of First Refusal），即：在一定条件下，当创始人或普通股股东向第三方转让其全部或部分股份时，投资人有权选择按照相同的价格与条件优先授让全部或部分拟转让的股份（有时公司也有此权利）。《中华人民共和国公司法》也有类似的规定。有的文件还规定在公司上市前，未经投资人同意，创始人不得转股。

（12）跟售权。

通常指在一定条件下，当创始人或普通股股东向第三方转让其全部或部分股份时，未选择行使优先购买权的投资人有权选择以相同的价格与条件按照其股份比例转让相应数量的股份给受让方。

（13）领售权。

领售权通常指在一定条件下，如果投资人提出或批准公司整体出售给第三方，则其有权要求其他股东跟售以及批准交易，以完成交易。领售权可能有年限、估值等方面的限制，且有的时候董事会或创始人对此有否决权。

（14）投票权。

创始人和投资人有权基于其所拥有的公司股份行使投票权。投资人一般会要求在公司（及其子公司）董事会中委派至少1名董事，有的还要求委派观察员。

（15）否决权。

在股东会和（或）董事会层面，投资人／投资人董事对若干重要事项有一票否决权，即该重要事项必须经过投资人（作为股东）或其指定的董事同意才可以实施。具体的事项主要包括一些重要的经营事务和资本事务。此条也是公司／创始人最看重的条款之一，其中赋予投资人和（或）其委派的董事的每一项否决权都会经过认真考量。

（16）信息权和检查权。

信息权：投资人一般会要求公司按时向投资人提交经投资人或其指定董事批准的会计师事务所审计的年度合并财务报表、未经审计的季度／月度合并财务报表和财务预算等。

检查权：投资人一般会要求有看公司账簿、场地，从公司的高管、顾问等处了解公司情况等权利。

（17）股份登记权。

①股份登记权是美国证券法里独有的概念：只有登记的股份才可以流通。

②要求登记权。

③附带登记权。

## （五）办理交割，完成投资

在私募股权投资交易中，投资人确定投资意向后，通常会遵循一系列的程序和步骤来完成整个投资过程。这些步骤包括签订投资协议、签订股权转让协议以及实施具体的权力和实物的交割等。下面将详细解释这些步骤：

### 1. 签订投资协议

投资协议是投资人和目标公司或其股东之间达成投资意向的初步协议。该协议主要约定投资款的支付方式和相关条件，包括投资金额、支付方式（如一次性支付或分期支付）、支付时间，以及可能的先决条件（如目标公司达到特定的业绩指标或完成特定的任务）。此外，协议还可能包括投资人享有的权益、参与公司管理的权利、退出机制以及违约责任等条款。

### 2. 签订股权转让协议

在投资款支付完成后，通常会进行股权交割，此时需要签订股权转让协议。该协议是股权转让双方（即投资人和目标公司的原股东）就股权转让事宜达成的正式协议。其主要内容包括但不限于：

（1）转让方和受让方的身份信息。

（2）转让的股权份额和比例。

（3）股权转让的价格和支付方式。

（4）股权转让的交割时间点和程序。

（5）股权转让后双方的权利和义务，如决策权、经营权、分红权等。

（6）股权转让的登记和公告事宜，特别是工商局登记股权份额的相关要求。

（7）违约责任和解决争议的方式。

股权转让协议的签订是为了确保股权转让的合法性和有效性，并在工商局进行股权份额的登记，从而保护投资人的合法权益。

### 3. 实施具体的权力和实物的交割

在完成股权转让协议的签订后，接下来将实施具体的权力和实物的交割。这包括但不限于：

（1）决策和经营权的交割：投资人根据持股比例获得相应的决策和经营权，参与公司的日常管理和重大决策。

（2）债权债务的交割：根据协议约定，对目标公司的债权债务进行清算和确认，确保投资人的权益不受损害。

（3）资产的交割：对目标公司的资产进行盘点和评估，确保资产的真实性和完整性，并根据协议约定进行交割。

（4）印鉴、档案材料和财务税务资料的交割：将公司的印鉴、重要档案和财务税务资料移交给投资人或其指定的代表，确保投资人能够顺利接管公司的运营。

（5）其他实物的交割：根据协议约定，对目标公司的其他实物资产进行交割，如办公设备、存货等。

在整个交割过程中，双方一般根据协议约定安排相关事项。

**4．出资证明书**

公司向投资者出具根据投资协议相关约定制作的出资证明书，出资证明书应载明下列事项：公司名称、注册资本、股东名称、认缴的出资额、股权比例、出资额缴付日期、出资证明书出具日期。出资证明书由公司法定代表人签名并加盖公司印章。

**5．建立股东名册**

对于公司及公司其他股东来说，股东名册的变更登记为交割时点。

**6．后续其他事项**

公司已经办理完毕工商变更登记并更换营业执照，且已向投资者交付营业执照扫描件。

这样整个交割流程就走完了。

## （六）投后管理

投后管理在私募股权投资交易中占据着举足轻重的地位。它不仅是确保投资规划顺利完成的关键环节，还是投资方实现预期投资目的的重要手段。下面将对投后管理的核心内容和重要性进行详细的阐述。

首先，投后管理的核心在于对投资后项目的运行发展状况进行持续、动态的跟踪管理。这要求投资方密切关注项目的进展，包括财务状况、市场表现、技术研发、团队建设等多个方面。通过参加拟投公司的股东大会，投资方可以及时了解公司的重大决策和运营情况，从而做出相应的调整和管理。同时，配合券商对目标公司进行辅导和改造，这有助于提升公司的治理水平和市场竞争力，进一步保障投资方的权益。

其次，当项目出现背离预期计划的异常偏差时，投后管理的作用更加凸显。投资方需要及时对项目情况进行反馈，并汇报至投资决策委员会。通过深入分析和讨论，投资决策委员会可以作出是否继续管理改进、估值调整或选择何种退出策略的决定。这种灵活应对的机制有助于降低投资风险，确保投资方利益的最大化。

再次，投后管理还涉及资源投入和支持的问题。投资方在投资款发放完毕后，通常会投入一定程度的资源、精力来支持项目公司的发展。这包括但不限于提供技术支持、市场渠道、人才引进等方面的帮助。通过这些支持措施，投资方可以加速项目公司的成长和发展，进而实现预期的投资回报。

最后，需要强调的是，投后管理是一个持续的过程，需要投资方和项目公司共同努力和协作。双方应建立良好的沟通机制，定期交流项目进展和存在的问题，共同寻求解决方案。同时，投资方还应关注行业动态和市场变化，及时调整投资策略和管理措施，以应对可能出现的风险和挑战。

## 四、CVC产业链投资策略

根据加利福尼亚大学伯克利分校哈斯商学院教授Henry W Chesbrough相关研究中的定义，企业风险投资（Corporate Venture Capital，CVC）是指企业内部成立的风险投资部门利用企业基金直接向外部小微企业进行投资。

CVC一般都是非金融企业设立的独立投资子公司或者投资部，这些子公司或投资部代表母公司对创业公司进行投资，其投资资金一般由母公司提供（图1-46），不会受到资金合同期的限制。

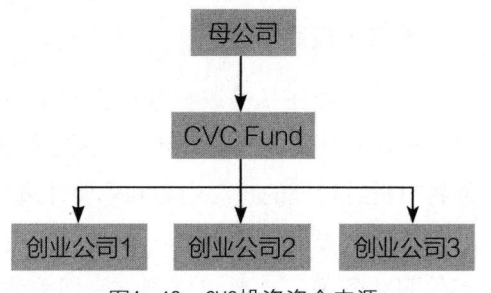

图1-46 CVC投资资金来源

传统的独立风险投资（IVC）以追求财务回报为第一目标，而CVC的目的并不单单是获得财务回报，还有关于企业持续发展的战略目标，比如，改善生产流程、收购机会、新产品、获取信息，最后才是财务目标（图1-47）。

据统计，目前国内CVC主体公司的两成为互联网企业，而在其余近八成中，15%的CVC主体公司来自生产制造行业。因此可以说，产业资本致力于完善全产业链布局，弥补中国制造的薄弱环节，培育一批具有国际竞争力的制造业企业（图1-48）。

比较典型的有：

字节跳动：2014年12月17日至2022年1月18日，一共产生了189笔对外投资，主要涉及文娱传媒、企业服务、游戏、教育、智能硬件、电子商务、社交

## 第一章 四维资金策略

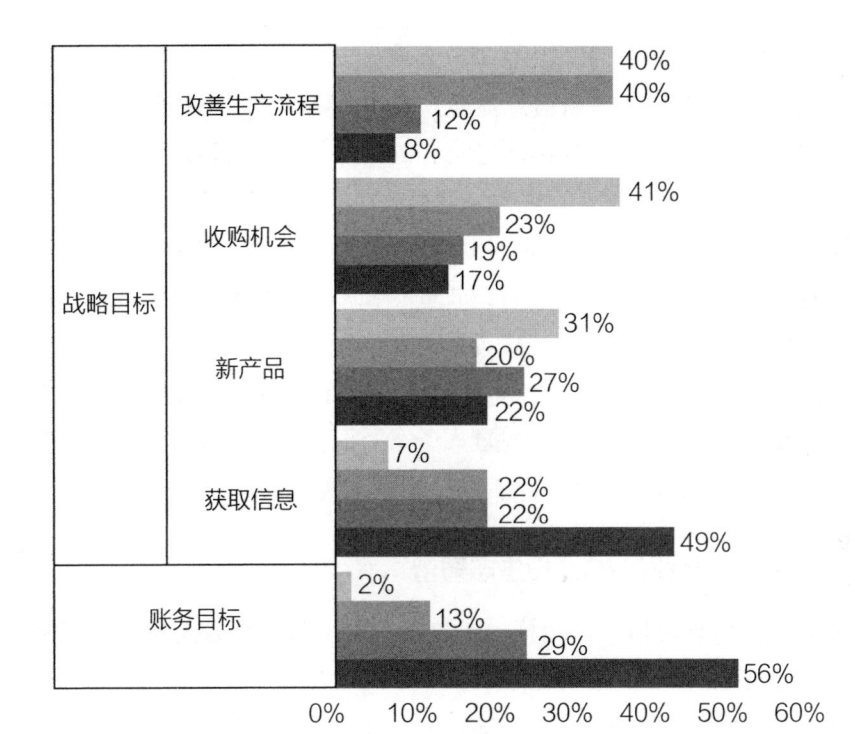

图1-47 公司设立CVC的动机

横轴：0%, 10%, 20%, 30%, 40%, 50%, 60%
图例：无关、值得考虑、重要考虑、主要目标

**战略目标**
- 改善生产流程：40%、40%、12%、8%
- 收购机会：41%、23%、19%、17%
- 新产品：31%、20%、27%、22%
- 获取信息：7%、22%、22%、49%

**账务目标**：2%、13%、29%、56%

---

**互补型投资**
与母公司产业形成优势互补，如专业培训机构投资在线学习平台

**圈层投资/生态投资**
以母公司产业为中心，拓展外延，形成产业生态；如小米在智能硬件领域投资

**全产业链投资**
同一行业的上下游之间进行投资，拉长产业链，如地产CVC投资物业管理公司

**前瞻性投资**
未来发展趋势、重点研发领域，如汽车CVC投资新能源科技、自动驾驶技术研究

**多元化投资**
分散母公司行业风险，进行多领域、多样化投资

图1-48 产业资本的使命

-235-

网络、本地生活、医疗健康等17个细分领域。

华为：基金业协会网站信息显示，哈勃科技创业投资有限公司（简称"哈勃投资"）在2022年1月14日完成了私募基金管理人备案登记，机构类型是私募股权、创业投资基金管理人。这家公司成立于2019年4月23日，最新注册资本高达30亿元，注册地和办公地都在深圳市福田区。完成私募基金管理人备案，意味着华为旗下的哈勃投资正式进军私募基金行业，未来将成立私募基金产品，面向个人和机构合格投资者募集资金，进行股权创业投资。

小米：2021年12月13日，小米私募股权基金管理有限公司（简称"小米私募"）在中基协完成私募基金管理人备案登记，注册资金11亿元，实缴资本2.775亿元。小米私募由小米100%控股，雷军为实控人。

## （一）汽车产业CVC产投生态图谱

以新一代信息通信、云计算、大数据、人工智能等为代表的科技和产业革命快速渗透于汽车全产业链，说明汽车已经不再是传统意义上的交通工具，而是转变为大型移动智能终端、储能单元、数字空间，汽车产业生态系统面临着一场巨变。汽车产业范围也得到拓展，互联网公司、科技公司、内容商、运营商、服务商等都将成为汽车产业的重要参与者，未来必将形成多方参与、竞争合作、你中有我、我中有你的全新产业格局。

汽车产业的边界也将逐渐趋于模糊（图1-49）。

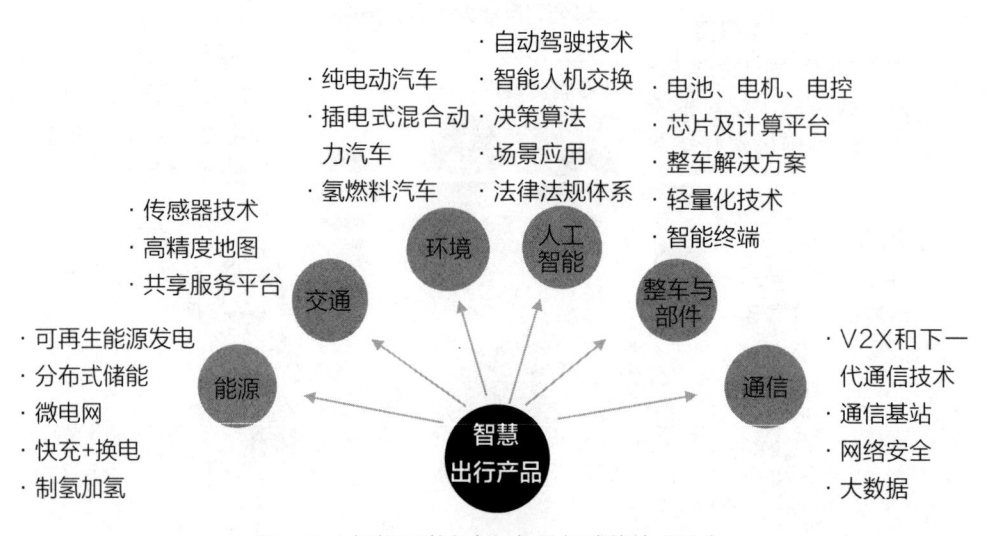

图1-49 智能网联汽车与相关领域的技术融合

出行逐渐变成一种360°全方位生活体验，人们开始逐渐追求灵活、简单和便捷的生活方式。因此，出现了一系列的智慧出行产品，形成了一个产业生态图谱，新商业模式／新制造技术带来颠覆性变革，使汽车产业进入由大变强的重大战略机遇期。

中国智能网联汽车关键技术研发处于全球并跑阶段，形成了较为完善的智能网联汽车技术链，逐渐形成覆盖车、路、云、智能交通和智慧城市的软硬件结合的立体网状生态系统。其自动驾驶系统集成、激光雷达、控制决策、算法、AI芯片、智能座舱、北斗定位等关键技术为自主研发且取得突破。在汽车智能化领域，我国也涌现了一批"独角兽"供应商。因此，从全球产业发展梯度趋势看，中国汽车将是在家电之后，又一个由大变强的产业。中国新能源汽车产业领跑全球，目前新能源汽车保有量占全球的50%，动力电池产业链也涌现出一批具有全球竞争力的企业。资金充足的产业主，可以着眼于产业链重塑，重新思考汽车产业CVC投资。

## （二）产业投资的三个策略

### 策略一：横向产业扩张

横向产业扩张，是指企业为扩大自身产业领域的资源，在现有产业上扩大市场占有率、巩固企业市场地位、提高企业竞争优势、增强企业实力而对同行业优质企业进行投资的一种战略。主要通过投资来扩大市场影响力，拓宽获客渠道，发展潜在客户，培育新市场；其也会间接降低生产成本，帮助企业抢占市场份额甚至于消除竞争对手。其适用于竞争较为激烈、规模经济较为显著的行业，CVC机构可以通过投资的手段快速获得互补性优势，如先进技术、区域市场、关键客户等资源，从而遏制竞争对手的扩张意图，维持自身的领先地位和竞争优势。

### 案例

人福医药：横向扩张智略棋阵

在医药产业的广袤领域中，人福医药一直以其稳健的发展步伐和前瞻的战略眼光而著称。面对日益激烈的市场竞争和不断变化的行业环境，人福医药深知要想保持领先地位，就必须不断创新，寻找新的增长点。因此，公司决定

## 资金策略

实施横向产业扩张策略，通过投资同行业优质企业，获得互补性优势，进一步巩固和扩大自身的市场份额。

在一次行业交流会上，人福医药的领导层接触到了博沃生物、湖北生物医药、睿健医药等一批具有潜力的同行业企业。这些企业虽然规模不大，但各自在某一领域或某一技术上有着独特的优势。人福医药看到了其中的商机，决定对这些企业进行投资。

首先，人福医药对博沃生物进行了投资。博沃生物在生物医药领域拥有先进的研发技术和丰富的产品线。通过投资，人福医药获得了博沃生物的新技术使用权，并共享了其在区域市场的销售网络。这使得人福医药在生物医药领域的技术实力得到了大幅提升，同时也打开了新的市场渠道。

接着，人福医药又投资了湖北生物医药。湖北生物医药在中药制剂方面有着深厚的积淀和丰富的经验。通过投资，人福医药获得了湖北生物医药的中药制剂技术和生产线的使用权，进一步丰富了公司的产品线。同时，湖北生物医药在本地市场的品牌影响力也为人福医药带来了更多的商机。

最后，人福医药还投资了睿健医药。睿健医药专注于医疗器械的研发和生产，其产品在市场上具有较高的知名度和美誉度。通过投资，人福医药获得了睿健医药的医疗器械销售渠道和技术支持，进一步提升了公司在医疗器械领域的竞争力。

通过这一系列的投资，人福医药不仅获得了同行业优质企业的互补性优势，还得到了被投资公司的新技术、区域市场等宝贵资源。这使得人福医药在医药产业的竞争中更加游刃有余，能够更好地应对市场变化和挑战。同时，这些投资也为公司的未来发展奠定了坚实的基础、注入了新的活力。

人福医药通过横向产业扩张策略，对博沃生物、湖北生物医药、睿健医药等同行业优质企业进行投资，获得了互补性优势和新技术、区域市场等资源，这一举措给产业投资者带来了多方面的启示。

**1. 重视战略眼光与前瞻性**

产业投资者需要像人福医药一样，具备长远的战略眼光和前瞻性。在快速变化的市场环境中，投资者需要敏锐地捕捉行业趋势和潜在机会，通过横向扩张策略来巩固自身地位或开拓新的增长点。

### 2. 关注优质企业与技术优势

投资者在寻找投资目标时，应重点关注那些在某一领域或技术上具有独特优势的企业。这些企业的技术优势不仅可以为投资者带来直接的收益增长，还可以通过技术整合和创新，推动整个产业链的升级和发展。

### 3. 实现资源互补与共享

横向产业扩张策略的一个重要目标是实现资源的互补与共享。投资者应寻找那些在资源、市场、技术等方面能够与自己形成互补的企业进行合作，通过资源共享和优势互补，实现双方的共赢发展。

### 4. 注重风险管理

在进行横向产业扩张时，投资者需要谨慎评估潜在的风险，包括被投企业的财务状况、市场前景、技术风险、法律风险等多个方面。投资者需要制定完善的风险管理策略，确保资金的安全和回报的稳定。

### 5. 持续关注市场变化

市场环境和竞争格局的变化是投资者必须时刻关注的。投资者需要保持敏锐的市场洞察力，及时调整投资策略和布局，以适应市场的变化和挑战，以求在竞争激烈的市场环境中取得成功。

**策略二：纵向产业延伸**

纵向产业延伸是指产业资本通过投资产业链上下游企业建立紧密的联动性，结合产业链上下游发展趋势，在产业链维度上对上游和下游相关优质企业进行投资，或投向新兴产业的潜力公司。这一策略加深产业链布局、延伸客户需求，从而整合更多产业链资源，建立起服务主业增长的生态圈层。

其中向上游进行投资，可以掌控关键原材料的供给，节约企业的生产成本和交易成本；向下游进行投资，可以增加企业核心产品的销售渠道、应用场景和落地方式，扩大企业核心业务的应用范围。

### 📖 案例

华为纵向深耕产业延伸投资宏图

华为作为中国的科技巨头，一直以来都以其前瞻的战略眼光和强大的技术实力引领着行业的发展。然而，随着全球科技产业的快速变革和市场竞争的加剧,华为意识到,要想保持领先地位,就必须在产业链上进行更深度的布局。

因此,华为决定通过纵向的产业延伸投资,进一步巩固和扩大自身的产业链优势。哈勃投资,作为华为旗下的投资机构,肩负起了这一重要使命。

哈勃投资的目光首先投向了东微半导体。东微半导体是一家具有新工业领域领先技术的优质企业,其先进的半导体产品广泛应用于通信、汽车、消费电子等多个领域。华为深知,半导体是电子产品的核心,掌握了半导体技术,就等于掌握了产业链的主动权。因此,哈勃投资对东微半导体进行了大额投资,并将其先进半导体产品纳入华为自身的价值链中。

随后,哈勃投资又将目光转向了纵慧芯光和灿勤科技。纵慧芯光是一家专注于光学器件研发和生产的企业,其产品在光电通信、激光加工等领域有着广泛的应用。灿勤科技是一家具有介质滤波器领域独特技术的企业,其产品在无线通信、雷达等领域发挥着重要作用。华为意识到,这些企业的产品和技术对于自身的产业链布局至关重要,因此也进行了相应的投资。

通过这一系列的投资,华为不仅成功地将所投企业的先进产品纳入了自身的价值链中,实现了对关键原材料的掌控,还大大节约了交易成本。更重要的是,这些投资为华为在未来的市场竞争中胜出奠定了坚实的基础,使其能够更好地应对各种挑战和变化。

然而,华为并没有止步于此。它深知,要想在全球科技产业中立于不败之地,就必须不断创新和进取。因此,华为将继续通过纵向的产业延伸投资,寻找和培育更多具有潜力的新工业优质企业,共同推动产业链的升级和发展。

在这个过程中,华为也将面临各种挑战和困难。但凭借强大的技术实力、敏锐的市场洞察力和坚定的战略决心,华为有信心克服一切困难,实现自身的长远发展目标。华为的纵向产业延伸策略给有意采用这一策略的企业如下重要启示。

### 1. 深入产业链布局,掌控关键环节

企业应像华为一样,深入理解产业链的每一个环节,特别是那些对自身发展至关重要的环节。通过投资或合作,掌控这些关键环节,这不仅可以确保供应链的稳定,还可以获取更大的利润空间和更多竞争优势。

### 2. 注重技术驱动，追求创新

技术是推动产业进步的核心动力。企业应关注新技术、新工艺的发展，积极投资那些具有创新能力和技术实力的企业。通过技术驱动，不断提升产品竞争力和市场地位。

### 3. 建立长期战略合作关系

纵向产业延伸投资不仅是资金的投入，更是建立长期战略合作关系的过程。企业应与被投企业建立紧密的合作关系，共同研发新产品、新技术，共同开拓市场，实现互利共赢。

### 4. 注重风险管理和资源整合

投资总是伴随着风险，企业在进行纵向产业延伸投资时，应建立完善的风险管理机制，对投资项目进行全面评估。同时，投资时也要注重资源整合，将不同企业的优势资源进行有效整合，使其形成合力，提升整体竞争力。

### 5. 保持敏锐的市场洞察力和战略定力

市场环境和竞争格局在不断变化，企业需要保持敏锐的市场洞察力，及时捕捉市场机会和察觉风险。同时，在面对困难和挑战时，企业应保持战略定力，坚定执行既定的投资策略，不被短期波动所影响。

综上，华为纵向产业延伸策略为有意采用这一策略的企业提供了宝贵的启示。企业应以华为为榜样，结合自身实际情况，制定和实施适合自己的投资策略，实现产业链的优化和升级，提升整体竞争力。

## 策略三：生态圈层构建

生态圈层构建指CVC完成先期布局后，从企业主营业务产业链出发，进行生态型扩张，吸收并引进与企业主营业务产业链有一定关联的相关业务，扩大企业的经营范围。

### 📄 案例

小王子食品：教科书式的生态圈标杆

创立于1998年的浙江小王子食品股份有限公司（简称"小王子食品"），自诞生之初便如同一个怀揣梦想的年轻人，怀揣着对食品行业的热爱与执着，踏上了创业之路。在那个春风拂面、万物复苏的年代，小王子食品凭借敏锐的市场洞察力和不懈的拼搏精神，在休闲食品这片肥沃的土地上播种希望。

经过多年的摸爬滚打，小王子食品逐渐在休闲食品领域里崭露头角。他们始终坚守品质至上的原则，严格把控原材料采购、生产加工、质量检测等各个环节，确保每一款产品都能让消费者放心食用。同时，他们还紧跟市场潮流，不断创新产品口味和包装形式，满足消费者日益多样化的需求。

然而，随着国内高质量经济发展的步伐加快，小王子食品也面临着新的挑战。他们深知，要想在竞争激烈的市场中立于不败之地，就必须适应消费需求的不断升级、跨界融合、创新发展。

于是，小王子食品开始了一场大胆的跨界之旅。他们从世界名著《小王子》中汲取灵感，将其改编成集正能量和幽默趣味性为一体的3D魔幻动画片。这部动画片不仅画面精美、情节紧凑，还具有丰富的文化内涵和教育意义，赢得了众多小朋友和家长的喜爱。

通过打造这一超级IP，小王子食品成功引领了产业生态圈的构建。他们与多家企业展开深度合作，共同开发衍生品，拓展市场份额。这些衍生品涵盖了玩具、文具、服装等多个领域，让小王子食品的形象深入人心。同时，小王子食品还积极与媒体、电商平台等合作，通过广告宣传和线上销售等方式，进一步扩大品牌影响力。

在跨界融合的过程中，小王子食品也积极参与公益事业。他们与慈善机构合作，捐资助学、扶贫济困，用实际行动践行社会责任。这些公益活动不仅提升了小王子食品的社会形象，也增强了消费者对企业的信任和支持。

如今的小王子食品已经不再仅仅是一家食品公司。它已经成为一个拥有完整产业链、具备强大创新能力和社会责任感的综合性企业。从原材料采购到生产加工，再到产品销售和品牌推广，小王子食品都形成了完整的闭环。同时，它还拥有一支专业的研发团队，不断研发新产品、新技术，为企业的发展注入源源不断的动力。

有意向打造生态圈的企业，可以从小王子食品的成功案例中汲取一些宝贵的启示：

（1）明确核心优势与定位：在构建生态圈之前，企业需要明确自身的核心优势和定位。这需要对自身产品、技术、品牌等方面进行深入剖析，以及对目标市场具有准确理解。只有明确了自身的核心竞争力，企业才能在生态圈中占据有利地位，吸引更多合作伙伴。

（2）跨界合作与创新：跨界合作是构建生态圈的重要手段。企业可以积极寻求其他行业、领域的合作伙伴，共同开发新产品、新技术或新服务。通过跨界合作，企业可以打破行业壁垒，实现资源共享和优势互补，提升整体竞争力。同时，企业还应注重创新，不断推出符合市场需求的新产品或服务，以保持领先地位。

（3）构建完整产业链：一个成功的生态圈需要完整产业链的支撑。企业可以通过投资、合作等方式，逐步完善产业链上下游环节，形成完整的产业闭环。这将有助于降低生产成本、提高生产效率，并为企业带来更多的发展机遇。

（4）强化品牌建设与推广：品牌是企业生态圈的核心资产之一。企业应加强品牌建设，提升品牌知名度和美誉度。这可以通过广告宣传、公关活动、社交媒体等多种渠道实现。同时，企业还应注重品牌形象的维护，确保产品和服务的质量，以赢得消费者的信任和忠诚。

（5）履行社会责任与参与公益事业：履行社会责任和参与公益事业是企业构建生态圈的重要方式。通过参与公益活动、支持社会事业等方式，企业可以树立良好的社会形象，提升品牌影响力。同时，这也是企业与消费者、社会建立紧密联系的有效途径。

（6）持续学习与优化：生态圈是一个动态发展的系统，企业需要持续学习和优化自身的战略和运营模式。这包括关注市场动态、了解消费者需求、分析竞争对手等方面。通过不断学习和改进，企业可以确保生态圈稳定发展，并有能力应对各种挑战和变化。

建议企业在资金充足的条件下，建立适合自己发展的CVC生态体系，最后引用腾讯投资李朝晖说过的一句意味深长的话："在战略价值和财务价值之间，我们努力地寻找平衡。如果我们觉得没有给商业社会带来足够的价值，或者商业行为非常浮躁和不负责任，即使很赚钱我们也不投。"

很多人说，CVC做到"既要又要还要"非常难，如果企业给予强的资源背书、出资，甚至风控上的支持，在这种情况下，它一定需要实现"既要又要还要"。即：CVC赚钱是应该的！不仅既要"应投尽投"，又要帮助企业发展、链接主业产业资源发展，还要"应赚尽赚"。

就如字节跳动、华为、小米、阿里巴巴、腾讯等企业，因为CVC作为产业投资的重要力量，在这个过程中助推了各产业转型升级和高质量发展，已经实现了迭代和跨越，为企业的长远发展奠定了坚实基础。

### 五、国际投资策略

据国泰君安证券研究，当今全球贸易基本逻辑的三级分工（图1-50）包括以下方面：

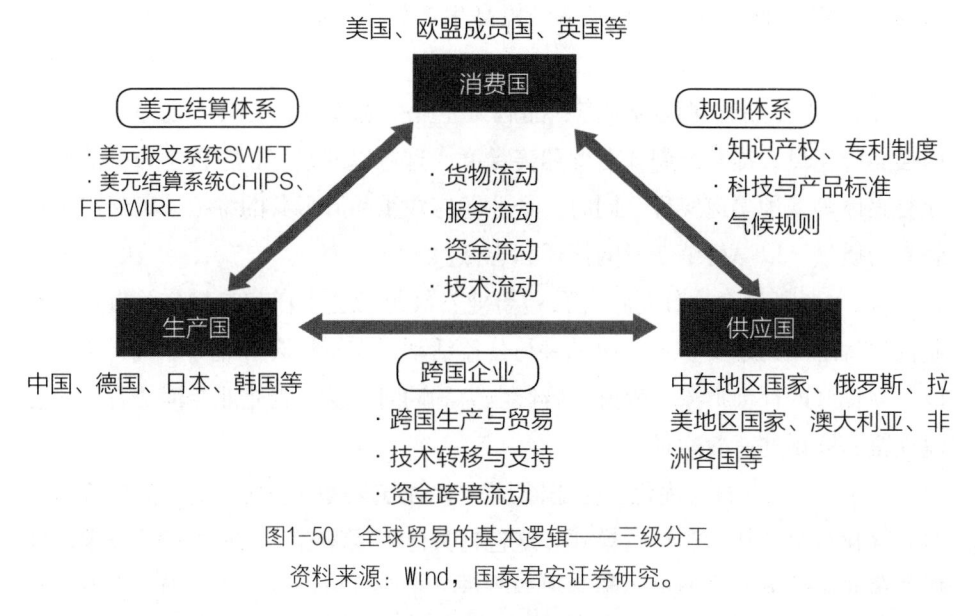

```
                     美国、欧盟成员国、英国等

                           消费国

   美元结算体系                                规则体系
   ·美元报文系统SWIFT          ·货物流动        ·知识产权、专利制度
   ·美元结算系统CHIPS、        ·服务流动        ·科技与产品标准
    FEDWIRE                 ·资金流动        ·气候规则
                           ·技术流动

        生产国                                 供应国

   中国、德国、日本、韩国等       跨国企业        中东地区国家、俄罗斯、拉
                           ·跨国生产与贸易     美地区国家、澳大利亚、非
                           ·技术转移与支持     洲各国等
                           ·资金跨境流动
```

图1-50 全球贸易的基本逻辑——三级分工
资料来源：Wind，国泰君安证券研究。

（1）欧美国家，尤其是美国为主要的消费国。

（2）中国、德国、日本、韩国等为主要的生产国。

（3）中东地区国家、俄罗斯、拉美地区国家、澳大利亚、非洲大部分经济体等作为能源、资源品、农产品的供应国参与全球化。

中国已成为世界第二大经济体，中国的企业家只有具备全球化战略视野，才能在全球范围内具有竞争优势和实现可持续发展。

### （一）成立境外企业

离岸是指投资者的公司在离岸管辖范围内注册，但投资者不必亲自参观当地，其业务运营可以直接在世界任何地方进行。因此，国内大型互联网公司都在境外注册子公司：腾讯子公司腾讯云在开曼群岛注册了公司，阿里巴巴子公司阿里巴巴云计算在开曼群岛注册了公司，百度子公司百度云计算在开曼群岛注册了公司，美团子公司美团云计算在开曼群岛注册了公司，小米子公司小米云计算在开曼群岛注册了公司。

注册境外公司的13个好处：

（1）境外公司地名命名自由。无论注册资本大小，海外政府都允许公司名称包含国际、集团、控股、工业、投资、学院、协会、基金会、研究所等字样。

（2）境外公司的经营范围几乎不受限制，只要合法，就能经营各种业务，比如金融、航运、进出口贸易、房地产、建筑、装修、信息网络等。一些在国内比较难注册的公司可以到海外注册。

（3）境外公司对投资者、股东、董事没有国籍、年龄和资产的限制。

（4）企业可利用跨国经营走向世界、开展跨国业务、增强企业实力。

（5）注册境外公司可进行海外融资上市，且海外离岸公司的资金转移不受任何限制，公司使用资金也非常方便。

（6）从离岸公司出口到美国可以绕过关税壁垒获得免税待遇，成功绕开出口配额限制。

（7）大多境外离岸公司的股东身份、董事名册、股权比例、收益状况等材料都不公开展示，一般事项公众无法查阅。同时，法律禁止信托管理公司泄露相关资料，保密性极强。

（8）海外离岸公司获得的营业收入和利润免征地方税或以极低的税率支付，征税类目少，可妥善安排税收，合理合法筹划。

（9）海外离岸公司不需要每年召开股东大会和董事会，即使召开，其地点也可以随意选择。只要全权委托公司秘书，就可以保证公司的日常经营与当地法律没有冲突。

（10）成立的海外公司也可以在内地投资，开办外资企业或合资企业，从而享受外资待遇和生产营销优势。这些企业所在领域主要为国际贸易、国际投资、中间控股、金融、个人服务、就业等行业。

（11）注册海外离岸公司是保护股权、知识产权、不动产等各种资产的有效手段。例如，以美国公司的名义在美国申请你在国内市场创立的商标品牌，就可以帮助你快速创立驰名商标。

（12）对于跨境电子商务企业来说，其海外资源在目的地注册海外公司和商标，将有助于企业在复杂的跨境电子商务环境中提高竞争力，形成"护城河"。

（13）向海外公司发出邀请函，方便海外商务活动，有利于签证和移民。

### （二）海外并购

#### 1. 海外并购的原因

企业海外并购的原因有：缩小与经济发达国家技术水平差距，海外上市的架构需求，国内饱和下的海外出路，等等。无论何种原因，都是为实现规模生产、资源整合，降低企业成本，以及扩大市场份额和实现长期盈利等（图1-51）。

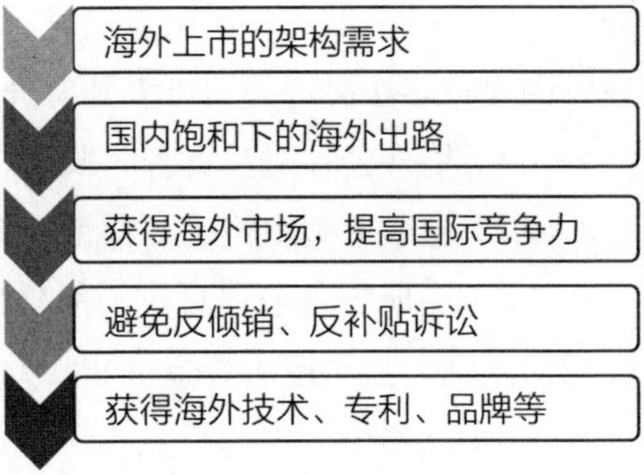

海外上市的架构需求
国内饱和下的海外出路
获得海外市场，提高国际竞争力
避免反倾销、反补贴诉讼
获得海外技术、专利、品牌等

图1-51 海外并购原因

#### 2. 海外并购的方式

（1）按并购适用的法律和税收框架划分，可以分为资产收购、股票收购和兼并。

（2）按并购双方所处的行业划分，可分为横向并购、纵向并购和混合并购。

（3）按是否利用目标企业自身资产情况来作为并购资金划分，可以分为杠杆收购与非杠杆收购。

（4）按目标企业资产转移的方式划分，可分为承债式并购、无偿划转式并购和承包式并购。

（5）按并购是否有中介机构参与来划分，可分为直接收购与间接收购。

#### 3. 海外并购的机遇和风险

中国企业走出去，进行海外并购，既面临着巨大的机遇，也伴随着不小的风险。下面将分别就这两方面展开讨论。

（1）机遇。

拓展市场空间：通过海外并购，中国企业能够迅速进入新的市场，扩大自身的业务范围和市场份额。这有助于企业实现规模经济，提高竞争力，进一步推动国际化进程。

获取优质资源：海外并购可以让企业获得目标企业的先进技术、品牌、专利等优质资源，从而提升自己的技术水平和创新能力。这些资源对于企业的长期发展至关重要，有助于提升企业的核心竞争力。

实现协同效应：并购双方可以通过资源整合、优势互补等方式实现协同效应，提高企业的运营效率和盈利能力。这种协同效应有助于企业实现更快速的发展，提升自身在全球市场的地位。

（2）风险。

政治风险：不同国家的政治环境、政策法规等存在差异，这可能会给企业的海外并购带来不确定性。例如，东道国政府可能对中国企业存在歧视或持遏制态度，导致并购受阻或失败。

经济风险：海外并购涉及不同国家的经济环境、货币汇率等因素，这些因素的波动可能会给企业的并购带来经济损失。此外，并购过程中的定价、融资、支付等财务决策也可能导致企业财务状况恶化。

法律风险：不同国家的法律体系存在差异，企业在进行海外并购时需要了解并遵守相关国家的法律法规。否则，企业可能会面临法律风险，如合同违约、知识产权侵权等。

文化风险：不同国家的文化背景、价值观念等存在差异，这可能导致企业在并购后的整合过程中出现文化冲突。这种冲突可能会影响员工的工作积极性、团队合作等，进而影响企业的运营和发展。为了降低海外并购的风险，中国企业需要做好充分的市场调研和风险评估工作，制定合适的并购策略和整合方案。同时，企业还需要加强与国际投行、律所、会计师事务所等专业机构的合作，借助他们的专业知识和经验来降低并购风险。此外，企业还需要注重培养国际化人才，提高跨文化沟通和协作能力，以更好地适应全球化市场的发展趋势。

## 资金策略

### 📄 案例

中国航油之殇：判断失误与重大隐瞒引发的资金链断裂风暴

在金色的秋日里，中国航油（新加坡）股份有限公司曾经是中国企业"走出去"战略中一颗璀璨的并购明星，被誉为过河尖兵，承载着国家的希望和期待。然而，在2004年底，这颗明星却突然黯淡了下来，陷入了前所未有的困境。

这一切都源于公司总经理陈某霖的一次重大判断失误。在石油期权和期货的投机市场中，他过于自信地选择了卖空油品期货交易。然而，命运似乎与他开了一个残酷的玩笑。随着全球石油价格的不断攀升，他的决策逐渐显露出其致命的漏洞。

亏损的阴影开始笼罩在中国航油（新加坡）股份有限公司的上空。然而，陈某霖并没有选择及时斩仓或者让期权合同自动到期以减少损失。相反，他选择了更高风险的展期，试图通过市场的波动来挽回局面。然而，随着中东等地区的动乱不断，墨西哥湾的飓风肆虐，石油供给日益紧张，油价持续上涨，维持高位。国际大投行更是趁机逼仓，使得公司的亏损如同滚雪球般越滚越大。

在这个过程中，陈某霖还犯下了另一个严重的错误——重大隐瞒。他没有将公司的亏损情况如实报告给股东和相关部门，而是选择了掩盖真相，试图用其他手段解决问题。然而，纸终究包不住火，随着亏损的不断累积，公司的资金链终于断裂，公司陷入无法挽回的境地。

2004年11月30日，中国航油（新加坡）股份有限公司不得不向新加坡高等法院申请破产保护。这一消息震惊了整个商界和社会，也让中国企业的"走出去"战略蒙上了一层阴影。陈某霖作为这起事件的主角，不仅失去了职位和名誉，更因为重大隐瞒和判断失误而获刑四年零三个月。

在股东们的努力下，公司最终通过出售股份等方式得到拯救。然而，这一切的代价却是巨大的。中国航油（新加坡）股份有限公司的声誉和信誉受到了严重损害，股东们也付出了沉重的代价。而陈某霖的获罪，更是成了央企"丑闻"中的典型案例，让人们对于央企的管理和决策产生了深深的疑虑。

在海外并购的复杂过程中，资金准备不足可能成为一个致命的短板。以

下是从资金准备不足的角度为有意海外并购的企业提供的警示:

首先,资金准备不足可能导致并购计划受阻。海外并购往往涉及巨额的资金流动,如果企业没有提前做好充分的资金准备,可能无法按照预定计划完成并购交易。这不仅会使企业错失市场机遇,还可能给企业带来声誉上的损失。

其次,资金短缺可能增加并购成本。在资金紧张的情况下,企业可能不得不接受更高的并购价格或更苛刻的并购条件,以换取对方的合作。这不仅会增加企业的财务负担,还可能影响并购后的运营和盈利能力。

此外,资金准备不足还可能影响并购后的整合工作。并购后的整合需要投入大量的资金和资源,涉及人员安置、业务重组、系统升级等方面。如果企业在并购前没有预留足够的资金用于整合,可能导致整合工作无法顺利进行,甚至引发一系列风险。

本案被喻为"折戟沉沙",其惨痛教训给很多海外并购企业敲响了以下警钟:

首先,企业要提前考虑到海外并购后,经营时必须建立相互制衡的组织架构来防御经营风险;要非常重视现金流量的管理、监控和审核,避免资金短缺时无能为力走向破产;要正确认识危机并建立健全内控制度,采取积极救济措施;要注意道德层面问题;要避免法律性的风险。

其次,企业要避免政治、经济法律、税收、经济、风俗、文化等环境差异风险,最好在对中国友好的国家并购,这样政治风险相对更低。海尔的步步为营海外并购战略,就是一个很成功的案例。

虽然上面的案例是失败的,并且代价惨重,但是,也有不少企业因海外并购实现了规模经济,提高了竞争力,进一步推动了国际化进程。

### 案例

海尔海外并购之路:从挑战到辉煌的国际化战略转型

海尔的海外并购之路充满了挑战与机遇,但它凭借坚定的战略决心、精准的市场洞察和高效的执行力,成功实现了国际化品牌的战略转型。

2005年底,海尔进入了全球化品牌战略阶段,总裁张瑞敏的名牌化战略为海尔指明了方向。为了进一步提升品牌影响力,海尔开始瞄准海外市场,积极寻求海外并购的机会。

2011年，海尔迎来了一个重要的里程碑。它成功收购了日本老牌家电企业三洋白电，这一举措不仅让海尔获得了日本先进的白电技术和管理经验，更让它在日本这个家电王国站稳了脚跟。通过制度的贯彻、文化的融合以及领导力的建设，海尔在日本市场上逐渐获得了消费者的认可和信赖，实现了长足的发展。

紧接着，2012年海尔又完成了对新西兰市场最大家电品牌斐雪派克的收购。这次收购不仅进一步扩大了海尔在全球市场中的版图，还树立了两国企业合作的新标杆。斐雪派克的高品质家电产品和品牌影响力为海尔在全球市场增添了新的竞争力。

然而，海尔的海外并购之路并未止步。2014年，它再次出手，成功"反向收购"了曾为全球最大家电制造商的美国通用电气家电公司（GEA）（简称"通用家电"）。这次收购的金额高达55.8亿美元，其中四成是海尔的自有资金，六成是银行贷款。通过这一收购，海尔不仅获得了通用家电的品牌价值和市场份额，还借助其先进的研发能力和制造技术，提升了自身的竞争力。这使得海尔能够在欧美地区的家电市场上占有一席之地，为国际化战略奠定了坚实的基础。

凭借海外并购带来的技术、品牌和市场优势，海尔的业绩不断攀升，成为全球家电行业的佼佼者。

拥有宏大目标的海尔，采取的并购术是双赢战略，不仅伸开臂膀广纳五湖四海有用之才，还具备了海一样强大的自净能力。它有清晰的自我定位和战略方向：

（1）经营范围：海尔自己的核心产品。

（2）发展进程：从创造国内名牌、国际名牌着手，到出口，再到跨国投资，渐进发展。

（3）对外投资方式：以"绿地投资"即投资新建企业为主。

（4）跨国投资效果：成功率高，发展快。

在此过程中，不断提升的创新能力和对市场的准确把握，是如今海尔不断演绎全球神话的筹码。海尔也成了中国企业"走出去"的典型成功代表。

海尔跨国并购的成功，我们要看到好的一面，也要分析存在的几个方面风险：

（1）融资风险。

海外并购肯定需要大量的资金。因海尔2015年销售净利率只有6.6%，用于维持日常经营业务或许可以，若想通过自身力量收购，则稍微有些吃力。所以，海尔在对通用家电的并购中，充分考虑到自身情况，通过外部融资和内部融资相结合的方式完成了筹集资金的计划，化解了资金风险。

（2）支付风险。

2015年海尔的货币资金为247.14亿元，有能力付清并购的余款，再加上向银行申请了贷款，使海尔以现金支付的方式实现了并购。虽然此方式不用考虑资产的变现，但是影响了2016年的投资活动现金流量，导致年末的投资活动现金流量净额达到了近年来的最低值，加大了企业的偿债风险。为此，海尔向银行申请了大量的短期借款，以对冲并购时支付的大量现金，度过了支付期的资金短缺风险期。

（3）整合风险。

从海尔海外并购案上看管理风险，并购双方同样存在着经营理念、管理模式、绩效考评、激励机制、薪酬发放等差异。其在并购后，要从多个方面入手，包括整合文化、优化管理模式、建立绩效考评体系、完善激励机制、加强沟通和协作以及建立风险预警和应对机制等。根据共同的利益来调整各自的战略，尽最大努力使目标趋于一致，避免了此类整合风险的发生。

海尔海外并购之路为企业带来了以下重要启示：

首先，坚定的战略决心是国际化成功的关键。海尔在全球化品牌战略阶段，明确提出了"走出去"提升品牌影响力的目标，并通过海外并购这一手段来实现。企业需要清晰定义自身的国际化战略，并在面对挑战时保持坚定的决心，这样才能在全球市场中取得突破。

其次，精准的市场洞察和合适的选择是并购成功的基石。海尔在海外并购过程中，选择了具有战略价值的目标企业，如日本三洋白电、新西兰斐雪派克和美国通用电气家电公司，这些企业不仅拥有先进的技术和强大的品牌影响力，还能够帮助海尔拓展市场份额和提升竞争力。企业需要深入研究目标市场的文化、消费者需求以及行业趋势，从而选择最有利于自身发展的并购对象。

资金策略

再次,高效的执行力和资源整合能力是并购成功的保障。海尔在并购后能够迅速融入目标企业,实现文化的融合、制度的贯彻以及领导力的建设。同时,海尔还能够有效整合双方资源,发挥协同效应,实现互利共赢。企业需要具备强大的执行力和资源整合能力,以确保并购后的顺利过渡和长期发展。

此外,海外并购也需要注重风险管理和财务安全。海尔在并购过程中注重资金的筹备和管理,通过自有资金和银行贷款相结合的方式来完成并购交易。同时,海尔还加强了对并购企业的财务管理和风险控制,确保并购后的稳健运营。企业需要充分评估并购带来的财务风险和潜在挑战,制定合理的风险防范措施,以确保并购的安全和稳定。

最后,海外并购是一个持续学习和进步的过程。海尔在并购过程中不断总结经验教训,优化并购策略和管理模式,以适应不断变化的市场环境。企业需要保持开放的心态和学习的精神,不断吸收新知识、新技能和新经验,以推动自身的持续发展和创新。

这些启示将有助于企业在全球化浪潮中抓住机遇、应对挑战,实现更加辉煌的成就。

### 4. 海外并购的策略

**策略一:抓住时机**

**案例**

联想海外并购:智绘全球机遇新篇章

2004年,联想做出了一个历史性的决策,用12.5亿美元购入IBM的PC业务。这一决策不仅为联想带来了前所未有的机遇,也使其在全球PC市场的地位发生了翻天覆地的变化。这一海外并购的成功,深刻说明了民族企业在面对全球化挑战时,只要敢于抓住时机,取己所需,就能迅速扩大海外市场和影响力。

当时,联想作为中国领先的计算机科技公司,虽然在国内市场取得了不俗的成绩,但在全球市场上仍然面临着技术、管理等方面的挑战。与此同时,IBM的PC业务虽然在全球范围内拥有强大的品牌影响力和较高的市场占有率,但由于种种原因,其业绩一直不如人意。这为联想提供了一个难得的机遇。

联想的管理层敏锐地抓住了这一时机,经过深入研究和精心策划,决定通过海外并购的方式,将IBM的PC业务纳入麾下。这一决策不仅能够帮助联想快速获得IBM的先进技术和管理经验，还能够借助IBM的品牌影响力和市场占有量，迅速扩大海外市场。

在并购过程中，联想充分展示了其灵活性和务实性。一方面，联想积极与IBM进行沟通和协商，确保了并购的顺利进行；另一方面，联想也充分考虑到自身的实际情况和发展需求，对并购后的业务进行了整合和优化。

通过这一海外并购，联想成功地将IBM的PC业务融入自身的发展体系中，不仅提高了自身的技术水平和管理能力，还大幅提升了其在全球PC市场的地位。并购后，联想的业绩实现了快速增长，全球市场份额也大幅提升，从原来的第九位跃升至第三位。

这一成功案例充分说明了抓住时机对于民族企业发展的重要性。在全球化的背景下，民族企业要想实现快速发展和国际化，就必须敢于抓住机遇，勇于挑战自我。同时，企业还需要具备敏锐的洞察力和准确的判断力，能够准确识别出市场中的机遇和风险，从而制定出适合自己的发展战略。

这种海外并购的国际机遇给有类似情况的企业带来了多方面的深刻启示：

首先，抓住机遇的勇气与决心至关重要。在全球化的背景下，市场的变化日新月异，国际并购的机遇往往伴随着挑战和风险。企业需要具备敏锐的洞察力和果断的决策能力，勇于面对未知，敢于抓住机遇。正如联想并购IBM的PC业务一样，这种决策需要企业高层具备前瞻性的战略眼光和敢于担当的勇气。

其次，深入了解目标市场与企业文化是成功并购的关键。企业在进行海外并购前，需要对目标市场进行深入的研究，了解当地的文化、法规、市场环境等。同时，还需要对目标企业的文化、管理模式、员工情况等进行全面了解，以确保并购后的顺利整合。这种深入了解有助于企业在并购过程中避免文化冲突和管理难题，实现资源的优化配置。

再次，整合与协同是并购后的关键步骤。企业在完成并购后，需要对双方的业务、人员、技术等进行有效整合，实现协同效应。这需要企业具备强大的整合能力和跨文化管理能力，确保并购后的企业能够高效运转，实现共同发展。

此外，国际化战略的制定与实施也至关重要。企业需要根据自身的发展阶段和市场环境，制定符合自身特点的国际化战略。通过海外并购等方式，企业可以迅速拓展海外市场，提升品牌影响力，实现全球化布局。

最后，持续创新是企业保持竞争力的关键。在全球化竞争日益激烈的今天，企业需要不断创新，提升自身的技术水平和管理能力，以适应市场的变化。海外并购为企业提供了获取先进技术和管理经验的机遇，但更重要的是，企业需要在并购后将这些资源进行有效整合，实现自身的创新发展。

**策略二：品牌国际化战略**

**案例**

海尔：全球品牌战略并购引擎

海尔作为我国家电品牌的佼佼者，一直秉持着创新和进取的精神，立志于成为国际市场上的知名品牌。为实现这一宏伟目标，海尔制定并实施了精心策划的品牌国际化并购策略。

海尔深知，要想真正进入国际市场，首先必须攻克难度较大的发达国家市场。于是，它选择了"先难后易"的路径，优先进入北美、欧洲等竞争激烈的成熟市场。通过在这些市场中深耕细作，海尔不仅快速获得了国际认可，还积累了丰富的市场经验和深厚的技术实力。

在并购策略上，海尔展现出了前瞻性的眼光和果敢的行动。它先后成功并购了日本三洋白电、新西兰斐雪派克、美国通用电气家电公司和意大利Candy等一系列具有国际影响力的家电品牌。这些并购不仅为海尔带来了先进的技术和管理经验，更帮助其快速进入了目标市场，扩大了品牌影响力。

在并购过程中，海尔始终坚持"高起点"的原则。无论是技术、管理，还是市场渠道，海尔都力求按照国际化的最高标准来执行。通过与目标企业的深入合作，海尔实现了技术升级、管理优化和市场拓展，进一步提升了自身的品牌价值和市场竞争力。

为了实现全球化战略，海尔还提出了"三个1/3"的实施手段，即国内销售占1/3，海外市场销售占1/3，境外建厂就地销售占1/3。

这一策略使海尔的销售网络遍布全球，既巩固了其国内市场地位，又扩大了其海外市场份额。同时，海尔还在全球范围内建立了研发中心、制造基地和销售网络，实现了研发、制造、营销"三位一体"的本土化布局。

在境外投资方面，海尔采用了盈亏平衡、合资与控股结合的模式。这种方式有效地把控了资金风险，确保了并购的顺利进行。同时，海尔还开设了本地子公司，践行子公司当地化的理念。这不仅有利于销售，还减少了母公司的资金投入，提高了运营效率。

在人力资源管理方面，海尔采取了"少而精+当地化"的策略。通过选拔和培养优秀的当地员工，海尔成功地调动了他们的积极性，使得整个团队更加团结和高效。这种管理方式不仅降低了人力成本，还增强了企业的凝聚力和竞争力。

经过一系列的精心策划和有效执行，海尔最终实现了品牌全球化战略的成功。如今，海尔的家电产品已经遍布全球各地，赢得了广泛赞誉和认可。这一成功不仅为海尔带来了可观的经济效益，更提升了我国在全球家电产业中的地位和影响力。

海尔的品牌国际化并购策略是一个典型的成功案例，它为我国其他企业进行海外并购提供了宝贵的经验和启示。在全球化的浪潮中，只有通过不断创新和进取，积极拥抱国际市场，才能实现企业的跨越式发展。海尔的故事告诉我们，只有敢于迈出那一步，才能看到更广阔的天地。

海尔的"全球品牌战略并购引擎"案例为相关企业提供了以下重要的启示：

（1）明确国际化目标与路径：企业应明确自身的国际化目标，并制定清晰、切实可行的国际化路径。海尔通过"先难后易"的策略，优先进入竞争激烈的发达国家市场，为企业国际化提供了宝贵的经验。企业应结合自身实际情况，选择适合自己的国际化道路。

（2）并购策略应精准高效：在国际化过程中，企业可以通过并购来快速获取目标市场的技术、品牌和市场资源。海尔在并购过程中坚持"高起点"原则，确保了并购目标的优质性和并购效果的最大化。企业应充分评估并购目标的价值和潜在风险，确保并购策略能够为企业带来实质性的收益。

（3）本土化布局与运营：企业在国际化过程中应注重本土化布局与运营，实现研发、制造、营销的"三位一体"。海尔通过在全球建立研发中心、制造基地和销售网络，实现了本土化运营，提高了市场响应速度和运营效率。

企业应积极融入当地市场，了解消费者需求，提供符合当地市场特点的产品和服务。

（4）风险管理与资金控制：国际化并购涉及大量资金投入，存在一定潜在风险，企业应注重风险管理和资金控制。海尔在境外投资方面采用了盈亏平衡、合资与控股结合的模式，有效降低了资金风险。企业应建立完善的风险评估体系，制定合理的资金运用策略，确保国际化并购的顺利进行。

企业可以结合自身的实际情况和战略目标，积极借鉴海尔的成功经验，不断优化自身的海外投资并购策略，推动企业和品牌实现国际化发展。

### 策略三：吸收一流技术，增强自主创新能力

**案例**

吉利：智慧跨境"蛇吞象"，缔造全球技术霸业发展蓝图

在全球化的大潮中，浙江吉利控股集团有限公司（简称"吉利"）以其独到的战略眼光和果敢的决策，演绎了一场精彩的"蛇吞象"的跨境并购大戏。这场大戏不仅提升了吉利的品牌价值和市场竞争力，更成为中国汽车产业海外并购的典型成功案例。而这一切成功的背后，都源于吉利清晰而坚定的愿景——成为全球领先的汽车制造商，打造具有自主创新能力的国际化品牌。

吉利的愿景并非空中楼阁，而是建立在实实在在的战略规划和执行之上。在海外并购的过程中，吉利始终围绕着"吸收一流技术，增强自主创新能力"这一核心目标展开行动。通过并购全球领先的汽车制造企业，吉利不仅获得了先进的技术和管理经验，更在全球化舞台上展示了中国汽车产业的实力和决心。

从收购澳大利亚DSI公司开始，吉利就迈出了实现愿景的关键一步。DSI公司是全球第二大自动变速器制造企业，其先进的技术和研发能力为吉利汽车产品性能的提升提供了有力支持。这一并购不仅增强了吉利的技术核心竞争力，更为其后续更大规模并购积累了宝贵经验。

随后，吉利对沃尔沃的并购更是轰动全球汽车行业的壮举。这一并购不仅让吉利获得了沃尔沃这一豪华汽车品牌背后的先进技术和管理经验，更让吉利在国际汽车市场上树立了新的标杆。通过与沃尔沃的深度合作，吉利不仅实现了技术上的突破，更在品牌建设、市场拓展等方面取得了显著成效。

然而，吉利的愿景并不仅仅停留在并购和技术的吸收上。吉利深知，只

有真正掌握核心技术、具备自主创新能力，才能在激烈的市场竞争中立于不败之地。

因此，2010年3月，吉利与美国福特汽车公司在瑞典哥德堡正式签署收购沃尔沃的协议。

吉利实现了从成功并购，到稳定业绩，再到快速发展，从"中国投资"与"欧洲技术"顺利对接，到东方所有权与西方治理架构相互融合。

在吉利的愿景指引下，吉利不断追求卓越、突破自我。吉利在并购后加大了对研发创新的投入，积极培养自己的研发团队，推动自主创新能力的提升。通过不断的技术创新和产品升级，吉利逐渐在全球汽车市场上崭露头角。其汽车产品不仅在国内市场取得了良好的销售业绩，更在国际市场上赢得了广泛认可。

如今，吉利已经成为中国汽车产业的领军企业之一，其愿景也正逐步变为现实。未来，吉利将继续坚持"吸收一流技术，增强自主创新能力"的发展理念，不断推动自身在全球化进程中发展壮大。同时，吉利也将积极履行企业社会责任，为全球汽车产业的可持续发展贡献自己的力量。

回首吉利的跨境并购历程，我们可以看到一个不断成长、不断创新的中国汽车企业形象。吉利的成功不仅在于其精准的战略眼光和果敢的决策，更在于其始终坚持"吸收一流技术，增强自主创新能力"的发展理念。这一理念不仅让吉利在跨境并购中取得了成功，更为中国汽车产业的国际化发展提供了启示。

在全球化的浪潮中，吉利以其前瞻性的战略视野和果敢的决策，成功书定了一场跨境并购的壮丽篇章。这场被誉为"蛇吞象"的并购大戏，不仅显著提升了吉利的品牌影响力和市场竞争力，更成为中国汽车产业海外并购的标杆案例。他们的智慧给创业者带来以下启示：

（1）创业者应具备全球化的战略眼光。吉利的成功，很大程度上得益于其敢于走出国门、拥抱世界的勇气。在全球化的今天，任何一家企业都不能局限于本土市场，而应积极寻求国际化的发展机遇。创业者应该像吉利一样，敢于挑战自我，敢于跨越国界，寻找更广阔的发展空间。

（2）创业者应善于抓住机遇，果断决策。吉利的跨境并购并非一帆风顺，但吉利凭借其敏锐的市场洞察力和果断的决策能力，成功抓住了机遇。对于创业者而言，机遇与挑战并存，只有敢于面对挑战、果断决策，才能抓住稍纵即逝的机遇，实现企业的快速发展。

（3）创业者应重视技术创新和自主研发。吉利在并购过程中，不仅吸收了被并购企业的先进技术和管理经验，更在此基础上加强了自身的技术创新和自主研发能力。这对于一个企业的长远发展至关重要。创业者应该明白，技术创新是企业发展的核心驱动力，只有不断投入研发、提升自主创新能力，才能在激烈的市场竞争中立于不败之地。

（4）创业者应坚持品牌建设和市场拓展。吉利通过跨境并购，不仅提升了品牌价值，更拓展了市场份额。对于创业者而言，品牌建设和市场拓展同样重要。只有打造出具有影响力的品牌，才能在市场中获得更多消费者的认可和支持；只有不断地拓展市场，才能为企业创造更多的发展机会。

（5）吉利的跨境并购并非一蹴而就，而是经过长期的规划和准备，以实现企业的持续发展为目标。这种长期规划的意识使得吉利能够在并购后迅速适应新的市场环境，实现资源的优化配置和业务的协同发展。对于创业者而言，创业并非短期的行为，需要长期的坚持和努力。因此，创业者应具备长期规划的意识，明确企业的发展方向和目标，并为之持续努力。

## 策略四：走出去，辐射全球

### 案例

奇瑞汽车：全球版图拓展并购战略领航者

奇瑞汽车，这家充满活力和创新精神的中国汽车制造商，已经不仅仅满足于在国内市场上的卓越表现，而是将目光投向了更为广阔的全球市场。从国内卷到了国外，奇瑞汽车以其卓越的品质和前瞻的战略，不仅连续18年荣登中国品牌乘用车出口榜首，更在海外收并购方面下足了功夫，打造了一条"走出去，辐射全球"的并购策略。

奇瑞汽车积极寻求与国际知名汽车企业的合作。它与日本铃木汽车公司达成合作协议，并成功收购了铃木汽车公司在华销售业务的50%股权。这一合作不仅加强了两家企业在技术和产品方面的深度合作，更使奇瑞汽车在中国市场的份额得到了进一步扩大。

而奇瑞汽车的并购之路并未止步。他进一步收购了瑞典豪华汽车品牌沃尔沃（Volvo）的51%股份。这一收购不仅使奇瑞汽车在欧洲市场的影响力得到了显著提升，更为奇瑞汽车带来了更多先进的技术和产品资源，为其全球战略的实施提供了有力支持。

在品牌方面，奇瑞汽车同样取得了显著的成就。它成功收购了开瑞、凯翼、观致和捷豹路虎等品牌，实现了产品面向全球80余个国家和地区的出口。同时，奇瑞汽车还在海外建立了15个全散件组装（CKD）工厂，这些工厂已建或在建，为奇瑞汽车的全球市场辐射能力提供了有力保障。如今，奇瑞汽车的产品已经全面覆盖亚洲、欧洲、非洲、南美洲和北美洲五大洲的汽车市场，真正实现了的全球化战略。

这一系列的并购和合作，不仅展示了奇瑞汽车"走出去，辐射全球"的坚定决心，更体现了其作为中国汽车制造业的佼佼者，对于全球市场的深刻理解和精准把握。成功并非一蹴而就。奇瑞汽车之所以能够成为全球并购战略的领航创领者，离不开多年的积累和不懈的努力。这告诉我们，要想在竞争中取得优势，必须持之以恒地努力，不断提升自身的实力和能力。通过不断吸收和整合全球优质资源，奇瑞汽车正逐步成为全球汽车产业的领军者，为中国汽车制造业在国际舞台上赢得更多的尊重和认可。

奇瑞汽车，作为中国汽车制造业的璀璨明星，凭借其前瞻的战略视野和果敢的并购行动，不仅在国内市场独领风骚，更在国际舞台上大放异彩。奇瑞"走出去"已整整23多年，其产品销往全球80多个国家和地区，奇瑞汽车的全球汽车用户累计超过1300万，其中海外用户335万，连续21年位居中国品牌乘用车出口第一。它的成功，为每一个创业者点亮了前行的灯塔，带来了宝贵的启示：

（1）拥抱全球化。

奇瑞汽车勇敢地走出国门，用并购和合作的方式不断拓展全球市场，它的坚定决心告诉我们：全球化是发展的必然趋势，创业者只有放眼全球，积极寻求国际合作，才能在激烈的竞争中脱颖而出。

（2）敏锐捕捉机遇

奇瑞汽车精准把握市场脉搏，选择与自身战略契合的合作伙伴。创业者也要学会敏锐洞察市场，及时捕捉机遇，灵活调整战略，这样才能应对市场的风云变幻。

（3）创新驱动发展。

通过并购，奇瑞汽车获取了先进的技术资源，为全球战略提供了强大支持。这启示我们，创新和技术升级是企业持续发展的核心。创业者应持续投入研发，提升产品技术含量，以在市场中立于不败之地。

（4）品牌与市场并进。

奇瑞汽车在拓展市场的同时，注重品牌建设，成功收购知名品牌并建立全球销售网络。创业者应明白，品牌与市场拓展相辅相成。只有打造强大的品牌，才能赢得消费者的信任和支持，为企业创造更多发展机遇。

（5）销量与服务双翼齐飞。

奇瑞汽车不仅注重销售策略，更重视客户服务。他们灵活调整销售方案，满足不同市场需求，同时建立完善的客户服务体系，赢得消费者的好评。创业者应学习这种理念，通过优质服务和灵活销售策略，提升品牌知名度和市场占有率。

（6）风险管理与资源整合。

奇瑞汽车在全球化过程中，成功应对了法律、文化和财务等风险。创业者也要具备风险管理和资源整合能力，善于识别风险并整合内外部资源，为企业的快速发展提供有力保障。

**策略五：知识产权国际护城河战略**

**案例**

北汽：收购瑞典萨博汽车知识产权

2009年，中国的北京汽车集团有限公司（简称北汽）迈出了国际化战略的重要一步，以2亿美元成功收购了瑞典萨博汽车公司（简称"萨博"）的相关知识产权。这一海外并购举措不仅体现了北汽对技术创新的追求，更是其在全球化竞争中筑造知识产权国际护城河的重要一环。

收购萨博汽车公司的知识产权后，北汽首先获得了全面的技术支撑。萨博作为一家拥有悠久历史和卓越技术的汽车制造商，其知识产权涵盖了汽车设计、发动机技术与制造工艺等多个方面。北汽通过此次收购，将这些宝贵的技术资源纳入囊中，为自身的产品技术消化吸收和研发制造提供了有力支持。

此外，北汽还获得了萨博完整的质量与制造工艺体系。这意味着北汽不仅能够借鉴萨博在质量管理方面的先进经验，还能利用其成熟制造工艺，提升自身的生产效率和产品质量。这一体系的引入，对于北汽来说无疑是一笔巨大的财富，也为其在全球化竞争中赢得了先机。

更重要的是，这次收购为北汽基于产品性能和成本控制的自主品牌产品全球化提供了前提条件。通过吸收萨博的技术和工艺，北汽得以打造出更具竞争力的自主品牌产品，这些产品不仅在性能上有了显著提升，而且在成本控制方面也更具优势。这使得北汽在进军国际市场时，能够更加自信地面对与全球同行的竞争。

通过这一海外并购，北汽成功地筑造了一条知识产权国际护城河。这条护城河不仅为北汽提供了强大的技术支撑和质量保障，还为其在全球汽车市场树立了独特的竞争优势。未来，随着北汽在技术研发和品牌建设上的不断投入，这条护城河将变得更加坚固，将为北汽的全球化战略提供有力保障。

北汽收购瑞典萨博汽车公司的知识产权是一次具有深远意义的海外并购。它不仅是北汽技术创新和全球化战略的重要里程碑，更是其在知识产权领域构筑国际护城河的成功实践。这一举措为北汽的未来发展奠定了坚实的基础，也为中国的汽车产业在全球化竞争中赢得了更多的话语权、更大的影响力。

北汽集团成功收购瑞典萨博汽车公司相关知识产权的举措，为企业带来多方面的启示：

首先，这一案例强调了知识产权在全球化竞争中的核心地位。知识产权不仅代表了企业的技术实力和创新能力，更是企业在国际市场上建立竞争优势的关键。北汽通过收购萨博的知识产权，迅速提升了自身的技术水平和产品竞争力，为全球化战略的实施奠定了坚实基础。这启示我们，在全球化时代，企业必须高度重视知识产权的积累和保护，只有不断创新和引进先进技术，才能增强自身的核心竞争力。

其次，这一收购案例展示了国际化并购在推动企业转型升级中的重要作用。北汽通过收购萨博的知识产权，不仅获得了先进的技术和工艺，还借此机会实现了技术升级和产品创新。这启示我们，在推动企业转型升级的过程中，国际化并购可以作为一种有效的手段，帮助企业快速获取外部资源和技术支持，加速自身的转型进程。

再次，这一案例还提醒我们，在国际化并购中要注重风险控制和整合能力的提升。北汽在收购萨博知识产权的过程中，必然面临了诸多风险和挑战，如技术整合、文化融合、市场适应等。然而，通过精心策划和有效执行，北汽成功地克服了这些困难，使并购顺利进行。这启示我们，在进行国际化并购时，企业必须充分评估风险，制定科学的并购策略，并在并购后加强整合和管理，确保并购目标的顺利实现。

最后，这一案例也强调了企业在全球化过程中要始终保持开放和创新的姿态。通过收购萨博的知识产权，北汽不仅拓宽了自身的技术视野，还借此机会与全球汽车产业进行了更深度的交流和合作。这启示我们，在全球化时代，企业必须保持开放的心态，积极吸收和借鉴国际先进经验和技术，不断创新和进步，这样才能在激烈的国际竞争中立于不败之地。

综上，北汽收购瑞典萨博汽车公司相关知识产权的案例为我们提供了宝贵的启示：重视知识产权的积累和保护、利用国际化并购推动企业转型升级、注重风险控制和整合能力的提升以及保持开放和创新的姿态。这些启示将有助于企业在全球化竞争中更好地把握机遇、应对挑战并实现可持续发展。

**策略六：换票登船巩固市场地位**

**案例**

百度：收购91无线，巩固移动互联市场领导地位之战略巨举

2013年8月，中国互联网行业发生了一件震惊业界的大事——百度以高达19亿美元的价格收购了网龙控股子公司91无线。这一举动不仅刷新了"中国互联网史上最大的并购案"的纪录，更是百度在移动互联网领域的一次重大布局。

当时，百度创始人李彦宏深刻认识到，百度在移动互联网初期的发展中完美错过了红利期。随着智能手机和移动互联网的普及，移动应用分发市场逐渐崛起，成为互联网产业的新热点。而91无线作为这一领域的佼佼者，旗下拥有91手机助手、安卓市场、91移动开放平台等众多知名产品，拥有庞大的用户基础和市场份额。

因此，百度决定通过收购91无线来换票登船，迅速进入移动应用分发市场并巩固其领导地位。在完成收购后，百度对91无线旗下的应用商店、游戏等核

心业务进行了全面整合。一方面，百度将91手机助手和安卓市场等应用分发平台与自身的搜索、广告等业务相结合，通过优化算法和推荐系统，提高了应用的分发效率和用户体验。另一方面，百度还利用91无线的游戏业务，进一步拓展了自身的娱乐内容生态，为用户提供了更加丰富多样的娱乐选择。

这次收购带来的收益是显而易见的。首先，百度通过收购91无线迅速获得了大量的移动用户资源和市场份额，为其在移动应用分发市场的领导地位打下了坚实基础。其次，通过整合91无线的核心业务，百度进一步提升了其在移动互联网领域的综合竞争力，为未来的发展奠定了坚实基础。

更重要的是，这次收购为百度在移动互联网时代的发展开启了新篇章。随着移动互联网的快速发展和变革，百度通过换票登船的并购策略，成功抓住了市场机遇，巩固了其在互联网产业的领先地位。

百度以19亿美元收购91无线的案例，不仅是一个关于企业并购和市场扩张的案例，更是揭示了关于战略眼光、市场机遇把握和资源整合的深刻道理：

首先，战略眼光是企业成功的关键。李彦宏认识到百度在移动互联网初期的发展中错过了红利期，因此果断采取并购策略，通过收购91无线来迅速进入移动应用分发市场。这种前瞻性的战略思维，使百度能够在激烈的市场竞争中抢占先机，实现跨越式发展。

其次，善于把握市场机遇的重要性。移动互联网的快速发展为企业带来了巨大的市场空间和增长潜力。百度通过收购91无线，成功抓住了这一市场机遇，实现了业务的快速扩张和市场份额的提升。这启示我们，企业在经营过程中，要时刻保持敏锐的市场洞察力，善于发现和把握市场机遇，以实现持续发展。

再次，资源整合的力量。百度在收购91无线后，对其核心业务进行了全面整合，实现了资源的优化配置和协同。这种资源整合不仅提升了百度的综合竞争力，也为其未来的发展奠定了坚实基础。这启示我们，在企业管理中，要注重资源的整合和利用，通过内部协同和外部合作，实现资源的最大化利用和企业的快速发展。

最后，勇于变革和创新是企业永葆活力的源泉。百度通过并购91无线，实现了业务的转型升级和创新发展。这种勇于变革的精神，使百度能够在不断变化的市场环境中保持领先地位。这启示我们，在企业经营过程中，要敢于面对挑战和变革，不断推动企业的创新和发展。

### 策略七：自主创造与吸收主义的精妙平衡
#### 案例

自主创造与吸收主义：智慧融合之道

华为，作为中国的科技巨头，不仅在自主研发上投入巨大，更在全球化战略中灵活运用了"吸收主义"，实现了自主创造与"吸收主义"的精妙平衡。这种平衡不仅体现在华为每年不少于10%的研发投入上，更在其一系列境外投资与收购动作中得以完美展现。

2013年12月，华为迈出了其全球化并购战略的重要一步。其全资子公司Huawei Technologies（Australia）PTY Ltd.以支付现金1900万美元的方式，合并购买了澳大利亚悉尼的Fastwire 100%股权。Fastwire在高质量系统研发与运营方面有着丰富的经验和先进的技术，这次收购为华为带来了宝贵的研发资源和运营能力，提升了华为在全球市场中的竞争力。

2014年7月，华为再次展现其投资眼光，投资了英国的XMOS公司。XMOS专注设计用于物联网领域的高性能芯片，其技术在业内处于领先地位。通过这次投资，华为不仅获取了物联网相关的核心技术，更在物联网领域布局了长远的战略。

2015年，华为继续加大其并购步伐。这一年，华为成功收购了比利时的无线网络设备厂商Option。Option作为欧洲唯一一家做无线上网卡的厂商，其在无线网络技术方面的积累为华为带来了重要的技术资产和市场份额。

同年7月，华为又收购了爱尔兰专注于软件定义网络（SDN）的公司Amartus位于都柏林的电信网络管理业务。SDN作为一种电信虚拟控制技术，能够极大地减少工程师现场操作设备的需要，提高网络运营效率。这次收购使华为在网络技术领域取得了重要突破，提升了其在全球电信市场中的竞争力。

2017年初，华为再次出手，收购了以色列的两家厂商：HexaTier和Toga Networks。HexaTier是一家数据库安全公司，其技术为华为的数据安全提供了有力保障。Toga Networks是一家从事软件系统设计和芯片设计的公司，其技术实力为华为带来了芯片设计领域的重要支持。以色列的高科技产业与美国市场有着紧密的联系,这次收购不仅为华为带来了先进的技术和高端的人才,更为其在全球研发竞争中打造了重要的竞争优势。

这一系列的投资与收购,展现了华为如何保持自主创造与吸收主义的精妙平衡。华为通过自主研发,不断积累核心技术和知识产权;同时,通过并购和投资,快速获取外部优质资源和先进技术,实现了企业的快速发展和市场扩张。这种策略智慧不仅使华为在激烈的市场竞争中保持了领先地位,更为其未来的可持续发展奠定了坚实基础。

在自主创造与吸收主义的精妙平衡上,华为展现出了卓越的洞察力和实践能力,这给我们带来了多方面的深刻启示:

首先,自主创造是企业持续发展的核心动力。华为每年坚持大量的研发投入,这体现了其对自主创新的坚定信念和长期承诺。自主创造不仅能够帮助企业积累核心技术和知识产权,更能提升企业的核心竞争力和市场地位。在快速变化的市场环境中,只有拥有强大的自主创新能力,企业才能保持领先地位并应对各种挑战。

其次,吸收主义是企业实现快速发展的有效途径。华为在全球化战略中,灵活运用了并购和投资等手段,快速获取了外部优质资源和先进技术。这种吸收主义,使得华为能够在短时间内弥补自身在某些领域的短板,并迅速提升整体竞争力。当然,吸收主义并不意味着简单地复制和模仿,而是要在消化吸收外部技术的基础上,进行创新和整合,使其与企业自身的技术和战略相契合。

再次,华为在坚持自主创新的同时,也积极寻求外部合作和并购机会,通过整合内外部资源,实现了技术的快速进步和市场的快速扩张。这种平衡使得华为能够在保持自身技术独立性的同时,能够充分利用外部资源,实现共赢发展。

最后,要有全球化的视野和开放的心态。华为在全球化战略中,不仅注重本土市场的拓展,更积极参与全球竞争和合作,吸收全球优秀的技术和人才资源。这种开放和包容的心态,使得华为能够在全球范围内获取更多的机遇和具有更强的优势,实现企业的跨越式发展。

综上,在面对强大的竞争对手时,拼的是效率,不能因过度捍卫"自主"而耽误技术和市场的发展效率,这就是"华为榜样"的"自主创造与吸收主义的精妙平衡策略"的精神实质。我们也要具备全球化的视野和开放的心态,积极参与全球竞争和合作,为企业的发展注入更多的活力和动力。

### 策略八:创造联合收购新模式

**案例**

中海油、中石化联合收购新模式:推动企业全球化布局新篇章

2009年7月,业界传来了一则震撼人心的消息。中国两大石油巨头中国海洋石油集团有限公司(简称"中海油")和中国石油化工集团有限公司(简称"中石化"),以非凡的魄力和远见,联合宣布以13亿美元收购美国马拉松石油公司持有的安哥拉某石油区块20%的权益。这笔交易不仅标志着中国企业在海外并购市场上实现新突破,更展示了中国石油企业协作共赢的新模式。

在此之前,中海油曾在竞购美国优尼科石油公司时遭遇挫折,然而这次,他选择了与中石化联手,共同面对挑战。两大石油巨头的联合,无疑将他们的并购力量推向了一个新的高度。他们避免了国内企业间的恶性竞争,形成了合力,共同冲击国际市场。

在收购过程中,中海油和中石化展现出了卓越的团队协作和高效的执行力。他们共同策划、分工明确,无论是资金筹备、法律事务,还是后续的运营管理,都做到了有条不紊。他们的行动,不仅令西方国家对央企的实力刮目相看,更赢得了国际市场的尊重和认可。

这次联合收购的成功,不仅为中国石油公司"走出去"战略提供了宝贵的经验,也为其他行业的企业提供了借鉴。它向世界展示了中国企业在全球化进程中的决心和智慧,以及中国企业在开放合作、互利共赢方面所做出的努力。

中海油和中石化敢于创新,敢于挑战,敢于走出国门,与世界顶级企业展开竞争。他们的成功,不仅是中国石油行业的骄傲,更是中国企业在全球化进程中迈出的一大步。

2009年,中海油和中石化联合收购美国马拉松石油公司持有的安哥拉某石油区块20%的权益,这不仅是一次成功的商业交易,更为中国企业走向国际化提供了宝贵的启示:

首先，这次联合收购展示了团结合作的重要性。在全球化竞争日益激烈的今天，企业间的合作显得尤为重要。中海油和中石化通过联手，避免了国内企业间的恶性竞争，将资源和力量集中起来，共同冲击国际市场。这种合作精神不仅增强了他们在国际市场上的竞争力，也为其他行业的企业树立了榜样。

其次，这次收购强调了创新和敢于挑战的精神。面对之前竞购的失败，中海油和中石化没有选择退缩，而是选择了创新策略，通过联合收购的方式再次出击。他们敢于挑战国际市场的规则和惯例，以开放的心态和灵活的策略，实现了自己的目标。这种敢于创新和挑战的精神，是中国企业在全球化进程中必须具备的。

再次，这次收购还提醒企业要注重风险管理和战略规划。海外并购涉及诸多复杂因素，包括政治、经济、法律等。中海油和中石化在收购前进行了充分的市场调研和风险评估，制定了详细的战略规划，确保了收购的顺利进行。这种风险意识和战略规划能力，是中国企业在国际化过程中需要不断提升的。

最后，这次联合收购也展示了中国企业的实力和自信。中国企业在全球化进程中不断壮大，已经具备了与国际顶级企业竞争的实力。中海油和中石化的成功收购，向世界展示了中国企业的强大实力和自信姿态。这种自信和实力，将推动更多中国企业走向国际舞台，参与全球竞争。并且，此次收购避免了国内公司之间不必要的竞争，是中国石油公司"走出去"值得借鉴的模式；同时，也使西方国家加大了对央企强大实力和独特行为的关注。

**策略九："广交会"模式**

**案例**

中小企业出海记：从广交会到欧美展的华丽转身

在华南地区，有一家名为"绿源科技"的中小企业，专注于生产环保节能材料。虽然该品牌在国内市场有一定的知名度，但面对日益激烈的竞争，企业领导陈总意识到，要想实现更大的发展，必须走出国门、拓展海外市场。

陈总的第一步是参加广交会。广交会作为中国最大的综合性国际贸易盛会，吸引了来自世界各地的买家和参展商。陈总带领团队精心准备，展示了公司的最新产品和技术。然而，初次参展的他们发现，海外市场与国内市场有着诸多不同，不仅文化、习俗迥异，客户需求和消费习惯也大相径庭。尽管如此，他们还是从中汲取了不少宝贵的经验。

资金策略

回到公司后,陈总立即组织团队对广交会的收获进行分析和总结。他们发现,欧美市场对环保产品的需求日益增长,而且客户对产品品质和技术的要求极高。于是,陈总决定调整市场策略,将欧美市场作为未来的主攻方向。

为了更深入地了解欧美市场,陈总决定带领团队参加欧美的专业展会。他们选择了几个在行业内具有影响力的展会,如美国的"绿色建筑博览会"和欧洲的"环保材料展"。

在这些展会上,他们不仅展示了产品,还积极参与各种论坛和研讨会,与当地的行业专家和潜在客户进行深入交流。

经过几次参加欧美展的历练,绿源科技逐渐赢得了欧美客户的信任和认可。他们凭借出色的产品品质和专业的技术服务,成功签订了一系列大额订单。这些订单的签订不仅为公司带来了可观的利润,更为他们积累了宝贵的海外市场经验。

随着业务的不断拓展,绿源科技逐渐在欧美市场站稳了脚跟。他们开始在当地设立分支机构,进一步深入了解市场需求和客户习惯。同时,他们还积极与当地的企业和机构开展合作,共同推动环保事业的发展。

如今的绿源科技已经发展成为一家具有国际影响力的企业,产品远销欧美多个国家和地区。回忆起从广交会到欧美展的历程,陈总感慨万分。他说:"正是那一次次的参展经历,让我们逐渐找到了通往海外市场的金钥匙。我们不仅拓展了业务,更收获了成长和进步。"

这个案例告诉我们,出海经验不足的中小企业不应局限于传统的"广交会"模式,可以在不同国家参展,由"坐商"进阶为"行商",在展会中了解海外市场,在订单中先拓展海外市场,为日后跨境投资累积经验、争取机会。中小企业要想在全球化的大潮中立足,必须敢于走出国门,积极拥抱海外市场。通过参加展会等方式,了解市场需求、积累客户资源、提升品牌形象,是实现国际化发展的有效途径。

### 策略十:先卖产品再投资并购模式
**案例**

互联网购物时代小家电企业出海新策略:先卖产品再投资并购

在互联网购物日益繁荣的时代,小家电企业面临着前所未有的发展机遇。一家名为"悦家电器"的小家电企业，凭借其出色的产品和创新的市场策略，成功实现了线上、线下同步海外出口，并通过投资并购进一步拓展国际市场，成为行业的佼佼者。

悦家电器成立初期，专注于研发和生产各类小家电产品，如电热水壶、榨汁机、电饭煲等。他们注重产品质量和用户体验，不断优化产品设计，提升产品性能。在国内市场积累了一定的口碑后，悦家电器开始思考如何进一步拓展海外市场。

经过深入的市场调研和分析，悦家电器决定依托跨境电商平台，将产品推向国际市场。他们积极开拓线上销售渠道，在多个国际知名的电商平台上开设店铺，并通过社交媒体推广、网络广告等方式进行宣传。同时，他们还积极参加国际展会，与海外买家和合作伙伴面对面交流，展示产品和技术实力。

线上销售的成功为悦家电器带来了大量的海外订单。他们不断优化物流配送和售后服务，确保产品能够安全、快速地到达客户手中，并提供及时、专业的售后支持。悦家电器凭借良好的产品质量和服务体验逐渐赢得了海外消费者的信任和喜爱。

随着海外市场的不断拓展，悦家电器意识到仅仅依靠线上销售是远远不够的。为了更好地了解当地市场需求和消费习惯，他们开始在当地设立分支机构，建立稳定的销售网络和供应链体系。通过与当地企业和机构合作，悦家电器逐渐融入了当地市场，实现了线上、线下的同步发展。

在海外市场取得一定成绩后，悦家电器开始思考如何通过投资并购进一步巩固和拓展市场份额。他们将具有潜力和价值的当地小家电企业作为并购目标，希望通过并购获取更多的市场资源和技术优势。

经过精心筛选和谈判，悦家电器成功收购了一家在当地市场具有一定影响力的小家电企业。这次并购不仅让悦家电器获得了更多的市场份额和客户资源，还让他们有机会接触到了更先进的技术和管理经验。通过整合双方的优势资源，悦家电器进一步提升了自身的竞争力和市场地位。

通过这一系列的策略调整和市场拓展，悦家电器成功实现了从国内到国际的跨越式发展。他们的产品已经远销至全球多个国家和地区，品牌的知名度和影响力也得到了显著提升。

这个案例告诉我们，在互联网购物时代，中小企业可以通过跨境电商平台实现线上、线下同步海外出口，先积累经验和口碑，再通过投资并购等方式进一步拓展国际市场。这种先卖产品再投资并购的策略，有助于企业降低风险、稳步发展，并提升自身在全球市场上的竞争力。

越来越多企业选择出海，每个企业情况不同，所属行业也不同，不同的国家法律法规和经营要求不同，建议企业有策略地出海远航。首先，要考虑自身优势；其次，要根据自己的资金实力规划；再次，要结合自己的发展战略；最后，注意风险。结合别人的经验和方法，打好出海"组合拳"，针对不同的区域市场，制定不同的计划。以上，是大企业的出海策略，供有出海规划的企业参考。

### （三）离岸信托与家族办公室

中国有句老话叫"富不过三代"。如何实现"富过三代"？家族信托是现代企业家、高净值人士传承财富的重要工具之一。

家族信托按地域区分可以分为：国内家族信托和离岸家族信托，下面重点介绍离岸家族信托。

离岸家族信托主要指一国公民在其所属国籍之外的国家或地区设立家族信托的情形。对于中国公民而言，主要的离岸地有英属维尔京群岛（BVI）、新加坡、英属开曼群岛、中国香港等地。

#### 1．离岸家族信托主体

以下主要介绍离岸家族信托的主体构成（图1-52）。

（1）委托人：又称设立人，其将自己的部分资产（包括现金、股票、房地产、艺术品等）转移到信托中，根据自己意愿选择受托人或受益人。

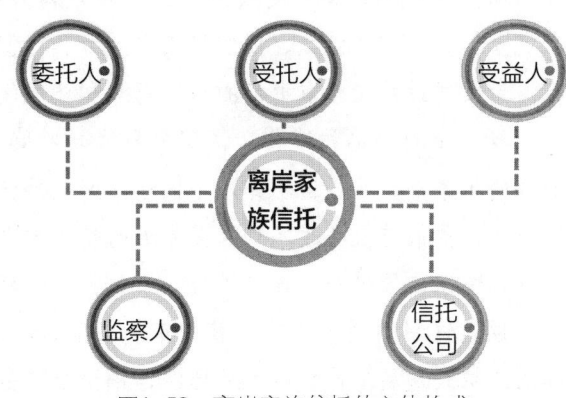

图1-52 离岸家族信托的主体构成

委托人有两种。一是自然人：须达到法定年龄，并具有完全的理解力、智力。二是法人：须符合其法人章程和相关法律规定，最低资产标准为100万～500万美元，甚至更高。

（2）受托人：管理和保管信托资产的自然人或法人。受托人必须在受托范围内遵守严格的信托责任，包括忠诚义务和谨慎义务。受托人须财务稳健，能够以受益人的最佳利益为指导，公正、无私地管理和使用信托资产。

（3）受益人：可以是委托人自己，也可以是指定的获益人或机构。受益人是信托的最终利益所有者。

（4）监察人：又称保护人，职责是监督受托人，以确保他们按照设立人的意愿和信托的条款执行相关事宜。

（5）信托公司：有专门的团队和系统来管理信托资产，其业务主要是作为受托人为多个信托提供服务，并向设立人和受益人提供报告。

### 2. 离岸家族信托功能与作用

离岸家族信托在防范企业治理风险、财产风险隔离和税务筹划上确实发挥着不能为其他金融工具和法律架构所替代的作用。这也是国内众多头部企业家如阿里巴巴马云、京东创始人刘强东、海底捞张勇夫妇、龙湖地产创始人吴亚军等超高净值人士的普遍选择。

我们认为，离岸家庭信托的功能可以从以下方面辨识。

（1）资产保护：资产转移到离岸家族信托后，为防止未来的债权人追溯，设立人可以指定受益人非本人等条款，达到保护资产不受法律诉讼、破产或其他财务困境的影响。

### 📄 案例

A先生是一家生产企业的老板，因技术先进，产品大卖，加上颇有经商头脑，公司发展欣欣向荣，几年下来累积了一定资金。于是，他一边扩展大生产规模，一边把资金、财产安全隔离。

因此，我们建议A先生规划其中部分资金，在目前政策最有优势的地区设立家族信托。

首先，A先生的其他家庭成员因在家族公司任职而领取工资，可以享受税收优惠。

其次，以家庭单位作为指定受益人，本息在一定期限内的收益人都非A先生,明确将来万一企业经营存在风险,该笔信托受法律保护,不会被用于清偿未来可能发生的债务。

再次,A先生作为该笔信托的委托人,有权对信托资金进行分配和设立,确保信托的受益人获得充分的保护。

然后,A先生选择合理的受托人和财产管理人,对家族信托进行专业化操作和管理,确保财富管理的长期稳定和财富的持续增长,减少了资金存放的风险,也解决了信托开支。

最后,家庭信托一方面防止企业经营风险向家庭财产延伸,另一方面又在保障全家人生活无忧,同时,即使企业遇到了经营风险,还能拥有东山再起的资本。

(2)遗产规划:离岸家族信托可以为设立人进行有效的遗产规划。设立人通过信托条款详细规定信托财产在其去世后如何分配,就可以避免遗嘱产生争议和部分征收遗产税国家或地区的问题。此种情况下遗嘱无须公证,手续简单而且保护隐私。

### 案例

庞鼎文是香港大名鼎鼎的钢铁企业家,在身患癌症期间,为了做好身后规划,庞鼎文于1989年12月8日,在马恩岛设立了Shiu Wing Ltd.(SWL)。SWL公司的董事为庞鼎文的夫人和七个子女。SWL的股东是另外两家马恩岛的公司:Shiu Kwong Ltd.(SKL)(董事为庞鼎文的四个子女)和Futurian Ltd.(FL)(董事是庞鼎文的夫人和另外三个子女)。几乎同时,庞鼎文又在马恩岛设立了五个单位信托和若干自由裁量权信托。1990年1月25日,庞鼎文通过受托人之间的资金循环的巧妙安排,将自己的股票和不动产装入信托中,从而由此享有信托收益。

1990年10月24日,庞鼎文实施Hillview property交易(中文为希尔维尤财产交易):庞鼎文将Hillview property(中文为庞鼎源信托)出售给SWL,而后将出售收益捐赠给了the Pong Ding Yuen Trust的受托人SKL和FL。SKL和FL获得这笔资金后,向SWL申购单位,从而按份额分配了单位。the Pong Ding Yuen Trust是自由裁量信托,受益人为庞鼎文。

YTIL property的交易与Hillview property交易类似，唯一不同的是，庞鼎文将出售YTIL property的收益借给了受托人SKL和FL，随后在1991年10月和1992年10月，庞鼎文放弃了对FL和SKL的债权。随着交易的完成，庞鼎文的巨额财产全部转移进多个复杂的信托计划中。通过这个计划，庞鼎文实现了将财产事实转移出香港、从而规避各类风险以保护财产的目的。

庞鼎文于1993年1月23日去世。香港遗产署据此认为，庞鼎文生前转移财产的主观意图是非善意的，法律依据为当时香港的《遗产税条例》第五条："基于处分行为而取得的财产，意图在生前进行直接的赠与，无论是否经由转让、交付、信托宣言或其他的方式，在其死亡前的三年内，将被认定为非善意的。"

为此，庞鼎文的信托受托人提起诉讼。

一审法院认为，庞鼎文的信托安排也存在非避税原因，购买财产的循环资金在不同的人手中，都用于不同的目的，因此判定信托合法有效。

二审法院认为，庞鼎文通过这一系列预先设计好的交易来实现避税目的，虽然安排了不含有商业目的的步骤，但有会计上避税的目的，因而推翻了一审判决。

为此，官司打到了终审法院。终审法院认为可以将在家庭和家族信托之间的资金流转视为是虚假的，但是银行的参与不能被这么认定，庞氏家人和银行之间，毫无疑问存在着债权债务关系，这些予以认定为真实交易。因此，终审法院一致同意撤销二审判决，维持一审判决。

本案是经过一轮行政机关、三轮司法机关审理的案件。

最大争议点是资金来源和资金路径：

①庞太太向澳门一家银行以无抵押方式借款1.39亿美元后，将这笔款项借给SWL，SWL使用这笔钱支付了1990年1月25日的5笔交易对价，剩下的钱用于购买庞先生孩子们持有的这些公司的股份。

②庞先生收到对价款后将这卖出4家公司股份的对价款借给了SKL和FL，由此产生一项特殊债务，无利息、无担保，是否需要还款完全取决于债权人庞先生是否要求SKL和FL归还。

③随后庞先生将售卖Hillview物业的对价款4220万港元捐给SKL和FL。SKL和FL将这些款项用于从SWL中购买5个单位信托份额。SWL再将这笔钱还给了庞太太，庞太太还款给银行。每一笔交易款项完美溜达一圈后回到银行，只用了一天。

本案的最大争议点主要集中在资金来源和资金路径的分析上。具体可以从以下几个方面进行剖析：

首先，庞鼎文在设立信托时所使用资金的来源是本案争议的核心。香港遗产署主张庞鼎文在生前转移财产的主观意图是非善意的，主要是基于《遗产税条例》第五条的规定，即死亡前的三年内基于非善意意图进行的财产转移应被视为避税行为。而庞鼎文的信托受托人则主张信托安排的合法性，认为购买信托财产的资金并非单一来源，而是经过不同人之手的循环资金，用于不同的目的。因此，资金来源的合法性和正当性成了本案的一个关键争议点。

其次，资金路径的复杂性也增加了本案的争议性。庞鼎文通过一系列预先设计好的交易，将股票和不动产装入信托中。这些交易包括受托人之间的资金循环安排，涉及多个法律主体和复杂的金融操作。香港遗产署认为这些交易是为了避税而精心策划的，而信托受托人则主张这些交易出于合法和合理的商业目的。因此，资金路径的合法性、合理性和避税动机的判定成了本案的另一个重要争议点。

最后，终审法院在审理此案时，对资金来源和资金路径的分析采取了审慎的态度。法院认为，虽然可以将家庭和家族信托之间的资金流转视为虚假，但银行的参与不能被简单地认定为虚假交易。庞氏家人和银行之间确实存在债权债务关系，但这些交易应被认定为真实发生。因此，终审法院在资金来源和资金路径的分析上，更加注重交易的真实性和合法性，从而撤销了二审判决，维持了一审判决。

因此，税务专员认为庞先生的一系列安排背后的动机就是规避遗产税，加上庞先生布局过晚，在《遗产税条例》规定的非善意的三年的规定期间去世。尽管如此，终审法院支持了一审判决。

我们都知道，香港在2006年取消了遗产税，但离岸家族信托这一策略在征收遗产税的国家或地区是很好的参考。

（3）纳税规划：离岸家族信托可以作为税务规划的工具，帮助设立人合理降低税收负担,通过将资产转移到税务待遇较好的离岸地,可合法避免或减少税收。

> 📋 **案例**

试想一下,马云家族3150亿元的财富,若不进行税务规划,每天会产生多少税收?这个超级纳税大户是如何操作的?

在阿里巴巴集团上市之际,马云已将他持有的股份做好了安排,其中通过离岸家族信托持有的股份占其总持股的64.4%。

马云通过一个以自己及其家人为受益人的信托全资拥有JC Properties Limited和JSP Investment Limited(均为英属维尔京群岛公司)(图1-53)。

```
委托人           设立   ▲   分配         受益人
马云           ───→ 家族信托 ───→     马云及其家人
                      │  │
              ┌───────┘  └───────┐
              ▼                  ▼
    JC Properties Limited   JSP Investment Limited
         (BVI)                   (BVI)
              │                  │
              └────────┬─────────┘
                       ▼
            Alibaba Group Holding Limited
                    (开曼)
```

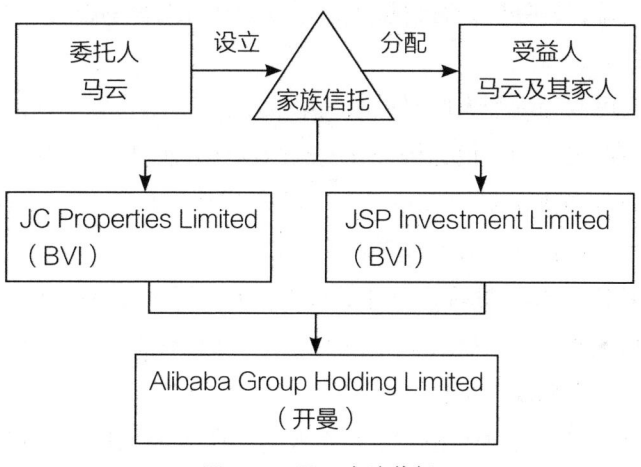

图1-53 马云家族信托

从马云家族信托架构来看,马云设立家族信托时首先考虑税务规划,将其资产转移到税务待遇更为宽松的开曼群岛,开曼群岛的税种只有土地交易税、印花税、旅游者住宿税和营业执照费,没有开征个人所得税、企业所得税和一般财产税,没有任何的利息税、资本增值税、物业税和遗产税,从而减少或避免了在原籍国的税务负担。加上开曼群岛没有外汇管制,资金能够自由出入,所以开曼群岛被视为一个真正的避税天堂,马云通过设立开曼公司,可以合法地进行税务规划。

设立家庭信托还有财富传承、股权集中等优势。所有权由马云家族信托持有,受益权由马云及其家人享有,马云按照意愿拟定信托契约,财产所有权人——马云家族信托，听信托契约的安排，分配信托财产给马云指定的受益人。最后，马云成功将所持阿里巴巴股票的所有权和受益权分开来，使其个人和家族财富不受风险的影响。

**特别提醒**

当前跨境避税问题的严重性使得打击跨境避税成为各国努力的目标，世界各国都纷纷采取反避税行动捍卫本国税权和税收公平，其中信息交换是达成该目标的有力手段之一。

2018年，我国的个人所得税法做了重大修订，其中特别引入了"个人所得税反避税规则"。新的个人所得税法实施后，个人的各类交易如果不按照独立交易原则在境外避税地避税，或者实施其他不具有合理商业目的的安排而获取不当税收利益，税务机关有权按照合理方法进行纳税调整。

**法律依据**

《中华人民共和国个人所得税法》第八条：

有下列情形之一的，税务机关有权按照合理方法进行纳税调整：

（一）个人与其关联方之间的业务往来不符合独立交易原则而减少本人或者其关联方应纳税额，且无正当理由；

（二）居民个人控制的，或者居民个人和居民企业共同控制的设立在实际税负明显偏低的国家（地区）的企业，无合理经营需要，对应当归属于居民个人的利润不作分配或者减少分配；

（三）个人实施其他不具有合理商业目的的安排而获取不当税收利益。

税务机关依照前款规定作出纳税调整，需要补征税款的，应当补征税款，并依法加收利息。

因此，防止滥用家族信托进行单一避税是税收风险控制的核心所在，为避免家族信托活动成为纯粹的避税工具，其设立需要具备合理的商业目的或现实目的。

离岸家族信托的税务规划是一项系统而复杂的工程，并且设计多工具、多政策，只有进行提前规划、综合运用才能达到节税的目标。马云财富传承的安排是其在2014年美国上市之前做出的，证明其在传承这盘棋上早有规划。

每个企业家都应是自己及企业的资金策略师，应及早做好自己及企业的资金策略，实现财富自由。

第二章

# 资金管控的重要性和举措

十六年的职业生涯中，从财务、法务到成功陪伴企业上市，从众多的中小企业到大企业，从资金的服务方到资金管理的参与者，再到介于财务运营与资本运营之间，我看到有些企业因营业收入跟不上导致现金流极差，有些企业因资金管理不到位出现严重的资金舞弊现象，资金大量流失，陷入资金短缺，甚至资金链断裂的困境，还有些企业没有在资金源头做好规划，导致现金流不健康，引发严重的税务风险等问题。

同时，我从管理好资金的企业悟到，做好资金管控，不仅能够避免不必要的资金周转借贷和应付利息的支出，更好地规划和优化资金使用，更有效地运用资金，降低融资和运营成本，而且能够避免资金舞弊现象，捍卫企业资产权益不被侵犯，改善企业经营业绩，保障企业长期健康发展，同时也能够避免引发偷税漏税行为则被税局处以"补税＋罚款＋滞纳金"的惩罚，更能避免过度投资或无效投资，从而提高投资回报率。

本章包括资金管理失控的危害和管控策略，处在不同阶段的企业资金管控策略，现金流价值，资金预测与管理工具、程序、报告体系设计，旨在帮助企业加强资金管控，合理运用资金并优化现金流量，降低成本，提高投资回报率，实现资金利用效率的最大化。有效的资金管理还可以帮助企业保持经营持续性，防范风险，改善供应链关系，促进企业发展。

## 第一节　资金管理失控的危害和管控策略

### 一、资金舞弊及其防控

#### （一）资金管理失控

**案例**

某电动机公司的前身是国有企业，始建于1978年。1998年转制为某民营制造公司，经过数十年的发展积累了相当丰富的工艺技术和一定的管理经验，制定了许多公司管理制度。公司经过多年的改造、完善，产品生产能力和产品市场竞争能力得到了很大提高，并引进了先进的生产设备。公司具有较强的新产品开发能力,主要生产5大系列、28个品种、120多种规格的低压和高压、低速和高速、异步和同步电动机。公司具有完整的质量保证体系,2002年通过ISO 9000系列质量管理体系认证。公司年创产值2800万元,实现利润360万元。公司现有员工600多人,30%以上具有初、中级技术资格,配备管理人员118人,专职检验人员86人,建立了技术含量水平较高的员工队伍。随着公司的发展壮大,经营过程中出现了一些问题,已经影响到公司的发展。

该公司出纳员李敏,给人兢兢业业、勤勤恳恳、待人热情、积极肯干的印象,不论分内分外的事,她都主动去做,受到领导的器重、同事的信任。而事实上,李敏在一年半的时间内,先后利用22张现金支票提取现金98.96万元,均未计入现金日记账,构成贪污罪。其具体手段如下:

(1)隐匿3笔结汇收入和7笔会计开好的收汇转账单(记账联),共计10笔销售收入98.96万元,将其提现的金额与其隐匿的收入相抵,使32笔收支业务均未在银行存款日记账和银行存款余额调节表中反映。

(2)由于公司财务印鉴和行政印鉴合并,统一由行政人员保管,李敏利用行政人员的疏于监督开具现金支票。

(3)伪造银行对账单,将提现的整数金额改成带尾数的金额,并将提现的银行代码"11"改成托收的代码"88"。该电动机公司在清理逾期未收汇时发现曾经有3笔结汇收入未在银行存款日记账和银行存款余额调节表中反映,但当时由于人手较少未能对此进行专项清查。

从本案例可知,某电动机公司内部控制疲软、资金管控机制失灵,这是李敏犯罪得逞的重要原因。

我们认为该电动机公司存在以下几个管理上的漏洞。

(1)出纳兼做银行对账,为其提供了在编制银行存款余额调节表时擅自报销32笔支付现金业务的机会。

(2)印鉴管理失控。财务印鉴与行政印鉴合并使用并由行政人员掌管,出纳在加盖印鉴时未能得到有力的监控。

(3)未建立支票购入、使用、注销的登记制度。

(4)对账单由出纳从银行取得,提供了伪造对账单的可能。

(5)凭证保管不善,会计已开好的7笔收汇转账单(记账联)被李敏隐匿，造成此收入无法记入银行存款日记账中。

（6）发现问题追查不及时。在清理逾期未收汇时发现了3笔结汇收入未在银行存款日记账和银行存款余额调节表中反映，但由于人手较少未能对此进行专项清查。

该电动机公司可采取如下补救措施。

（1）复核银行存款余额调节表的编制是否正确、有无遗漏或收支抵销等情况。

（2）督促有关人员及时、全面、正确地进行账务处理，使收支业务尽早入账，不得压单。

（3）记账与出纳业务的职责相分离，对现金的账实情况进行日常监督和专项监督，查看库存的现金有无超出限额，有无挪用、贪污情况，保管措施如何。

（4）出纳与获取对账单职责相分离。

（5）监督出纳移交工作的整个过程，查看移交清单是否完整，对于遗留问题应限期查明，不留后遗症。

这个案例说明，内部控制的有效执行是企业资金安全的保证，也是企业防止资金舞弊的重要手段，而内部控制监督检查则是内部控制得以有效执行的保障，企业应该充分认识内部控制监督机制的重要性。

### （二）资金舞弊常见现象

#### 1. 收入舞弊常见现象

（1）截留销售收入。

> 案例

A企业拥有20家门店，2021年因销售经理离任需做离任审计，因发现有现金科目账实不符的疑点，且出仓单也有问题，我们要求A企业实时调取该销售经理在职期间的银行流水，发现在2018—2020年，有10笔合计金额为212万元的实物出仓没有符合的资金流水印证，其中3家门店在此期间的原始收款收据被销毁，而负债账上的销售收据是被篡改过的。经深入调查，缺失的212万元销售收入被截留至该销售经理的账上。最终，该经理认错态度良好，并如数归还侵占的金额。

从案例可以看出，当舞弊者采取积极措施掩盖犯罪痕迹时，最常用的方法就是销毁原始交易记录，篡改与截留部分收银记录，编制新的记录，使入账现金和收银记录保持平衡。

（2）截留应收账款。

> **案例**

B企业有一笔10万元的应收账款长期挂账，账龄都四年了还没做坏账处理，理由是已开票确认收入，但实际未收到该笔款项。2022年，我们接手该企业的审计，发现此情况后第一时间发询证函给欠款客户企业，而该客户企业复函时附上了把款打到销售私户的记录及委托收款证明，客户方认为已清账，而B企业却因一直没收到款项而挂账。查实后发现是身份为老板亲戚的某位销售截留了该款项。

从案例中，我们发现截留收款的人往往是老板的亲信或者亲戚。舞弊者得逞的原因有：一是客户方比较了解舞弊者在该企业的身份地位；二是舞弊者有权代表老板对企业财务部发号施令或者替财务向老板汇报，以某种方式或理由解释未收到账款的原因并做出说明。类似企业的资金都存在应收账款管理混乱或不到位的问题。

（3）腾挪资金。

> **案例**

济南某房地产公司出纳李某是一名90后，每个月拿着5000元的工资。因沉迷于网络游戏，李某常常需要为游戏充值，因而欠下了不菲的网贷。李某入职后发现公司的资金存在管理漏洞：自己手上保管着公司的网银制单盾，而且打款时能够轻易拿到财务部门的复核盾。李某还发现，公司的查账仅仅是在月底时按要求出纳将各自负责的账户网银余额进行截图，其他出纳再将截图同企业管理系统上显示的账户余额进行核对，这一点无疑是一个很大的漏洞。于是2018年12月至2020年4月期间，李某利用职务之便累计挪用公司资金4800万元。

从案例可知，企业不仅要建立健全的公司内部财务制度，做好内控工作，还要对落实制度的人以及实施过程做好监督和管理，防患于未然。这样即使出现了问题，也能及时加以解决。

**2. 付款舞弊常见现象**

（1）篡改付款通知。

> 案例

C公司是一家生产企业，在广东和浙江都有生产基地，老板平时主要居住在广东，因此能够对广东公司的资金进行管理，二十多年来，广东公司无资金舞弊行为。浙江公司开业五年左右，近两年终于有了不错的利润，但总是缺资金。于是老板请我们去做资金专项内审。经审计，发现在开出银行支票的时候，5笔预付账款支票联的金额分别是100万元、120万元、15万元、200万元、50万元，这与银行支出的流水一致；但支票的存根联的金额是1万元、1.2万元、1.5万元、20万元、5万元，这与账上金额一致。这说明什么问题呢？说明出纳篡改付款单，并配套了与支票对应虚假的金额，因C公司的银行存款余额调节表是该出纳编制的，所以两年以来其可以在支出中做5笔账款的手脚，足足侵占456.3万元。若不是出现公司有利润却还陷入资金严重短缺的情况，老板还不会重视，这件事也不会被发现。C公司的问题在于，为了省钱，出纳兼当财务，银行的流水、银行存款日记账从来没有第三人核对，业务单据也从来没有第三人确认、审核。舞弊者的后果可想而知，而C公司的老板也因此得到了惨重的教训。

其实，这种篡改内部付款通知的现象在很多资金混乱的公司都有发生。有的舞弊者对外更改客户付款通知，拦截或者掌控着客户的逾期付款通知；有的事后悄悄还款避免东窗事发；也有的因涉赌、奢侈导致资金无法及时退回，东窗事发后受到法律制裁。

（2）虚列存货记录。

> 案例

某个经营音响业务的企业的研发部领导是从别的大公司挖来的，他的能力很强，他购买研发仪器、物料的凭证都不经过财务部。但随着研发物料越买越多，支付的账款也越来越多，但研发出的新产品却没有增加，这引起了老板怀疑。老板请我们内审，我们发函询证，发现部分物料采购单数量大大缩水，部分存货记录根本没有对应的采购行为，只是该研发主管虚列存货记录，再让出纳打款至自己能控制的熟人的账户中。因此，我们内审的思路是从舞弊者虚列存货记录、侵占存货入手，因为掩盖的难点就在于存货数量。本案例中，研发过程确实有合理的损耗，但不至于多到离谱。尽管该领导没有把研发物料经仓库进出仓，但是送货单时间与监控的实际送达货物可以查询，因此其舞弊行为仍然被我们查出。

提醒企业，所有人要按财务规定走审批流程，做好账实一致。尤其是仓库管理人员，既要和研发、销售协作，又要权责分离相互监督，定期对账、定期盘点。在进行存货盘点时，由于顾客偷盗、商品损坏等原因，通常会存在一定的存货亏损，但如果出现明显大额的存货亏损，就可能存在舞弊行为。

（3）虚报、冒领薪酬。

### 案例

常某某公费私收"蚂蚁搬家"式职务侵占案

案件概况：原告深圳M公司诉被告常某某（担任华北区运营经理并负责北京区域60余家门店的人事、财务管理）利用其职务上的便利，指使其下属区域经理、门店经理在北京市西城区多家店铺，于21时后以店铺结算系统故障为由，要求客户将消费款项扫码支付至常某某的微信、支付宝账户共261319.5元；借用张某某、闫某等8人身份证、银行卡办理了5家"X茶"门店入职手续，虚报、冒领薪酬共211651.36元；利用职务上的便利，将部门门店的奶盖机、打杯机等设备以报损的方式挪运到亲戚饮品店，设备价值经价格认证中心鉴定为人民币27923元。经司法会计鉴定，常某某通过三种方式侵占公司财产价值共计人民币50万余元。

2021年5月29日，北京市西城区人民检察院以被告人常某某涉嫌职务侵占罪依法提起公诉。同年6月8日，北京市西城区人民法院的一审判决判定常某某犯职务侵占罪，判处有期徒刑一年十个月。

企业资金被职务侵占的法律依据主要集中在《中华人民共和国刑法》中。

首先，第二百七十一条是关于职务侵占罪的法律条文。根据该条规定，公司、企业或其他单位的人员，利用职务上的便利，将本单位财物非法占为己有，数额较大的，处五年以下有期徒刑或拘役；数额巨大的，处五年以上有期徒刑，可以并处没收财产。这一条款直接涉及企业资金被职务侵占的定罪和量刑标准。

此外，对于国有公司、企业或其他国有单位中从事公务的人员，以及被国有单位委派到非国有单位从事公务的人员，如果他们有前款行为，即利用职务便利侵占企业资金，将依照《中华人民共和国刑法》的第三百八十二条和第三百八十三条的规定进行定罪处罚。

其次，第二百七十二条是与企业资金被挪用或侵占相关的法律条文。该条规定了公司、企业或其他单位的工作人员，利用职务上的便利，挪用本单位资金归个人使用或借贷给他人，以及进行营利活动或非法活动的行为，都将受到法律的制裁。

本案例中常某某采取虚报、冒领薪酬、"公费私收"等方式侵占公司财物，属于典型的"蚂蚁搬家"式职务侵占案件。

现实中，还有各种各样的收支舞弊现象，建议企业采取以下措施。

首先，建立健全企业内部控制制度。健全并得到有效执行的内部控制体系是防范资金舞弊的第一道防线。依法建立起全面合理的规章制度，针对采购、销售、财务等敏感岗位设立有效的监督防范体系，包括但不限于加强对库存现金的清查，定期或不定期对资金进行抽查盘点、动态巡检、发动员工参与有奖举报等方式。

其次，加强日常监控。当日营业结束后，现场销售收款人员在监盘人员监督下盘点当日现金收入，并与业务记录进行核对，确认无误后再与财务部门出纳办理当日货款的确认交接工作，防止现金截留，保障资产安全。要加大外部监管及处罚力度，避免企业内外信息不一致产生的舞弊没能被及时发现，避免因无法及时处理而无法及时止损。

再次，加强高管及其他员工业务、法律、职业道德的综合培训。通过企业公众号、网站等宣传典型违规受处罚的案例，既让员工树立良好的守法意识，也让部分潜在的违规分子认识到触犯法律的巨大代价，及早收手。

然后，要完善与员工之间的劳动合同关系。与员工签订一系列商业秘密保护、自身廉洁勤勉承诺函等文件，以此培育企业廉洁文化。

最后，对于大客户的应收账款，要定期进行对账，如有必要可到客户公司现场核账，防止销售收款后私下腾挪资金。另外，客户的账款催收由销售人员负责，但可以规定回款由财务部门的人员与客户联系沟通，形成职务上的相互监督制约。

## 二、六维资金管控策略

### （一）资金对经营者和所有者的重要性

对经营者：要面对多家银行，掌握资金过去、现在、未来的流动状况，为投资决策和经营决策提供信息。

对所有者：需要保证资金的安全性，控制资金使用的合理性，提高资金使用效率，规范风险控制。

### （二）六维资金管控目标（结果）

资金是企业的生命线，是企业健康发展的必须保障。资金管控目标包含六个维度（图2-1）。

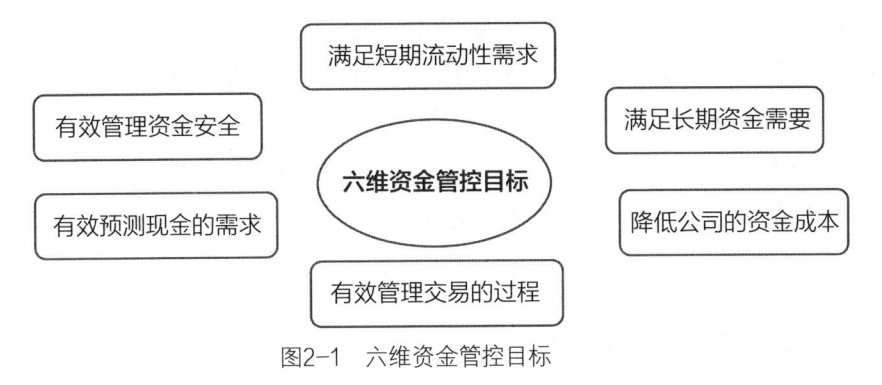

图2-1　六维资金管控目标

（1）满足短期流动性需求：对经营性负债和支出保持一定的流动性和支付能力。

（2）满足长期资金需要：有助于企业持续、长期发展。

（3）降低公司的资金成本：增加企业的利润，累积更多股东可支配的资金。

（4）有效管理交易的过程：避免资金被浪费、滥用。

（5）有效预测现金的需求：一是企业可以制定出合理的资金计划，包括资金的来源、使用和投资等，有效避免企业出现资金短缺或过剩的情况，保证企业正常运营和发展；二是可以帮助企业优化资金结构，企业可以合理配置资金，优化资金结构，提高资金使用效率；三是可以提前做好资金储备，避免出现资金短缺的情况；四是企业可以根据资金预测结果，制定合理的风险管理策略，降低企业的经营风险；五是可以合理配置资金，提高资金使用效率，降低资金成本，从而提高企业的经济效益。

（6）有效管理资金安全：避免涉税风险、行政处罚风险、资金短缺甚至资金链断裂的风险，为企业长期稳定发展提供有力支持。

### （三）资金审批的四个重要流程节点（措施）

（1）资金收付需要以业务发生为基础。企业资金收付应该有根有据，不能凭空付款和收款。所有收款和付款，都由特定的业务引起，因此，真实业务的发生是资金收付的基础。

（2）企业授权部门审批。收款方收取资金时应该向对方提交相关业务发生的票据或者证明。资金支付涉及企业经济利益流出，应严格履行授权分级审批制度。不同责任人应该在自己被授权范围内审核业务的真实性、金额的准确性，以及申请人提交的票据或者证明的合法性，严格监督资金支付。

（3）财务部门复核。财务部门收到经过企业授权部门审批签字的相关凭证或证明后，应再次复核业务的真实性、金额的准确性，以及相关票据的齐备性、相关手续的合法性和完整性，并签字认可。

（4）出纳或资金管理部门在收款人签字后，根据相关凭证支付资金。

### （四）资金内循环（手段）

（1）审批控制点。把收支审批点作为关键点，是为了控制资金的流入和流出，审批权限的合理划分是资金营运活动业务顺利开展的前提条件。

审批活动作为企业资金管理的关键环节，确实应当严格遵循一系列规定和流程，以确保资金使用的合规性、透明度和安全性。以下是关于审批活动关键点的详细描述。

首先，企业应制定明确的资金限制接近措施。这些措施旨在规范资金的存放、使用和管理，防止未经授权的人员接触或挪用资金。这些措施可能包括设立专门的资金账户、实施严格的资金管理制度，以及定期进行资金盘点和核对等。

其次，经办人员在开展业务活动时，必须得到相应的授权审批。这意味着，只有经过授权的人员才能办理资金收支业务，从而确保每笔资金的流动都符合企业的规定和程序。

此外，使用资金的部门应提前提出用款申请，并在申请中详细记载资金用途、金额、使用资金时间等关键信息。这有助于企业了解资金的使用情况，确保资金使用的合理性和必要性。

在申请得到批准后，经办人员需要在原始凭证上签章，以证明其已经按照规定的流程和要求办理了资金收支业务。这一步骤有助于确保经办人员对自己的行为负责，并防止虚假或不合规的资金流动。

最后，经办部门的负责人、主管总经理以及财务部门负责人需要对资金申请进行审批并签章。这一环节是确保资金审批流程的完整性和合规性的重要保障。通过多层次的审批，企业可以进一步降低资金风险，确保资金使用的合规性和安全性。

（2）复核控制点。复核控制点是减少错误和舞弊的重要措施。根据企业内部层级的隶属关系可以将复核划分为纵向复核和横向复核。前者指上级主管对下级活动的复核，后者指平级或无上下级关系人员的相互核对，如财务系统内部的核对。

复核控制点包括：资金营运活动会计主管人员审查原始凭证反映的收支业务是否真实合法，经审核通过并签字盖章后才能填制原始凭证；凭证上的主管、审核、出纳和制单等印章是否齐全。

（3）收付控制点。资金的收付是资金的流入流出，反映着资金的"来龙去脉"。

收付控制点包括：出纳人员按照审核后的原始凭证收付款，并对已完成收付的凭证加盖戳记，并登记日记账；会计主管人员及时准确地将其记录在相关账簿中，定期与出纳人员的日记账进行核对。

（4）记账控制点。资金凭证和账簿是反映企业资金流入流出的信息源，如果这个环节出现管理漏洞，会导致整个会计信息处理结果失真。

记账控制点包括：出纳人员根据资金收付凭证登记日记账，会计人员根据相关凭证登记有关明细分类账，会计主管人员登记总分类账。

（5）对账控制点。对账是账簿记录系统的最后环节，也是报表生成前的环节，对保证会计信息的真实性起到重要作用。

对账控制点包括：账证核对、账账核对、账表核对、账实核对等。

（6）报告控制点

①制定详细的流程和标准。

a.制定资产统计、报告和分析的详细流程，包括数据收集、处理、审核和报告的步骤。

b.设定明确的数据准确性和完整性的标准，确保所有资产都被正确记录和报告。

②内部控制审计。

a.定期对资产统计、报告、分析工作以及资金保管进行内部控制审计。

b.对发现的问题及时整改，并跟踪整改情况。

③建立风险应对机制。

a.识别可能的风险点，并制定相应的风险应对措施。

b.定期进行风险评估和更新，确保风险应对措施的有效性。

（7）银行账户管理控制点。企业应当严格按照《支付结算办法》等国家有关规定，加强对银行账户的管理，严格按规定开立账户，办理存款、取款和结算。

银行账户管理的关键控制点包括：银行账户的开立、使用和撤销是否有授权，下属企业或单位是否有账外账。

（8）票据与印章管理控制点。印章是明确责任、表明业务执行及完成情况的标记。

印章的保管要贯彻不相容职务分离的原则，严禁将办理资金支付业务相关印章和票据集中为一人保管，印章与空白票据分管，财务专业章与企业法人章分管。

资金流程的内控节点（风控）如下（表2-1）。

表2-1 资金流程的内控节点（风控）

| 风险控制点 | 控制目标 | 控制措施 |
| --- | --- | --- |
| 审批 | 合法性 | 未经授权不得自己办理收付业务，明确不同级别管理人员的权限 |
| 复核 | 真实性与合法性 | 财务对相关凭证进行横向和纵向复核 |
| 收付 | 收入入账完整，支出手续完备 | 出纳根据审核后的相关收付款原始凭证收款和付款，并加盖戳记 |
| 记账 | 真实性 | 出纳根据资金收付凭证登记日记账，会计人员根据相关凭证登记有关明细账，会计主管人员登记总账 |
| 对账 | 真实性和财产安全 | 账证核对、账账核对、账表核对和账实核对等 |
| 报告 | 财产安全与完整 | 授权专人保管资金，定期、不定期盘点 |
| 银行账户管理 | 防范小金库，加强业务管控 | 开立、使用与撤销的授权，是否有账外账 |
| 票据与印章管理 | 财产安全 | 票据由专人保管，印章与空白票据分管，财务专用章与企业法人章分管 |

## （五）企业财务部门管控资金的具体措施和作为（财物价值）

（1）建立严密的资金营运活动的会计控制系统，严格规范资金的收支条件、程序和审批权限。

（2）所有收入及时入账，杜绝小金库的存在。

（3）所有支付应明确用途、金额、预算限额、支付方式，并有完整发票、严格审批复核程序和手续。

（4）所有收付严格遵守现金管理条例和银行账户管理办法，实行不相容职务分离制度，相关票据、印章由不同人员分管。

（5）保持账簿记录的完整。

（6）进行资金预测。

企业资金预测公式如下：

企业现金占用量 = 应收账款+存货-应付账款

一年资金需求= 年底现金占用量-年初现金占用量-盈利+其他项目资金需求

我们常以汇总表（表2-2）为工具，来辅助企业财务跟进企业资金收支计划并实行管控。

## 表2-2 单体公司（非集团公司）年度现金流量预算汇总表

20××年现金流量（CF）预算

| 项目 | 逻辑 | 20××-1-1 实际 | 20××-2-1 实际 | 20××-3-1 实际 | 20××-4-1 预测 | 20××-5-1 预测 | 20××-6-1 预测 | 20××-7-1 预测 | 20××-8-1 预测 |
|---|---|---|---|---|---|---|---|---|---|
| 一、经营活动产生的现金流量 | | | | | | | | | |
| 经营活动现金流入小计 | | | 1 | 0 | 3998.00 | 4075.00 | | 83078.00 | 178800.00 |
| 营业收入回款 | 用销售计划推导 | | 1056891.00 | | 3998.00 | 4074.00 | 81117.00 | 83078.00 | 178800.00 |
| 不确定收入 | | | | | | | | | |
| 确定收入 | | | 370000.00 | | 3998.00 | 4074.00 | | 83078.00 | 178800.00 |
| 经营活动现金流出小计 | | 1605842.00 | | 771503.00 | 1080569.00 | 1277088.00 | | 856930.00 | 1222303.00 |
| 成本及研发支出 | 用采购计划推导 | 20300.00 | | | 140000.00 | 210000.00 | | | 66560.00 |
| 服务外包支出 | 用与销售对应的外包结算逻辑推导 | 20300.00 | | | | | | | 58560.00 |
| 研发费用 | 按照研发计划推导 | | 370000.00 | | 140000.00 | 210000.00 | | | 8000.00 |
| 员工费用 | 固定费 | 3790.00 | 660232.00 | 729700.00 | 819961.00 | 769395.00 | 756990.00 | 795096.00 | 1044700.00 |
| 办公费用 | 固定费 | 1577039.00 | 26290.00 | 42737.00 | 120332.00 | 297333.00 | 54052.00 | 60892.00 | 67500.00 |
| 运营及市场费用 | 变动费：销售计划×计划税率 | | | | | | | | 35000.30 |
| 税金 | 根据销售和成本业务推导=（收入-成本）×增值税+（收入-成本-盈利）×所得税率 | 3474.00 | | | | | 105.00 | | 7543.00 |
| 其他经营性支出 | 固定费 | 1239.00 | 368.00 | -934.00 | 276.00 | 360.00 | | 942.00 | 1000.00 |

-290-

续表

| 项目 | 逻辑 | 20××年现金流量（CF）预算 ||||||||
|---|---|---|---|---|---|---|---|---|---|
| | | 20××-1-1 实际 | 20××-2-1 实际 | 20××-3-1 实际 | 20××-4-1 预测 | 20××-5-1 预测 | 20××-6-1 预测 | 20××-7-1 预测 | 20××-8-1 预测 |
| 经营活动产生的现金流量净额 | | -1605842.00 | -1055890.00 | -771503.00 | -1076571.00 | -1273014.00 | -811147.00 | -773852.00 | -1043503.00 |
| 二、投资活动产生的现金流量 | | | | | | | | | |
| 投资活动产生的现金流量净额 | | 1247977.00 | -9499.00 | -15698.00 | | -1676200.00 | -9588.00 | -52310.00 | -120000.00 |
| 三、筹资活动产生的现金流量 | | | | | | | | | |
| 筹资活动产生的现金流量净额 | | -533899.00 | -1065879.00 | -5501051.00 | -1284896.00 | 19104536.00 | | 1000000.00 | |
| 四、现金及现金等价物净增加额 | | 21459466.00 | 20925567.00 | 19859688.00 | 14358637.00 | 11004990.00 | -4368868.00 | 173401.00 | -12163503.00 |
| 加：年初现金及现金等价物余额 | | 20925567.00 | 19859688.00 | 14358637.00 | 13073741.00 | 24078732.00 | 19709864.00 | 19883265.00 |
| 五、期末现金及现金等价物流量净额 | | 20925567.00 | 19859688.00 | 14358637.00 | 13073741.00 | 24078732.00 | 19709864.00 | 19883265.00 | 7719763.00 |

首先，通过汇总表可以看到企业各个类别的收入和支出情况，结合企业实际情况，把收入、支出分成不同类型的大类，目的是便于分类对比。

其次，通过汇总表可以看出本年的现金收入、现金支出、现金结余数，同时能够看到上年同期的现金收入、现金支出、现金结余数，通过将本年的现金收支发生额与上年同期的现金收支发生额进行对比，可以看到增减变动的金额以及增减变动的幅度。

最后，通过汇总表可以看出各项现金收入占总收入的比重，以及各项支出占总支出的比重。通过这些指标，可以看出哪些项目对公司的现金收入、现金支出影响大，而且可以看到上年同期的占比数据，通过分析本年占比和上年占比数据的变动，可以看出企业资金收入和资金支出流向的变化，根据流向的变化，可以判断企业的收入来源是否合理、支出流向是否符合公司的计划。

简单来说就是根据企业最近一两年现金流量的数据，分析企业在正常情况下需要的经营活动支出额、投资活动支出额；考虑未来需要偿付的借款本息，由此估算出企业的资金需求量；然后再考虑企业经营活动带来的现金收入、投资活动收回的现金；最后用总需求量减去经营活动与投资活动收回的现金，如果得出的数值为正则表明资金存在缺口，如果为负则表明资金有盈余，而资金缺口量就是需要企业通过外部筹资获取的资金量。

这个看似粗略的估算表格，在企业规模不大、各项经营活动相对稳定的情况下，结合历史现金流的记录，并考虑未来期间的战略计划和特殊情况，能够非常准确地预测出企业未来一段时间的资金需求量，进而能够准确预测未来资金需求量，是简单实用的监控资金风险的方法。

不同的现金，管理内容不同，大家可以先从总体上分析现金总收入、现金总支出、现金结余，看得出的是正现金流还是负现金流。如果现金结余为正，表明企业资金有盈余，不会出现资金链断裂情况；如果现金结余为负，表明企业入不敷出，企业创造的现金已经不能满足资金支出的需要。现金结余为负如果是暂时的，问题不严重；如果是持续的，就要引起警惕，因为企业的现金流很可能出现问题了。

下面重点讲讲汇总表中的"经营活动现金流入小计"使用说明。

业务部门预测收入的逻辑千变万化，其中最坏的结果是预测人员"拍脑袋"填数字。财务人员往往会认为自己不是一线人员，无法进行有效管理，但其实仍然有许多可用的方法，例如精细化管理。现金流预测包括预测未来一周（特殊行业预测的颗粒度更细）、一个月、三到六个月、一个年度、产品（项目）全周期的现金流，将每月实际与预算进行对比，对支出部分进行准确控制，有利于公司把控现金流。所以对企业的经营来说，精细化现金流预测体系的建设异常重要。

因此，汇总表将经营活动现金流入预测划分为以下三项。

（1）表格的第一项是"营业收入回款"，这是现金流入的主项。

营业收入是指企业在一段时间内从事各项业务所获得的收入。营业收入是企业的主要经营成果，是企业取得利润的保障。而回款是一种资金流动的形式：经过双方商议及合同约定，客户在产品满足一定的条件后再进行付款，这个客户实际进行付款的行为被称为回款。

用销售计划、签订合同额、历史数据等按月推导回款预测，最简单的收入预测方式为：某客户的收入预测 = 预计收入金额 × 成单概率。比如，一家企业将当前销售流程中的客户划分为不同阶段和等级：

①刚刚建立联系：2% 的成单概率。

②确认需求意向：10% 的成单概率。

③进入初步确认合作阶段：50% 的成单概率。

④签订合同：100% 的成单概率。

（2）表格的第二项是"不确定收入"，这是现金流入的细分。

此时，如果企业本月一共谈了3家客户：A客户预计能购买10万元的医美器材，已经进入了概念验证（PoC）阶段；B客户预计能购买30万元的医美器材，刚刚确认需求意向；和C客户签订了50万元的医美器材合同。

那么，这两家潜在客户的收入预测即为：

A客户的收入预测=10×50%=5（万元）；

B客户的收入预测=30×10%=3（万元）；

A、B两家客户的收入预测共8万元，都列入不确定收入，企业可根据计算出的收入预测，调整销售团队的资源分配和企业的整体战略规划。

（3）表格的第三项是"确定收入"，这是现金流入的细分。

C客户因为签订了合同，并在合同中约定了付款时间和金额，所以50万元的合同款就可以填在表格的相应月份了。

不同行业的业务经营存在差异性,当销售给出乐观的回款预估时,财务总监可以提供往年数据、预算与实际的比较来提醒业务部门其数据是否精准。

## 第二节　处在不同阶段的企业资金管控策略

### 一、对资金管控的基本认识

#### （一）什么是资金流

资金流,是企业经营日常现金流入、流出及其总量的总称。我们认为,老板在进行资金流管控之前,要先了解资金流以下具体要素。

**1. 和资金管控有关的名词**

资金、资金池、资金中心、资金管控、现金、现金流、现金为王、现金控制、内部银行、司库、应收账款、应付账款、预收账款、预付账款等。

**2. 和资金管控有关的人**

老板、财务经理、出纳等。

**3. 和资金管控有关的事**

投资、筹资、融资等。

**4. 和资金管控有关的物**

厂房、设备、库存、办公楼、办公家具、电脑、无形资产等。

**5. 企业资金流入源**

（1）股东、投资者投入的现金。

（2）增资扩股流入的现金。

（3）销售商品或提供服务收到的现金。

（4）债务性筹资和权益性筹资流入的现金。

（5）取得投资收益收到的现金。

（6）残值收入或变价收入。

（7）收到的政府补贴、奖励。

（8）收到的赔偿金、违约金、补偿金。

### 6. 企业资金流出的要素

（1）购置固定资产（如厂房及其装修装饰、设备及其运输、安装等）支付的现金。

（2）购买及运输生产材料支付的现金。

（3）购买商品或服务的支出。

（4）支付工资薪金的支出。

（5）缴纳税费。

（6）债务性支出，如支付利息。

（7）经营中各项费用的支出。

（8）支付的赔偿金、违约金、补偿金。

## （二）老板为什么要对资金进行管控

现金是企业流动性最强的资产，既可以满足企业生产经营开支的各项需求，也是企业贷款还本付息和履行纳税义务的保证。所以，老板经营企业，一定要了解现金流的重要性，管好钱。

企业现金流管理水平的高低往往是决定企业存亡的关键，在日益激烈的市场竞争环境下，企业面临的生存环境复杂多变，只有提升企业现金的管理水平，才可以合理地控制风险，提升企业整体资金的利用效率，从而不断加深企业的发展。企业如果忽视了现金管理，出现现金短缺，就会使企业内部财务难以为继，企业的可持续发展也就很难正常进行。

因为现金流问题倒下的企业比比皆是，一家企业可以长时间不赚钱也不会垮掉，比如说"烧钱"多年的京东，一直在亏钱，直到2019年才开始盈利，这是因为有人看中了京东的潜力，投资了京东，让它拥有了健康的现金流，可以连续多年"烧钱"也不会垮掉。反过来，如果企业虽然一直在赚钱，但是没有足够健康的现金流，那就很危险了。

### 📄 案例

诞生于安徽合肥的呆萝卜，以生鲜电商起家，通过"线上定线下取，今日定明日取"的经营模式精准锁定社区配送领域，为自己赢得了第一波的生鲜电商福利，线下门店有1000多家，拿到了6亿元的融资。那我们为什么现在看不到这个品牌了呢？因为这个企业因不健康的现金流而倒闭了。企业老板觉得自己拿到了融资，什么都缺，就是不缺钱，于是开启了疯狂"烧钱"之路。线上大量补贴产品被用户薅羊毛，线下招商团队大量贪污。太过自信的呆萝卜不仅亏损严重，甚至外债不断，就算是有短暂的盈利，却也难以支撑其继续发展下去的希望，毕竟对于生鲜行业而言，资金就意味着一切。而基于呆萝卜的账目情况也很难让资本愿意为它续上"血液"了，于是它走向了破产。

因此，企业必须对全部资金和处于各周转环节的流动资金进行经常性分析，及时掌握资金的使用情况，统筹安排资金使用，保持财务上的流动性，保持企业的可持续发展能力。

## 二、不同时期、不同行业的资金风险与救济手段

不同时期的企业资金困境状况是不一样的，它们既有共性，也存在差异，以下结合团队在企业资金专项咨询服务过程中，迎难而上解决企业问题的案例来阐述。

### 1. 高速发展期企业的资金风险与救济手段

**案例**

综合症状

A公司处于高速发展期，库存、在产品、应收款同比增加，占用了大量的资金。应收账款无设定信用额度及账期，更谈不上有管理，而为了降低采购成本，应付账款低至应收账款的50%，每月催收到的款项除了开支所剩无几，虽然账面利润率是可观的，但该公司几度陷入资金链断裂的边缘。

我们从应收应付账款、仓库进销存、产销周期、资金管理、决策流等维度进行业务流程观察、负责人走访、财务凭证、账面重要指标等分析、诊断，得出有效的解决方案。

一是制定了应收账款的管理制度，包括列明前十大客户信用额度、账期、催收程序、控制程序，大大减少A公司的应收账款。

二是把小客户利润率降低，实行先付款后发货的形式，避免增加催收的成本。

三是分析采购成本，制定采购政策和存货周转周期，降低采购价格稳定的材料的库存量，减少资金的积压。

四是对销售部实行与每一分应收账款挂钩的额外激励措施，加快历史应收账款的收款速度，减少现金流占用，缩短企业周转周期。

五是建立严格的费用和成本控制体系，管控企业运营成本，提高企业运营效益和利润。

六是构建合理的资金管理体系，不仅明确垫支的款项金额不能超过当期利润和折旧，而且财务部门和业务部门达成高度协作的共识，相互及时了解企业的业务状况和财务状况，发现问题并快速决策，降低企业的经营风险。

七是通过加强对现金流量的管理、加强对现金流量预测的控制、及时调整经营策略等方式来管理现金流量，从而提高资金周转效率。

八是优化企业的资金结构，以应付账款超期付息的政策替代短期银行贷款，不仅合理控制短期借贷，控制债务风险，而且和供应商建立了更紧密的合作关系，确保现金流的稳定。

很多民企的老板都是自己做业务发家的，所以他们中以业务或者技术出身的居多，创业之初，他们既要当老板，又要当业务员，还要做出纳，管业务和管资金，大多数工作都由老板一人负责，这个阶段的资金管理，靠的就是老板自己。但是随着企业规模越做越大，如果老板管理资金的思路没有跟上来，还是用创业时的管理方法来管理企业的资金，则可能会出现资金困境，比如花钱全凭老板自己的感觉，老板觉得这个钱可以花就花，觉得不值得花就不花。老板自己管资金，可能对于老板来说，安全性最佳，但是企业成长后，矛盾和弊端也会凸显，比如花钱没有计划、用钱随意，公司的钱和自己的钱不加区分、资金和财务完全脱节等。我们在服务A公司资金专项的第二年，不仅化解了资金链濒临断裂的风险，使资金流健康，而且为该客户建立了资金管控中心，真正做到提高资金管理效率，降低财务总成本，增强老板对资金的调度和增值能力，为其持续高速发展实现高度赋能。

## 2. 成熟期企业的资金风险与救济手段

### 📄 案例

*负债过度*

B公司是一家成熟期企业，老板实现财富自由后已经在国外定居三年，公司大小业务交给当年一起打拼江湖的高管，接到总经理的急电后赶回国，得知公司已经负债累累，且因货款纠纷官司要赔原告近千万元，财务无法系统化梳理原因，因此找到我们做咨询。

这个阶段的企业，我们除了应收应付账款、产销周期、资金管理等关键流程分析，主要从内部控制着手诊断，是为了确保合规性、提高运营效率、降低财务风险、保障资金的安全，促进持续发展。得知B公司陷入困境最大的原因是未建立风险管理机制、资金管控机制。先是老板出国后，销售部大换血，为了保住厂房正常生产，总经理令销售部门大量赊销，部分应收账款金额过大且碍于老顾客面子，在催收无果情况下不敢提起诉讼；部分应收账款对账混乱且证据链归集不足，没有补救措施，导致催款没有底气，更不敢通过法律手段解决；同时，由于产供销协调不好，库存也大幅度增加，有一项目库存累计增加了近2000万元，公司当年利润加折旧不过1000万元，导致公司不得不向小额贷款公司高息贷款，而利润不足以支付高额利息。这导致公司长期缺少资金，负债累累。我们得出有效的解决方案：

一是结合B公司的业务流程，给企业配置资金管理系统，老板利用计算机技术，可以在异地OA审批，资金收支及分析结果及时在PC端、手机端呈现，及时辅助老板做出资金决策，保证资金得到及时、安全管理。

二是卖掉一套处于价格高位但闲置多年的固定资产，解决眼前资金之急。

三是对应付账款进行梳理，就合同到期的应付账款与供应商约谈，把企业现状坦诚告知，部分应付账款得到供应商延期，另一部分应付账款得到打折分期支付，还有一部分应付账款因供应商有销售渠道得到商品出厂价的抵消。

四是对各项产品进行盈亏分析，把亏损的业务砍掉，提高利润产品的产能，避免再次陷入资金危机。

五是建立应收账款管理机制，对对账混乱的客户从合同源至生产成品、仓库出仓、销售沟通记录、财务凭证等实行溯源，还原实际应收账款额，分析客户特征后，巧妙地把证据链收集回来；对部分欠款数额较大且恶意拖欠客户实行起诉，将对债务人负连带责任的自然人股东列为共同被告，诉前实行资产保存。有笔款项在开庭前就达成和解追回，盘活了即将断裂的资金链；对片面追求销售业绩的销售部门进行整顿，以内部培训的形式提升应收账款管理意识。例如对赊销对象的现金流动情况及信用状况缺乏了解，以及未能及时催收货款，容易出现货款被拖欠，最终会导致这些应收账款无法及时回收，甚至因过了诉讼期效无法维权。因此，提醒企业提前授权财务部门加强对赊销和预购业务的控制，制定相应应收账款、预付货款控制制度，加强对应收账款的管理，及时收回应收账款、减少风险，从而提高企业资金管理使用率。

六是对B公司实行全方位风险体检，通过对购销环节中的风险进行事先预测、分析和控制，尽量规避风险，出台内控制度，落实到部门中的个人，避免触犯行政管理的责任风险，降低被诉讼风险或者陷入起诉不利胜诉的局面。

七是完善财务制度建设，充分授权企业财务部进一步加强营运资金管理，明确内部管理责任制。改变管理层认为催收货款是财务部门的事，而与决策部门、销售部门无关的想法。

八是建立财务预算制度，让资金管理负责人站在企业全局的角度，构建科学的预测体系，进行科学预算。事前进行销售预算、采购预算、投资预算、人工预算、费用预算等，形成报告交给老板决策，这些预算使老板在决策前及时得到资金管理的各种信息，及时采取一定措施，防范风险，提高效益。同时，制定的各种预算不仅可以协调企业各部门的工作，避免部门间冲突，提高企业内部协作效率，而且，销售部门在销售、费用等预算指导下，还可事先对市场有一定了解，把握市场变化，减少存货的市场风险，提高企业运营效率。事中加强执行管理力度，减少不必要的支出，提高利润，增加企业价值。

九是控制成本费用，会计每个月对当期收入和费用成本进行配比分析，按照现金流量表项目分类编制，坚持节约挖潜方针，做到量入为出、收支平衡，加快资金周转，及时、动态管控内部成本、费用的发生。

综上，资金风险管控事关尚未构建基金管理机制的成熟期企业的生死存亡，因为资金活动影响企业生产经营的全过程，资金活动内部控制通常是企业内部管理的关键薄弱环节。老板不管是样样俱到，还是做甩手掌柜，都应该使用资金管控系统，用好财务分析，这不仅可以规范企业经营活动，防范资金活动风险，维护资金安全，还可以促进企业资金的合理使用，提高资金使用效率，推动企业可持续发展。

**3. 连锁门店的资金风险与救济手段**

📖 **案例**

*私卡收款，涉税风险*

C公司是一家拥有多家口腔医院、医美连锁门店的企业。最开始，C公司尝试自行申请对接支付宝、微信等支付渠道，为小程序、App等线上商城接入支付。然而，在对接过程中逐渐发现，各种申请资料递交审核已经耗费大量的时间，而且无法及时了解各个分店的营业额和利润，出现下面的分店少报漏报的情况。老板开除了涉事负责人，反而被举报存在偷税漏税、不买员工社保等问题。

为此，企业找我们咨询如何避免内部资金管理舞弊、化解涉税风险。

经梳理，我们发现问题远不仅如此，该企业还存在连锁企业的通病：

（1）私卡收费，不申报收入，不纳税。

（2）资金往来混乱，资金管理失控。

（3）平时不开发票，对客户说开票要加高额税点。

（4）从来没交过企业所得税，但持续经营多年，长亏不倒。

（5）股东分红，从来不申报亦没交过个人所得税。

（6）有两套账，均不准确。

（7）核算不准确，成本混乱，所有项目都被认为是免税项目。

（8）库存商品无管理，除了数量单价不清楚外，过期商品比比皆是。

（9）员工没签过劳动合同，私底下有怨言。

（10）员工没缴纳社保。

C公司给我们讲了以下难言之隐：

（1）供应链中部分或全部合作企业无法开专票，导致税负成本难以承受。

（2）产品众多，业务多样，渠道结构复杂，收款后的很多款项要返给别人，渠道返点超50%，无法合理分税。

（3）为了能各收各的钱，一笔款分几台POS机刷，客户体验不好，还带来诸多麻烦和猜想。

（4）太多卡要管理，流水难以解释。

（5）资金流无法做到"我的就是我的，别人的就是别人的"，若全补申报收入，税负率在30%~42%，会导致不必要的处理成本和财务负担。

为此，我们对该企业进行内训，重点讲解的市场环境——政策和征税手段不断变化下的内容：

（1）财税政策变化。

①五证合一。2016年10月1日起，国家全面实施工商营业执照、组织机构代码证、税务登记证、社会保险登记证和统计登记证"五证合一"制度。

②银行入税。2020年7月开始，银行大额转账被重点监控；个人账户违规收款有被罚风险；个人收入成为未来税务监管重点。

③社保入税。个税申报的工资薪金所得与社保缴费基数不匹配的单位，属于税局重点开展的纳税疑点检查的对象之一。

④金税四期正式启动，数字化驱动税收征管方式持续变革。

过去，税务人挨家挨户上门"收税"。现在，纳税人足不出户网上"报税"。未来，将在智慧税务引领下进一步实现自动"算税"数字化驱动税收征管流程优化重塑，以"计算机"替代手工操作流程，通过"互联网"改造传统业务流程，通过"云服务"打造智能征管流程，数字化驱动税收征管效能不断提升。

过去，"经验管税"时期。现在，"以票管税"时期。未来，"以数治税"时期。

（2）银税互动下，征税手段变化。

①严查公转私。大金额、余额过高、流水过大都会被查到，未来几年注定是个税收年。

②大数据透明化。税务端数据、第三方数据、互联网数据、企业端数据"四位一体"的大数据源深度筛选、加工、整合、比对，实现精准制导涉税风险。

③国家司法机关态度从严。对犯偷税罪单位的采取双罚制，即对单位判处罚金，并同时对单位的直接负责的主管人员和其他直接责任人员，依照《中

华人民共和国刑法》第二百零一条进行处罚。

（3）大数据下无秘密可言。

①2021年3月，中共中央办公厅、国务院办公厅印发了《关于进一步深化税收征管改革的意见》，该意见从八个方面描绘了2021—2025年建成强大智慧税务的宏伟蓝图。

②2021—2022年，要在税务执法规范性、税务服务便捷性和税务监管精准性上取得重要进展。而监管精准性的背后，就是基于金税三期的更加精准的金税四期，以及"银税互通"和各部门数据共享。

③2023年，国家要基本建成"无风险不打扰、有违法要追究、全过程强智控"的执法新体系，实现从经验式执法向科学精确执法转变，实现从"以票管税"向"以数治税"分类精确监管转变。

④2025年，基本建成功能强大的智慧税务，形成国内一流的智能化行政应用系统，全方位提高税务执法、服务、监管能力；与大数据智能化应用深度融合、高效联动、全面升级；实行警税双方制度化、信息化、常态化联合办案，畅通行政执法与刑事执法衔接工作机制。

通过培训，C公司明白合规经营、财税规范的意义，从老板到管理层一致通过了我们的解决方案，达到以下目的：

（1）通过我们协助，梳理出清晰的收入，把免税额、税收优惠、应交税金一一列出来，诚恳地跟税务局交流，争取到应缴尽缴、该减免获减免、该整改则整改、无处罚金的结果。

（2）为实际就业员工补缴社保，从拟处罚争取到免罚的责令整改的结果。

（3）根据我们协助拟定的管理机制落实到人，堵死了资金舞弊的后路，杜绝了入职不签合同、不买社保现象。

（4）采购资金管理系统，按我们的实施方案执行，所有门店、渠道、收银员的收银都可以实现实时远程对账，通过我们的方案和系统财务自助审核，取消收银台，降低收银成本，而且无需多私卡收款，最后做到"前端全员轻收银、后端财务易管理"，资金走向老板可视化、动态化管控。

（5）股东会决议通过了股东分红机制，设定了法定公积金和任意公积金，让门店的扩张有足够的资金储备，也解决了分红从未申报个税的问题。

（6）根据C公司个税的真实业务路径，我们结合国家税收优惠政策，提前规划了合法合规的纳税筹划方案，不仅使渠道分账的问题得到了规范的解决，还让大部分供应链在基于真实业务基础上对公收款、开具发票，税负率回归真实合理，并且无需做两套账，避免了税收风险。

综上，医美行业甚至连锁门店的资金问题，不仅引出财务、税务、法律、人力资源、股权等一连串问题，而且还有供应链管理、内部舞弊等问题。资金贯穿于连锁企业的始终，对企业经营管理影响极大。老板必须掌握资金管控的背后逻辑，防范风险的同时，实现企业利润和价值的最大化。

### 4．电商企业的资金风险与救济手段

▶ 案例

*目标虚高*

D公司是一家在电商平台销售的企业，2022年销售额为2.3亿元，在制定2023年目标时，就将销售目标定在了8亿元，因此投入了大量的营运资金，导致D公司很缺钱，一直处于资金紧张的状态。

经尽职调查，我们发现D公司除了销售目标虚高外，还存在以下问题：

（1）由于产品竞争激烈，不断减价、促销，2022年利润较低，到了2023年，D公司的资金来源为去年的盈利，盈利越来越差导致资金积累不足。

（2）电商平台对其结算周期是压1～3个月账期，这使D公司资金紧张，导致消费品供应链企业资金紧张、流动性差。

（3）虽然D公司的应收款和库存等管理到位，但毕竟备货需要资金，库存就给D公司资金的流动性带来了压力。

（4）没有做运营成本测算就大幅增加销售规模，营运资金因而需求大幅增加，使得公司陷入资金困局。

我们为该公司出具以下解决方案：

（1）在产品策略上，需要把产品分成三种：一是引流产品；二是利润产品（图2-2）；三是品牌产品。引流产品需要设定流量考核指标，且整体占比不能超30%～40%。由于缺资金，利润产品占比不能低于40%，除了考虑竞争优势、筑知识产权壁垒外，还应引进先进的管理经验和技术，进一步提高自身的竞争力，做出符合能独立支撑营运资金的溢价效果。当然，在互联网销售行

业，想做出溢价结果，核心在于能提供这个产品的感情价值，或者是其他形式的价值载体，只有这样才能提高产品客单价。

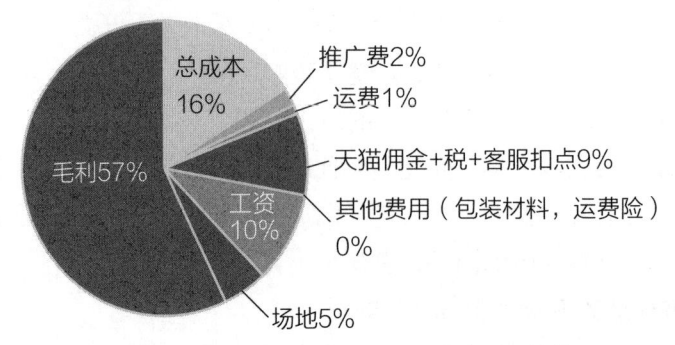

图2-2　可规模上量的利润产品成本利润结构

（2）重新定义供应链环节，跟供应商协商付款时间、信用额度、账期、定价机制，形成采购商档案，制定内部供应链管理制度，缓解备货资金压力。

（3）先分析出D公司的利润产品成本，因利润主要成本由平台固定成本、货品成本、人员成本、运营成本四部分组成，再细化到利润产品的运营成本测算，最后做营运资金预算。

经测算，D公司的利润产品推广费占比为2%，工资占比为10%，平台佣金＋客服＋税扣点为9%，D公司利润产品需要设定毛利率为57%的幅度，营运资金需要最少考虑三种之和的21%。若销售8亿元，按计划，利润产品占总收入的40%，推算出2023年利润产品要销售3.2亿元。而按57%毛利率计算，D公司的毛利为1.824亿元，摊销到每天，平均产生49.97万元的毛利。如此计算，营运资金是可以支撑8亿元的销售收入的运作。

但这是理想算法，因为查看了D公司2022年最接近整个公司平均收入、成本、费用的财务报表，总账、明细账，以及各单店的销售数据，做了详细分析，结合对老板的访谈，发现由于D公司上一年没做利润产品规划，导致按上述2023年刚出炉的利润产品走主要路线的打法短时间难以实现。因此，按照财务谨慎性的原则，根据账户上的实际资金，基于2022年的数据，以及其他因素综合推算实际需要的年营运资金，再次推算2023年8亿元收入需要多少现金流支撑。

D公司按2022年的产品结构、运营模式推算2023年8亿元销售额所需的资金：

①产品成本占比为35%，全年产品成本总额：2.8亿元（8亿元×35%），每天平均支付产品成本约76.71万元。

②平台扣点占比为4%，全年支付平台扣点总额：3200万元（8亿元×4%），每天平均支付平台扣点约8.77万元。

③营销成本占比为20.48%，全年支付营销费用总计：1.64亿元（8亿元×20.48%），每天平均支付营销费用约44.89万元。

④工资支出占比为12.51%，全年支付人工支出：1.00亿元（8亿元×12.51%），每天平均支付工资薪金约27.40万元。

⑤采购支出占比为2.63%，全年支付采购费用：2104万元（8亿元×2.63%），每天平均支付采购费用约5.76万元。

⑥固定成本支出占比为16%，全年支付固定成本：1.28亿元（8亿元×16%），每天平均支出固定成本约35.07万元。

⑦税金支付占比为3.5%（综合税负），全年支付税金：2800万元（8×3.5%），每天平均支出税金约7.67万元。

综上7项，每天需支付的全部合计数为206.29万元。

根据D公司2023年8亿元的目标，每天平均销售销售额为219.18万元。而综合2023年1～5月的销售额，每天平均销售额为126万元。

电商平台对其结算周期是压1～3个月账期，这里取平均值为45天。根据实际情况现金流预警线（假设预警线是平均15天的资金使用量）计算，D公司的资金占用额为9863万元。

据D公司2023年1～5月的收入、成本、费用、利润率，以及供应商策略、平台账期、未来订单走势等综合预测，2023年的销售目标定为4.83亿元，现金流为可管控范围内。

经建议，D公司快速调整产品战略、资金管控策略、年度销售目标，眼前资金极度紧张的问题得到了缓解。最后，我们为该电商企业建立了动态资金流监测机制，确保各部门努力冲销售任务的同时能张弛有度，资金链不会断裂。

5．集团企业的资金风险与救济手段

📖 案例

投资过度

E公司是一家从事食品经营的集团企业，拥有江苏、广东、天津、安徽、

## 资金策略

湖北、四川等地的8个子公司，据老板描述，过往财务总监仅仅局限于从会计、资金管理的传统角度考虑资金问题，谈不上有资金管控，无法及时给老板提供资金决策支持，集团表面看起来一片繁荣，但资金够不着、控不住，最大的苦恼有：

（1）江苏子公司账上有足够的资金，因财务报表好看，银行又给了额度，资金流相当充沛；但四川的子公司因仍在发展严重缺乏资金，一度陷入现金流断裂风险，因四川有其他股东参股，约定自负盈亏，加上集团没有设置资金池管理机制，导致四川子公司向小贷公司贷款1000万元，每月支付高额利息。

（2）湖北子公司亦有着大额应收应付账款，趁陷入营运资金僵局需要做财务调查，调查内部控制缺陷及资金舞弊问题。

（3）安徽子公司有多个银行账户，资金管理严重失控。

（4）天津子公司，2022年初账上有现金5000万元，2023年初拿出3000万元参股研发一个AI项目，结果时隔半年才发现有4000万元的应付账款陆续到期，直接陷入经营资金短缺的局面。

（5）安徽子公司也有2000多万元的坏账，已过了诉讼期限，没有提前预警。

我们接受委托后，第一时间是对资金流水、财务报表、会计凭证进行内部审计，发现了相关疑点、问题，然后对业务流程、管理制度进行了尽职调查，最后对集团及各子公司不同阶层的人进行访谈、流程跟进。

经尽职调查，确认E公司是典型的资金分散型管理形式，子公司往往互不相通，各自的账户独立，这就导致资金难以集中控制，出现资金配置不平衡，存、贷两高问题。合并报表中资产方的货币资金项目有十几亿元的存量资金，而负债方却有大量的银行贷款，从而形成损益表中财务费用项目下大量的利息支出。尤其是当子公司间业务交易频繁时，需要处理大量的资金流水账，就会导致账目不清晰、发生舞弊现象。

首先，为该集团搭建资金管控系统，建立集团资金管理中心，实现资金集中化。对于集团内部涉及的业务交易资金，实现自动化的资金汇集和分配。配置集团级的资金管理系统，使用老板的权限对子公司的资金账户进行集中管理，借助可视化技术实现对资金的掌控和流动跟踪。

其次，建立内部资金调拨核心制度，规范资金调拨的流程和审批程序。采用弹性的资金授权机制，设定合理的资金使用权限，以避免出现资金滥用和内部偏私现象。同时，加强内部资金调拨的监管和审计，确保资金调拨的合规性和效率性。解决各个分支机构之间经常需要进行内部资金调拨而没有管理机制的问题，避免资金舞弊、陷入财务困境或资金冗余致使收益性差、借款成本高、坏账成本高等问题。

再次，在采购时从长期供应商处延长原材料等成本费用的支付期限。销售时，分类签订收款协议，对新客户可以一次全款收款；对长期合作、信誉较好的客户，设置高于成本的首笔贷款收款，并约定尾款支付时限，鼓励提前付款，对于一次性付全款的可给予适当优惠奖励，降低应收款坏账风险。建立监督、考核机制，进一步细化部门设置、岗位职责，合理划分各部门在现金流管理中的责任清单和权力。

然后，针对各个子公司具体问题出具解决方案。

最后，做好内部控制执行机制，根据《企业内部控制应用指引第6号——资金活动》，为该集团资金管理循环规避以下风险：

（1）筹资决策不当，引发资本结构不合理或无效融资，可能导致企业筹资成本过高或债务危机。

（2）投资决策失误，引发盲目扩张或丧失发展机遇，可能导致资金链断裂或资金使用效益低下。

（3）资金调度不合理、营运不畅，可能导致企业陷入财务困境或资金冗余。

（4）资金活动管控不严，可能导致资金被挪用、侵占、抽逃或遭受欺诈。

## 三、资金管控的底层逻辑

为什么企业发展到一定阶段就会遭遇瓶颈？
为什么以前适用的盈利方法现在却不灵了？
为什么利润没有随经营规模同步提升？

为什么账面有利润却出现了现金荒？

为什么看上去很正确的投融资行为却将企业完全拖垮？

对于面临诸多困境且倍感焦虑的老板来说，又该何去何从？

很多老板都以为财务知识是专业的财务人员才应该掌握的，其他的员工、老板不用懂财务，其实这是一个认知误区。老板可以不懂财务，但必须懂资金管控的底层逻辑，这样才能玩转企业的商业活动的基本逻辑和所需资金配置。

比如：现在典型的做生物医药、创新药研发的公司，很可能没有收入，没有现金流循环，甚至都没有收入的增长，但是因为它有源源不断的储备现金，所以公司的研发行为和产品创新行为能够持续。

现金流流入一共分为两大类：经营型现金流总流入和筹资型现金流总流入。

筹资型现金流又分为股权筹资现金流（长期资金为主）和债权筹资现金流（短期资金为主）。

从整个市场的资金供给情况来看，债权筹资现金流对应的是货币市场，所对应的是债权融资所需要的现金流的来源；股权筹资现金流对应的是资本市场，一个长周期资金的货币来源。

### （一）经营型现金流循环：产品经营—供研产销—产业内竞争

经营型现金流循环，主要以产品经营、供研产销和产业内竞争为主要表现形式。例如一个产品的供研产销，分拆开来看，就是一个产品从生产制造到销售出去，变成了现金流循环，那么这条现金流循环对应的是整个产品竞争市场，面对的是自己同行业内的竞争对手，这意味着只要自己的产品比竞争对手更好，同时又有一个确定性的需求市场，现金流是可以持续循环下去的。

### （二）筹资型现金流循环：资本经营—投资融资—产业间竞争

筹资型现金流循环逻辑是基于资本经营展开，以投融资为抓手，开展的是产业间对资金的竞争和争夺，例如筹资现金流所对应的市场，并不是产业市场，而是金融市场，尤其是债务市场。

对于债务市场来说，所对应的市场环境和供给双方本质是不同的，它不再以企业出售商品为主要目的，而是变成了企业出售某一种投资价值，或者分享未来收益权的价值，或者以某一种资产作抵押，获得稳健安全的借贷回报。

如果企业要挣这两个市场的钱，对应的对象也是不同的，这意味着企业所看重的这些资金的价值的参照系和坐标是不同的。

以股权为例，股权更多参考企业未来能够创造收益的分享，甚至是能否通过上市等资本变现方式带来资本收益的大幅提升。在这种大幅提升背景下，哪怕企业承担一定的风险，也是可以被接受的。它具体体现为各种投资和投机的行为，以及包括各种投资机构，尤其是以投资机构和有限合伙为主体的各种基金。

另外一种像债权筹资现金流所对应的主体是各种债权投资的市场，主要以各种企业资产安全，偿债能力以及某种确定性的资金使用成本或者使用收益为代价的，这更看重的是企业的安全性、稳健性、偿债能力，具体体现的出资形式也主要是借贷的稳健型的风险偿债型的方式。

## （三）筹资型现金流和经营型现金流之间存在着重要的勾稽关系和递推关系

从经营型现金流和筹资型现金流这两个角度我们来递推，他们存在着相互的正向影响和负向影响以及相互的制约和牵制关系，所以这也能解释为什么资本市场一定程度能影响产业市场，而产业市场一定程度又反过来影响资本市场。从之前的逻辑来解释，现金流循环主要指产品经营型现金流，它越大就能给公司带来更多的收入、更大的利润。

我们发现，从产品经营型现金流的角度出发，一个产品，在业务竞争过程中，它的产品现金流如果越来越大，就能带来一些好处。

第一，能给公司带来更大的收入，更可持续的利润。

第二，如果这种持续是可以被验证或者可以被预测到未来可持续的话，公司未来价值将被放大，那就可以判断，这家公司未来一直都有这样的现金流，这个时候资本市场就可以对它未来的现金流来进行当前金融价值的定价和折现，这就意味着，如果未来的现金流越好，公司当前的资本价值就越大；而资本价值越大，市值就越高；市值越高，融资能力就更强。

第三，假设负债率不变，公司的负债能力就更强。这就意味着能带来更大的筹资型现金流，而整个债权筹资现金流和股权筹资现金流两者同步叠加，就能使公司的总资产更多，而在整个公司资产收益率（ROA）不变的环境下，总资产规模越大，净利润又越多；净利润越多，又正向促进整个经营性现金流循环的扩大。

## 四、现金流对企业经营能力的表面影响

某知名连锁餐饮品牌，作为业内佼佼者，其门店已遍布全国，总数超过500家。品牌以其特色菜品与卓越服务深受消费者青睐。然而，随着企业规模的迅速扩张，资金管理问题日益凸显。针对该企业资金管理的表层问题，现进行以下分析：

首先，该企业面临资金分散与归集困难的问题。由于门店数量众多且分布广泛，各门店的银行开户情况复杂多样，导致资金分散于多家银行的不同账户之中。这种情况使得每日营业款的归集工作变得尤为复杂和烦琐，进而影响了总部对门店资金划拨、付款控制以及人员薪资发放等关键管理环节的及时性和有效性。以每家门店平均每日营业款为例，若该金额为10000元，那么500家门店的日营业款总额将高达5000000元。若资金归集工作无法及时完成，将严重影响公司资金的使用效率，制约企业的健康发展。

其次，资金监控难度大是该企业面临的又一挑战。由于门店数量众多，总部对门店的资金情况难以进行全面、有效的监控，这增加了资金挪用、截留等违规行为的风险。假设某一门店店长私自挪用营业款1000元，若总部无法及时发现和处理，将对公司造成直接经济损失。若类似情况在多个门店中发生，将对公司造成更大的经济损失，严重影响企业的经济效益和声誉。

再次，资金管理成本过高也是该企业需要关注的问题。由于资金分散于多家银行的不同账户，公司需要承担多家银行的账户管理费、转账手续费等额外费用，这无疑增加了企业的运营成本。以每家银行每年收取的账户管理费为例，若该费用为1000元，那么500家门店将产生高达500000元的账户管理费支出。同时，转账手续费等其他费用也将进一步加重企业的负担。

最后，运营资金流断裂风险不容忽视。由于各门店的经营状况参差不齐，一些门店可能存在经营不善、亏损等问题，这可能导致资金链断裂的风险

增加。若某地区的多家门店因经营不善而关闭，将直接影响该地区的资金回流，进而增加公司的资金风险。这种风险一旦爆发，将对企业造成严重的财务危机，甚至威胁到企业的生存与发展。

这个案例告诉创业者，要注意资金的表象问题：

**1. 对支付供应商账款的影响**

由于资金分散与归集困难，公司面临无法及时支付供应商账款的风险。此情况可能引发供应商的不满情绪，进而威胁到公司供应链的稳定性。供应商可能因此延迟供货或拒绝提供优质食材，对公司的正常运营构成严重威胁，并可能导致公司商业信誉受损，客户流失等后果。

**2. 对支付人员工资的影响**

资金舞弊现象可能导致企业利润流失，进而影响到公司按时支付员工工资的能力。这不仅会降低员工的工作积极性和满意度，影响客户对公司的信任与支持，还可能诱发劳动争议，甚至引发法律纠纷，对公司的声誉和运营造成负面影响。

**3. 对偿还债务的影响**

资金问题若影响公司经营，可能导致公司无法及时归集资金以偿还债务。若公司采取借款方式缓解资金压力，将增加运营成本，降低盈利能力。若资金流严重不足，导致利润缺失，公司可能面临无力偿债的困境，甚至导致门店关闭和倒闭。

**4. 对支付股利的影响**

若公司资金状况持续紧张，或经营成果无法支撑利润分配，将直接影响公司向股东支付股利的能力。这将对股东的投资回报产生直接影响，可能损害股东的信心和利益。

## 五、资金流健康检测方法

### （一）三个指标

**指标一：全部现金净流量**

所谓全部现金净流量就是一年中全部的现金流入减去全部的现金流出得出的数值，也就是企业现金流量表中"现金及现金等价物净增加额"那一项。

-311-

如果结果是正，则表明不管这家企业当年的经营、投资、筹资活动怎么样，至少当年是有盈余现金的；如果结果为负，则表明入不敷出。

**指标二：经营活动现金净流量**

经营活动现金净流量就是当年全部经营活动现金净流入减去全部现金净流出，也就是现金流量表中"经营活动产生的现金流量净额"那一项。

经营活动是企业的立身之本。一家正常经营的企业，不可能总靠融资、投资维持生存，只有靠自己的经营业务获取现金流才是长久之计。所以我们要看经营活动现金净流量，如果为正，则表明企业经营活动良好；如果为负，则表明企业的经营活动创造的现金流不足。如果一家企业的经营活动净现金流量长期处于负值，那就表明它的财务是不健康的，是存在很大问题的。

**指标三：销售商品、提供劳务收到的现金**

这一指标是经营活动现金流量中的第一项。之所以说这个指标极为重要，是因为经营活动现金流量中，可能会有一些关联公司的往来款，或者一些营业外收支资金，这些都归在经营活动现金流量中，而一旦这些资金金额过大，就会导致经营活动现金净流量的数值失真。也就是说，如果企业的经营活动现金净流量为正，不是由于销售商品、提供劳务收到的现金多，而是由于收到的关联公司的往来款多，或者是收到的营业外收入多（这些一般计入"收到的其他与经营活动有关的现金"），那么这样的情况下经营活动现金净流量即使为正，也不能说明经营活动现金流量好。反之亦然。

所以，我们认为在分析企业的经营活动现金流量时，务必要分析销售商品、提供劳务收到的现金是否足够多，是否持续流入，是否与营业收入的规模、增长速度匹配。

## （二）从现金流量表诊断企业健康状况

与净利润相比，现金流量能更确切地反映企业健康状况。例如年终若超额完成利润，可将大批产品赊销出去，这样一来利润表中主营业务收入增加了，利润也增加了。但由于是赊销，未能取得现金，发生的销售活动还要支付税费及其他费用，使经营活动现金不但未增加流入，反而增加了流出。

可从现金流量表总体状况诊断分析企业健康状况。现金流量表由经营活动现金流量、投资活动现金流量、筹资活动现金流量、自由现金流量所组成。

从现金流量表诊断企业健康状况主要从以下方面进行。

（1）从经营活动现金流量诊断企业健康状况。

一般来说，健康且正常运营的企业，其经营活动现金流量净额应是正数。现金流入净额越多，资金就越充足，企业就有更多的资金购买材料、扩大经营规模或偿还债务。因此，充足稳定的经营活动现金流量是企业生产发展的基本保证，也是衡量企业是否健康的重要标志。

如果一个企业的经营活动现金流量长期为负，就必然难以维持正常的经营活动，公司不可能持续经营下去。

诊断分析时，可以将经营活动现金流量分成两部分，首先研究企业在营运资本支出前的现金流量（如果这部分现金流量是正数），然后研究营运资本项目（存货、应收账款、应付账款）对现金流量的影响。企业在营运资本中投入的现金与企业的有关政策和经营状况有关，例如赊销政策决定应收账款水平，支付政策决定应付账款水平，销售政策决定存货水平。分析时应结合企业所在行业特点、自身发展战略等来评价企业的营运资本管理状况及其对现金流量的影响。

（2）从投资活动现金流量诊断分析企业健康状况。

投资活动现金流量反映企业资本性支出中的现金流量，分析的重点是购置或处置固定资产发生的现金流入和流出数额。根据固定资产投资规模和性质，可以了解企业未来的经营方向和获利潜力，揭示企业未来经营方式和经营战略的发展变化。

同时还应分析投资方向与企业的战略目标是否一致，了解所投资金是来自内部积累还是外部融资。如果处置固定资产的收入大于购置固定资产产生的支出，则表明企业可能正在缩小生产经营规模，或正在退出该行业。应进一步分析是企业自身的原因（如某系列产品萎缩），还是行业的原因（如该行业出现衰落趋势），以便对企业的未来进行预测，分析判断企业健康状况。

（3）从筹资活动现金流量诊断企业健康状况。

分析筹资活动现金流量，可以了解企业的融资能力和融资政策，分析融资组合和融资方式是否合理。融资方式和融资组合直接关系到资金成本的高低和风险大小。例如，在通货膨胀时，企业以贬值的货币偿还融资债务会使企业获得额外利益，但债务融资的风险较大，在经济衰退期尤其如此。如果企业经

-313-

营活动现金流量不稳定或正在下降，问题就更严重。

此外，将现金股利与企业的净利润和经营活动现金净流量相比较，可以了解企业的股利政策。支付股利不仅需要有利润，还要有现金，选择将现金留在企业还是分给股东，与企业的经营状况和发展战略有关。通常，处于快速成长期的企业不愿意支付现金股利，而更愿意把现金留在企业内部，用于扩大再生产，加速企业的发展。

（4）从自由现金流量诊断企业健康状况。

自由现金流量是指企业经营活动现金流量满足了内部需要后的剩余金额，是企业可以自由支配的现金量，自由现金流量有三种计算方法：

自由现金流量=经营活动现金流量-购置固定资产支出

自由现金流量=经营活动现金流量-购置固定资产支出+现金股利

自由现金流量=经营活动现金流量-（购置固定资产支出+现金股利+利息支出）

综上，企业价值与企业自由现金流量正相关，也就是说，同等条件下，企业的自由现金流量越大，它的价值也就越大。该指标越高，说明企业可以自由支付的现金越多，企业越健康。

## 六、与资金相关的预警指标的设定

### （一）设定预警指标的前提条件

资金链是企业资金流动的链条，链条的某处出现断裂，会阻碍资金的顺畅流动，给企业带来危害。因此，应对资金链进行监控，及时发现资金链条的瑕疵，及时调整好链条，有效控制企业的资金风险。按照资金链的定义，资金链包括资金投入链、资金运营链和资金回笼链三个链。因此，资金风险预警指标分为投入链预警指标、运营链预警指标和回笼链预警指标（表2-3）。

表2-3 资金风险体系预警指标

| 类别 | 预警指标 | 计算公式 |
| --- | --- | --- |
| 投入链 | 息税前利润资产比率 | 息税前利润÷资产 |
|  | 经营活动现金流量资产比率 | 经营活动现金流量÷资产 |
|  | 易变现率 | 〔(权益+长期债务+经营性流动负债)-长期资产〕÷流动资产 |
|  | 现金流量流动负债比率 | 净经营现金流量÷流动负债 |
|  | 利息保障倍数 | 息税前利润÷利息费用 |
|  | 短期负债比率 | 一年内到期的短期负债÷负债 |
|  | 资产负债率 | 负债÷资产 |
| 运营链 | 固定资产比率 | 固定资产÷资产 |
|  | 营运资金周转率 | 主营业务收入÷营运资金 |
|  | 净利润率 | 净利润÷总收入 |
|  | 营运资金收益率 | 净利润÷营运资金 |
|  | 现金流与利润的比率 | 净经营现金流÷利润 |
| 回笼链 | 销售回款率 | (销售收入+应收账款期初数-应收账款期末数)÷销售收入 |

（1）投入链是资金链的起点，一旦此处的资金链断裂，将引起连锁反应，企业信用被银行和供应商降低，外部资金不能正常流入，导致企业不能正常生产经营。企业的经济实力越强，融资期限匹配越合理，偿债能力就越强，获得资金的可能性就越大。因此，从企业经济实力、融资期限匹配和偿债能力几个方面设定投入链预警指标，以便评价企业资金投入链抵御风险的能力。

企业经济实力是企业获取融资的保障，反映企业经济实力的指标，设定为息税前利润资产比率和经营活动现金流量资产比率。融资期限匹配是指如何为运营链筹资，运营资本采用短期融资和长期融资的比例。反映融资期限匹配的指标，设定为易变现率。易变现率高，资金来源的持续性强，偿债压力小，管理起来比较容易；反之，资金来源的持续性弱，偿债压力大。偿债能力是企业偿还到期债务的承受能力和保障，包括偿还短期债务和长期债务的能力。反映偿债能力的指标，设定为现金流量流动负债比率、利息保障倍数、短期负债比率和资产负债率。

（2）运营链是指企业的营运资金变化形态的过程，是营运资金货币形式—储备形式—生产形式—成品形式—货币增值形式的循环过程。运营链是企业的生存与发展的基础，是资金链的"造血"链条。依据运营链的资金的增值特性，从资产质量、营运能力、盈利能力、经营现金流四个方面进行资金运营预警，评价资金运营链的抵御风险的能力。

资产质量由资产的变现能力决定，变现能力越强，资产质量越好。反映资产质量的指标，设定为固定资产比率指标，固定资产比率越大，资产变现能力越弱，存在风险；反之，表明资产质量越好。营运能力揭示了企业营运资金的运转情况，反映了企业使用营运资金的效率。反映营运能力指标，设定为营运资金周转率。盈利能力是指企业的营运资金的增值能力。反映盈利能力的指标，设定为净利润率和营运资金收益率。经营现金流是评价企业获取现金流量能力的重要财务指标。反映经营现金流的指标，设定为现金流与利润的比率。

（3）回笼链是指企业回收投入资金的过程，不管投入多少资金，只要经过一段时间后能够按时收回，资金链就不会断裂，资金就能够良性循环；否则，资金链就会断裂，资金循环就会受到限制。回笼链呈现出资金增值，任何公司都希望能够收回的资金大于投入的资金，获得回报。回笼链的关键在于投入资金能够收回的能力，反映资金回笼能力的指标，设定为销售回款率。

### （二）老板的预警指标四个维度

（1）给谁预警？给老板，尽早告诉老板资金什么时候会缺，缺多少，哪些可能会出问题，出什么样的问题，出现10%的变化会怎样？

（2）短缺与风险——现金流何时短缺，量多大，不能支付的风险有多高。

（3）流量（收付款的量与计划是否出现重大变化）。

（4）流向。

应收账款（AR收款）是否正常、应付账款（AP付款）是否正常、AR-AP联动关系是否正常、费用开支总量是否正常等。

### （三）财务预警六大指标分析

（1）建立关于企业现金流量的分析。

财务预警系统中必须包含企业的现金流量，企业的现金流量能够在一定程度上反映应收账款、应付账款以及存货的相关信息，是企业短期内能否正常经营的一个重要指标。

（2）选取适合企业的长期指标与短期指标。

建立正确的财务预警分析指标，可以从长期指标和短期指标两个方面进行选取。其中，短期指标主要与企业的现金流量与负债情况有关，常用指标有现金流量、营运资金等，而长期指标主要与企业的未来发展趋势与发展潜力有关，主要有企业的资产负债率、业务收入增长率和资本收益率等相关指标。为企业设计合理的指标系统，并分别设定指标的上下限值，能够很好地反映企业的财务状况和经营状况。

（3）建立企业财务信息数据库，加强风险识别。

企业的财务风险主要来源于债务风险和收益风险。债务风险即企业不能到期偿债的风险，收益风险即资金的使用效率下降，资金在回收的过程中出现时间和金额上的不确定性。

（4）提升解读信息的能力。

信息的解读能力是判断财务危机的重要依据。解读信息能力的提升可以从以下几方面着手：区分企业动态信息和静态信息，在进行财务分析时，针对不同动静态指标分析的侧重点不同；对其动静态财务信息进行详细分析，了解相关的性质结构和对企业财务经营的影响。

（5）合理利用企业的财务预警分析系统。

企业的财务预警分析系统首先可以及时发现企业的财务风险，使企业能立即制定相应处理措施，最大限度地减少损失。

（6）加强对财务预警系统的后续管理。

财务预警系统并不是一成不变的系统，同样需要不断地维护、更新与完善。财务预警系统的后续管理是其发挥正常作用的保障。维护工作主要指日常的监管与维护，主要目的是维持数据库的安全和完整，以保证财务预警系统的正常运行，顺利与其他管理系统之间实现信息共享。

## 七、资金管控的制度、流程、指标

建立资金管理体系有一个简单的思路，就是沿着现金流量表的分类，逐项制定管理规则。

## （一）经营性收支管理

经营性收支，就是企业从事生产经营活动产生的资金流入和流出，包括销售产品和服务收到的现金，购买商品和服务支付的现金，支付的职工薪酬、税费，收到的税收返还等。与经营性收支配套的资金管理制度如下。

### 1．付款审批权限表

所有资金的支付必须在完成审批后才能进行，为此需要制定付款审批权限表。

付款审批权限表是日常资金业务中使用频率最高，与业务部门关系最密切的表。

经营性资金流入一般不需要逐项审批，投融资收支发生的频率很低，故制定好安全和效率兼顾的付款权限审批表，可以规范大部分资金业务。

主要内容包括：事项、金额权限、最终审批人、审批流程、事项说明等。

### 2．收银管理办法

为了确保现场收银准确、及时、安全，需要制定收银管理办法。

主要内容包括：收银岗位设置和职责、收银流程、结算流程、备用金管理、零钞兑换、大钞收取、营业款缴存、金库管理制度、收银员行为规范、人员考核制度以及关于火灾、停电、盗抢等紧急情况的预案。

### 3．应收账款管理制度

为了确保应收账款总额可控、及时收回，需要制定应收账款管理制度。

主要内容包括：客户信用评估、信用期限、信用额度、对账管理、回款管理、逾期账款管理、坏账处理、奖罚规则等。

### 4．网银管理制度

网银查询和支付功能方便了资金的支付，但也极易引发风险，一旦失误，后果难以挽回，必须高度重视，制定严密的制度。

主要内容包括：开户银行范围、开立审批、支付范围、支付额度、支付审批、证书密码管理等。

## （二）投资性收支管理

投资性收支是指企业发生的与固定资产、无形资产、股权投资、债券投资相关的各类收支。与投资性收支配套的资金管理制度如下。

### 1. 资本性支出管理制度

为了合理配置企业资源、控制资本性支出风险、提高投入产出效益，需要制定资本性支出审批制度。

主要内容包括：资本性支出的定义、类别、管理原则、部门职责、投资回报测算、预算管理、立项流程、招标采购、付款流程、验收流程、处置流程等。

### 2. 理财管理办法

随着资管新规的发布，刚性兑付被打破，购买理财产品时应慎之又慎，严格限制理财产品的选择。

主要内容包括：理财策略、银行范围、产品选择、审批流程、账务处理等。

## （三）融资性收支管理

融资性收支是指与股权融资、债务融资有关的收支，比如接受他人股本注入、向银行借贷等，以及减资退股、分红、还本付息等支出。

融资性支出和投资性支出是一个事物的两面，对于投资方来说属于投资性收支，对于融资方来说属于融资性收支。与融资性收支配套的资金管理制度如下。

### 1. 融资工作手册

对于集团型公司，各单位的融资行为必须协调统一，收口于总部集权管理，防止乱融资、乱担保，影响集团信用评级，威胁企业资金安全。

主要内容包括：工作职责、摸底情况、融资计划、融资方案、合同签订、费用支付、还本付息、担保管理、资料管理、融资考核等。

### 2. 利润分配制度

主要内容包括：分配原则、分配基数、分配时间、决策程序、支付审批等。

### (四)现金余额管理

**1. 资金计划编制指引**

资金计划编制指引是对资金进行全局管理的核心,必须严格审核、及时更新,随时掌握当前和未来一段时间的资金动态。

主要内容包括:整体原则、编制时间、编制内容、部门职责、编制要求、报送流程、考核奖惩等。

**2. 现金实物管理**

主要内容包括:现金支出范围、现金盘点制度、银行对账、保险柜管理、出纳室管理等。

**3. 资金集中管理制度**

有条件的企业可以结合实际情况进行资金集中管理,简单的可以保持现有组织架构和账户结构,资金由总部管理,总部按申请款计划下拨资金;复杂的可以建立资金中心、财务公司等。

### (五)案例分析

A公司资金集中管理:

在当前消费经济低迷的影响下,"现金为王"已经成为业界的普遍共识。那么,如何在集团性企业内加强资金统筹管理,实施强有力的资金监控?

A公司做出了大胆的尝试,建立资金中心,实施资金绝对集中管理。

**1. 为什么要进行资金集中管理**

"三高""三多"问题的困扰。"三高"即存款高、贷款高、财务费用高,"三多"即合作银行家数多、银行账户多、沉淀资金多。这是集团企业曾经普遍面临的财务问题。

以A公司为例,2006年前,A公司旗下拥有10多家实体公司,各公司在资金管理上各自为战,在同一时点,有的公司产生大量资金沉淀,有的公司却因资金匮乏不得不向银行大量举债。

由于各公司分别和银行发生业务关系,单一企业在与银行谈判时的话语权不高,难以获得强有力的支持,面临较高的财务费用和资金成本。

因此,如何发挥整体合力,最大限度地提高资金使用效率的问题变得日益紧迫。

### 2．资金集中管理的优势聚焦

通过一系列的可行性研究，A公司希望将分散在各附属公司的资金归集起来，对资金业务进行全方位的实时控制，从而达到以下目的。

（1）通过资金余缺调剂，实现资源的统筹利用。

（2）联合各公司与银行集中议价，减少整体财务费用支出。

（3）强化总部对附属公司的资金管控，加强整体风险的控制能力。

### 3．如何构建资金集中管理体系

（1）总体思路。

将资金中心定位为企业内部银行，以价值创造为管理目标，以公司整体利益最大化为管理原则，注重服务与管理的结合，清晰界定管理权限与管理对象，设立人民币资金池，通过业务授权机制控制风险，从而达到资金集中管理的目的。

（2）关键工作。

①清晰界定资金中心的五大职能，即结算中心、票据中心、融资中心、内部信贷中心和风险管理中心。

②推动内部"集中合力"理念的传播，清理附属公司银行账户。

③通过招标，重新评估、选择合作银行。

④搭建安全、高效、快捷的企业结算系统，与银行核心系统无缝连接。

⑤统筹境内外融资，以低利率的内部融资置换高利率的外部融资。

⑥建立风险控制体系与制度。

（3）组织保障与建设流程。

①组织保障。

对于集团型公司，各单位的融资行为必须协调统一，收口于总部集权管理，防止乱融资、乱担保，影响集团信用评级，威胁企业资金安全。因此，资金集中管理并非靠一个网银、一个部门这么简单，它是一个完整的体系，而且要融入公司整体的运作之中，与生产控制、营运管理、战略管理等紧密结合起来，形成资金安全保障，这样才能发挥资金价值、创造经济效益。

②资金管理体系建设流程。

首先，要考虑自身企业收款、结算的流程节点有哪些，然后制定经营性收支、投资性收支、融资性收支体系，以及现金余额管理体系，再制定科学、合理的资金管控流程。

比如：A公司构建了包括项目决策委员会、项目总监、项目经理，以及业务小组、技术小组在内的项目团队，通过团队成员的精诚合作，从无到有地开始资金集中管理体系的建设（图2-3）。

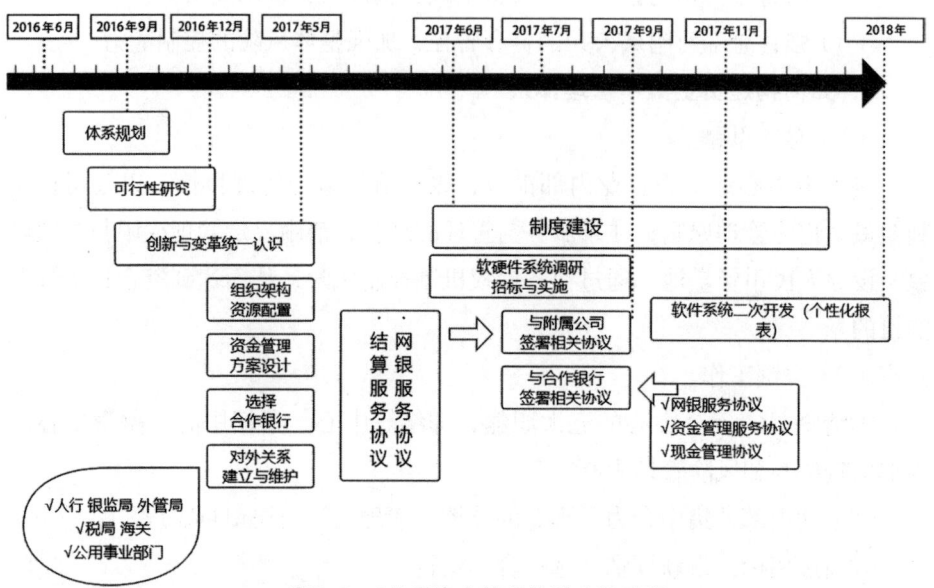

图2-3 A公司资金管理体系建设过程

（4）困难与挑战。

资金集中管理绝非一蹴而就的事情，在整个过程中，A公司项目团队经受住了一个又一个困难的考验，并以无畏的开拓精神接受了一次又一次的挑战。

①推动创新与变革，评估风险与承担责任。

A公司用一年的时间转变观念、统一认识，又用了半年时间开展了广泛的可行性研究和风险评估控制，最终获得了各级管理层的大力支持。

②正确处理资金中心和业务板块的关系。

资金中心与业务板块之间因各自的管理要求不同而存在着矛盾，资金中心经过与业务板块的反复协商，兼顾了双方的关注焦点，最终获得了业务板块的大力支持，寻找到了双赢的平衡点（图2-4）。

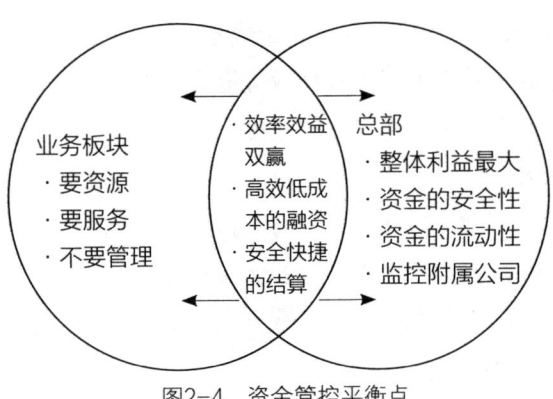

图2-4 资金管控平衡点

**4．合作银行的选择**

因历史情感和个人因素的影响，清理原有银行账户的过程中矛盾重重。

在公司领导的大力支持下，通过对各银行进行公开招标，形成了4家主办银行和2家辅助银行的格局，并将账户减少至40余户，实现资金的绝对集中。

**5．内部贷款的发放和收回**

由于资金中心的贷款是内部资金，有些附属企业抵制贷前审查与贷后跟踪，缺乏按期还本付息的意识甚至赖账不还。

资金中心通过利率的杠杆作用调节资金成本，并通过多种融资渠道解决附属企业的资金短缺问题，使得各附属公司改变了陈旧观念，认可了资金中心的工作。

**6．资金集中管理的效果**

A公司完成绝对资金集中管理后，实现直接价值约3000万元，第二年实现直接价值约4000万元。

资金集中管理的效果不仅体现在直接价值上，更体现在间接效果上，特别是资金管理的体系化、信息系统化，提高了公司对流动性风险的控制能力，财务结构得到不断优化。具体表现如下。

（1）公司整体资金风险管理及控制能力大幅度增强。

（2）协同理念得到进一步传播与践行，国内外资金统筹能力进一步加强，互相调剂本外币资金余缺。

（3）推动公司的重组与整合，帮助附属公司优化合作银行条件，降低日常资金头寸和本外币贷款利率，降低资金成本。

（4）用财务成本效应和财务杠杆效应提升ROE。

（5）提高了资金使用效率和周转速度。

**7. 体会和思考**

在建立资金集中管理体系的过程中，需要注意以下方面。

（1）前提条件：取得各级管理层的认同和支持。

在集团层面，集团总经理亲自审核方案，财务部、信息中心给予了技术指导，法务部对法律风险进行了提示。

在A公司层面，公司总经理亲自协调附属公司，推动各级管理层积极配合与支持。

（2）基本保障：资金信息管理系统的建立。

通过招标选取合格软件商，在其协助下梳理流程，建立一系列标准与规范，确保资金信息管理系统的安全、快捷运行，同时促进了管理效率的提升。

（3）需要具备良好的管理基础。

在实现资金绝对集中前，A公司有将近四年的资金相对集中管理的经验。在实施绝对集中的过程中，良好的财务团队素质起到了至关重要的作用。

（4）需要良好的跨部门协同合作。

系统的构建需要财务、IT、营运以及人力资源等各部门的密切合作，特别是总部与各业务板块的无边界沟通，以充分发挥规模优势，达到整体利益最大化。

（5）需要评估所在地公共关系并取得支持。

除了商业银行外，必须取得中国人民银行、银监局、税务局、海关等政府部门的支持，特别是税务局对内部资金融通的政策许可。

（6）需要系统的规划。

资金集中是一项系统工程，需要在服从公司战略的基础上进行资金的统一调度，并协调好与软件商、银行、政府部门的外部关系，得到IT的大力支持，并处理好总部与业务板块的关系。

（7）老板所需掌握的指标。比如：

①现金流预警线（假设预警线是平均15天的资金使用量）——重要的是

看未来。

②流动比率、速动比率。

③AP总量/AR总量超过一个预设限度。

④AP余额/总采购过低，AR/总销售过高。

## 八、资金管理的控制重点和主要内容

资金管理的控制重点和主要内容包括：现金收入控制流程、现金支出控制流程、库存现金管理、银行存款管理、检查制度（表2-4）。

表2-4　资金管理的控制重点和主要内容

| 控制重点 | 主要内容 |
| --- | --- |
| 现金收入控制流程 | 收款机的使用、票据与货款核对、销售日报与收款日报核对 |
| 现金支出控制流程 | 审批权限、审批标准、支付申请、支付审批、支付复核、办理支付 |
| 库存现金管理 | 库存限额、使用范围、不允许坐支、每日清查和报告 |
| 银行存款管理 | 开户规定、转账结算规定、对账单核对、票据和印章管理 |
| 检查制度 | 现金收支日报、日常抽查、定期检查、内部审计 |

制度可以保证不出错。有制度执行困难的问题时，总结两种打法。

### 1．防守式打法

制定制度，要求严格遵守，可能会发现无法包括所有情况，可能会因老板突破制度规定而无法执行。

### 2．进攻式打法

财务要考虑，突破制度的原因是制度的原因还是个人的原因，如何应对突破制度的问题，如第二天出差报销超过规定额度，审批还是不是审批？

## 第三节　现金流价值

### 一、现金流为王

新冠疫情期间，很多企业因此受到了影响。交通、旅游、餐饮等实体行业有的靠降薪维持，有的关店大吉。然而，有一家叫"侨美"的粤菜餐厅通过实施一系列的现金流策略，成功平稳度过了艰难时期。以下是该餐厅所采取的策略及所取得的成效。

> **案例**
>
> 侨美餐厅逆境生存之道
> **1. 品质策略：现金的守护者**
> 侨美餐厅在品质策略上，将食材的新鲜和安全视为守护现金流的关键。他们深知，只有保证食材的新鲜和美味，才能吸引并留住顾客，进而确保餐厅的现金流入。以下是侨美餐厅保证食材新鲜美味的具体做法：
>
> （1）严格筛选供应商：侨美餐厅与可靠的供应商建立了长期稳定的合作关系。他们严格筛选供应商，确保食材源头可靠、质量上乘。这些供应商通常具有严格的食品安全管理体系和质量控制流程，能够提供新鲜、安全、优质的食材。
>
> （2）严格把控食材质量：侨美餐厅对食材的质量有着极高的要求。他们对每种食材的产地、生长环境、生长时间等都有严格的要求，以此确保食材的新鲜度和口感。同时，他们还定期对食材进行质量检测，确保食材符合食品安全标准。
>
> （3）现买现用，确保新鲜：侨美餐厅坚持现买现用的原则，每天根据餐厅的销售情况和顾客需求，现场采购所需的食材。这样不仅能够确保食材的新鲜度，还能够避免食材的浪费，从而降低餐厅的成本。
>
> （4）合理储存食材：侨美餐厅对食材的储存也有严格的要求。他们根据食材的特性，采用不同的储存方式，如冷藏、冷冻、常温等，确保食材在储存过程中不会变质、失去新鲜度。同时，他们还定期对储存的食材进行检查和清

理,确保食材的卫生和安全。

(5)精细加工,保持口感:侨美餐厅注重食材的加工过程。他们采用精细的加工方式,如切片、切丝、切块等,确保食材的口感和风味。同时,他们还根据食材的特性,采用不同的烹饪方式,如蒸、煮、炒、烤等,最大限度地保留食材的营养和口感。

(6)持续研发新菜品:侨美餐厅不断研发新菜品,以满足顾客的多样化需求。他们根据市场需求,设计出新颖、美味的用时令食材制作的菜品,吸引顾客的眼球和味蕾。这样不仅能够增加餐厅的销售额和利润,还能够提高餐厅的知名度和美誉度。

这种对品质的坚持和对供应链的灵活管理,不仅确保了餐厅的菜品质量,也为餐厅赢得了良好的口碑,令客户没有因疫情而流失。

### 2. 会员制策略:现金的蓄水池

侨美餐厅在疫情初期就推出了会员制,通过专属折扣、生日礼品、积分兑换等福利,鼓励顾客预存款。这些预存款成了餐厅在资金紧张时期的稳定现金流来源,确保了餐厅运营的稳定。

### 3. 外卖策略:现金的活水源头

随着疫情的持续,外卖业务成了餐厅的主要收入来源。侨美餐厅虽定位于高端粤菜品牌,但其不仅与外卖平台合作,及时推出外卖服务,还自主开发了线上点餐系统,提供便捷、高效的服务。同时,通过发放优惠券、满减等方式吸引顾客下单,使得外卖业务成了餐厅现金的活水源头。

### 4. 低价食材采购与分期付款策略:优化现金流

疫情防控期间,很多蔬菜食材滞销,侨美餐厅敏锐地把握了市场机遇。他们积极与供应商协商,达成了低价、新鲜食材供应协议,还采取了部分食材分期付款的策略。这种策略不仅降低了餐厅的采购成本,还缓解了餐厅的现金流压力;同时,这也使得餐厅能够在保证菜品品质的前提下,为消费者提供更优惠的价格,进一步吸引了客流。

### 5. 租金减免谈判策略:减轻经营负担

随着疫情的持续,很多餐厅因经营困难而倒闭,导致很多房东的房屋租不出去,无法回收租金。侨美餐厅的老板敏锐地抓住了这一机遇,他与房东进行了租金减免的谈判。经过多次协商,他们成功地将租金降低到了原来的

80%，大大减轻了餐厅的经营负担。这种策略不仅让餐厅有更多的现金用于运营和发展，也展现了餐厅老板的智慧和胆识。

通过这些策略的有效实施和持续优化，侨美餐厅不仅平稳渡过了难关，还在市场上树立了良好的品牌形象和口碑，随着疫情的结束，这家餐厅的客流量更大，现金流更充足。这充分说明了"现金为王"经营理念的重要性。

## 二、现金流评价模型

现金，由库存现金、银行存款、现金等价物以及其他货币资金组成。现金流是由经营活动、投资活动、筹资活动的展开所形成的循环周转，它给企业带来源源不断的新生血液，保证企业日常经营活动产生充足的资金，从而满足和实现企业的经济利益要求。

现金流评价模型是一个用于评估企业现金流入、流出以及净现金流量的工具。其核心目的是通过对现金流量的分析，判断企业的盈利能力、偿债能力以及投资回报率等关键指标，为企业的日常经营决策和投资决策提供有力支持。

现金流主要涉及经营活动、投资活动和筹资活动三个方面。经营活动产生的现金流量是企业现金流量的主要来源，包括销售商品、提供劳务收到的现金，购买商品、接受劳务支付的现金等。投资活动产生的现金流量则反映了企业在长期资产和对外投资方面的现金流入和流出情况，如购建固定资产、取得无形资产、投资支付现金等。筹资活动产生的现金流量则反映了企业筹集资金及偿还债务等方面的现金流入和流出情况，如吸收投资、发行股票、偿还借款等。现金流评价模型可以通过对这三个方面现金流量的分析，来评估企业的整体运营状况。例如，通过比较经营活动产生的现金流量与净利润，可以判断企业的盈利质量；通过比较投资活动产生的现金流量与企业的投资规模，可以评估企业的投资效益；通过比较筹资活动产生的现金流量与企业的债务结构，可以评估企业的偿债能力和筹资成本。

在现金流评价模型中，自由现金流量是一个非常重要的指标。自由现金流量是指企业满足了再投资需要之后剩余的现金流量，这部分现金流量可以用于偿还债务、发放股利或进行再投资。自由现金流量直接反映了企业创造价值的能力以及可持续发展的潜力。

此外，现金流评价模型还可以结合其他财务指标，如资产负债率、流动比率、速动比率等，来综合分析企业的财务状况和经营风险。这些财务指标与现金流量相结合，可以为企业提供更全面、更准确的经营决策依据。

现金流评价模型由现金流分析框架和现金流分析模型组成，两者结合，能够揭示企业的资金流动情况，评估其财务状况和经营表现。

### （一）现金流分析框架

现金流分析框架主要包括三个组成部分：结构分析、趋势分析和比率分析。

**1. 结构分析**

（1）流入结构：分析经营活动、投资活动和筹资活动所产生的现金流入占比，了解企业现金流入的主要来源。

（2）流出结构：分析经营活动、投资活动和筹资活动所产生的现金流出占比，了解企业现金流出的主要用途。

（3）流量净额结构：分析经营活动、投资活动和筹资活动现金流净额的占比，判断企业的现金流入是否能够满足其现金流出需求。

（4）各项活动内部的流入、流出占比：进一步分析经营活动、投资活动和筹资活动内部的流入、流出比例，从而更深入地了解企业的资金流动情况。

**2. 趋势分析**

通过绘制经营活动、投资活动和筹资活动的现金流入、流出折线趋势图，分析企业现金流量的变化趋势，预测未来现金流量的可能情况。

**3. 比率分析**

（1）营运能力：分析现金购销比率、营业现金回笼率等指标，评估企业利用现金进行经营活动的能力。

（2）盈利能力：通过收入现金比率、盈利现金比率等指标，分析企业赚取现金的能力以及利润的质量。

通过结构分析、趋势分析和比率分析等方法，可以深入了解企业的现金流入、流出结构，变化趋势以及盈利能力等信息，为企业的经营决策和投资决策提供有力支持。

## （二）现金流分析模型

现金流分析模型主要基于现金流量表，通过对现金流入和流出的详细记录和分类，评估企业的财务状况和经营表现。

现金流分析模型是一种用于评估企业或项目现金流入、流出以及净现金流量的工具。以下是对现金流分析模型的具体说明。

**1. 构成要素**

（1）现金流入：包括经营活动产生的现金流量、投资活动产生的现金流量和筹资活动产生的现金流量。经营活动产生的现金流量主要来自企业的日常运营，如销售商品或提供服务；投资活动产生的现金流量涉及企业长期资产的购买与出售；筹资活动产生的现金流量则涉及企业的资本筹集和债务偿还。

（2）现金流出：与现金流入相对应，包括经营活动支付的现金流量、投资活动支付的现金流量和筹资活动支付的现金流量。这些现金流出代表了企业在运营过程中需要支付的各项费用。

（3）净现金流量：是现金流入与现金流出之间的差额，用于衡量企业或项目在特定时间内的现金收入和支出差额。净现金流量为正，表示现金流入大于现金流出，企业具有足够的资金来支持其运营和扩张；净现金流量为负，则可能意味着企业需要额外的资金来维持运营。

**2. 应用场景**

（1）投资决策：现金流分析模型可以帮助企业评估不同投资项目的现金流量情况，从而帮助企业做出投资决策。通过预测不同投资项目的现金流量，企业可以比较不同项目的现金回报率，从中选择最有利可图的项目。

（2）资本预算：现金流分析模型可以用于资本预算决策，即确定企业应该投入多少资金到不同的项目中。通过预测不同项目的现金流量，企业可以评估不同项目的投资回报率，并根据这些信息做出资本预算决策。

（3）财务规划和预测：现金流分析模型可以帮助企业预测未来一段时间内的现金流量情况，从而有助于企业进行财务预测和规划。通过分析现金流量的变化趋势，企业可以预测未来的现金流量情况，并根据这些预测结果进行财务规划。

（4）融资决策：现金流分析模型可以帮助企业评估融资决策的影响。通过预测融资后的现金流量情况，企业可以评估融资对企业财务状况的影响，从而做出更明智的融资决策。

### 3.现金流折现（DCF）模型

这是一个更具体的现金流分析模型，用于估算企业的价值。DCF模型基于对未来现金流的预测，并考虑资金的时间价值（通过折现率进行调整），来估算企业的价值。DCF模型的总计算公式包括企业价值（EV）、未来某一年的自由现金流（FCF）、加权平均资本成本（WACC）、终值（TV）和预测期的自由现金流增长率（g）等要素。

以下是一个简化的现金流分析模型的应用例子，用于评估一个假设的制造公司的新产品生产线项目的投资决策。

### 📄 案例

某制造公司计划投资一条新产品生产线，以扩大其市场份额并增加盈利能力。

（1）初始投资。

生产线建设成本：10000000元

启动资金（包括初始原材料、营销费用等）：2000000元

初始投资总额：12000000元

（2）预测现金流。

①经营活动：

预测第一年销售收入：8000000元

预测第二年销售收入增长20%：9600000元

预测第三年销售收入增长15%：11040000元

假设销售成本占销售收入的60%

预测第一年经营现金流（收入-成本）：3200000元

后续年份经营现金流根据销售收入和成本增长预测

②投资活动：

无新的投资支出（假设生产线在第一年建设完成）

假设第三年末生产线剩余价值为2000000元

③筹资活动：

初始投资通过银行贷款获得，假设利率为5%
每年需支付贷款利息，并在第三年年末偿还本金

（3）现金流计算。

①第一年：

初始投资流出：-12000000元

经营现金流流入：3200000元

贷款利息流出（基于初始投资计算）：600000元

净现金流：-9400000元

第二年、第三年现金流计算类似，考虑销售收入增长、成本以及贷款利息的支付。

（4）投资回报分析。

使用DCF模型计算项目的净现值（NPV）和内部收益率（IRR）。

假设公司的加权平均资本成本（WACC）为10%，用于折现未来现金流。

如果NPV大于零，且IRR高于WACC，则该项目在财务上是可行的。

（5）投资决策。

基于现金流分析模型的预测和计算结果，制造公司可以决定是否投资新产品生产线。如果NPV和IRR指标满足公司的财务标准，那么该项目值得投资。如果指标不满足要求，公司可能需要重新考虑该项目的投资计划或寻求其他投资机会。

### 4. 现金流评价模型日常应用

企业日常经营中，现金流分析主要应用如下：

（1）现金流量表的编制。现金流量表详细记录了企业在一定时期内现金流入和流出的具体情况，包括经营活动、投资活动和筹资活动的现金流量。

（2）财务指标的计算。基于现金流量表的数据，可以计算出一系列财务指标，如经营活动现金流量比率、投资活动现金流量比率和筹资活动现金流量比率等，这些指标可以用于评估企业的经营稳健性、偿债能力以及盈余质量。

综上，公司利用现金流分析模型能够了解企业在经营活动、投资活动和筹资活动等方面的现金流入和流出情况，从而评估企业的整体财务状况和经营绩效，企业发现经营过程中存在的问题，及时采取措施加以改进；还能够及时

发现潜在的财务风险，如现金流短缺、偿债能力不足等，并采取相应的措施加以应对，保障企业的稳健运营；同时可以预测未来的现金流量情况，更好地规划和管理资金流动，保障持续运营和健康发展。

## 三、现金流四要素及现金流量表三组成

现金流，作为企业经营过程中的动态过程，它涵盖了流向、流程、流量和流速这四个至关重要的现金变量，是对企业资金运作的全面反映。现金流不仅指静态的现金本身，更是一个动词，它描述了资金在企业内部如何流动、如何循环的过程，以及流动的速度和规模。

"现金为王"这一理念，强调的不仅仅是现金本身的重要性，更是企业在经营过程中必须紧密关注经营性现金的这四个核心要素。对于任何一家企业来说，把握好了现金流，就等于拥有了一把应对持续经营挑战的利剑，它是企业稳健发展的基石。

现金流量表作为反映企业现金流动状况的重要工具，由三个关键部分组成。首先是经营活动的现金流量，它如同企业的"造血"功能，衡量着企业自我生成现金流的能力，是评价企业运营效率和盈利能力的重要指标。其次是投资活动的现金流量，它扮演着"献血"的角色。在资金充沛时，企业可以像"献血"一样，进行适度的投资，为未来做好储备，增强企业的竞争力。最后是筹资活动的现金流量，它代表了企业的"输血"功能。这部分现金流量反映了企业从外部获取资金的能力，如通过贷款、发行债券及IPO等方式筹集资金，为企业注入新的活力，推动企业不断向前发展。

现金流作为企业经营的核心要素，其四个核心变量和现金流量表的三个组成部分共同构成了企业稳健发展的坚实基础。企业只有深刻理解和把握现金流的运作规律，才能在激烈的市场竞争中立于不败之地。

## 四、现金流短期策略和长期主义

现金流管理对所有企业都很重要，对早期创业公司尤为关键。如果老板无法在第一年内管理好现金流，那么企业可能活不过第二年。

资金策略

现金流不佳会导致企业缺乏资金支付供应商或满足即时的需求。信用额度只能让企业发展到一定阶段，一旦信用卡和贷款用完，企业要么需要现金，要么关门大吉。

因此，企业现金流管理是企业运营中的关键环节，它直接关系到企业的生存与发展。在现金流管理方面，企业可以根据自身的实际情况和市场环境，采取不同的策略，以实现短期和长期的平衡。

老板在制定财务策略时，应合理运用短期策略和长期主义思维。

从短期策略的角度来看，现金流是企业日常运营和应对市场波动的关键。在短期内，企业可能面临各种挑战，如供应链中断、竞争加剧或客户需求变化等。这些挑战可能使企业的销售收入和利润受到影响。因此，老板需要制定有效的短期策略来管理现金流，确保企业有足够的资金来应对这些挑战。例如，通过优化库存管理、加强应收账款管理或调整销售策略刺激营业收入等方式，企业可以提高现金流的周转效率，降低资金占用成本，从而保持运营的稳健性。

然而，仅仅关注短期现金流管理是不够的。老板还需要具备长期主义思维，从更长远的角度来规划企业的财务策略。长期主义意味着企业在制定财务策略时，要考虑到企业的长远发展目标和市场环境的变化。比如，企业需要不断投资于研发、品牌建设和市场拓展等方面，以巩固和提升自身的核心竞争力。这些投资可能需要大量的现金流支持，但从长期来看将为企业带来丰厚的回报。又如，企业需根据市场环境的变化和企业自身的发展需要，适时调整财务结构，包括调整资本结构、优化负债比例和降低资金成本等措施，降低财务风险并提高资金利用效率。而且，企业须建立完善的风险管理机制，包括风险识别、评估、监控和应对等方面。通过加强风险管理，企业可以及时发现并应对潜在的风险因素，保障现金流的稳定性、安全性和收益性，使企业有能力抵抗资金风险，逐步扩大规模、提升竞争力，并在行业中保持领先地位。

### （一）现金流短期策略

**案例**

制造业企业开展促销活动与实施预付款策略

某大型制造业企业，为了刺激市场需求、加速现金流入，决定开展一系列促销活动,并实施预付款策略,以吸引客户提前支付货款。

### 1. 策略实施步骤

(1)促销活动设计与推广。

企业根据市场趋势和客户需求,设计了一系列具有吸引力的促销活动,如打折、送赠品、延长保修期等。

通过线上、线下多渠道宣传,如借助社交媒体、电子邮件营销、行业展会等渠道,将促销活动信息广泛传播给潜在客户。

(2)预付款策略制定。

企业制定了预付款优惠政策,鼓励客户提前支付货款。例如对于提前支付一定比例货款的客户,企业可以提供额外的折扣或赠品。

通过与客户协商,确定预付款的比例、支付方式和优惠幅度,确保双方利益得到保障。

(3)客户服务与跟进。

企业建立专业的客户服务团队,负责解答客户的疑问、处理订单和提供售后服务。

定期与客户沟通,了解客户的反馈和需求,以便及时调整促销活动策略和预付款优惠政策。

(4)现金流监控与风险管理。

在开展促销活动的同时,企业加强了对现金流的监控和管理,确保资金的安全和有效利用。

对于预付款的收取和使用,企业制定了严格的内控制度,避免出现坏账和资金挪用的情况。

### 2. 策略实施效果

通过开展促销活动和实施预付款策略,该制造业企业取得了显著的现金流入效果。

(1)订单量和销售额大幅增长,市场份额得到提升。

(2)预付款收入明显增加,为企业提供了稳定的现金流来源。

(3)客户满意度和忠诚度提高,为企业的长期发展奠定了基础。

### 3. 策略意义与启示

这一短期策略的实施,使得企业在短期内迅速回笼了资金,缓解了现金流压力。这个案例展示了制造业企业如何通过开展促销活动和预付款策略来刺激现金流入。通过设计具有吸引力的促销活动和制定合理的预付款优惠政策，企业能够吸引更多客户提前支付货款，从而加速现金流入。同时，加强客户服务、现金流监控和风险管理，能够确保企业的稳健运营和持续发展。这一策略不仅有助于解决企业现金流短缺的问题，还能够增强企业的市场竞争力和树立品牌形象。

### （二）现金流长期主义

现金流长期主义具备填补短期现金流缺口的潜力，并能够将短期与长期现金流管理紧密地联系起来，从而搭建起从现在走向未来持续经营的阶梯。

在企业的经营过程中，短期现金流的波动是不可避免的，例如季节性的销售变化、突发的市场波动或意外的支出等，这些都可能导致短期现金流出现"缺口"。然而，通过实施现金流长期主义策略，企业可以建立起一个稳健的现金流管理体系，为短期现金流的波动提供有力的支撑和缓冲。

长期主义的现金流管理强调对企业整体财务状况的深入分析和规划。它要求企业不仅要关注当前的现金流状况，还要预测未来的现金流趋势，并据此制定相应的管理策略。通过精细化的运营、成本控制和资本效率优化，企业可以逐步积累起稳定的现金流，为应对短期现金流的波动提供足够的资金储备。

同时，长期主义的现金流管理也鼓励企业进行前瞻性的投资和布局。通过合理配置资金，将其投入具有长期发展潜力的项目中，企业不仅可以创造新的增长点，还可以在未来获得更加丰厚的回报。这种前瞻性的投资策略有助于弥补短期现金流的不足，并为企业未来的发展打下坚实的基础，使企业可以更加稳健地应对市场波动和风险挑战，实现持续、健康发展。

#### 案例

亚马逊现金流策略：长期主义

亚马逊创始人贝佐斯对自由现金流的重视，无疑是他独特商业思维和成功经营策略的核心。在他的领导下，亚马逊始终坚持将自由现金流作为公司最核心的财务指标，这一策略为公司带来了显著的竞争优势和稳固的发展。

1997年，贝佐斯在致股东的信中明确提到，如果要在公司财务报表的美观和自由现金流之间做出选择，他更倾向于后者。这种坚持不仅体现了他的远见卓识，也反映了他对公司未来发展的深思熟虑。

在随后的二十几年里，贝佐斯不断在致股东信中强调自由现金流的重要性，并将其视为公司成功的关键。例如，2004年，亚马逊的销售额近70亿美元，得益于其高效的库存周转和精细化的成本管理，公司的固定资产投资和库存占用资金相对较少。这使得亚马逊能够拥有高达17.5亿美元的自由现金流，这一数字是年初投资额的2.5倍，展现了惊人的资本效率。

这种对自由现金流的坚持和追求，使得亚马逊在激烈的市场竞争中脱颖而出。通过不断优化运营效率和资本配置，亚马逊确保了其现金流的稳定性和可持续性，从而为公司的长期发展提供了有力支持。

在亚马逊的发展历程中，贝佐斯始终坚持现金流长期主义。他不仅在致股东信中反复强调自由现金流的重要性，还在公司的战略规划和日常运营中贯彻这一理念。通过长期坚持优化库存管理、提高运营效率、控制成本支出等措施，亚马逊实现了快速、高效的现金流周转，为公司的发展提供了充足的资金保障。

在现金流长期主义的指导下，亚马逊在多个领域取得了显著的成绩。例如，在电商领域，亚马逊通过精准的市场定位、丰富的商品选择和优质的客户服务，吸引了大量用户，实现了销售额的快速增长。同时，亚马逊还通过云计算、人工智能等前沿技术的研发和应用，为企业提供了更加智能、高效的解决方案，进一步增强了其市场竞争力。

现金流长期主义还体现在亚马逊对未来发展的布局和规划中。贝佐斯深知，只有保持对现金流的长期关注和管理，企业才能持续地进行创新投入、市场拓展和人才培养，从而在未来竞争中保持领先地位。

亚马逊通过坚持自由现金流长期主义使得资本效率最大化，不仅实现了自身的快速成长和成功，也为其他企业提供了宝贵的启示和借鉴。《哈佛商业评论》对贝佐斯的评价非常准确，他确实为商业运营带来了一种新的哲学。由此，我们总结以下几个关键点。

**1. 长期视野**

亚马逊的现金流管理始终基于长期视野进行规划。公司不仅仅关注短期内的销售和利润,更注重通过优化运营、降低成本、提高资本效率等手段,为长期的发展奠定坚实的基础。

2. 精细化运营

亚马逊通过精细化运营来确保现金流的稳定增长。公司利用先进的技术手段,如大数据分析、云计算等,对库存、供应链、物流等各个环节进行精准控制,减少浪费和损失,提高运营效率。

3. 控制成本

在成本控制方面,亚马逊同样展现了长期主义的思维。公司不断寻求降低成本的方法,如优化供应链管理、提高采购效率、降低仓储成本等,以确保在保持产品质量和服务水平的同时,实现成本最低化。

4. 优化投资结构

亚马逊在投资方面也非常注重长期效益。公司会根据自身的战略规划和市场需求,合理分配资金,优化投资结构,确保资金能够投入具有长期发展潜力的项目中。同时,亚马逊也会关注投资回报率,确保每一笔投资都能为公司带来长期、稳定的收益。

5. 持续创新

亚马逊非常注重创新,通过不断推出新的产品和服务,为公司创造新的增长点。这种创新精神不仅有助于公司保持市场领先地位,还能够为公司带来更多的现金流。同时,亚马逊也会将部分利润投入研发和创新中,以确保公司能够持续推出具有竞争力的产品和优质的服务。

### 案例

茅台现金流长期主义的价值:品质与坚持

在快速变化的时代,长期主义如同一剂"解毒剂",帮助企业在纷繁复杂的市场中保持清醒、坚定前行。茅台,作为中国白酒行业的佼佼者,其现金流长期主义的价值不仅体现在品牌与文化的积淀上,更体现在其品质与坚持的深刻内涵中。

回顾茅台的发展历程,我们可以看到它并非一开始就站在行业的顶端。20世纪80年代到1993年,山西汾酒曾称霸白酒市场,被誉为"汾老大"。随后,五粮液又在1994—2012年间占据了行业第一的位置。然而,这两家企业在领先后都选择了扩张子品牌以谋取更多利润，而茅台则选择了截然不同的道路。

茅台始终聚焦主业，坚守品质与工艺的底线。他们持续在工艺传承、质量提高上下功夫，为后来的崛起打下了坚实的基础。这个基础不仅体现在产品层面，更在品牌与文化层面形成了独特的竞争优势。

2012年，白酒行业遭遇了政策冲击，市场陷入低迷。许多企业为了生存不得不降价促销，但茅台却逆势而动，坚持不降价。这一举动凸显了茅台的稀缺品质和高端定位，使其在众多品牌中脱颖而出。最终，茅台成功超越了五粮液，成为中国白酒行业的新标杆。

茅台的现金流长期主义价值体现在其坚守品质与工艺的决心上。他们深知只有不断提升产品品质、塑造独特的品牌形象和文化内涵，才能在激烈的市场竞争中立于不败之地。因此，他们始终将现金流投入研发、生产、营销等关键环节，确保每一瓶茅台酒都达到最高品质标准。

此外，茅台还注重现金流的稳健管理。他们通过精细化的成本控制、优化供应链管理等方式提高资金使用效率，确保现金流的充足和稳定。这种稳健的现金流管理不仅为茅台的发展提供了坚实的财务支持，还使其能够更好地应对市场变化和风险挑战。

茅台的成功并非一蹴而就，而是经过了几十年的坚守与努力。其现金流长期主义的策略不仅塑造了强大的品牌，也为企业的发展奠定了坚实的基础。这个案例对创业者有着深远的启示。

1. 坚持品质，赢得信任

茅台始终坚守品质，不断在工艺传承、提高质量上下功夫。这种对品质的执着追求赢得了消费者的信任，也赢得了市场的认可。创业者应该明白，品质是企业的生命线，只有不断提高产品和服务的质量，才能赢得消费者的信任，从而在市场中立足。

2. 聚焦主业，深耕细作

在面对市场诱惑和多元化发展的机会时，茅台选择了聚焦主业，深耕细作。这种专注和坚持使得茅台在白酒行业中脱颖而出。创业者也应该明确自己的核心业务，将有限的资源投入最擅长的领域，通过深耕细作不断提升自己的核心竞争力。

### 3. 稳健经营，控制风险

茅台注重现金流的稳健管理，通过精细化的成本控制、优化供应链管理等方式提高资金使用效率。这种稳健的经营策略使得茅台能够在市场波动中保持稳定的发展。创业者也应该注重企业的财务管理，控制成本、优化现金流，确保企业的稳健经营和持续发展。

### 4. 长期规划，持续投入

茅台的成功不是一朝一夕能够实现的，它经历了数十年的持续投入和长期奋斗。创业者也应该具备长期主义思维，制定清晰的发展规划，并持续投入资源，不断推动企业的发展和创新。

### 5. 逆境中的坚守与变革

当面对市场困境时，茅台选择了坚守品质、不降价，并通过变革营销策略来应对市场变化。这种逆境中的坚守与变革精神值得创业者学习。在面对市场挑战时，创业者应该保持冷静和理性，寻找解决问题的新方法和新途径。

我们生活在一个信息爆炸、发展迅速的时代，每个人都被各种声音和诱惑包围。这样往往让人感到焦虑，尤其是在创业这条充满挑战的路上。然而，正是在这种时候，抱着长期主义的心态去创业就显得更加重要。

长期主义既是现金流策略，更是创业的核心哲学。它鼓励我们在诱惑与困境中坚守初心、保持冷静、坚持目标。在创业征途上，资金短缺、市场竞争和团队挑战等难题层出不穷，但长期主义指引我们积累沉淀，不断学习新知识、新技术，增强自身实力。同时，我们也需注重品质与口碑，在透明化的信息环境中，只有卓越的品质和诚信的经营才能赢得消费者信赖。此外，优秀的团队和人才培养是企业成功的基石，我们需积极吸引和留住人才，促进团队协作。当然，企业应肩负社会责任，追求可持续发展，为环境保护和社会进步贡献力量。

在这个充满诱惑的时代，我们需要抱着长期主义的心态去创业。只有这样，我们才能克服一个又一个的困难，实现企业的长期发展和成功。让我们在逆水行舟的创业路上，坚定信念、勇往直前！

## 第四节 资金预测与管理工具、程序、报告体系设计

### 一、资金预测与管理工具

企业能否保持生产经营的良性循环、能否拥有竞争优势,很大程度上取决于企业的资金系统是否能安全、高效、健康地运转。

很多企业在资金使用方面,缺乏一套科学而完善的措施和制度,在许多环节都只凭着经验和感觉进行管理和决策,致使高投入、低产出、投资分散、规模效益差等现象频频发生。由于缺乏有效的协调机制,各环节各自为政,相互衔接差。

企业缺钱只是表象,本质上是这些企业缺少资金预测系统,不能提前意识到企业可能会出现资金短缺的情况,不能提前判断资金出现短缺可能发生的时间点,不能预测资金短缺的规模,自然无法提前做好融资规划和安排。最终的结果是,发现企业缺钱了,但为时已晚。

其实,企业未来所需要的资金量是可以测算出来的,资金预测就是根据企业的增长目标分析企业运营所需的现金流,便于企业决策者提前做好资金使用计划和融资安排。

(1)资金管理的难点。许多企业资金管理松弛,造成生产经营中资金大量损失和无效使用。许多企业在生产经营活动中不注重管理,致使生产消耗过高,大量设备闲置,大量在职人员处于停业、待业的闲置状态,造成材料、劳动力及资金的浪费。

还有许多企业在资金的筹集和使用上缺乏科学的预测和判断力。生产经营到底需要多少资金、现有资金应该投向哪里、如何投、效益如何、资金能否充分利用、各种占用的资金如何管理等,都缺乏一套科学而完善的措施和制度。

(2)资金的动态预测。在企业的经营过程中,老板一定要知道在未来一段时间内的什么时间段有多少进账、什么时间段有多少支出,要对资金的进出有一个整体的判断。也就是说,企业需要有一套资金动态预测系统,否则资金链很容易出问题,而且一旦出现问题,将可能给企业带来致命的打击,甚至迫

## 资金策略

使企业倒闭。

缺少资金动态预测系统的企业一般都会遭遇如下资金困境：去年企业资金还很充裕，今年就捉襟见肘；企业投资新建的项目只进行了不到一半就进行不下去；企业总是处于缺钱的状态，财务部门总是被动付款；财务永远也不知道企业的发展目标与未来规划，不知道企业明天要用多少钱。

### 案例

曾经有一家非常优秀的火锅连锁餐饮企业，经营了将近20年，积攒下了大量的资金。该企业老板看到房地产市场非常火爆，于是就把所有的资金投入房地产开发项目中，前后累计投入7亿~8亿元。这个老板原计划等楼盖完再将其卖掉，就能赚5亿~10亿元。但不幸的是，该老板遇上了2008年的金融危机，当时的房地产业非常不景气，房价大幅下跌，很多企业的银行贷款都出现了断供。因为无法给建筑公司支付工程款导致工人停工，很多楼盘成了"烂尾楼"。

金融危机期间，这位老板投资的房地产项目地基还没有完成一半，就没有足够资金了。贷款批不下来，施工单位不给该项目垫资，整个工程停工了近半年。这时，另一家房地产公司打算以7亿元的价格买走这个项目，但该老板已经累计投入了8亿元，如果卖掉，就会赔1亿元；可如果不卖，形势不好面临破产，资产被拍卖后可能连7亿元都收不回来……

最后老板忍痛卖掉了这个项目。

到了2009年下半年，房地产行业复苏并强劲增长，这家新接盘的公司赚了好几个亿。

房地产企业资金的规律是：现金先流出再流入。房地产本身就是个"烧钱"的行业，所以，老板如果做资金推演时用的是静态的思维，想的是投入多少钱到了什么时候能够赚到多少钱，而没有考虑到能否存活到那个时候，那么资金必然会出问题。

要知道笑到最后的才是真正的赢家，用静态的思维做资金推演，很容易死在半路上。因此，对于资金紧张的企业来说，做资金动态预测非常重要。

那么，什么是资金动态预测呢？就是不仅要推演资金的投入与最终的回报，还要分步分期计算每一阶段资金进与出的情况，清楚企业可能在哪一个阶段出现资金短缺或资金周转不过来的情况。

比如，"今天投入1亿元，3年后将会收回3亿元"是静态的资金预测。

当前每个月需要多少资金？资金怎么来？能扛到3年以后吗？考虑到每个月都有一大笔固定支出，如房租费、人工工资等，就是资金的动态预算。

（3）企业需要多少资金。下面的公式非常重要：

企业营运资金=应收账款+存货−应付账款流动资金=企业里的现金池+营运资金需求=现金池+运营资金+固定资金

经营一家企业需要多少资金？这就需要企业做好现金预测，根据"企业营运资金=现金池+运营资金+固定资金"的公式，我们必须考虑三个方面的资金。

①现金池。随着企业规模的增大，需要的现金池必然增大。

②营运资金。只要企业存货加上应收账款大于应付账款，企业运营就必须先垫资金。例如：企业存货和应收账款比上年增加了4000万元，应付账款基本不变，那么企业要多投入营运资金4000万元。

③固定资金。如果企业明年扩大产量需要增加固定设备，就需要增加固定资金。企业留多少现金合适呢？太多了浪费且影响投资回报率，太少了资金链容易断裂。实际操作中企业按所处行业的特点和自身资金状况设定保留现金的比例，有三种方式：激进型，留5%左右；温和型，留10%~20%；保守型，留20%以上。具体需要视企业的类型和所属行业来定。

一般情况下，越是稳定的企业留的现金反而可以少一点，生产型企业和技术型企业现金流的比例不一样。技术型的企业核心是人，企业一定要多留资金才能留住人才；生产型企业工人占比很多，招人不难，而且可以通过厂房和设备抵押进行债务融资解决现金短缺问题，因此生产型企业可以少留资金。

（4）资金如何转得更快。企业营运周转是从购买原料到加工制造成品，再到销售实现资金回笼的整个过程。

企业从购买原材料到付款，再到把货物卖出去收到货款，这个运营周期的长短决定了企业资金周转的快慢。运营周期越短，资金周转越快；运营周期越长，资金周转越慢。从购货到收款的时间叫运营周期，从购货到付款的时间叫应付账款周转期，从购货到售货的时间叫存货周转期，从售货到收款的时间叫应收账款周转期。

假设一家企业购买了原材料，收到货物以后30天才给供应商付款。加工生产完毕并且卖出货物用了60天。销出的当天没有收到货款，而是过了30天才收到货款，因此应收账款的周转天数是30天。经过计算，该企业资金运营的周期是60天（存货周转期60天+应收账款周转期30天－应付账款周转期30天）。一年按照360天计算，相当于一年可以周转6次，这是该企业一年的营运资金周转次数。

假如该企业一年有1.2亿元的营业额，那么每次周转需要2000万元（1.2亿元÷6次=2000万元）的营运资金。在公司管理水平不变的情况下，公司的营运资金（企业生产经营管理活动中投入的资金）与销售收入成正比。如果该企业第二年想要做到2.4亿元的营业额，相当于每次周转需要4000万元（2.4亿元÷6次=4000万元）的资金，比今年账面上现有的2000万元还多了2000万元，这多出的2000万元就叫资金缺口。

也就是说，企业从1.2亿元的营业额做到2.4亿元的营业额存在一个2000万元的资金缺口，如果这2000万元的资金到位，企业就有4000万元的营运资金，就可以做到2.4亿元的营业额。

还有一种方式是利用2000万元的资金做到2.4亿元的营业额，把周转次数从6次提高到12次，那么周转天数就是30天（360天÷12次=30天）。要把资金周转周期缩短至30天，那么应收账款的天数、存货周转的天数、应付账款的天数这三个指标就要相应地缩短，这需要职业经理人和企业高管重点从以下三个方面入手。

①缩短应收账款周期（最好零应收）。
②缩短存货周转期（最好零库存）。
③延长应付账款周转期（在不影响信用的前提下，最好是负数）。

（5）资金预测工具。动态现金流的预测，要根据设定的业务目标，按每个月、每个季度，甚至每周做动态现金流预测。

对于企业来说，要做好资金管理就少不了每月的资金计划。钱从哪里来、花到哪里去，做好计划，才能合理筹措和使用资金。

可按"期初数+收入－支出＝期末数"这个恒等式设计表格。纵向列示期初资金余额、资金来源、资金需求、期末资金余额四大项内容，每月末预测下月资金计划；横向按1～12月序时排列，持续滚动编制，上月数更新为实际发生数。

资金来源项包括产品销售收入、服务费收入、其他收入、新增贷款等内容。

资金需求项包括采购材料、设备工程款、工资薪金、水电费、费用报销、税金、贷款本息等内容。

这个资金预测表其实应由多个业务部门协作完成。销售部合理预测每月货款回笼的时间和回款金额，监测每笔订单的执行情况，进行回款实时跟踪。采购部根据每月生产需要量备货并提供付款计划。行政部合理测算每月日常办公费用付款计划。财务部测算每月工资薪金、应缴税金、应归还贷款本息、资金缺口等。

这样做的好处是可以拉近业务部门之间的距离并保持及时沟通，而且通过每个月数据的对比分析也可以及时发现企业资金收付方面存在的问题。

这个资金预测表对企业非常有用，坚持做三个月或半年以上，资金计划跟实际数就会越来越接近。

假如要预测未来1～2年的现金流量，则要推算企业每个月、每个季度、每半年、一年的收入和支出。要清楚企业的资金短缺可能出现在哪个时间点，同时清楚企业一定要留存多少资金，除正常的业务以外，企业还有哪些大的支出。动态现金流的预测是留有一定余地的，如宽裕20%～30%，这样才能使企业碰到意外支出时，不至于资金周转不灵。资金管理过程涉及许多工具，比如余额表、银行存款对账单、银行存款余额调节表、收支预测表、现金预算表等。

其中的四个星期的滚动付款预测表，即把四个星期中每个星期需要花的钱罗列出来，汇总成一张表，这个表格在高管的经营会议中经常出现，可以参考现金流量表的工具表格，比如现金流入、现金流出都按每一周来预测。

还有资金动态需求预测表，按月预测销售收款、采购付款、支付的费用、利息和税金，预测出每个月可实现的经营型现金流盈亏情况。再加上按月预测新增融资、还贷款和新增投资，把四个星期的情况罗列在一张表上，对资金的动态需求进行预测。

资金预测能准吗？这是许多人经常提的问题。很多企业刚开始使用表格工具的时候，结果都不是很准，但坚持使用半年就会有改变，一般到第六个月差不多就准了。正是由于预算本身的不确定性，所以才更凸显经常做预算的必要性。表2-5、表2-6、表2-7为资金预测工具表及相关的预测和统计表。

以上是企业财务工作中比较实用的工具，每月资金收支预测表是最基本的报表，还有信息量更强大的资金日报表、借款明细表、财务费用分析表、老板看得懂的现金流量表等。

企业资金管理体系的搭建还必须完善和健全资金管理制度，包括资金支付审批管理制度、货币资金日常管理制度、票据管理制度、收据管理制度、财务印章管理制度、货币资金稽核管理制度等。

表2-5 销售额预测模型

| 销售额预测模型 |||||||||||||
|---|---|---|---|---|---|---|---|---|---|---|---|---|
| 产品销售资料 ||||||||||||||
| 时间 | 1月 | 2月 | 3月 | 4月 | 5月 | 6月 | 7月 | 8月 | 9月 | 10月 | 11月 | 12月 |
| 季节影响因素 | 1 | 2 | 3 | 4 | 5 | 6 | 7 | 8 | 9 | 10 | 11 | 12 |
| 销售额/万元 | 45 | 45.2 | 45.8 | 52 | 56.8 | 57.2 | 62.7 | 70.8 | 85.2 | 92.6 | 99.2 | 102.8 |
| | 回归分析区域 |||||  预测区域 |||||||
| 回归模型选择 | 方程表达式 || 系数计算结果 ||| 未来期数 | 第1期 | 第2期 | 第3期 | 第4期 | 第5期 | 第6期 |
| 一元线性模型 | 一元线性模型 | $Y=A+BX$ | $A$ | $B$ | $R^2$ | 影响因素 | 1 | 2 | 3 | 4 | 5 | 6 |
| 一元指数模型 | | $Y=ABX$ | 30.15 | 5.81 | 0.94 | 销售量预测值 | 35.96 | 41.78 | 47.59 | 53.41 | 59.22 | 65.03 |

表2-6 销售周转资金需求量预测

**销量与资金变化情况资料**

| 年度 | 销量/万件 | 资金占用量/万元 |
|---|---|---|
| 2017 | 425 | 540 |
| 2018 | 450 | 515 |
| 2019 | 515 | 465 |
| 2020 | 715 | 565 |
| 2021 | 815 | 615 |
| 2022 | 915 | 665 |

**高低点法资金需要量预测**

| 项目 | 销量/万件 | 资金占用量/万元 |
|---|---|---|
| 产销量高点 | 915 | 665 |
| 产销量低点 | 425 | 540 |
| 预测方程变量项b | 0.26 | |
| 预测方程常数项a | 431.58 | |
| 2023年预测值 | 1000 | 686.68 |

**回归分析法资金需要量预测**

| | | |
|---|---|---|
| 预测方程变量项b | 0.30 | |
| 预测方程常数项a | 367.0791548 | |
| 2023年预测值 | 1000 | 670.21 |

表2-7 市场需求量预测

| 期间 | 市场需求量/万人 | 预测值 | 标准误差 |
|---|---|---|---|
| 1 | 400 | | |
| 2 | 680 | 400.0 | |
| 3 | 1000 | 568.0 | |
| 4 | 1280 | 827.2 | |
| 5 | 1600 | 1098.9 | 395.8 |
| 6 | 2200 | 1399.6 | 462.9 |
| 7 | | | |
| 8 | | | |
| 9 | | | |
| 10 | | | |
| 11 | | | |
| 12 | | | |

指数平滑

## 二、资金预测程序和步骤

### (一)资金预测程序

(1)明确预测对象和目标。首先要明确预测对象和目标,然后才能根据预测的目标、内容和要求确定预测的范围和时间。

(2)制定预测计划。预测计划包括预测工作的组织领导、人事安排、工作进度、经费预算等内容。

(3)收集整理资料。资料收集是预测的基础。企业应根据预测的对象和目的,明确收集资料的内容、方式和途径,然后进行收集。对收集到的资料要检查其可靠性、完整性和典型性,分析其可用程度及偶然事件的影响,做到去伪存真、去粗取精,并根据需要对资料进行归类和汇总。

(4)制定预测方法。财务预测工作必须借助一定的科学方法才能完成。企业应根据预测的目的以及取得信息资料的特点,选择适当的预测方法。使用定量方法时,应建立数理统计模型;使用定性方法时,要按照一定的逻辑思维,制定预算的提纲。

(5)进行实际预测。运用所选择的科学预测方法进行财务预算,并得出初步的预算结果。预测结果可用文字、表格或图等形式表示。

(6)评价与修正预测结果。预测毕竟是对未来财务活动的设想和推断,难免会出现误差。因而,对于预测结果,要经过经济分析评价之后,才能予以采用。分析评价的重点是影响企业未来发展内外因素的新变化。若误差较大,就应进行修正或重新预测,以确定最佳预测值。

### (二)资金需求量预测的步骤

企业经营也像打仗,要打胜仗,粮草要先行,要保证资金充裕,所以我们更强调事前的谋划和执行过程中的控制。有效的资金管理能促进资金快速、良性循环,提高资金的使用价值和经济效益,确保资金的安全和完整。企业必须建立事前计划、事中控制、事后核算的资金管理体系。资金需求量预测一般按以下几个步骤进行。

**1. 销售预测**

销售预测是企业财务预测的起点。销售预测本身不是财务管理的职能,但它是财务预测的基础，销售预测完成后才能开始财务预测。因此，企业资金需求量的预测也应当以销售预测为基础。

**2. 估计需要的资产**

资产通常是销售量的函数，根据历史数据可以分析出该函数关系。根据预计销售量和资产销售函数，可以预测所需资产的总量。某些流动负债也是销售的函数，相应的也可以预测负债的自发增长率，其增长可以减少企业外部融资的数额。

**3. 估计收入、费用和留存收益**

收入和费用与销售额之间也存在一定的函数关系，因此，可以根据销售额估计收入和费用，并确定净利润。净利润和股利支付率共同决定了留存收益所能提供的资金数额。

**4. 估计追加资金需求量，确定外部融资数额**

根据预计资产总量，减去已有的资金来源、负债的自发增长和内部提供的留存收益，得出应追加的资金需求量，以此为基础进一步确定所需的外部融资数额。

企业在没有充足现金流的情况下，首先要测算出合理的营运资金需求量，然后才能确定是否进行筹资、向股东筹资还是债务筹资、具体筹多少钱，而不能随意定个数，筹得多了浪费资源增加资金成本，筹得少了弹药不够影响企业正常运转。

为了便于理解，用一家生产制造型公司业务举例说明如何用简单方法来测算。

ABC公司1月1日采购，3月1日支付供应商货款，4月1日把货卖掉，5月1日收到货款。假设年销售收入9000万元，需要多少营运资金？

首先要计算出运营效率也就是营运资金周转天数。营运资金周转天数约等于应收账款周转天数+存货周转天数－应付账款周转天数。

应收账款周转天数：从售货到收款的天数（30天）。

存货周转天数：从购货到售货的天数（90天）。

应付账款周转天数：从购货到付款的天数（60天）。

则营运资金周转天数为30天+90天－60天＝60天，一年若按360天计算，一年内营运资金周转了6次。

ABC公司年销售额9000万元，周转一次需要营运资金9000万元÷6次＝

1500万元。

也就是说，ABC公司在一年周转6次的运营效率下，1500万元就可以支撑年销售收入9000万元。

如果企业融不到1500万元怎么办？如果只有1200万元的经营资金，但还是要做9000万元的销售额，那么企业就必须让资金多周转几次，提高周转速度到9000万元÷1200万元＝7.5次，也就是把营运效率提高到7.5次。可以通过以下方法提高周转效率：使用现金折扣等方式加快客户回款缩短应收账期；尽早出货减少存货周转天数；在不影响企业信用的前提下延缓给供应商付款以增加应付账期等。

一个企业的销售收入与营运资金需量是成正比的，若ABC公司下年业绩翻番，要做到1.8亿元销售收入，在周转次数与管理水平和企业同步的情况下，则营运资金需求量是3000万元。在同样的资金水平下，营运资金周转次数越多，则利润回报越大。

## 三、资金管理报告体系设计

### （一）资金管理报告体系

资金管理报告体系是对一定时间的资金情况、应收应付等情况，即对现金流量表的项目做单独详细汇报，对相关项目明细展开汇报（表2-8）。

表2-8　资金管理报告体系

| 报告大类 | 报告名称 | 编制人 | 报告类型 | 主要内容 |
|---|---|---|---|---|
| 资金管理分析报告 | 银行开户汇总 | 出纳 | 随时更新 | （1）公司所有开户银行信息<br>（2）户名、帐号、币种、账户性质、账户功能、网银授权、预留印鉴 |
| 资金管理分析报告 | 现金及银行存款日报表 | 出纳 | 日报 | （1）公司所有开户银行的每日余额状况<br>（2）前日余额；当日收款、付款、退款、银行扣手续费、当日余额；当日在途；预计明早可用余额 |
| 资金管理分析报告 | 付款预测 | 应付账款 | 周报 | （1）本周每日付款预测（付款日）<br>（2）本周及未来三周付款预测<br>（3）每周滚动更新 |

续表

| 报告大类 | 报告名称 | 编制人 | 报告类型 | 主要内容 |
|---|---|---|---|---|
| 资金管理分析报告 | 借款明细表 | 出纳 | 月报 | — |
| 资金管理分析报告 | 财务费用分析表 | 费用会计 | 月报 | （1）逐月/年累计财务费用情况<br>（2）明细列支利息支出（含借款余额/利息），利息收入，手续费，汇兑损益等 |

## （二）以现金预测表为核心

（1）辅助：现金流快速预测法。

（2）营运资金短缺规律总结。

（3）资金报告体系表。

（4）资金相关预警指标。

## （三）资金的预测公式

企业现金占用量 = 应收款+存货−应付款

一年的资金需求量= 年底现金占用量−年初现金占用量−盈利+其他项目资金需求

这是一种简便的算法，忽略了一些小项目，结果不十分精确，但对于资金大盘的测算非常有用。

### 案例

某企业第一年销售额1000万元，销售成本900万元，材料成本为600万元，从渠道发货的收款平均约为60天（信用条款为发货后45天），存货周转天数为90天（从材料进厂到成品出厂），给供应商的一般付款条款为45天，公司不拖欠供应商货款。

公司明年的销售预计会增长60%，同时准备买一项专利，估计200万元。

公司会缺钱吗，缺多少？

铺垫：应收款账周期60天，相当于一年周转6次；存货周转天数90天，相当于一年周转4次；供应商付款45天，相当于一年周转8次。

公司利润100万元。

今年现金占用量=1000÷6+900÷4-600÷8=167+225-75=317（万元）；

明年资金占用量=1000÷6×1.8+900÷4×1.8-600÷8×1.8=317×1.8=571（万元）；

资金缺口=571-317-100+200=354（万元）。

高速增长会缺资金，除非强化资金管理。

## （四）设计思路

### 1. 现金流流动机理与公司价值

（1）现金流入、流出企业途径概述。

（2）净现金流与净利润之间的关系与权衡。

（3）营运周期与营运资金周期分析。

（4）企业现金流创造与公司价值。

### 2. 现金流管理分析技术与方法

（1）现金流量分析概述。

（2）现金流量分析的基础——数据的归集与报表。

（3）现金流量的定性分析——揭秘企业运营的实际状况。

（4）现金流量的结构性分析。

（5）现金流量的趋势性分析。

（6）现金流量的指标分析——偿债能力分析。

（7）现金流量的指标分析——盈利能力及质量分析。

（8）现金流量的指标分析——发展潜力（成长性）及支付能力分析。

（9）现金流量的指标分析——运营效率分析。

（10）现金流量综合分析。

（11）财务战略矩阵与公司价值管理。

（12）企业财务安全运营监测指标设计。

### 3. 现金流管理工作内容与实务

（1）现金流管理工作内容。

（2）现金流管理高手应具备的能力。

（3）现金流管理主要实务工具。

（4）现金周转危机原因分析。

（5）改善现金流常用的方法。

（6）现金短缺的解决之道。

（7）融资决策要解决的几大问题。

（8）常用的融资渠道与工具。

4．营运资金管理

（1）销售资金及应收账款管理。

（2）存货资金及库存管理。

（3）采购资金及应付账款管理。

（4）营运资金管理机制。

5．现金的内部控制及效率管理

（1）现金、现金流入、现金流出的内部控制。

（2）合理现金持有量的确定。

（3）闲置冗余现金投资渠道选择。

（4）银行结算体系与结算工具。

（5）现金管理的六大核心问题及解决建议。

（6）集团资金集中管理模式。

（7）资金管理的常用组织模式。

（8）资金集中管理模式举例。

呈现的报告有应收账款管理制度、企业应收账款风险评估报告、企业应收账款调查报告、客户信用度调查报告、企业应收账款评估分析报告和应收账款管理报告等。

第三章

# 资金合规的政策环境分析

近年中国人民银行发布了多份银行账户管理类文件，我们对这些文件进行了梳理，希望可以挖掘其背后的信号，并从金融机构和监管单位的角度出发，提出一些关于账户优化与管理的建议。

## 一、背景

### （一）金融科技蓬勃发展，带来机遇与挑战

随着新一轮科技革命和产业变革的推进，金融业务与大数据、人工智能、云计算等一系列数字技术手段深度融合，金融科技发展日新月异，金融产品形态不断创新，金融服务也变得更加便捷与智能。但与此同时，支付安全与账户风控也受到严重的冲击，通过非法开立、买卖银行账户进行电信网络诈骗等违法犯罪活动的不法分子日益猖獗，不仅扰乱了金融管理秩序，也给人民群众的财产造成了巨大损失。

### （二）深化"放管服"改革，对账户管理提出更高要求

为培育和激发市场主体活力，促进民营企业、小微企业发展，国家陆续出台了"三证合一""两证整合"等多项举措。在深化"放管服"改革背景下，金融机构需要谋划如何贯彻落实国务院工作部署，加快"放"的步伐，提升"管"的效力，做好"服"的统筹，从而帮助优化营商环境。

## 二、政策梳理与分析

### （一）推进个人银行账户改革

#### 1. 完善账户实名制

账户实名制作为账户开户的重要身份验证，有利于打击违法犯罪、维护金融稳定。其概念提出于2000年国务院令第285号。

在一定的时间范围内，针对实践中产生的问题，个人账户实名制的相关规定有了进一步完善。

一是落实分类管理机制，这是完善个人账户实名制的重要一环。通过对账户进行分类管理，银行和其他金融机构能够更精确地识别和控制风险，确保

不同类型的账户得到适当的管理和监控。这种机制有助于防止不法分子利用账户进行非法活动，如洗钱、诈骗等。

二是针对买卖银行账户、冒名开户等违法行为，相关部门要求银行在发现此类行为后，必须在规定期限内停止为相关账户办理业务，并实施严厉的惩罚措施。具体来说，"5年内暂停其银行账户非柜面业务、支付账户所有业务，3年内不得为其新开立账户"的规定，有效地提高了违法成本，使得潜在的违法者望而却步。同时，对于冒名开户行为，银行必须立即报案，并配合执法机关追究法律责任。

三是为了进一步落实账户实名制，相关规定还明确了银行拒绝开户的情形。这些情形通常涉及客户提供的身份信息不完整、不真实或存在其他可疑情况。通过严格审查电话号码与身份证号的对应关系，银行能够确保开户信息的真实性和准确性，从而为实名制的落实提供有力的依据。

**2. 落实分类管理机制**

为有效保护账户及资金安全，中国人民银行开启了个人银行账户分类改革。从同一银行1人最多能开4张储蓄卡，转变为对1人在同一家银行开立的账户实行分类管理，将其分为Ⅰ类、Ⅱ类、Ⅲ类账户，不同类别账户具有不同功能。

银发〔2016〕261号文件明确规定个人Ⅰ类账户的数量；银发〔2016〕302号文件规范了个人Ⅱ类、Ⅲ类账户的开立和使用限制；银发〔2018〕16号文件则确定了个人Ⅱ类、Ⅲ类账户开立的身份验证规则，并重点推动Ⅲ类账户的应用。

账户分类管理机制的不断推进，顺应了账户业务创新的需求，避免了银行管理资源的浪费，也提升了个人银行账户与资产的安全等级。

## （二）提高企业服务质效

**1. 配合商事制度改革**

企业银行账户是企业从事资金活动的起点，也是其参与社会经济活动的必要条件。为有效落实党中央、国务院关于优化营商环境的部署，中国人民银行根据政策要求陆续发布多份有关银行账户管理的文件。如《中国人民银行加强支付结算管理防范电信网络新型违法犯罪有关事项的通知》（银发〔2016〕

261号）对个体工商户"两证整合"登记制度改革涉及的银行账户管理事项做出详细说明。

中国人民银行紧跟商事制度改革步伐，优化企业账户管理与服务，帮助营造有利于创业创新的市场环境。

2．取消账户开户许可

为解决企业银行账户开户流程烦琐、启用等待漫长等问题，中国人民银行根据国务院常务会议决定，于2019年初印发了《中国人民银行关于取消企业银行账户许可的通知》（银发〔2019〕41号）。

文件提出"两个不减、两个加强"的工作原则，即企业开户便利度不减、风险防控力不减，优化企业银行账户服务要加强、账户管理要加强，从而确保全国分批取消企业银行账户许可的工作能够顺利开展。

企业银行账户由核准制变为备案制，账户开立当日就能收付款，为民营企业和小微企业资金流动与业务发展创造了良好条件。

3．强化电子渠道服务保障

2020年，新冠疫情来势汹汹，实体经济受到较大冲击。在做好疫情防控的同时，帮助万千小微企业渡过难关，是中国人民银行以及各大商业银行的责任所在。

面对严峻态势，中国人民银行先后出台银发〔2020〕29号文件、银办发〔2020〕19号文件，强调要强化电子渠道服务保障，积极推广线上业务，在有效防控风险、准确识别客户身份和开户意愿的前提下，探索运用远程视频、人脸识别、电子证照、企业信息联网核查和大数据分析等安全有效方式，通过电子渠道为单位办理开户、变更等账户业务。

各地银行在政策指导下各显神通，利用金融科技逐步健全非接触式服务体系，保证基本金融服务顺畅，有效助力企业复工复产。

4．推进简易开户

进入2021年，多地银行按照中国人民银行的政策指引积极部署简易开户服务。简易开户服务的推进，既是常态化疫情防控工作的需求，更是深化"放管服"改革的创新举措。

小微企业在开户资料齐全、意愿核实真实的情况下，即可开立功能相对简单的账户，体验先开户、后完善尽职调查的服务机制，方便业务开展与资金流动。

### (三)强化电信诈骗打击工作

#### 1. 加强银警联合

为高效切断电信诈骗资金链,中国人民银行会同公安部等部门建立运行电信网络新型违法犯罪交易风险事件管理平台,实现电信网络新型违法犯罪涉案账户的紧急止付和快速冻结。

银发〔2016〕86号文件对于提升公安机关反电诈效率起到了积极的作用。截至2016年底,共办理查询、止付和冻结业务94.34万笔,最大一笔止付金额达到2076万元。

#### 2. 强化账户管理

银发〔2016〕261号文件从防范电信网络新型违法犯罪的角度出发,采取了一系列有效措施来加强银行开户核验、支付信息监控等方面的工作。

出于对开户管理和可疑交易报告后续控制漏洞的防范,银发〔2017〕117号文件要求从开户源头堵截不法分子的犯罪行为,并建立健全了可疑交易报告后续控制的内控制度及操作流程。

银发〔2019〕85号文件为进一步加强支付结算管理,防范电信诈骗,提出健全止付冻结机制、强化账户实名制管理等21项具体措施。

#### 3. 建立责任追究机制

银发〔2016〕261号文件基于加强中国人民银行分支机构、银行等反电诈履职情况,提出建立追责机制,"凡是发生电信网络新型违法犯罪案件的,应当倒查银行、支付机构的责任落实情况"。

追责制度的出现,对于金融机构提升警醒意识、贯彻落实好反电信诈骗职责,具有重要意义。

## 三、总结与建议

近五年来,中国人民银行充分发挥统筹与引领作用,相继提出一系列账户改革措施,奋力推进一系列企业服务优化工作,密集出台一系列打击电信诈骗与风险防控举措,指导各银行取得了账管方面的重大进展与积极成效。

根据《中共中央关于制定国民经济和社会发展第十四个五年规划和二〇

三五年远景目标的建议》，完善金融监管体系、中小银行强化抗风险能力等将成为接下来银行业发展的主旋律。

对于中国人民银行而言，现场检查的方式费时费力，事后监督机制更是无法及时识别账户风险。面对监管难题，中国人民银行可搭建全辖区联合风控监测平台，依托金融科技与银行建立横向的数据连接，从而有效掌握辖区内各商业银行在业务、风险、效率、服务质量等方面的整体情况。

通过对平台的业务、风险等数据进行多维度监测统计，中国人民银行可以多维度地分析辖区银行开立的企业账户及风险触发情况，及时掌握单位银行结算账户数量增长情况以及高风险的企业单位及事业单位所属地区、行业、开户行等情况，以此在线履行监管职责，使现有账户业务监管模式升级为实时动态监管模式。

联合风控监测平台的应用，对于银行而言，则能有效强化抗风险能力，解决电信诈骗源头管控问题，抓好事前防范，治理源头，降低面临的监管问责压力以及网点业务的经营压力，最终提高银行的数据治理与应用能力、技术与业务的风险协同规避能力。

## 第一节　资金涉税风险化解思路

### 一、中国人民银行的资金管控措施

即使不涉案，根据《互联网金融从业机构反洗钱和反恐怖融资管理办法（试行）》，中国人民银行也将对以下资金疑点进行规范管控。

（1）短期内资金分散转入、集中转出或集中转入、分散转出。

（2）资金收付频率及金额与企业经营规模明显不符。

（3）资金收付流向与企业经营范围明显不符。

（4）企业日常收付与企业经营特点明显不符。

（5）周期性发生大量资金收付与企业性质、业务特点明显不符。

（6）相同收付款人之间短期内频繁发生资金收付。

（7）长期闲置的账户原因不明地突然启用，且短期内出现大量资金收付。

（8）短期内频繁收取与其经营业务明显无关的个人汇款。

（9）存取现金的数额、频率及用途与其正常现金收付明显不符。

（10）个人银行结算账户短期内累计100万元以上现金收付。

（11）与贩毒、走私、恐怖活动严重地区的客户之间的商业往来活动明显增多，短期内频繁发生资金支付。

（12）频繁开户、销户，且销户前发生大量资金收付。

（13）有意化整为零，逃避大额支付交易监测。

（14）中国人民银行规定的其他可疑支付交易行为。

（15）金融机构经判断认为的其他可疑支付交易行为。

## 二、股东与公司之间资金流涉税风险分析及规范建议

### 1. 股东以实收资本投入资金，还是以借款投入资金

目前公司的注册并未要求注册资本马上全部到位，股东可以自行约定时间，二十年、三十年都可以。

那么，股东向公司注入的资金是用于补充实收资本，还是作为借款借给公司？补足必要的实收资本后，将股东注入的资金当作公司借款来处理会更好，因为将其当作借款时，股东可以随时将这笔资金拿走。最极端的情况下，实收资本为零，股东所有投入资金均以借款形式注入。

还有一点区别就是投入实收资本的资金的未来收益只能通过分红或者转让股权两种方式获得，以借款形式投入的资金将未来收益应通过利息支付获取，可对符合条件的利息进行税前扣除。

### 2. 股东向公司提供借款有哪些涉税风险

通常情况下，自然人股东将资金借给公司用作经营时，是不收取利息的。如果自然人股东收取利息，自然人股东就必须缴纳3%的增值税和20%个人所得税，同时由税务机关代开发票。

法人股东借款不收利息时，增值税应当视同销售，除非是符合统借统还规定的借款，或者是属于同一集团公司内部的成员企业之间的借款。如果收取

利息，法人股东就必须缴纳6%的增值税和25%的企业所得税，同时向公司开具发票。

公司收到股东开具的利息发票后可以进行税前扣除，但需要注意：

第一，利率不能太高，超过金融机构同期同类借款利率部分不能扣除，实务中建议不超过15%。

第二，如果股东和公司所得税税率不一样，还需要关注借款金额不能超过实收资本的2倍。

第三，未到位注册资本对应的借款利息不能税前扣除。

公司将资金还给股东属于正常资金回流，冲减借款即可。

**3. 股东从公司取得分红资金有哪些涉税风险**

在公司实现盈利后，某些自然人股东通过借款、返利、货款等方式擅自转移公司资金。此类行为一旦被税务部门察觉，极可能被视为分红行为，从而触发20%的股息红利税的补缴责任。然而，对于法人股东而言，其分红收益是免税的。但需要强调的是，分红应遵循法定程序进行。

若股东未经合法分红程序擅自挪用资金，并在会计处理中将其列为往来款项，将产生一系列风险。针对不同类型的股东，风险表现形式有所不同。对于法人股东而言，其直接挪用资金的行为通常被视为公司借款。在此情况下，主要问题在于公司是否收取利息。若收取利息，借款公司将面临增值税和企业所得税的缴纳义务，并需取得被借方的发票；若不收取利息，则公司可能面临增值税视同销售的风险。

对于自然人股东而言，尽管其挪用资金的行为在表面上也可能被视为借款，但税务部门往往倾向于将其视为以借款形式规避分红税的行为。因此，自然人股东不仅需要补缴税款，还可能面临滞纳金和罚款等额外责任。

**4. 股东从公司拿走资金用于公司特殊支出有哪些涉税风险**

公司经营中总会有一些特殊支出无法取得发票，也无法正常入账，这些特殊支出最终在财务处理时挂在了老板的账上，而这种情况则可能被税务机关理解为股东分红，要求股东缴纳个人所得税。

**5. 股东与公司资金流的整体设计思路**

（1）思考公司股东应该是自然人还是法人。

（2）清楚界定公司体系的资金和个人家庭资金的界限。将公司体系资金转为个人家庭资金必然涉及个税。如果这笔资金还要用于公司经营，那就没必要转移到个人家庭的资金池，因为这样只会造成重复纳税；而资金在公司体系中以分红的形式流转是免征企业所得税的。

（3）公司体系资金应该设立统一资金池。比如将某个核心企业账户作为资金池，统一管理，所有富余资金都转入统一资金池，所有旗下公司需要的资金都统一从资金池调拨，效率高而且风险较低。

（4）严格规范公司向自然人股东转款行为。即使是因特殊情况不得不出现资金流，也要关注是否冲还借款，或者是当作特殊支出，还是直接拿走利润，避免出现后两种情况。实务中可考虑设立非关联的自然人第三方账户作为中转账户。

## 三、企业集团资金业务涉税风险分析及规范建议

现代企业集团为提高资金的使用效率，一般会对资金采用集中管理的模式，比如通过资金池统一归集资金，内部单位之间经常性地往来调拨资金，通过委托贷款，或者内部贷款解决部分内部单位的资金缺口，而这些资金集中管理业务往往给相关单位带来诸多税务风险。本文针对企业集团资金业务的涉税风险进行了深入分析，并从税务角度提出了关注要点及合理建议。

**1．一般资金业务涉税分析**

（1）涉税风险点。

①集团资金池业务产生的利息收入未作为贷款服务收入开票并缴纳增值税，同时，利息费用支出方存在企业所得税税前扣除凭证欠缺的风险。

②集团购买理财产品时，未区分其持有期间取得的收益是否为保本收益，保本收益属于增值税应税范围，非保本收益则不属于增值税应税范围。

③银行相关利息支出等费用（包括手续费等）未全部取得银行开具的增值税发票。

④集团内的部分子公司在申报企业所得税时，按当年度基准利率计算关联方之间的税收利息，存在多调增应纳税所得额、多缴企业所得税的情况。

⑤关注企业的借款业务是否签订合同或协议，且相关合同或协议是否属于印花税的征收范围，是否存在漏缴印花税的税务风险。

⑥关注企业是否存在股东长期从企业借出资金自用、超过纳税年度未归还的情况，是否存在未按规定缴纳个人所得税的税务风险。

⑦关注企业是否存在企业股东为企业提供借款的情况，是否存在未按规定进行税前扣除的税务风险。

（2）相关建议。

①根据税法规定，贷款服务是指将资金贷与他人使用而取得利息收入的业务活动，各种占用、拆借资金取得的收入，按照贷款服务缴纳增值税。集团资金池业务中利息收取方将资金贷与他人使用而取得利息收入时，应按贷款服务开具增值税普通发票，缴纳增值税。

②应区分购买理财产品取得的收益的性质，若属于理财产品持有期间（含到期）取得的保本收益，即合同中明确承诺到期本金可全部收回的投资收益，则为增值税应税项目，应按贷款服务开具增值税普通发票，缴纳增值税，非保本收益则不属于增值税应税范围。

③银行借款利息支出及银行手续费等属于增值税应税项目，应取得银行开具的增值税发票作为税前扣除凭证，考虑到财务费用支出的频繁性，可与银行协商按月或季度汇总开具发票，同时做好已开票和未开票明细清单。

④税法规定的金融企业同期同类贷款利率包括在签订该借款合同时本省任何一家金融企业提供同期同类贷款利率情况，即可按高于基准利率的当年金融企业同期同类贷款利率计算税收利息。在进行企业所得税汇算清缴时应注意查找是否有符合条件的金融机构利率，而非简单地以当年度基准利率作为内部关联方借贷税前可列支利息的计算依据。

⑤企业发生借款业务时应签订相关合同或协议。其中，企业因向金融企业融资而签订的借款合同或协议，应按照合同载明的借款金额的万分之零点五申报缴纳印花税；企业与自然人和关联单位之间的借款合同，不属于银行及其他金融组织的借款人之间的合同，不属于印花税征收范围，无须缴纳印花税。

⑥纳税年度内个人投资者从其投资的企业（个人独资企业、合伙企业除外）借款，在该纳税年度终了后既不归还、又未将其用于企业生产经营时，其未归还的借款视为企业对个人投资者的红利分配，应按"利息、股息、红利所得"项目计征个人所得税。

⑦若为企业提供借款的自然人属于企业股东，则借贷双方属于关联方，

应遵循关联方之间利息支出税前扣除的相关规定，即应注意利息支出是否超过其从该股东接受的债权性投资与权益性投资的比例标准计算的利息支出，超过部分应作纳税调增。

## 2. 无偿借贷业务涉税分析

目前很多企业集团内部单位存在免息借贷的情况，但尚未进行企业集团登记，严格来说，这不符合无偿借贷免征增值税的政策条件。

（1）要点提示。

①企业集团应进行企业集团登记认定，《市场监管总局关于做好取消企业集团核准登记等4项行政许可等事项衔接工作的通知》规定，自2018年9月1日起企业集团登记证取消后，应通过国家企业信用信息公示系统向社会公示企业集团名称及集团成员信息，方可认定为企业集团。

②建立台账，确定免征期间，依据财政部、税务总局于2023年9月26日联合发布最新公告，对企业集团内单位（含企业集团）之间的资金无偿借贷行为，免征增值税的执行期至2027年12月31日。

（2）风险提示。

①《中华人民共和国企业所得税法》规定，企业与其关联方之间的业务往来应符合独立交易原则，否则税务机关有权按照合理方法调整。

那什么是"独立交易原则"呢？

"独立交易原则"是指没有关联关系的交易各方，按照公平成交价格和营业常规进行业务往来遵循的原则。

所以，关联企业发生的业务往来若不符合独立交易原则，税务机关将会要求纳税人补缴税款并加收滞纳金。

②《国家税务总局关于印发〈特别纳税调整实施办法（试行）〉的通知》（国税发〔2009〕2号）规定，实际税负相同的境内关联方之间的交易，只要该交易没有直接或间接导致国家总体税收收入的减少，原则上不做转让定价调查、调整。因此企业集团内单位之间无偿提供资金借贷的行为是否会被税务机关做纳税调整，还需考虑双方的实际税负。

## 3. 统借统还业务涉税分析

若企业集团开展统借统还业务，即集团向金融机构借款或对外发行债券取得资金后，将所借资金分拨给下属单位，并向下属单位收取用于归还金融机构或债券购买方本息的业务,集团向下属单位收取的利息可免征增值税。

## 四、公对私资金规范

### 1. 法规并没有禁止公对私的转账

现行法规并没有禁止公司与高管人员之间的正常资金往来,但频繁、巨额、无正当理由的资金往来往往会被银行监控,并引起税务监管人员的注意。

为什么政府相关部门要监控公对私转账呢?因为公司的对公账户向高管的私人账户转账可能会引发以下嫌疑。

(1)偷税漏税:有嫌疑通过私人账户进行没有发票的交易,瞒报经营性收入;公司向员工私发工资,偷逃个人所得税;等等。

(2)洗钱:有嫌疑对不明来源的大额资金进行套现,或经过多次交易进行洗白。

(3)公款私用:有嫌疑通过公对私的转账将公司款项挪作他用,一人有限公司要特别注意这点,处理不当时会承受巨大风险。

(4)利益输送:现实工作中,股东或者高管通过向公司"借款"等形式,长期占用公司货币资金,变相侵吞公司货币资金的时间价值。

(5)抽资逃离:股东在履行了入资义务后,立即抽走注册资本,根据《中华人民共和国公司法》和《最高人民法院关于适用〈中华人民共和国公司法〉若干问题的规定(三)》,股东抽资可能会面临罚款,甚至是刑事责任。

### 2. 公对私的转款有多少种情况

(1)工资、奖金和分红。

这些都属于个人的合法所得,这类资金往来只需要注意一点:完税。

公司已经为法人申报个税,通过银行账户发放到个人银行卡,这属于正常税后所得,没有任何风险。

(2)日常报销。

这类资金往来的关键点在于:要有正规的发票。

报销费用多为个人的差旅费、办公用品购置费,或一些个人垫付款,只要报销者持有正规发票,从对公账户向私人账户转账也是没有风险的。至于这部分成本能否抵扣企业所得税,要结合具体的情况分析。

（3）股东借款。

高管或股东个人急需用钱时，可以向公司借款。如果借款的金额比较大（如10万元以上），可以签订一份借款协议，协议可以约定零利率。如果是小额借款，则可以直接打款。

个人借款记得要归还，不能一直挂账，如果特殊情况下借款期限要跨年度，最好是每年的12月31日先归还，然后次年1月再借出，这样在审计时就不会体现这笔借款。

另外，有些地区的税务局为了防止企业出现"以股东借款为名，实为分红"的情况，对于占用企业超过1个会计年度的借款，如无正当解释，直接勒令公司代扣代缴20%的个人所得税。所以，这类资金往来要有充分的理由！

### 3．现金收入的藏匿

很多不便阐明的资金往来，公司往往都会用"现金"的方式去处置，毕竟现金可以隐藏资金轨迹。

现金交易也常用于隐藏公司的经营性收入。企业为了隐瞒收入，会要求付款方以私对私转账或现金交易的形式付款。因为这些收入没有反映在公司的对公账号上，企业可以逃避增值税、印花税和企业所得税。

但在大数据背景下，企业高管私人账号的往来、企业大额现金的往来，都会被严加监管，与其偷偷摸摸，赚了钱也不踏实，倒不如经过认真的测算，确定一些生意是否值得去做。

未来，中国人民银行和税务局除了会监管公司高管的私人账户大额往来，还会重点监管企业的大额现金交易。

### 4．中国人民银行将监管大额现金交易

2020年，中国人民银行发布《关于开展大额现金管理试点的通知》（简称《通知》）。

《通知》明确，开展大额现金管理，试点为期2年，先在河北省开展，再推广至浙江省、深圳市。其中，落地实施阶段为2021年6月底前，河北省自2020年7月起开始试点，浙江省、深圳市自2020年10月起开始试点。

经试点行调研分析，各地对公账户管理金额起点均为50万元，对私账户管理金额起点分别为河北省10万元、浙江省30万元、深圳市20万元。

如果客户提取、存入起点金额之上的现金，《通知》要求，应在办理业

务时进行登记，阐明来源和用途。

公对私转账是合法的，现行法规并没有禁止公司与高管人员之间的正常资金往来。但在大数据背景下，频繁、巨额、无正当理由的奖金往来往往会被银行和税务局监控。

5．公对私转账

关于工资、奖金、分红、支付劳务费、报销、归还个人借款、支付个人赔偿金、个人独资企业利润分配、向自然人采购等，公对私转账一定要有合理理由，该完税的完税，该提供发票的提供合法发票，公司要认真对待每一笔和高管之间的资金往来。

《人民币银行结算账户管理办法》规定，下列款项可以转入个人银行结算账户：

（1）工资、奖金收入。

（2）稿费、演出费等劳务收入。

（3）债券、期货、信托等投资的本金和收益。

（4）个人债权或产权转让收益。

（5）个人贷款转存。

（6）证券交易结算资金和期货交易保证金。

（7）继承、赠与款项。

（8）保险理赔、保费退还等款项。

（9）纳税退还。

（10）农、副、矿产品销售收入。

（11）其他合法款项。

## 第二节 外汇管制下资金合法出境的方式

### 一、什么是外汇管制

外汇管制一直是大家非常关心的一个板块，因为海外换汇虽然不受用途限制，但法律上依然对境外大额资金来源有着较为严格的反洗钱制度管控。

可以理解成每一美元都要做到可说明来源。"如何获得的？""是打工收入还是股票收入？"这些问题都是为了排除普通人参与洗钱的嫌疑。

境外大额资金进入银行后会被查核，只要钱是合法的收益，那么兑换就不成问题，不用担心会被限制。

所以通俗来说，外汇管制就是国家对我们在海外经营的项目中流入或流出的外汇资金进行监管控制。

## 二、外汇管制的基本方式是什么

### （一）对出口外汇的管制

在出口外汇管制中，最严格的规定是出口商必须把全部外汇按官方汇率结售给指定银行。出口商在申请出口许可证时，要填明出口商品的价格、数量、结算货币、支付方式和支付期限等，并交验信用证。

### （二）对进口外汇的管制

对进口外汇的管制通常表现为进口商只有得到管汇当局的批准，才能在指定银行购买一定数量的外汇。管汇当局根据进口许可证决定是否批准进口商的买汇申请。有些国家同时进行进口批汇手续的办理与进口许可证的颁发。

### （三）对非贸易外汇的管制

非贸易外汇涉及除贸易收支与资本输入以外的各种外汇收支。对非贸易外汇的管制类似于对出口外汇的管制，即规定有关单位或个人必须将全部或部分外汇收支按官方汇率结售给指定银行。

为了鼓励人们获取非贸易外汇收入，各国政府可能会实行一些其他措施，如实行外汇留成制度，允许居民针对个人劳务收入和携入款项在外汇指定银行开设外汇账户，并免征利息所得税。

### （四）对资本输入的外汇管制

发达国家采取限制资本输入的措施通常是为了稳定金融市场和稳定汇

-369-

率，避免资本流入造成国际储备过多和通货膨胀。

它们所采取的措施包括：对银行吸收非居民存款规定较高的存款准备金、对非居民存款不付利息或倒收利息、限制非居民购买该国有价证券等。

### （五）对资本输出的外汇管制

发达国家一般采取鼓励资本输出的政策，但是它们在特定时期，如面临国际收支严重逆差之时，也采取一些限制资本输出的政策，其中主要措施包括：规定银行对外贷款的最高额度、限制企业对外投资的国别和部门、对居民境外投资征收利息平衡税等。

### （六）对黄金、现钞输入、输出的管制

实行外汇管制的国家一般禁止个人和企业携带、托带或邮寄黄金、白金或白银出境，或限制其出境的数量。对于该国现钞的输入，实行外汇管制的国家往往实行登记制度，规定输入的限额并要求用于指定用途。对于该国现钞的输出，则由外汇管制机构进行审批，规定相应的限额。不允许货币自由兑换的国家禁止该国现钞输出。

### （七）复汇率制

对外汇进行价格管制必然形成事实上的各种各样的复汇率制。复汇率制指一国规章制度和政府行为导致该国货币与其他国家的货币存在两种或两种以上的汇率。

## 三、资金合法出境的方式

### （一）个人购汇

国家对境内个人购汇实行年度总额管理，允许个人每年度兑换5万美元等值的外汇。

在现行法律制度下，个人购汇主要用于经常项目等。

因私旅游、境外留学、公务及商务出国、探亲、境外就医、货物贸易、购买非投资类保险以及咨询服务等属于经常项目。涉及经常项目时可在便利

化额度内购汇，若超出便利化额度，提供真实有效的凭证后可以在银行直接购汇。如留学，凭境外学校录取通知书、学费证明等可以购汇。

### （二）境外直接投资（ODI）

这种资金出境方式需要境内机构直接向相关主管部门申请，获得核准（或备案）后，直接以并购、参股、新设等方式获得境外企业（项目）的所有权、经营权、控制权等。通常这种投资方式需要国家发展改革委、商务部、金融主管部门的审批，因此申请难度较大且限制较多。

### （三）通过外汇管理局许可机构办理大额换汇

外汇管理局近年批准了一些金融机构，如银行和基金公司等，试点操作超过5万美元的大额换汇和投资服务，投资人可通过这些基金公司设立专项投资计划。

审核通过后，投资人将整笔大额人民币从个人账户转入基金公司，基金公司再向投资人指定的海外投资账户汇款；不过，如果是个人换汇，将不得用于购房。

### （四）银行"内存外贷"或"内保外贷"

作为资金外流的正规渠道，私人银行高端跨境服务"内存外贷"逐渐成为高端客户的另一选择。除了手续较复杂外，基本可以保证合法性。

### （五）刷信用卡

这种方法主要适用于留学生，留学生可以使用与父母账户绑定的信用卡副卡，自己在海外刷卡，父母在境内偿还等额人民币，更为方便，且能免除许多烦琐手续。

### （六）跨境贸易结算

如果您的企业有跨境贸易背景，可以通过正常的贸易结算渠道将资金汇出，包括支付货款、服务贸易费用等。这种方式需要确保贸易背景真实合法，以避免违反外汇管理规定。

### (七)外债登记

如果您的企业需要从境外借款,可以通过外债登记的方式将资金合法引入境内,并在到期时按约定偿还。这种方式需要确保借款用途合法合规,并按照相关规定进行登记和报备。

### (八)亲属间转账

在符合相关规定的前提下,您可以通过亲属间转账的方式将资金汇出。

请注意,采用这种方式时需要避免出现分拆结售汇等违规行为,否则可能会受到外汇管理部门的处罚。

## 第三节 海外资金如何合法合规转回国内

### 一、直接投资方式

外商直接投资一般包括直接设立外资企业、中外合资企业及中外合作企业,也包括股权并购、资产并购。

合格境外机构投资者(QFII)和人民币合格境外机构投资者(RQFII)可以通过特定的投资渠道,将海外资金合法合规地引入中国市场。这些制度为境外投资者提供了参与中国资本市场的途径,但其需要符合相应的资格条件。

#### (一)直接设立外商投资企业

境外主体投资设立三资企业时首先应当遵守《中华人民共和国外商投资法》及其相关实施条例,同时也要遵守《关于外商投资企业境内投资的暂行规定》《关于外国投资者并购境内企业的规定》等有关外资审批法规。

#### (二)并购方式

并购包括股权并购和资产并购。股权并购是指境外投资者购买境内公司股东的股权或认购境内公司增资，使该境内公司变更为外商投资企业。资产并购是境外投资者设立外商投资企业，并通过该企业购买境内企业资产且运营该资产或者境外投资者协议购买境内企业资产，并以该资产投资设立外商投资企业运营该资产。

## 二、间接投资方式

外资间接投资最常见的方式是通过设立外商投资企业或投资平台等方式向境内投资，也就是说首先设立一个投资主体或平台，然后通过该主体或平台再进行投资。投资主体既可以境外企业，也可以是专门从事投资的外商投资企业。创业投资是指主要向未上市高新技术企业进行股权投资，并为之提供创业管理服务，以期获取资本增值收益的投资方式。外商投资创业投资企业可以采取非法人制组织形式，也可以采取公司制组织形式。

在资金转回国内的过程中，还需要注意以下几点：

（1）确保资金来源合法合规，避免洗钱、逃税等违法行为。

（2）提前了解并遵守国内外的外汇管理规定，确保资金转移符合法律要求。

（3）选择正规、信誉良好的金融机构或中介机构进行资金转移，以降低风险。

（4）保存好相关的凭证和文件，以备后续审计或监管需要。

请注意，具体的资金转回方式可能因国家、地区以及资金性质的不同而有所差异。因此，在进行资金转回操作前，建议咨询专业的金融机构或律师，以确保操作的合法性和合规性。

## 第四节 资金管理失控的法律风险及防范措施

### 一、常见的企业资产风险

随着市场经济的快速发展以及企业数量的增多和规模的扩大，各企业间贸易频繁。企业之间的依赖程度越来越高，相互间的影响也随之加大，企业经营风险因素也随之增加，必然导致其资产风险加大。因此，企业资产管理风险的识别和防范日趋重要。在日常管理中，企业资产管理至少应当关注下列风险。

（1）存货积压或短缺。其可能导致流动资金占用过量、存货价值贬损或生产中断。

（2）固定资产更新改造不够、使用效能低下、维护不当、产能过剩。其可能导致企业缺乏竞争力、资产价值贬损、安全事故频发或资源浪费。

（3）无形资产缺乏核心技术、权属不清、技术落后、存在重大技术安全隐患。其可能导致企业陷入法律纠纷、缺乏可持续发展能力。

资产管理的风险一旦发生，企业如果不及时采取措施组织清理追索，往往会导致相当严重的后果，会使大量资产流失，使不良资产形成恶性循环，严重困扰和阻碍企业发展甚至给企业带来灭顶之灾。相反，及时识别并有效防范资产管理风险，则可以减少和避免资产流失。

## 二、防范企业资产管理风险的措施

（1）企业应加强资产管理的各个环节，并相应地建立资产管理工作流程，及时发现资产管理的薄弱环节，并加以改进和完善，使企业资产管理活动能够有效规避漏洞，实现资产管理的科学化与增值化。

（2）企业应关注资产减值的情况，并合理确认资产具体的减值损失，从而采取有效的措施不断提高资产管理的水平。对于减值的资产可以采取投保、转卖等方式增加其价值或者转嫁风险。

（3）企业对于存货要建立健全验收检查制度，并将此制度落到实处。对于入库出库的存货要及时进行验收和检查，从数量、质量、技术规格等方面确定其价值。

（4）企业对于无形资产要进行合理评估，确定其价值大小及其竞争力的强弱，对于不同竞争力和价值的无形资产，采取不同的管理措施。对具有竞争力的无形资产要利用好其竞争力，对没有竞争力的可采取出售转让等方式获得现金价值。